Bormann/Johannsmann
Technische Betriebswirtschaft

Dieter Bormann
Susann Johannsmann

Technische Betriebswirtschaft

Mit 68 Bildern

Carl Hanser Verlag München Wien

Prof. Dr. oec. habil. Dieter Bormann
Deutsche Telekom Fachhochschule Leipzig

Dipl.-Verwaltungswirtin Susann Johannsmann
Deutsche Telekom Niederlassung Bochum

Die Deutsche Bibliothek – CIP-Einheitsaufnahme

Ein Titeldatensatz für diese Publikation
ist bei Der Deutschen Bibliothek erhältlich.

ISBN 3-446-21050-4

http://www.hanser.de
Druck und Bindung: Druckhaus „Thomas Müntzer“ GmbH, Bad Langensalza
Printed in Germany

Vorwort

Eine technische Betriebswirtschaft muss davon ausgehen, die nachhaltige Wettbewerbsfähigkeit eines Betriebes dadurch zu erreichen, dass eine konsequente Markt- und Kostenorientierung auf progressiven und soliden technologischen Grundlagen fußt. Danach ist es für jeden Betrieb existenziell, dass die in den technisch geprägten Betriebsprozessen agierenden Entscheidungsträger diese Zusammenhänge erkennen und danach handeln. Insbesondere betrifft dies Ingenieure und Naturwissenschaftler, die in den technischen Prozessen der Produktion, der Material- und Lagerwirtschaft, der Anlagenwirtschaft, der Produkt- und Technologieinnovation und des technischen Kundendienstes tätig sind.

Aus der Ingenieurausbildung, der Weiterbildung von Fach- und Führungskräften großer Technologieunternehmen und aus zahlreichen Beratungsprojekten verdichtete sich immer mehr die Erkenntnis, dass die Schwerpunktsetzung „**Technische Betriebswirtschaftslehre**" gerechtfertigt und zukunftsorientiert ist. Besondere Bedeutung kommt dabei dem Fakt zu, dass das heutzutage von den Unternehmen vorausgesetzte betriebswirtschaftliche Wissen bei den Entscheidungsträgern auf diesen Positionen nicht ausreichend abrufbar ist. Dass diese Einsicht offensichtlich schon breit gereift ist, zeigt sich darin, dass immer mehr Technische Hochschulen das Fach „**Technische Betriebswirtschaft**" zur Aneignung dieses eingeforderten Wissens in ihrem Studiengängen anbieten.

Mit diesem Buch haben wir versucht, möglichst praxisnah die wesentlichen Bestandteile der Technischen Betriebswirtschaft sowohl allgemein als auch prozessspezifisch darzustellen. Angesprochen werden Studierende technischer Fachrichtungen gleichermaßen wie Mitarbeiter und Führungskräfte in technisch geprägten Arbeitsbereichen, in Forschung und Entwicklung, in strategischen Stäben, aber auch im Einkauf, im Vertrieb und im Service.

In die Erarbeitung flossen Leitungs- und betriebliche Praxiserfahrung, Erkenntnisse aus Projekten der Unternehmensberatung und Denkanstöße aus Dialogen mit Studenten und Teilnehmern an Weiterbildungsveranstaltungen ein. Danken möchten wir all jenen Kollegen, die – wohl nicht selten, ohne es zu bemerken – mit Hinweisen und Kritik zur jetzigen Gestalt des Buches beigetragen haben. Unser besonderer Dank gilt Herrn *Knut Johannsmann* für die technische Unterstützung und unseren Lektoren des Carl Hanser Verlages Frau *Erika Hotho* und Herrn *Jochen Horn*. Beide haben durch ihre sehr konstruktive Zusammenarbeit mit uns die zügige Fertigstellung des Buches ermöglicht.

Bochum und Leipzig, Januar 2000

Susann Johannsmann
Dieter Bormann

Inhaltsverzeichnis

1 Einführung in die Technische Betriebswirtschaft

1.1 Gegenstand der Betriebswirtschaftslehre

Während die Volkswirtschaftslehre aus gesamtgesellschaftlicher Sicht das Verhalten und die wechselseitigen Beziehungen aller Gruppen von Wirtschaftssubjekten, darunter vor allem auch der Konsumenten bzw. konsumierender Einheiten, untersucht, befasst sich die Betriebswirtschaftslehre mit den Aktivitäten einzelner leistungserstellender Wirtschaftssubjekte. Wirtschaften vollzieht sich immer in real vorhandenen wirtschaftenden Einheiten, nämlich in Betrieben oder Haushalten. **Betriebe sind wirtschaftende Einheiten, die Güter für Dritte erstellen, die folglich produzieren und vermarkten.** Insofern unterscheiden sie sich von Hauswirtschaften, die ebenfalls produzieren, aber nur für den Eigenbedarf. Zum Gegenstand der Betriebswirtschaftslehre gibt es in der Literatur im Grundsatz Übereinstimmung: **Die Betriebswirtschaftslehre untersucht Aktivitäten und Prozessabläufe in Betrieben.**

> Der **Betrieb** ist eine planvoll organisierte Wirtschaftseinheit, in dem unter Beachtung des Rationalprinzips Güter erstellt und abgesetzt werden, womit durch Verringerung der Knappheit an Gütern Bedürfnisse befriedigt werden [1].

Die Erscheinungsform des Betriebes unter marktwirtschaftlichen Bedingungen, das heißt bei autonomer Verfügungsberechtigung des Eigentümers, ist das **Unternehmen**. Insofern können Betrieb und Unternehmen prinzipiell gleichgesetzt werden. Differenzierungen sind juristischer und sozialökonomischer Art. Im folgendem wird nur der Begriff des Betriebes verwendet.

1.2 Betrieb als Erfahrungs- und Erkenntnisobjekt

Betriebe sind das zentrale Erfahrungs- und Erkenntnisobjekt der Betriebswirtschaftslehre [2]. Dabei versteht man unter dem **Erfahrungsobjekt Betrieb** alle Betriebe in der Vielfalt ihrer konkreten Existenz und mit allen in ihnen ablaufenden Prozessen. Betriebe gibt es mit unterschiedlichstem Leistungsprogramm, verschiedener Größe und Struktur, mit sehr differenziertem Erscheinungsbild. In ihnen laufen miteinander verbunden technische, ökonomische, soziale und andere Prozesse ab. Kein Betrieb gleicht dem anderen.

Unter dem **Erkenntnisobjekt Betrieb** fasst man nur die ökonomische Betrachtungsdimension und damit ausschließlich die ökonomischen Prozessabläufe. Das heißt, man abstrahiert von allen übrigen Prozessen. Die Fokussierung auf die ökonomischen Prozesse ist aber berechtigt und notwendig. Betriebe existieren nur, um die ökonomische Aufgabe der Bedürfnisbefriedigung unter der Bedingung knapper Mittel zu erfüllen. Sie haben keinen anderen Bestimmungszweck. Allerdings ist diese – gedankliche – Abtrennung der ökonomischen Prozesse von den anderen Prozessen nur bedingt möglich. Die ökonomischen Prozesse bleiben in der Realität eng mit den anderen Prozessen verflochten. Sie vollziehen sich auf der Grundlage technischer Prozesse und sind stets von sozialen und anderen Prozessen begleitet. Eine Betriebswirtschaftslehre, die das bei der Analyse ökonomischer Prozesse vernachlässigt, wird ihrer entscheidungsorientierenden Funktion nicht gerecht werden können.

1.3 Bedürfnisse, Bedarf, Nachfrage

Der Anstoß für jede wirtschaftliche Tätigkeit geht von Bedürfnissen aus. **Ein Bedürfnis ist das Empfinden eines Mangels.**

Bedürfnisse können die **menschliche Physiologie**, wie bei Hunger, Durst, Müdigkeit, **Gewohnheiten**, wie beim Rasieren, der Tageszeiteinteilung, dem Rauchen, **soziale Beziehungen**, wie bei der Kommunikation oder der Hilfeleistung, **geistige Regsamkeit**, wie beim Bücherlesen oder Kreuzworträtsellösen, zur Ursache haben. Bedürfnisse sind außerordentlich vielgestaltig und je nach Mensch und Situation von unterschiedlicher Dringlichkeit. Der wohl bislang überzeugendste Ansatz, diese Vielfalt zu ordnen, stammt von Maslow [3]. Die von ihm entwickelte Bedürfnispyramide geht davon aus, dass die Bedürfnisse beziehungsweise Bedürfnisgruppen im wesentlichen hierarchisch geordnet sind (siehe Bild 1.1).

Bild 1.1 Maslow

Diese Bedürfnispyramide spiegelt eine **transitive Bedürfnisordnung** wider. Eine transitive Bedürfnisordnung ist dadurch gekennzeichnet, dass die Bedürfnisbefriedigung immer in einer bestimmten Folge vor sich geht. In der Regel wird man sein Geld so einteilen, dass man zunächst die notwendigen Nahrungsmittel kauft und danach Kleidung. Hat man dann noch Geld übrig, wird z. B. der Wohnkomfort verbessert oder für ein Auto gespart. In zahlreichen Situationen können wir auch eine **intransitive Bedürfnisordnung** feststellen. Eine solche ist dann gegeben, wenn die Prioritäten bei der Bedürfnisbefriedigung sich ändern. Dies ist beispielsweise der Fall, wenn jemand sich bei Artikeln des täglichen Bedarfs einschränkt, um sich eine Eigentumswohnung zu kaufen.

Der Betrieb interessiert sich zweifellos für die Bedürfnisse und ihre Entwicklung. Da der Betrieb aber seine Produkte verkaufen muss, sind für den Betrieb jene Bedürfnisse wichtig, für die die Konsumenten zur Geldausgabe bereit sind. Die durch die Bereitschaft zur Geldausgabe fundierten Bedürfnisse nennen wir **Bedarf**. Aber nicht immer wird dem Betrieb der Bedarf auch bekannt. Wichtig für ihn ist die **Nachfrage**. Nachfrage ist auf dem Markt geäußerter **Bedarf** (siehe Bild 1.2).

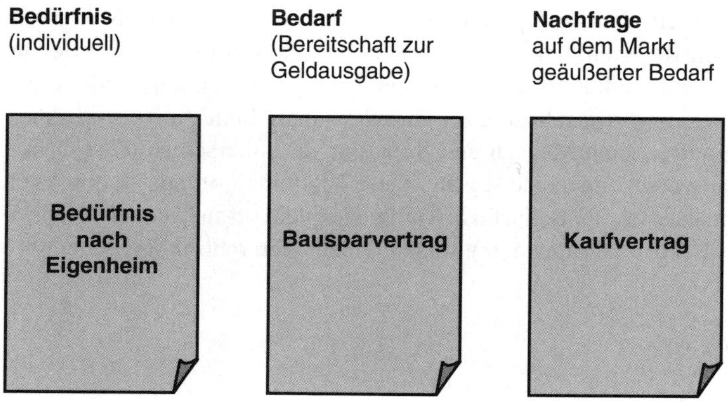

Bild 1.2 Bedarf

1.4 Güter

Bedürfnisbefriedigung geschieht durch Konsumtion, das heißt durch Verbrauch oder Gebrauch eines Mittels zu seiner Befriedigung. **Mittel zur Bedürfnisbefriedigung nennen wir Güter.** Güter können materieller und immaterieller Art sein (näheres im Abschnitt 3.2). Wir unterscheiden **freie** und **knappe Güter**. Freie Güter sind unbegrenzt verfügbar und ohne Mühe erlangbar. Unter Bedingungen des Überflusses braucht nicht gewirtschaftet zu werden. Dies ist allerdings nur sehr selten der Fall. Das betrifft heutzutage noch die Luft, das Meerwasser und einige regenerative Energien und nicht einmal überall. Tendenziell werden die Ressourcen knapper. Besonders spürbar ist das gegenwärtig zum Beispiel bei sauberem Süßwasser oder bei Funkfrequenzen. Das Kennzeichen knapper Güter ist, dass sie immer einen Preis haben. Dieser Preis kann Mühe, Geld, Wartezeit, Wagnis oder Verzicht auf andere Güter sein. Wirtschaftsgüter sind demnach durch folgende Merkmale charakterisiert:

- Sie können ein Bedürfnis befriedigen.
- Sie sind knapp.
- Sie sind übertragbar, d. h. zum entgeltlichen oder unentgeltlichen Austausch geeignet [4].

1.5 Wirtschaften und Rationalprinzip

Der zentrale Begriff der Betriebswirtschaft ist der des Wirtschaftens. **Wirtschaften ist nach allgemeiner Auffassung menschliche Tätigkeit, die unter Bedingungen der Knappheit Mittel zur Bedürfnisbefriedigung bereitstellt.** Wirtschaften, also Produzieren und Austauschen, dient folglich dazu, die Spannung zwischen den – im Prinzip nicht begrenzten – Bedürfnissen und den knappen Mitteln zu ihrer Befriedigung zu reduzieren. Daraus leitet sich zwangsläufig das Erfordernis der Effizienz ab, nämlich – vereinfacht gesagt – mit einem möglichst geringen Einsatz knapper Güter ein möglichst hohes Niveau der Bedürfnisbefriedigung mittels der erstellten und zum Austausch bereitgestellten Güter zu erreichen. Wir nennen dieses Effizienzerfordernis auch **Rationalprinzip** oder **Ökonomisches Prinzip** bzw. **Prinzip der Wirtschaftlichkeit**. Da die Erfüllung dieser allgemein richtigen Forderung ohne eindeutigen Bezugspunkt nicht überprüfbar und nicht operabel ist, existiert das Rationalprinzip in zwei Ausprägungen

- **Minimalprinzip**
  Es verlangt, ein definiertes Leistungsergebnis mit einem Minimum an Mitteleinsatz zu erreichen.
- **Maximalprinzip**
  Es verlangt, mit gegebenen Mitteln ein maximales Leistungsergebnis zu erreichen.

Je stärker eine Konzentration auf die Erstellung bestimmter Güter erfolgt, je tiefer also die **Spezialisierung** ist, desto besser kann in der Regel dem Rationalprinzip entsprochen werden. **Der Betrieb ist eine spezialisierte Wirtschaftseinheit, die Güter effizient zu erstellen und zu vermarkten hat.** Der grundlegende Daseinszweck des Betriebes ist dabei die Gütererstellung. Die Vermarktungsfunktion tritt hinzu, sowie ein Betrieb in Austauschbeziehungen tritt oder – anders gesagt – unter marktwirtschaftlichen Bedingungen agiert.

1.6 Betrieb als sozio-technisches System

Der Betrieb ist eine Gemeinschaft von Menschen, die unter Beachtung des Rationalprinzips technische Mittel einsetzen, um aus bestimmten Ressourcen marktfähige Güter zu erstellen. **Der Betrieb ist ein sozio-technisches System, das primär durch ökonomische Ziele gesteuert wird.**

> Unter einem **System** verstehen wir eine Gesamtheit von Komponenten, die durch Kausalbeziehungen miteinander verbunden sind und durch diese Gesamtheit bestimmte Eigenschaften hervorbringen sowie zu ihrem Erhalt bestimmte Erfordernisse haben.

> Im Betriebsprozess wirken sehr viele Komponenten wechselseitig aufeinander ein. Das sind zuallererst die wechselseitigen Beziehungen zwischen Menschen, Maschinen, Rohstoffen und Energien in der Produktion. Dann sind es die Verhältnisse der Menschen zueinander, vor allem zwischen den Leitern und ihren Mitarbeitern. Hinzu kommen die Marktbedingungen, sowohl bei der Beschaffung als auch beim Absatz. Und all dies wird überlagert und durchdrungen von politischen, rechtlichen, ökologischen und anderen Einflüssen. Wir haben also sehr viele Rückkopplungs- („Feedback"-)Beziehungen bzw. ein interdependentes oder vernetztes System vor uns. Das Verhalten solcher Systeme ist seinem Wesen nach stochastisch und somit nie genau vorher bestimmbar und folglich schwer steuerbar. Der Betrieb stellt hohe Anforderungen an seine Führung. Das zielgerichtete Funktionieren (die „Ordnung") eines solchen Systems wird durch äußere Rahmenbedingungen (Markt, Rechtssystem) und durch innere Stellgrößen (Managementziele, Mitarbeiterorientierung, Qualitätssicherungssystem usw.) erreicht. Jedes System verlangt für sein zielgerichtetes Funktionieren und für seine Erhaltung auch ein bestimmtes Gleichgewicht, also einen bestimmten Parameterbereich seiner Komponenten und seiner inneren und äußeren Existenzbedingungen. Ein in einem solchen Gleichgewicht befindliches System bezeichnen wir kurz als „stabil". Die Gleichgewichtserfordernisse des Betriebsprozesses sind als besonders empfindlich anzusehen.

1.7 Basiskonzepte der Betriebswirtschaftslehre

Es gibt eine ganze Reihe von Konzepten der Betriebswirtschaftslehre. Raffée [5] unterscheidet bei seiner Systematisierung prinzipiell zwischen sozialwissenschaftlichen und ökonomistischen Basiskonzepten. Die ersteren betrachten die Betriebswirtschaftslehre als spezielle interdisziplinäre Sozialwissenschaft, die zweiten beschränken sich auf die isolierte Betrachtung der ökonomischen Prozesse und betonen die Autonomie des Gegenstandes der Betriebswirtschaftslehre. Die einzelnen Konzepte greifen auf eines oder beide Basiskonzepte zurück und stellen somit deren konkrete Ausprägungsformen dar. Als wesentliche Einzelkonzepte nennt Raffée [6]

- den faktoranalytischen Ansatz
- den entscheidungsorientierten Ansatz
- den systemorientierten Ansatz
- den situativen Ansatz
- die arbeitsorientierte Einzelwirtschaftslehre
- den Marketingansatz.

Die Konzeptvielfalt verdeutlicht sowohl die Schwierigkeit, den Betrieb in seiner Komplexität zu erfassen, als auch, dass sehr verschiedene Betrachtungsstandpunkte möglich sind. Letzteres schließt eine Fokussierung auf ausgewählte Prozesse und Faktoren ein.

1.8 Konzept der Technischen Betriebswirtschaft

Die Technische Betriebswirtschaft konzentriert sich auf die Beziehungen zwischen den technischen und ökonomischen Prozessabläufen und behandelt den **Betrieb als technisch-ökonomisches System**, ohne zu übersehen, dass die arbeitsteilige Durchführung des Betriebsprozesses in einem sozialen Verbund vor sich geht. Dabei folgt es dem faktoranalytischen Ansatz Gutenbergs und definiert den Betriebsprozess als Kombinationsprozess von Produktionsfaktoren.

Es vertieft dessen Ansatz dadurch, dass nicht nur nach dem ökonomischen Ergebnis einer bestimmten räumlich-zeitlichen Kombination der eingebrachten Produktionsfaktoren gefragt wird, sondern auch danach, wie die technische Beschaffenheit des Kombinationsprozesses der miteinander in Wechselwirkung stehenden Faktoren bestimmter Qualität und Quantität auf das betriebliche Leistungsergebnis wirkt.

> Die **Technische Betriebswirtschaft** wendet sich im Kern güterwirtschaftlichen Prozessen, vor allem dem Produktionsprozess und den technisch geprägten Aspekten des Beschaffungs- und Absatzprozesses, zu. Sie erfasst zugleich ihre Veränderungsprozesse, insbesondere ihre Innovation.

Das Anliegen der Technischen Betriebswirtschaft ist, diese Prozesse **effizient zu gestalten**. Sie ist damit konsequent **entscheidungsorientiert**.

1.9 Kerngegenstände der Technischen Betriebswirtschaft

Unter dem Begriff Technik versteht man allgemein komplizierte und komplexe Betriebsmittel. Die Technische Betriebswirtschaft befasst sich mit der Analyse und Gestaltung technikgeprägter güterwirtschaftlicher Prozesse im Betrieb. Als technikgeprägt sind all jene betrieblichen Prozesse anzusehen, in denen technische Mittel und technologische Operationen für den Prozessablauf und für das Leistungsergebnis von entscheidender Bedeutung sind. Die Technische Betriebswirtschaft folgt dabei dem ingenieurwissenschaftlichen Technikbegriff. Danach ist nicht jedes beliebige Betriebsmittel Technik, sondern nur solche Instrumente und Verfahren, die einer auf natur- und ingenieurwissenschaftlichen Erkenntnissen beruhenden Konstruktion (im weiteren Sinne) bedürfen.

Beispielsweise ist das Sammeln von Heilkräutern zweifelsfrei ein güterwirtschaftlicher Prozess. Er ist aber nur dann ein technikgeprägter güterwirtschaftlicher Prozess, wenn für die Ernte Maschinen eingesetzt werden.

Nicht jeder güterwirtschaftliche Prozess ist ein technikgeprägter Prozess. Unter diesem Blickwinkel ist es möglich, die betrieblichen Prozesse abzugrenzen, denen sich die Technische Betriebswirtschaft im einzelnen zuwendet. **Die wesentlichen Prozessbereiche, die die Technische Betriebswirtschaft behandelt, sind die der Produktion, der betrieblichen Infrastruktur, der technischen Innovation und der technischen Unterstützung**

von Absatz und Beschaffung. Zu diesen Prozessbereichen werden im Folgenden charakteristische Prozessarten aufgeführt.

Produktion
- Fertigungsprozesse
- materielle Dienstleistungen
- technikgestützte immaterielle Dienstleistungen (z. B. Telekommunikation)
- Betriebsmittelwirtschaft
- Instandhaltung

Betriebliche Infrastruktur
- Wasser- und Energieversorgung
- Innerbetrieblicher Transport
- Kommunikationssystem
- Sicherheits- und Alarmtechnik
- Entsorgung

Technische Innovation
- Grundlagenforschung und angewandte Forschung
- Produkt- und Technologieentwicklung
- Bau und Erprobung von Mustern und Versuchsanlagen
- Technische Aufgaben der Produkt- und Technologieeinführung

Technische Unterstützung von Absatz und Beschaffung
- Angebotserstellung für komplizierte technische Produkte und Produktsysteme
- Eingangsprüfung
- Technische Lagerführung
- An- und Abtransport (bei Selbstdurchführung)
- Herstellung des Auslieferzustandes komplizierter technischer Erzeugnisse

2 Konstitutive Entscheidungen im Rahmen der Technischen Betriebswirtschaft

2.1 Geschäftsfeldplanung

Ein **Geschäftsfeld** ist eine als Subeinheit des Betriebsprozesses objektiv abgrenzbare Produkt-Markt-Kombination, die mit einer spezifischen Faktorkombination ein bestimmtes Umfeldsegment bearbeitet [7].

Merkmale eines Geschäftsfeldes

- Es stellt eine relativ eigenständige Produkt-Markt-Kombination mit eigenen Chancen, Bedrohungen und Tendenzen dar.
- Sein Leistungsprozess und dessen Effizienz beruhen auf einer bestimmten Faktorkombination, insbesondere auf einer spezifischen Basistechnologie.
- Seine Marktaufgabe grenzt sich klar von der Marktaufgabe anderer Produkt-Markt-Kombinationen ab.
- Seine Wettbewerbsposition ist durch bestimmte Merkmale (in den Marktsegmenten, im technologischen Niveau und in den Faktoraufwänden) charakterisiert.
- Es ist eigenständig führbar.

Geschäftsfelder sind so abzugrenzen, dass sich spezifische Wettbewerbsvorteile erringen lassen. Entscheidungen zu Geschäftsfeldern sind konstitutive Entscheidungen, mit denen der Bereich grundlegender Faktorkombinationen für den Betriebsprozess festgelegt wird. Jedes Geschäftsfeld ist auf bestimmte Marktsegmente und damit auf die Befriedigung bestimmter Bedürfnisse abgrenzbarer Kundengruppen gerichtet. Da Marktsegmente zugleich Wettbewerbsfelder sind, ist für jedes Geschäftsfeld eines Betriebes eine charakteristische Wettbewerbssituation gegeben.

Allgemeine Kriterien für Geschäftsfeldentscheidungen

Die Kriterien sind

- die technologische Fähigkeit, die gegebenen und sich entwickelnden Bedürfnisse mit dem eigenen Leistungsangebot sicher und auf Dauer befriedigen zu können
- die Nachfragedynamik
- die Konkurrenzentwicklung
- die Richtungen und Dynamik der wissenschaftlich-technischen Entwicklung
- die technische und marktseitige Verflechtung mit anderen Geschäftsfeldern des Betriebes
- die Verfügbarkeit über die notwendigen Produktionsfaktoren
- die Aufwands- bzw. Kostenentwicklung.

Das sich aus der Beurteilung dieser Kriterien ergebende zusammenfassende Kriterium für Geschäftsfeldentscheidungen ist das **Erfolgspotenzial** als Saldo von Ertrag und Aufwand für eine festgelegte Zahl von Jahren. Das Erfolgspotenzial ist bei monetärer Zielstellung das aus dem Geschäftsfeld unter günstigen Markt- und Umfeldbedingungen und bei optimalem Faktoreinsatz erschließbare Gewinnvolumen. **Entscheidungen zu Geschäftsfeldern sind zu einem erheblichen Teil irreversibel.**

1. Betriebe sind – wie dargelegt – immer spezialisierte Wirtschaftseinheiten. Sie gewinnen ihre Leistungs- und Wettbewerbsfähigkeit nicht durch das bloße Zusammenführen geeigneter Faktoren, sondern erst durch die Formierung leistungsfähiger **Potenziale**. Dafür ist vor allem in Zweigen mit anspruchsvollen Technologien eine längere Zeit erforderlich.
2. Für ein Geschäftsfeld eingesetztes Kapital wird in der Regel auf lange Zeit, wenn nicht sogar unwiderruflich, gebunden. Das ist vor allem dann der Fall, wenn spezielle Betriebsmittel benötigt werden, die sich für keinen anderen Zweck verwenden lassen.

Für die Effizienz und Flexibilität der einzelnen Geschäftsfelder spielen Kapitalbindungsart und -dauer eine wichtige Rolle. Die **Kapitalbindungsart** gibt Auskunft darüber, in welcher Art von Objekten sich das jeweils eingesetzte Kapital befindet und wie weit es sich und mit welchen Konsequenzen aus diesen herauslösen lässt. Die **Kapitalbindungsdauer** zeigt an, wann das eingesetzte Kapital wieder zur Verfügung stehen wird. Je nach Kapitalbindungsart ist diese Dauer unter bestimmten Bedingungen beeinflussbar.

Technische Systeme als Restriktion für Geschäftsfeldentscheidungen

Die Fähigkeit zu einer in einem Geschäftsfeld erfolgreichen Leistungserstellung beruht immer auf verfügbaren technologischen Möglichkeiten. Allerdings reicht heutzutage **keine allgemeine** technologische Befähigung zur Leistungserstellung auf einem bestimmten Niveau mehr aus, sondern der Betrieb muss in der Lage sein, diese **innerhalb** der im Markt bzw. in den einzelnen Marktsegmenten nachfragewirksamen **technischen Systeme** zu erbringen. Diese technischen Systeme treten uns als **Produktsysteme** und als **technologische Systeme** entgegen.

Ein Beispiel für ein Produktsystem ist der Komplex von Filmkamera, Film und Entwickler-, Kopier- und Wiedergabetechnik. Die Komponenten dieses Produktsystems sind einzeln im Markt erhältlich. Jedoch kann eine Bedürfnisbefriedung nur dann erreicht werden, wenn alle Komponenten des Produktsystems in der benötigten Kombination zur Verfügung stehen. Wichtiger Teilaspekt ist dabei, dass die Komponenten zugleich ein Standardsystem bilden. Eine 8-mm-Kamera kann nicht mit einem 16-mm-Film bestückt werden. Die Entwickler- und Kopiertechnik muss auf die Filmart eingestellt werden. Ein weiteres Beispiel ist die Stromversorgung. Diese weist in verschiedenen Ländern unterschiedliche Spannungsniveaus und Frequenzen auf. Die Elektrogeräte müssen jeweils zum Spannungsniveau passen. Außerdem müssen die Steckverbindungen dem jeweiligen nationalen Standard entsprechen. Hat ein Urlauber das nicht berücksichtigt, kann er seinen mitgebrachten Rasierapparat beiseite legen. Der Rasierapparat mit seiner Steckverbindung passt nur zu einem bestimmten technischen System der Elektroversorgung.

Ein interessanter Nebeneffekt konkurrierender technischer Systeme ist das Erfordernis von Adaptertechnik oder Adapterlösungen, um in mehreren technischen Systemen die Kompatibilität einzelner Produktkomponenten erreichen zu können. Dies ist oft ein Marktfeld für kleinere Nischenanbieter. Insbesondere die Anpassung an die marktbestimmenden technischen Systeme entscheidet über die Wettbewerbsfähigkeit der Produkt-Markt-Kombination des jeweiligen Geschäftsfeldes.

2.2 Festlegung des Produktionsprofils

Unter **Produktionsprofil** verstehen wir die spezifische Leistungsstruktur eines Betriebes.

Unter den Bedingungen einer tiefen volkswirtschaftlichen Arbeitsteilung hat derjenige Betrieb Wettbewerbsvorteile, der für seine Geschäftsfelder lediglich die Teilleistungen selbst erbringt, die er effizienter als andere Betriebe erstellen kann, und alle Teilleistungen hinzukooperiert, die andere günstiger erstellen können. **Der Betrieb muss sich auf seine Kernkompetenzen, darunter insbesondere die technologischen Kernkompetenzen, konzentrieren.** Das Produktionsprofil ist demnach durch drei wechselseitig miteinander verbundene Strukturaspekte charakterisiert:

- Erzeugnis- und Leistungsprogramm (Ergebnisstruktur der Leistungen)
- Technologische Struktur (Prozessstruktur)
- Kooperationsstruktur

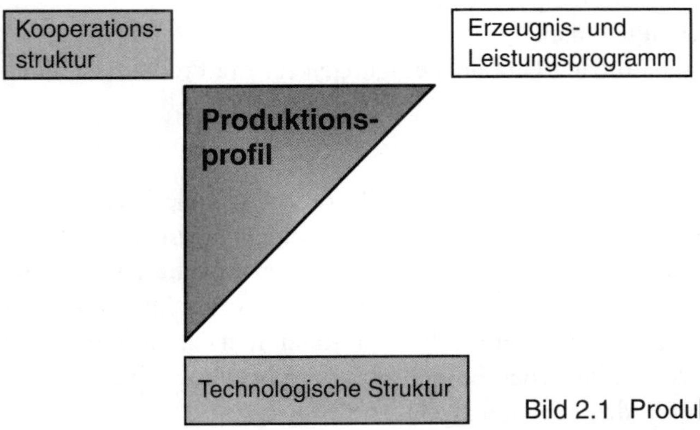

Bild 2.1 Produktionsprofil

Prinzipiell gilt: Die gewählten Geschäftsfelder bestimmen das Erzeugnis- und Leistungsprogramm des Betriebes. Die technologische Struktur wiederum hängt grundsätzlich von dieser ab. Da jedoch das gleiche Erzeugnis- und Leistungsprogramm häufig mit unterschiedlichen bzw. variierten Technologien erstellt werden kann, ist die Deckungsgleichheit von Erzeugnis- und Leistungsprogramm und technologischer Struktur nicht zwingend gegeben. Andererseits wirken neue Kooperationsmöglichkeiten sowohl auf die technologische Struktur als auch auf die Gestaltung des Erzeugnis- und Leistungsprogramms zurück. Die dementsprechende Gestaltung des Produktionsprofils steht unter der Entscheidung von „Make or Buy“, das heißt eine Teilleistung selbst zu erbringen oder diese einzukaufen.

Bei überwiegender Auslagerung der Produktion (in der Regel auf verschiedene Fertigungsstätten die koordinativ verbunden werden) und damit einer Beschränkung der eigenen Leistungen des Betriebes auf wenige Kernkompetenzen sprechen wir von **fraktaler Fertigung** und bei zusätzlicher Auslagerung von Beschaffungs- und/oder Absatzfunktionen sowie Entwicklungsaufgaben vom **fraktalen Betrieb**. Fraktale Produktionsprofile setzen vor allem strategische und koordinative Fähigkeiten des Managements voraus. Wird die Kooperation sowohl in der laufenden Leistungserstellung und -vermarktung als auch in den Innovations- und Wachstumsprozessen mit bestimmten Partnern dauerhaft institutionalisiert, handelt es sich um **strategische Allianzen**. Strategische Allianzen heben den Wettbewerb zwischen den Partnern nicht auf, sondern nutzen die Vorteile aus den gemeinsam geschaffenen technisch-organisatorischen Systemen.

2.3 Standortwahl

> Der **Standort** des Betriebes ist der geografische Ort, an dem Produktionsfaktoren eingesetzt werden, um Leistungen zu erstellen und zu verwerten [8].

Standorte unterscheiden sich durch die natürliche und ökonomische **Inhomogenität der Fläche**, und zwar hinsichtlich
- der Faktorverfügbarkeit (Qualität, Menge, Preis)
- des Einflusses auf die Produktqualitäten
- der natürlichen und gesellschaftlichen Umfeldbedingungen für die Produkterstellung und -verwertung
- der Risiken

Je nachdem, welche spezifische Leistung zu erbringen und welche Phase des Betriebsprozesses durchzuführen ist, kann ein Betriebsstandort mehr oder weniger effizient sein. Einen für alle Anforderungen günstigen Standort gibt es nicht. Unter einem **optimalen Standort** versteht deshalb Heinen denjenigen, an dem die zielrelevanten Standortfaktoren in einer Weise wirken, dass im Vergleich zu allen anderen Alternativstandorten der größtmögliche Zielerreichungsgrad gegeben ist [9]. Für jeden Betriebsprozess gibt es spezifische Standortfaktoren. Von grundlegender Bedeutung sind zwei
- standortspezifische Kosteneffizienz
- standortspezifische Markteffizienz

Die **Kosteneffizienz** berührt vorrangig Produktionsstandorte. Die Leistungserstellung muss dabei am gegebenen Standort im Zusammenwirken aller standortspezifischen Faktoren zu einem gegenüber dem Wettbewerb günstigeren Kostenniveau erfolgen können. Die **Markteffizienz** berührt vor allem Absatzstandorte. Der Absatz muss aus dem gegebenen Standort heraus gegen den Wettbewerb mit Erfolg durchgeführt werden können. Aber auch bestimmte Produktionsstandorte können eine absatzfördernde Wirkung haben (wie bei Lübecker Marzipan, Meißner Porzellan, Solinger Klingen, Spreewälder Gurken).

Bei der Standortwahl ist zu unterscheiden nach dem günstigsten elementaren Standort und dem günstigsten realen Standort. Der elementare Standort ist der für ein Unternehmen unabhängig von konkreten natürlichen und rechtlichen örtlichen Gegebenheiten günstigste geografische Ort. Der reale Standort ist der dem elementaren Standort räumlich und seinen ökonomischen Bedingungen am nächsten kommende und die örtlichen Gegebenheiten berücksichtigende Ort, der erlangbar ist.

Ein Existenzgründer beabsichtigt, einen Telefonshop in einer kleinen Stadt zu eröffnen. Der elementare Standort wäre exakt am Markt. Leider ist dort kein Ladenlokal anmietbar. Unser Existenzgründer hat aber mehrere Angebote in der Umgebung des Marktes. Er entscheidet sich für ein Ladenlokal an einer zum Markt führenden Hauptstraße, die besonders stark von potenziellen Kunden frequentiert wird. Dieser reale Standort erfüllt nicht vollständig, aber weitgehend, die Anforderungen an den elementaren Standort.

Wir müssen **quantifizierbare (objektiv messbare)** Faktoren und **heuristische (subjektiv bewertbare)** Faktoren unterscheiden. Objektiv messbar sind zum Beispiel Faktorqualitäten am Standort, Faktorpreise an einem Standort, Transportkosten zum Standort. Subjektiv bewertbar sind zum Beispiel lokale Tradition, Lebensqualität am Standort, Betriebsklima am Standort. Die Literatur bietet verschiedene Standortfaktorenkataloge oder Standortmodelle an [10]. **Standortfaktorenkataloge** helfen bei der Ersterfassung der quantifizierbaren und nicht quantifizierbaren Einflussgrößen. Mit **Standortmodellen** wird versucht, von der auf einen Standort zutreffenden Vielzahl von Standortfaktoren zu einer **zusammenfassenden** Standortbewertung zu gelangen. Der optimale Standort in diesem Sinne ist jeweils der, der innerhalb des Modells die höchste Gesamtbewertung erhält.

Das zu wählende Verfahren zur Standortermittlung ist stark vom Charakter der wichtigen Einflussgrößen abhängig. Grundsätzlich bieten sich bei quantifizierbaren Einflussgrößen analytische Verfahren an und bei nicht quantifizierbaren heuristische Verfahren [ebenda]. Grundlegendende Standortmodelle sind das Webersche Standortmodell [11] und das Standortfaktorenschema nach Behrens [12]. Das **Webersche Standortmodell** basiert auf einem Ansatz, der in seiner einfachsten Form lautet: Es ist der transportkostengünstigste Produktionsstandort unter Berücksichtigung der Standorte des Materials und der Arbeitskräfte sowie der Kunden zu finden. Dazu suchen wir den Standort mit den minimalen Transportkosten

$$K = c(a_1r_1 + a_2r_2 + \ldots + a_nr_n) \rightarrow \text{min!}$$

wobei
K transportbedingte Standortkosten
c konstante Transportkosten pro Mengen- und Entfernungseinheit
a_i Transportmengen
r_i Transportentfernungen

Bei diesem Ansatz gelten für alle Standorte die gleichen Bedingungen. Die Transportkosten sind lediglich proportional zur Entfernung. Die Qualität der Transportwege wird nicht berücksichtigt. Neuere Ansätze streben eine über die Transportkosten hinausgehende umfassende Systematisierung und Erklärung standortabhängiger Kosten- und Erlös-Einflussgrößen an. Dem **Standortfaktorenschema von BEHRENS** liegt eine funktions-

Zum Beispiel die weltweiten Aktivitäten der Firma Kiekert AG

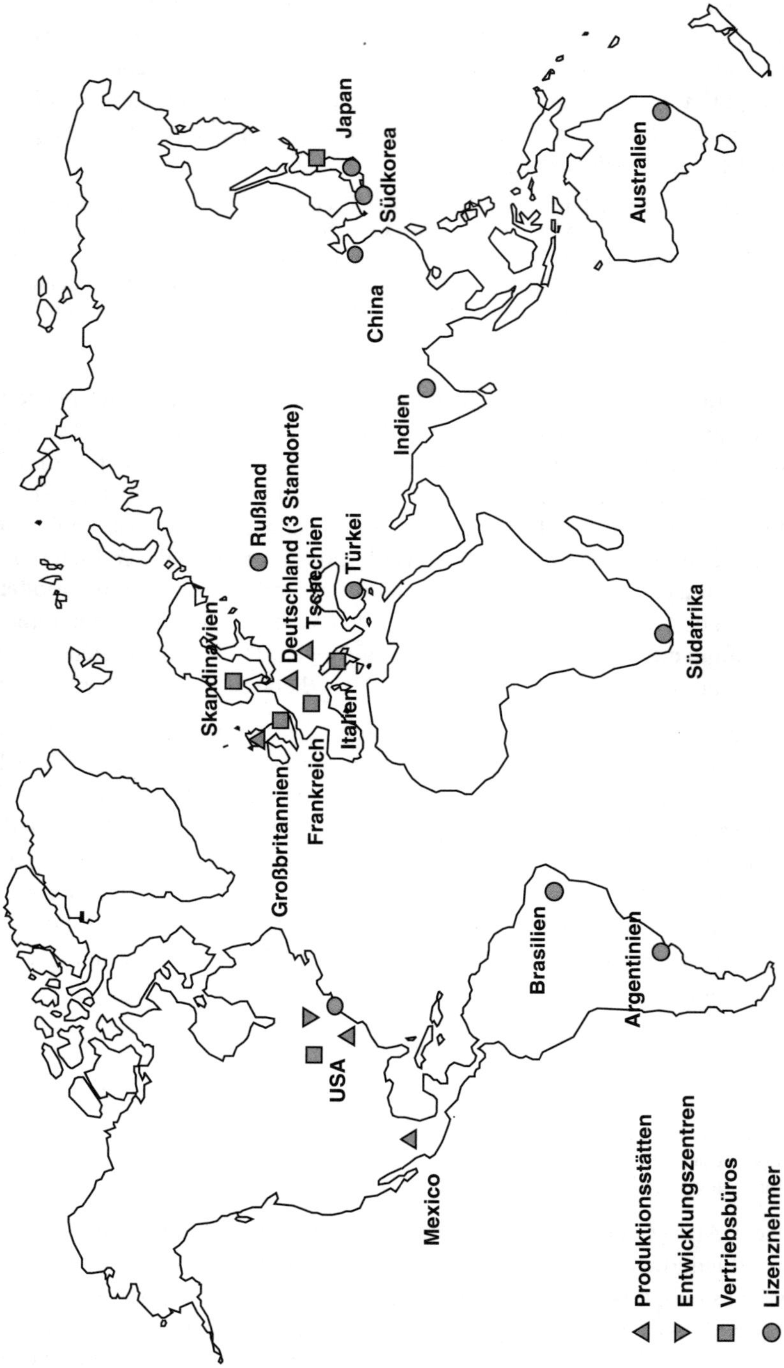

Bild 2.2 Kiekert [14]

orientierte Gliederung zugrunde; die einzelnen Standortfaktoren werden den betrieblichen Hauptfunktionen Beschaffung, Produktion (Transformation) und Absatz zugeordnet. Kritikpunkte an der Standortfaktorenlehre von Behrens sind vor allem die Beschränkung auf das Rentabilitätsziel sowie auf die Erstellung und Verwertung materieller Güter im Rahmen eines gegebenen Leistungsprogramms des Betriebes.

Alle derartigen Systematiken können keinen Anspruch auf Vollständigkeit für sämtliche Standortfaktoren erheben, zumal die relative Bedeutung einzelner Standortfaktoren in Abhängigkeit vom Industriezweig und vom Standort unterschiedlich ist. Nicht selten stehen die Standortfaktoren in Konkurrenz zueinander. In jüngerer Zeit werden **heuristische Verfahren** zur Standortbestimmung häufiger angewandt. Praktisch handelt es sich bei diesen Standortbewertungsmodellen um so genannte Scoring-Modelle (Punktbewertungsmodelle), mit denen eine subjektive Bewertung und Gewichtung von Standortfaktoren vorgenommen wird. Die nicht quantifizierbaren Einflussgrößen müssen subjektiv in monetärer Form bewertet werden, damit sie in die Berechnung mit einfließen können. Das Problem ist vor allem die **Gewichtung** der Faktoren. Ein anderes Verfahren ist die „NB-Regel". Die **NB-Regel** (Next-Best-Rule) beschreibt einen Prozess sukzessiver heuristischer Entscheidungsfindung [13]. Recht erfolgversprechend ist die Kombination der heuristischen Verfahren mit den auf quantifizierbaren Faktoren beruhenden Methoden.

Großunternehmen können auch mehrere Standorte haben, an denen jeweils spezifische Leistungen erbracht werden. Eine Entscheidung von großer Tragweite ist die **internationale Standortwahl**. Einerseits können durch Internationalisierung dauerhaft signifikante Faktorvorteile erreicht werden, andererseits können Risiken bis hin zum Totalverlust eintreten. Bei der internationalen Standortwahl sind folgende Standortfaktoren zusätzlich zu prüfen

- nationale Akzeptanz
- politisch-rechtliche Rahmenbedingungen
- politische Unterstützung und behördliche Förderung
- Kapitaltransferbedingungen
- Traditionen
- Erlangen von Exklusivpositionen
- Sprachbarrieren.

2.4 Wahl der Basistechnologien

Entscheidungen über die Wahl der Basistechnologien sind meist irreversibel, weil Technologien an spezielle Betriebsmittel – das sind heute meist größere komplexe Anlagen – gebunden sind. **Betriebsmittel sind materialisierte Technologie.** Die Wahl der Basistechnologie ist folglich eine konstitutive Entscheidung zum Faktor Betriebsmittel. Geschäftsfeldentscheidungen prägen die für den jeweiligen Betriebsprozess notwendigen Faktorkombinationen bereits vor. Allerdings lassen sich völlig gleiche Produkt-Markt-Kombinationen häufig mit unterschiedlichen Faktorkombinationen realisieren. Die

Ursache ist einfach: Jede Leistungserstellung erfolgt mittels einer bestimmten Technologie, und jede Technologie erfordert den Einsatz von Faktoren bestimmter Qualität und Quantität in bestimmter zeitlicher Folge. Es ist also grundsätzlich so, dass die angewandte Technologie die notwendige Faktorkombination bestimmt. Der umgekehrte Fall, dass für den erwünschten Einsatz bestimmter Faktoren eine Technologie gesucht wird, hat in der wirtschaftlichen Praxis Ausnahmecharakter. Das geschieht dann überwiegend zur Erfüllung von Auflagen oder Vorschriften (z. B. zum Denkmalschutz), aus sozialen Gründen (z. B. zur Beschäftigung von Behinderten) oder im Interesse des Umweltschutzes (z. B. zur schadlosen Entsorgung von Abprodukten).

Die Leistungserstellung in jedem Geschäftsfeld erfolgt aber, wie man beobachten kann, meist nicht nur mit einer, sondern mit mehreren Technologien. Diese haben ihrerseits ein unterschiedliches Gewicht für das Leistungsergebnis hinsichtlich Qualität, Menge und Effizienz. Häufig befinden sie sich in bestimmter Abhängigkeit voneinander. Nach ihrer funktionalen Bedeutung für ein Geschäftsfeld bzw. den gesamten Betriebsprozess lassen sich die eingesetzten Technologien wie folgt gruppieren [15]

- **Basistechnologien**
  Basistechnologien dienen zur Erstellung der das Produktionsprofil bestimmenden Produkte, zumindest in der geforderten Grundqualität. Sind Basistechnologien ihrerseits strukturiert, schließen sie meist eine **Kerntechnologie** ein, die die entscheidenden Leistungsmerkmale der Produkte hervorbringt. Haben Basistechnologien bzw. ihre Kerntechnologien eine zentrale Funktion für das gesamte Produktionssystem des Betriebes oder für Alleinstellungsmerkmale der Produkte im Markt, sprechen wir von **Schlüsseltechnologien**. Die die künftige Betriebsentwicklung bestimmenden Technologien nennt man **Schrittmachertechnologien**.
  Gibt es in einem Geschäftsfeld mehrere unterschiedliche Basistechnologien, auf denen unter Umständen weitere Technologien aufsetzen oder die unterschiedliche technologische Niveaustufen darstellen, bezeichnen wir diese als **technologische Plattformen**.
- **Ergänzungstechnologien**
  Ergänzungstechnologien dienen dem Hinzufügen weiterer Leistungsmerkmale, der Qualitätssteigerung der Produkte, der Produktmodifizierung, der Erstellung weiterer Produkte des Leistungsprogramms, der leichteren und sichereren Prozessführung sowie dem Umweltschutz. Ergänzungstechnologien können entweder **auf den Basistechnologien aufsetzen** oder **eigenständig** sein. Dienen Technologien dazu, Produkten den „letzten Schliff" zu geben, sie haltbarer und transportfähig zu machen sowie ihre Marktattraktivität durch Designeffekte zu erhöhen, sprechen wir von **Finishtechnologien**.
- **Supporttechnologien**
  Supporttechnologien dienen der Gewährleistung technologischer Voraussetzungen zur Prozessführung der Basis- und Ergänzungstechnologien. Es handelt sich überwiegend um Technologien der betrieblichen Infrastruktur.

Die für das jeweilige Geschäftsfeld und damit vielfach den gesamten Betriebsprozess wesentlichen Entscheidungen sind folglich die über die zu wählenden Basistechnologien.

Kriterien für die Wahl der Basistechnologien

- **Technische Beherrschbarkeit**
  Das der Basistechnologie zugrunde liegende technische Prinzip muss nach dem Stand der Technik und mit den verfügbaren technischen Mitteln sicher beherrschbar sein.
- **Produktqualität**
  Die geforderten Leistungsmerkmale der zu erstellenden Produkte müssen in der vom Markt erwarteten Variationsbreite entweder unmittelbar mittels der Basistechnologie oder in Verbindung mit einer Ergänzungstechnologie gewährleistet sein.
- **Anpassungsfähigkeit**
  Die Basistechnologie muss eine hinreichende Faktorvariation und dadurch eine Anpassung an eine veränderte Ressourcensituation gestatten.
- **Effizienz**
  Der wertmäßige Faktoreinsatz muss im Mittel den zu erwartenden technologischen Fahrweisen und unter Einbeziehung eventueller Ergänzungstechnologien geringer sein als der alternativer Basistechnologien.
- **Entwicklungsfähigkeit**
  Das technische Prinzip der Basistechnologie muss angemessene technische Entwicklungsreserven haben und somit für die überschaubare Zukunft die Wettbewerbsfähigkeit des Geschäftsfeldes bzw. des Betriebes gewährleisten.

Die Wahl der Basistechnologie beeinflusst selbstverständlich auch Art und Umfang der anderen einzusetzenden Produktionsfaktoren, vorrangig der benötigten Qualifikation der Arbeitskräfte und der Qualität der zu beschaffenden Werkstoffe. Für die Betriebsmittel der Basistechnologien sind fast immer erhebliche Investitionen zu tätigen. Da vor allem die Ergänzungstechnologien, zum Teil auch die Supporttechnologien an die Basistechnologien angepasst werden müssen, erweisen sich die für diese Technologien eingesetzten Investitionsmittel dann ebenso als irreversibel gebunden.

2.5 Betriebsstättengestaltung

Unter einer **Betriebsstätte** versteht man jede feste örtliche Anlage oder Einrichtung, die der Tätigkeit eines Betriebes dient [16].

Die **Betriebsstättengestaltung** befasst sich mit der Auswahl und Aufgliederung des Betriebsgeländes und seiner Belegung mit Baulichkeiten [17]. Die Entscheidung über die Betriebsstättengestaltung ist aus der Sicht der Technischen Betriebswirtschaft eine konstitutive Entscheidung, weil

- mittels der räumlichen Strukturierung der Betriebsstätten über die technologische Struktur und deren mögliche Variation und Entwicklungsfähigkeit grundlegend mit entschieden wird

- die notwendigen Bauten zu praktisch irreversiblen Kapitalbindungen erheblichen Ausmaßes führen
- die gesellschaftlichen bzw. politisch-juristisch-administrativen Umfeldbedingungen grundlegende bauliche Änderungen zumindest erschweren.

Mit einmal geschaffenen Betriebsstätten muss man meist auf lange Sicht zurechtkommen. Die Lebensdauer von Betriebsstätten bzw. ihrer Baulichkeiten ist fast immer größer als die der produktionstechnischen Ausstattung und häufig auch der ursprünglich in ihnen ausgeführten betrieblichen Funktionen. Da Betriebe sowohl unterschiedliche Produktionsprofile haben als auch ihre arbeitsteilig durchzuführenden Aufgaben oft räumlich trennen, treffen wir auf sehr unterschiedliche Betriebstättengestaltungen. Dies ist durch die Funktion der Betriebsstätte im Betriebsprozess, durch ihre hierarchische Stellung im Betriebsverbund und die räumlich abgrenzbaren Strukturbestandteile der Betriebsstätte verursacht. Ihrer **Funktionalität** nach lassen sich differenzieren

- Produktionsstätten (Fertigungsstätten, Bergwerke, Kraftwerke, Felder, Gewächshäuser, Forsten, Baustellen, Montageplätze, Mess- und Steuerwarten)
- Lager (Materiallager, Zwischenlager, Fertigwarenlager)
- Transportstrecken (Förderstrecken, Bahnlinien, Straßen, Kanäle, Pipelines, Kabeltrassen, Abwassersammler)
- Transport- und Logistikbasen (Fuhrhöfe, Bahnhöfe, Rampen, Häfen, Landungsbrücken, Airports, Verladestationen, Pumpstationen, Sortierstellen)
- Laboratorien / technische Büros / Ateliers (für Forschung, Entwicklung, Datenverarbeitung, Konstruktion, Projektierung, Design)
- Prüfstationen / Messstellen / Testfelder / Teststrecken
- Servicebasen (Kundendienststützpunkte, Reparaturwerkstätten)
- Ein- und Verkaufsstellen
- Stätten der Geschäftsführung und Verwaltung
- Stätten für Sicherheitsaufgaben (Sicherheitszonen, Feuerwehrstützpunkte, Kontrollstellen, Kontrollzentren).

Nach ihrer **hierarchischen Stellung im Betriebsverbund** lassen sich die Betriebsstätten unterscheiden in

- Stammwerke
- Zweigwerke
- Niederlassungen
- Stützpunkte.

Häufig auftretende, **räumlich abgrenzbare Strukturbestandteile** einer Betriebsstätte sind

- Flächen und Bauten für die Hauptprozesse
- Flächen und Bauten für die Neben- und Hilfsprozesse einschließlich Infrastruktur
- Bürogebäude sowie Repräsentationsräume
- Sozialbauten
- Sicherheitsflächen und -bauten
- bislang ungenutzte Reserveflächen.

Grundsätze der Betriebsstättengestaltung

1. Die Betriebsstätte wird durch die funktionale Flächengliederung sowie durch die darauf fußende Struktur der Funktionsbauten charakterisiert. Die räumliche Ordnung der Betriebsstätte wird durch die Abfolge der Arbeitsgänge bzw. den Produktionsfluss bestimmt. Sie muss mit ihrer Flächenstruktur, Gebäudeanordnung und -gestaltung **den durchschnittlich rationellsten Prozessablauf unterstützen**. Dazu wird ein Funktionsplan erstellt (siehe unten).
2. Die **örtlichen Gegebenheiten** des Standortes der Betriebsstätte sind zwingend zu berücksichtigen. Dazu gehören Größe und Zuschnitt des Geländes, der Baugrund, Gefährdungen, die Leistungsfähigkeit der zugänglichen Infrastruktur und die konkret möglichen Infrastrukturanbindungen, die Auswirkungen der betrieblichen Tätigkeit auf das Umfeld sowie die objektiven Interessen und das vermutliche Verhalten der Nachbarn [18].
3. Die Betriebsstättengestaltung muss sowohl der Variationsbreite der betrieblichen Prozessabläufe entsprechend dem **derzeitigen** Produktionsprofil als auch dessen **künftig** absehbarer Veränderung gerecht werden.
4. Die **Nutzungsintensität der Fläche** hängt maßgeblich von den Standortkosten ab. Teure Grundstücke müssen in der Regel dichter bebaut werden. Billige Grundstücke gestatten eine großzügigere Flächenplanung und größere Flächenreserven. Es ist weiterhin zu prüfen, bei welcher Flächengliederung und baulichen Ausstattung welche laufenden Kosten (betriebsprozessbedingt, durch Abgaben und Gebühren, durch mögliche Konflikte mit Dritten) entstehen.
5. Die Auswirkungen allgemeiner wie auch **standortspezifischer Rechtsvorschriften** (v. a. Nutzungsrechte, das Baurecht und das Umweltrecht), der **standortbezogenen Besteuerung** und **Wirtschaftsförderung** sowie der im Bereich der jeweiligen Gebietskörperschaft geübten **Verwaltungs- und Rechtspraxis** sind von Anfang an in die Entscheidungen zur Betriebsstättengestaltung einzubeziehen.

Funktionsplan

Der Funktionsplan klärt, mit welcher **räumlichen bzw. baulichen Gliederung der Betriebsstätte** ein effizienter Betriebsablauf erreicht wird [19]. Dazu wird der Produktionsfluss mit dem Flächen- bzw. dem Raumbedarf der Arbeitsstationen, der Zwischenlager und der verbindenden innerbetrieblichen Transportsysteme einschließlich eventuell notwendiger Sicherheitsflächen bzw. -abstände analysiert und festgelegt. Eingeschlossen in die Produktionsflussanalyse sind Entscheidungen über die Fertigungsart und das Fertigungsprinzip sowie über die Anbindung der Hilfsprozesse (näheres in Kapitel 4).

Dies sind komplexe technisch-ökonomische Entscheidungen, die von den **Prinzipien der technologischen Zweckmäßigkeit, der Wirtschaftlichkeit und der Sicherheit** bestimmt werden. Dabei ist hohe Wirtschaftlichkeit das Hauptziel. **Grundkriterien** für die Wahl einer bestimmten räumlichen bzw. baulichen Gliederung der Betriebstätte sind infolgedessen

- das Erstellen der Leistungen in markt- bzw. wettbewerbsgerechten Qualitäten und Mengen als Voraussetzung zur Erlangung von Preis- und Erlösvorteilen.
- niedrigste Kosten je Leistungseinheit (Stückkosten).

Weitere wichtige Kriterien sind
- kurze Produktionszeiten als wichtige Vorbedingung einer hohen Marktflexibilität
- technisch-organisatorische Flexibilität als Voraussetzung für Innovationsfähigkeit und kundenwunschspezifische Leistungserbringung
- niedrigste Stör-, Unfall- und Schadensquoten
- Erweiterungsfähigkeit.

Auf der Grundlage der mittels des Funktionsplanes festgelegten räumlichen Gliederung der Betriebsstätte wird der **Gesamtlageplan** bzw. **Generalbebauungsplan** erarbeitet. Damit werden die definitiven Entscheidungen zur Belegung der Betriebsstätte mit Baulichkeiten und anderen fest mit dem Boden verbundenen Anlagen vorgenommen. Diese werden kurz als **Gewerbebauten** (meist bei kleineren Betrieben oder Betrieben mit überwiegender Labor- oder Bürotätigkeit) oder **Industriebauten** (bei größeren Produktionsbetrieben) bezeichnet. Im weiteren wird hier der zweitgenannte Begriff verwendet.

Industriebauten

> **Industriebauten sind Funktionsbauten.** Sie sind die bauliche Hülle technologischer Prozesse.

Sie sind nach folgenden Grundsätzen zu errichten:
1. Industriebauten haben konsequent dem **technologischen Zweck** bzw. dem **technologischen Ablauf** zu dienen.
2. Die Qualität der Bauausführung ist an der **geplanten Nutzungsart und -dauer** zu orientieren.
3. Die Anordnung und die Gestaltung der Industriebauten muss **kurze Wege** für den Materialfluss zwischen den Arbeitsstationen sowie zu den Lagern, für die Inanspruchnahme von Hilfsfunktionen und für diejenigen Arbeitskräfte schaffen, die Aufgaben an verschiedenen Arbeitsstationen wahrzunehmen haben.
4. **Einander störende oder gefährdende Betriebsbereiche sind baulich bzw. räumlich zu trennen** oder durch zusätzliche bauliche Maßnahmen **abzuschirmen**. Das trifft sinngemäß auch für Bereiche mit **Zugangsbeschränkungen** (wie Produktionsbereiche mit schützenswertem Know-how, Datenverarbeitung oder Forschung und Entwicklung) zu.
5. Die Trassen und Baulichkeiten für die betriebliche Infrastruktur bzw. die Vorbereitung und Durchführung von Hilfsprozessen haben so zu liegen und müssen so dimensioniert sein, dass die **Hauptprozesse anforderungsgerecht, problemlos und effizient unterstützt** werden und die **Infrastruktur- bzw. Hilfsprozesse selbst rationell durchgeführt** werden können.

6. Die Gebäudestruktur und -ausführung muss die Aufrechterhaltung von **Ordnung, Sauberkeit und Sicherheit** unterstützen. Übersichtlichkeit erleichtert die Kontrolle und hilft, Störungen und Unfälle zu vermeiden. Fluchtwege und Zufahrten für die Feuerwehr und Rettungsdienste sind freizuhalten sowie deutlich zu kennzeichnen.

Industriebauten sind über ihre Funktion hinaus stets auch **Aufenthaltsbereich von Menschen**, seien es Mitarbeiter, Kunden oder Gäste. Auch Bauten sollten positive Motivationen auslösen. Dem dienen Belüftung, Beleuchtung und das architektonische sowie farbliche Design der Industriebauten. Außerdem müssen die erforderlichen **hygienischen und sozialen Einrichtungen** vorhanden sein. Zusätzlich sind **die Auflagen des Umwelt- und Landschaftsschutzes** zu berücksichtigen.

Arten von Industriebauten

- **Offene Bauten** (Freilager, Stellplätze, Umschlagplätze, Montageplätze, Freiluftproduktionsanlagen mit oder ohne Schutzwarte, Becken, Schutzdächer, -wände, -dämme) Offene Bauten lassen sich einfach und schnell erstellen. Nicht selten sind sie bewusst als Provisorien oder für eine sehr begrenzte Nutzungsdauer vorgesehen. Sie stehen auch Umgestaltungen der Betriebsstätte kaum im Wege.
- **Eingeschossige Bauten** (Flachbauten, Hallenbauten)
  Eingeschossige Bauten lassen sich meist kostengünstig und schnell errichten. Technisch sind sie immer bei schweren Maschinen oder bei schweren Werkstücken notwendig. Der in der Regel große zusammenhängende Raum erleichtert veränderte Anordnungen der Technik. Aufwendige Aufzugstechnik wird nicht benötigt. Ein Nachteil ist der große Flächenbedarf, was bei hohen Bodenpreisen den Faktor Raum verteuert. Weiterhin ist der Heizbedarf in der kalten Jahreszeit relativ hoch. Flachbauten sind durch große Nutzflächen bei relativ geringen Höhen charakterisiert. Ein bautechnischer Vorteil besteht darin, dass an jedem Arbeitsplatz Oberlicht ermöglicht werden kann. Hallenbauten unterscheiden sich von Flachbauten dadurch, dass sie eine größere Innenhöhe haben, meist stützenfrei sind, Laufkräne besitzen und oft über eine so genannte Galerie, die mit kleineren Räumen besetzt ist, verfügen. In Hallenbauten lassen sich leichter Großtechnologien realisieren. Bei eingeschossigen Bauten haben die Wände und Bedachungen neben der allgemeinen Schutzfunktion oft weitere Funktionen, so z. B. als tragende Elemente für Ausrüstungen, für das Raumklima, für die Beleuchtung. So ermöglichen sie neben der Seitenbeleuchtung durch Fenster auch das oft günstigere Oberlicht.
- **Geschossbauten** (überwiegend Bürogebäude, des weiteren Laborbauten, Bauwerke für Produktionen, die das natürliche Gefälle über die Stockwerke ausnutzen können)
  Der Hauptgrund für Geschossbauten ist die bessere Ausnutzung begrenzter Bodenflächen, insbesondere an Standorten mit hohen Bodenpreisen. Der entscheidende Nachteil ist die geringe Tragfähigkeit der Decken, so dass in ihnen nur Betriebsprozesse mit leichterer Technik durchgeführt werden können. Störend können auch Treppen sowie unterdimensionierte Aufzugseinrichtungen und die Kleinräumigkeit sein. Besonders nachteilig wirkt sich aus, wenn zu einem Produktionsfluss gehörende Teilprozesse aus Sicherheitsgründen aus dem Gebäude ausgegliedert werden müssen.

- **Trassenbauten** (Werkstraßen, Werksbahnen, Bandanlagen, Rohrbrücken bzw. -trassen, Abwasserkanäle, Kabeltrassen)
  Sie sind die materielle Rückgrat der betrieblichen Infrastruktur. Ihr ökonomisches Problem besteht darin, dass sie infolge der tendenziell zunehmenden innerbetrieblichen Verflechtungen immer stärker ausgebaut werden müssen und so in wachsenden Anteilen Kapital binden, unmittelbar aber keine Wertschöpfungsbeiträge erbringen. In Großbetrieben der Grundstoffindustrie stellen die Trassenbauten oft mehr als die Hälfte des gesamten Anlagevermögens dar und erfordern darüber hinaus umfangreiche Instandhaltungsleistungen.
- **Unterirdische Bauten** (meist im Bergbau, teilweise auch für Rüstungsproduktionen oder gegen Strahlung abzuschirmende Produktionen, Endlager).

Heutzutage entwickeln sich Industriebauten oft ihrerseits zu technischen Anlagen, die ganz spezifischen Prozesserfordernissen zu dienen haben. So verlangen bestimmte Produktionen die Einhaltung enger Temperaturintervalle oder die Klimatisierung. Dunkelräume schirmen wie in der fototechnischen Industrie das Tageslicht ab. Andere Produktionen erfordern absolut staubfreie Räume (Reinstraumtechnik). Verschiedene chemische sowie biotechnische Produktionen erfordern absolute Dichtigkeit der Arbeitsräume und der Schleusen, um gefährliche Kontaminationen auszuschließen. Ähnliches gilt für Prozesse, die mit radioaktiven Stoffen zu tun haben. Intelligente bauliche Lösungen sind für explosionsgefährdete Produktionen erforderlich.

Facility Management

Der zunehmende Anteil technischer Ausrüstungen, die fest mit Industriebauten verbunden sind, stellt höhere technisch-ökonomische Anforderungen an die Gebäudebewirtschaftung. Außer der grundlegenden betriebswirtschaftlichen Forderung, die notwendigen bzw. vertraglich zugesicherten Gebäudefunktionen mit möglichst geringem Aufwand zu gewährleisten, besteht für verschiedene Betriebsprozesse (wie Computertechnologien, Kryotechnologien, medizinische Einrichtungen, Hochregallager) das Erfordernis der Störfreiheit oder der kurzfristigen Behebung von Störungen. Diese technisch orientierte Gebäudewirtschaft hat sich als **Facility Management** zu einem zunehmend eigenständigen Geschäftsfeld entwickelt [20].

Hauptprobleme der Betriebsstättengestaltung

- **Mehrproduktbetriebe**
  Die meisten Betriebe sind Mehrproduktbetriebe. Parallel zu fertigende unterschiedliche Produkte mit unterschiedlichen Arbeitsgangfolgen belegen die technischen Betriebsausrüstungen zu unterschiedlichen Zeiten und in unterschiedlichem Ausmaß und erfordern unterschiedliche räumliche Prozessflüsse. Da hierbei eine Betriebsstättengestaltung nach einer bestimmten Prozessfolge nicht möglich ist, wird die Lösung darin gesucht, die Betriebsstätte grundsätzlich nach der erwarteten häufigsten Prozessfolge zu gestalten, zugleich jedoch die Wirtschaftlichkeit der weniger häufigen Prozessfolgen ebenfalls zu sichern und damit den im Durchschnitt rationellsten Prozessfluss zu gewährleisten.

- **Produktionsumstellungen und Anpassungen**
  Die meisten Produkte haben einen begrenzten Lebenszyklus. Außerdem können viele Produkte wirtschaftlich nur in zusammenhängenden Stückzahlen (Serien, Lose) gefertigt werden. Das bedingt Produktionsumstellungen und damit veränderte Prozessflüsse. Die ursprüngliche Betriebsstättengestaltung kann unter diesen Umständen einer wirtschaftlichen Leistungserstellung entgegenstehen. Erwartete oder möglicherweise absehbare Produktionsumstellungen müssen also über diesen Sachverhalt berücksichtigende alternative Funktionspläne Eingang in das Konzept der Betriebsstättengestaltung finden.
- **Starke Schwankungen der Kapazitätsauslastung** (insgesamt und strukturell)
  Probleme entstehen hierbei vorrangig durch sinkende Kapazitätsauslastung, vor allem wenn normalerweise gleichartige Betriebsmittel parallel eingesetzt sind. Sinkt die Kapazitätsauslastung, werden immer mehr Maschinen und technische Anlagen stillgelegt. Die Fixkosten der Betriebsstätte sinken aber nicht. Ihr Betreiben in der bisherigen räumlichen Struktur wird unwirtschaftlich. Prozessabläufe könnten dann durch räumliche Zusammenfassung der Technik wirtschaftlicher geführt werden. Solche Umstellungen sind aber kostenintensiv und führen oft auf der verkleinerten Betriebsfläche und in dann teilweise nicht prozessoptimalen Gebäuden und Infrastrukturanbindungen zu höheren laufenden Kosten. Steigt aber die Kapazitätsauslastung erneut an, entstehen wieder Umstellungskosten.
- **Erweiterung**
  Absatzsteigerungen, zusätzliche Produktionsstufen, Kapazitätsausbau, größerer Flächenbedarf für modernere Technik, Neuproduktionen und Sicherheitsauflagen erfordern Erweiterungen der Betriebstätte oder einzelner Produktionsgebäude. Beständiger wirtschaftlicher Erfolg des Betriebes erzwingt geradezu gesetzmäßig in fast regelmäßigen Zeitabständen Vergrößerungen der Betriebsstätte. Daher ist in jedem Stadium der Betriebsstättengestaltung auf perspektivische Erweiterungsmöglichkeiten zu achten. Bevor jedoch eine Erweiterung in Angriff genommen wird, sollten zunächst die Möglichkeiten der Prozessrationalisierung und im Zusammenhang damit der intensiveren Flächen- und Gebäudenutzung ermittelt werden. Renditeeffekte treten bei einer Betriebsstättenerweiterung nur auf, wenn die fixen Stückkostenanteile, die die Betriebsstätte verursacht, sinken. In der betrieblichen Führungspraxis wird allerdings meist nur auf den Zuwachs der Umsatz- und Gewinnvolumina und nicht selten sogar allein auf die Möglichkeit einer einfacher zu beherrschenden Betriebsorganisation geschaut. Ist die Erweiterung notwendig, gibt es folgende **Lösungsvarianten**:
  1. **Wechsel der Betriebsstätte**. Das kommt für Produktionsbetriebe mit hohem Anlagen- und Infrastrukturanteil kaum infrage. Davon machen meist nur Bürobetriebe Gebrauch, oft im Zusammenhang mit dem Ziel einer Standortverbesserung.
  2. **Errichtung oder Bezug einer zweiten Betriebsstätte (Zweigwerk)**. Die Verbindung zweier arbeitsteilig verbundener Betriebsstätten ist meist kompliziert und durchweg weniger effizient als die Prozessdurchführung in einer Betriebsstätte. Die Nachteile werden allerdings dann kompensiert, wenn durch die zweite Betriebsstätte

neue Standortvorteile entstehen, z. B. durch größere regionale Kundennähe oder durch die Senkung der standortbedingten Faktorkosten.

3. **Erweiterung des vorhandenen bzw. in die Nutzung einbezogenen Betriebsgeländes**. Infolge der Vielfalt technologischer Erfordernisse und betrieblicher Prozessverläufe sind dabei immer betriebsspezifische Lösungen zu suchen. Der einzige Grundsatz, der hier empfohlen wird [21] ist, die Erweiterung in die Breite vorzunehmen, um zweckmäßige Prozessfolgen nicht unterbrechen zu müssen. Das kann bei Flächen leichter gelingen. Bei Gebäuden ist das mit Anbauten verbunden, wozu ggf. der Raum fehlt.
4. **Erweiterung durch Um- und Ausbau sowie Umwidmung von Flächen und Gebäuden**. Das führt zu einer intensiveren Betriebsstättennutzung. Der Nachteil besteht in einer zunehmenden Verbauung, so dass letztlich bei wiederholten Anpassungen an veränderte Prozesserfordernisse Unterbrechungen kontinuierlicher Abläufe geradezu unvermeidlich werden.

Aus diesen Überlegungen folgt, dass Entscheidungen über die Betriebstättengestaltung grundsätzlich **aus der Sicht der strategischen Entwicklung des Betriebsprozesses** zu erfolgen haben und dass eine gewisse **Prozessvariabilität, wo wirtschaftlich vertretbar**, von vornherein berücksichtigt werden muss. Monofunktional ausgerichtete Betriebsstätten sind aus ökonomischer Sicht stets kritisch zu betrachten.

3 Der Betriebsprozess

3.1 Der Betriebsprozess im Überblick

Der Betriebsprozess besteht aus der Gesamtheit aller auf die Ziele des Betriebes bezogener Aktivitäten und Abläufe. Er besteht in seiner einfachsten Form aus zwei Hauptprozessen:

- dem Leistungsprozess und
- dem Leitungsprozess.

Der Leistungsprozess umfasst alle Vorgänge, die einer materiellen und wertmäßigen Gütertransformation zuzurechnen sind. Der Leitungsprozess umfasst alle Tätigkeiten zur Koordination von Menschen im Leistungsprozess. Leistungs- und Leitungsprozess sind unlösbar miteinander verbunden. Jeder Leistungsprozess bedarf der Koordination. Ein Leitungsprozess ohne Bezug zur Leistungserstellung ist sinnlos. Das trifft sowohl auf den Betriebsprozess als Ganzes zu wie für jeden seiner Teilprozesse. In unaufhörlicher Abfolge wiederholen und verbinden sich Leistungs- und Leitungsprozesse. Der Leitungsprozess steuert den Leistungsprozess. Dem Leistungsprozess kommt dabei, da er Zweck des Betriebsprozesses ist, das Primat zu. Die Qualität des Leitungsprozesses zeigt sich in der Effizienz des Leistungsprozesses.

Leistungs- wie Leitungsprozess befinden sich zugleich in ständiger qualitativer und quantitativer Veränderung. Die Gesamtheit dieser Veränderungen bezeichnen wir kurz als Betriebsentwicklung, die nichts anderes als die Dynamik des Leistungsprozesses ist. Vor allem Innovationen, das sind niveauerhöhende qualitative Veränderungen im Betriebsprozess, sind eine wesentliche Voraussetzung für das Bestehen des Betriebes im Wettbewerb.

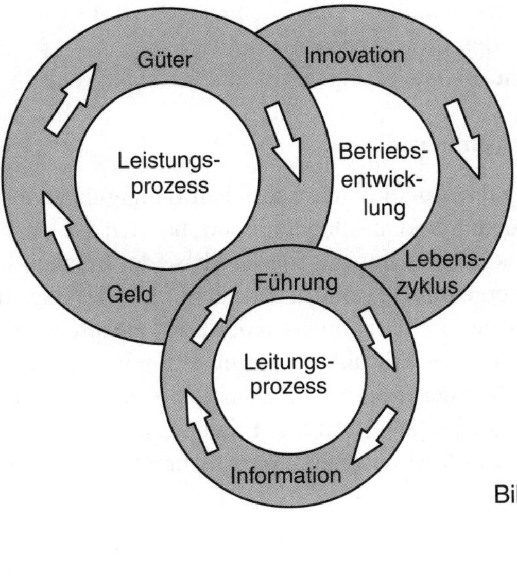

Bild 3.1 Betriebsprozess

Im Betriebsprozess bestehen vielfältige dynamische Gleichgewichtserfordernisse, und zwar sowohl qualitativer Art (Kompatibilitäten) als auch quantitativer Art (quantitativer Proportionen). Das gilt sowohl für die Beziehung zwischen dem laufenden Leistungsprozess und dem Prozess der Betriebsentwicklung als auch für das Verhältnis von Leistungs- zu Leitungsprozess und ebenso für die Beziehungen innerhalb der Teilprozesse, so innerhalb des Leistungsprozesses zwischen dem güterwirtschaftlichen und dem finanzwirtschaftlichen Prozess, innerhalb der Betriebsentwicklung zwischen Innovation und Betriebslebenszyklus und im Leitungsprozess zwischen Führungsprozess und Informationswirtschaft. Diese Beziehungen soll das Bild 3.1 verdeutlichen.

3.2 Der Leistungsprozess

3.2.1 Übersicht über den Leistungsprozess

Kern des Betriebsprozesses ist der Leistungsprozess. Der Leistungsprozess im engeren Sinne ist der güterwirtschaftliche Prozess und dessen Kernstück wiederum die Produktion. Über die güterwirtschaftlichen Teilprozesse Beschaffung und Absatz ist der Leistungsprozess mit den Markt verbunden. Zur technischen Leistungserstellung und -verwertung gehört komplementär der finanzwirtschaftliche Prozess, bei dem in den verschiedenen Stufen des Leistungsprozesses Kapital gebunden bzw. freigesetzt wird. Die realen Güterbewegungen werden von Ausgaben (Auszahlungen, Aufwendungen, Kosten) und Einnahmen (Einzahlungen, Erträge, Erlöse) begleitet (Bild 3.2).

3.2.2 Der güterwirtschaftliche Prozess

Im güterwirtschaftlichen Prozess werden Güter in Form von Produktionsfaktoren beschafft und in Güter mit neuem Nutzen transformiert und diese Güter dann abgesetzt. Der Leistungsprozess besteht also grundlegend aus den Prozessphasen

- Leistungsvorbereitung (Beschaffung und Bereitstellung der Produktionsfaktoren)
- Leistungserstellung (Produktion)
- Leistungsverwertung (Absatz und Eigenverbrauch).

Da in der Phase der Leistungsvorbereitung unter marktwirtschaftlichen Bedingungen das Heranholen von Produktionsfaktoren aus dem Markt absolut dominiert, hat sich die Kurzbezeichnung **Beschaffung** durchgesetzt. Vergleichbares gilt für die Phase der Leistungsverwertung. Eigenverbrauch spielt eine untergeordnete Rolle, und deshalb steht der Begriff **Absatz** für diesen Prozess insgesamt. Jede der drei Grundphasen des Leistungsprozesses bedarf des Einsatzes bestimmter Faktoren, die zur Erbringung der jeweils in ihnen geforderten Leistungen geeignet sind. Es hat sich in der Betriebswirtschaftslehre eingebürgert, diese Faktoren als **Produktionsfaktoren** zu bezeichnen, da sie im Prinzip in allen drei Phasen gleichartig sind, sich aber im Produktionsprozess am deutlichsten in ihrer Funktion und ihrem Zusammenwirken darstellen.

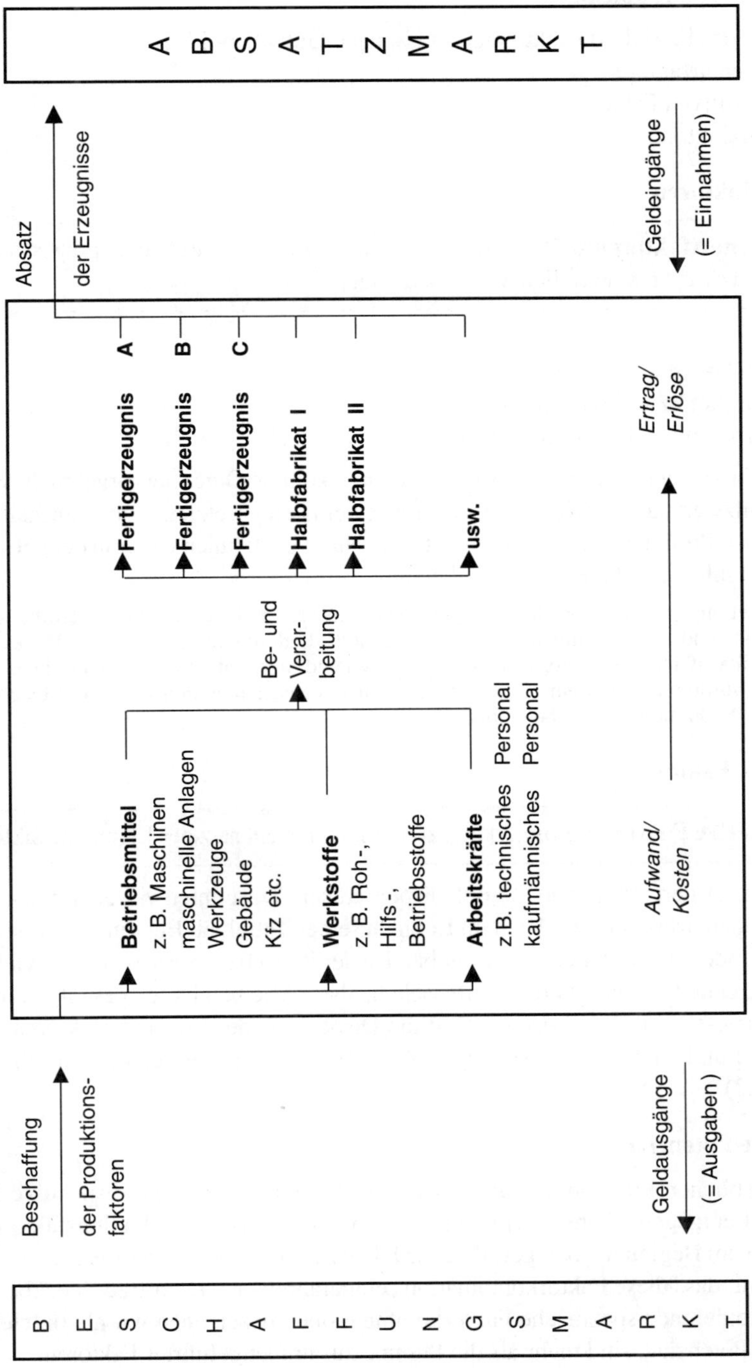

Bild 3.2 Grundstruktur des Leistungsprozesses [22]

System der Produktionsfaktoren

Das System der Produktionsfaktoren umfasst nach Gutenberg [23]
- die Elementarfaktoren
- den dispositiven Faktor
- die Zusatzfaktoren.

Elementarfaktoren

> Die **Elementarfaktoren** sind die für jeden Produktions- bzw. Leistungsprozess im Betrieb unerlässlichen materiellen Voraussetzungen.

Dies sind
- menschliche Arbeit bzw. Arbeitskräfte
- Betriebsmittel bzw. Arbeitsmittel
- Werkstoffe bzw. Arbeitsgegenstände.

Nur durch ihr zweckbestimmtes Zusammenwirken können Güter hervorgebracht werden, die einen Nutzwert haben. Wichtig ist, dass die jeweilig eingesetzten Elementarfaktoren für den jeweiligen Produktionszweck geeignet sind. Nur dann können Güter in der geforderten Qualität und mit vertretbarem Aufwand erstellt werden.

Für die Herstellung von Geldbörsen werden beispielsweise Facharbeiter der Lederverarbeitung, bestimmte Stanz- und Nähmaschinen und ganz bestimmte Lederqualitäten benötigt. Dabei ist einsehbar, dass Textilfacharbeiter, normale Nähmaschinen und Stoffe nicht zum gewünschten Produkt führen. Und würde man auch nur einen der Faktoren austauschen, wären zumindest Qualität und Effizienz der Produktion negativ beeinflusst.

Dispositiver Faktor

> Der **dispositive Faktor** koordiniert den zielgerichteten Einsatz der Elementarfaktoren.

Der einzelne, isoliert arbeitende Mensch disponiert sein Zusammenwirken mit den beiden anderen Elementarfaktoren zugleich im Rahmen seiner Tätigkeit. Bei ihm sind dispositive und ausführende Tätigkeit nicht klar trennbar. Da der Betrieb eine arbeitsteilige, vielfältige Technik nutzende Gemeinschaft von Menschen, also – wie bereits festgestellt – ein kompliziertes sozio-technisches System ist, ist die Disposition der Elementarfaktoren ein anspruchsvoller und relativ verselbständigter Aufgabenbereich, nämlich der Führung (siehe Abschnitt 3.2).

Betriebliche Potenziale

In der betrieblichen Praxis treten uns die Elementarfaktoren und der dispositive Faktor nicht isoliert entgegen, ebenso wenig wie die Kombination der Produktionsfaktoren immer wieder vom Beginn her neu gestaltet wird. Die Effizienz des Betriebsprozesses beruht gerade darauf, dass diese Faktorkombination „eingefahren" ist. Derartige zweckbestimmt stabil funktionierende spezifische Faktorkombinationen bezeichnen wir als **betriebliche Potenziale**. Potenziale sind mehr als die Summe zusammengeführter Faktoren.

> **Betriebliche Potenziale** sind anpassungs- und lernfähige Systeme von Produktionsfaktoren.

Dieser Sachverhalt erklärt die zum Teil erheblichen Effizienzunterschiede zwischen verschiedenen Betrieben oder zwischen Betriebsbereichen mit völlig gleicher Ausstattung. Die Effizienz eines Betriebes hängt vorrangig von der Leistungsfähigkeit seiner Potenziale und weniger von der bloßen Verfügbarkeit über Produktionsfaktoren ab. Im Betrieb haben wir zum Beispiel Produktionspotenziale mit bestimmten Leistungsspektren, Absatzpotenziale, Instandhaltungspotenziale, Forschungs- und Entwicklungspotenziale, Servicepotenziale und andere mehr. Wir haben darüber hinaus ein Führungspotenzial, das den gesamten Betriebsprozess koordiniert. Basis der Potenzialbildung und -ausformung sind meist bestimmte Technologien, Arbeitsmethoden oder Organisationslösungen.

Zusatzfaktoren

> **Zusatzfaktoren** sind förderliche oder hemmende Bedingungen für den laufenden Betriebsprozess und für seine Weiterentwicklung.

Wichtige Zusatzfaktoren sind

- die unmittelbaren Standortbedingungen (Lage, Erweiterungsmöglichkeiten, Boden, Klima, Gefährdungen)
- die Umweltbedingungen
- die zugänglichen Ressourcen (Rohstoffe und Energien nach Menge, Qualität und Preis)
- der Zustand der Infrastruktur und der Anschluss daran
- das Kooperationspotenzial (kontraktierbare spezialisierte Anbieter)
- die verfügbare Qualifikation und das Qualifikationssystem des Landes
- das Innovationstempo der Branche und der Zugang zu Innovationen und Innovationspotenzialen
- die Marktformen und die Marktorganisation, insbesondere der Marktzugang
- die rechtlichen Rahmenbedingungen (vor allem Handelsrecht, Gesellschaftsrecht, Arbeitsrecht, Baurecht, Genehmigungen, Zertifizierungen)
- die gesellschaftlichen und politischen Bedingungen (hinsichtlich Akzeptanz, Förderung oder Behinderung unternehmerischer Betätigung generell oder auf bestimmten technologischen Gebieten)
- die Besteuerung
- die Finanzierungsmöglichkeiten.

Gestaltung des güterwirtschaftlichen Prozesses

Der güterwirtschaftliche Prozess ist als Transformationsprozess von Produktionsfaktoren stets die Einheit von

- technologischem Prozess
- organisatorischem Prozess
- Informationsprozess.

Der **technologische Prozess** bringt das Gut (den Nutzwert) hervor. Er ist eine Abfolge von Operationen (bei Stoffwandlung: Reaktionen). Der **organisatorische Prozess** schafft die räumlich-zeitliche Ordnung des Faktoreinsatzes (einschließlich der Faktorbereitstellung) und der Operationen. Der **Informationsprozess** stellt die Steuersignale für die Faktorkoordination bereit. Am prägnantesten stellt sich die Einheit dieser Prozesse im Produktionsprozess dar. Insbesondere hier zeigt sich, dass der technologische Prozess die Grundlage für den gesamten güterwirtschaftlichen Prozess ist. Die Produktionsfaktoren (Arbeit, Betriebsmittel, Werkstoffe) müssen für eine reibungslose Leistungserstellung in der für den güterwirtschaftlichen Prozess erforderlichen Art, Güte, Menge zur richtigen Zeit und am richtigen Ort zur Verfügung zu stehen.

3.2.3 Der finanzwirtschaftliche Prozess

Ein Betrieb kann nur dann dauerhaft Leistungen erbringen, wenn ihm die erforderlichen finanziellen Mittel zur Verfügung stehen. Verkaufserlöse fallen dem Betrieb erst am Ende des güterwirtschaftlichen Prozesses zu, er benötigt aber Kapital bereits zu Beginn. Der finanzwirtschaftliche Prozess ist daher so zu gestalten, dass die Kapitalbindungs- und Kapitalfreisetzungsprozesse optimal mit dem güterwirtschaftlichen Prozess verbunden sind. Der finanzwirtschaftliche Prozess des Betriebes besteht aus vier Phasen

- Kapitalbeschaffung (Finanzierung)
- Kapitalverwendung (Investition)
- Kapitalrückgewinnung (Desinvestition)
- Kapitalabfluss (Entfinanzierung).

Kapitalbedarf kann durch Außen- und/oder Innenfinanzierung gespeist werden. Finanziert sich der Betrieb aus sich selbst heraus, spricht man von Innenfinanzierung. Wird Geld von außen dem Betrieb zugeführt, spricht man von Außenfinanzierung (Bild 3.3).

Die Außenfinanzierung besteht aus externer Eigenfinanzierung (Beteiligungsfinanzierung) und externer Fremdfinanzierung (Kreditfinanzierung und Zuwendungen). Die Innenfinanzierung besteht aus der internen Eigenfinanzierung (Selbstfinanzierung aus dem Betriebsprozess) und der internen Fremdfinanzierung (gewidmete Rückstellungen).

Investitionen

Der güter- und der finanzwirtschaftliche Prozess sind besonders eng über Investitionen verknüpft. Potenzialfaktoren, vor allem Betriebsmittel, werden mit dem Ziel einer vergrößerten Wertschöpfung beschafft, d. h. mehr Geld aus Investitionen zurückzugewinnen, als ursprünglich eingesetzt wurde.

Liquidität

Unter marktwirtschaftlichen Bedingungen ist die Fähigkeit des Betriebes, seinen zwingenden Zahlungsverpflichtungen ständig nachkommen zu können, ein Existenzerfordernis. Liquidität ist der Ausdruck eines Gleichgewichts zwischen güterwirtschaftlichem und finanzwirtschaftlichem Prozess.

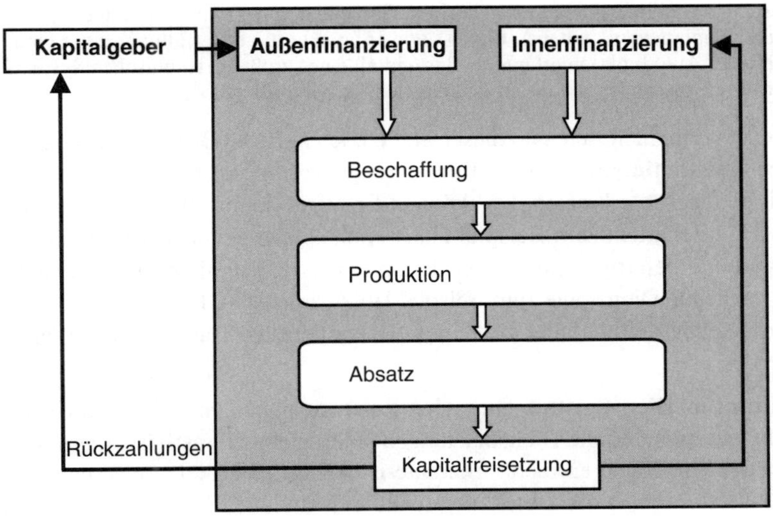

Bild 3.3 Finanzmittelfluss im Betrieb

Das betriebliche Leistungsergebnis

Das betriebliche Leistungsergebnis besteht aus **Gütern**, die vermarktet zu einem geldlichen (monetären) Resultat, das heißt **Ertrag sowie Erfolg**, führen. Aus der Sicht der Technischen Betriebswirtschaft besteht demnach das Resultat des Betriebsprozesses aus zwei miteinander verbundenen, dennoch für sich jeweils eindeutig abgrenzbaren Bestandteilen, dem

- technischen Leistungsergebnis in Gestalt der erstellten Güter.
- ökonomischen Leistungsergebnis als Differenz der Wertgröße der erstellten bzw. vermarkteten Güter zu den bewerteten Faktorverbräuchen.

Das technische Leistungsergebnis stellt sich in den erstellten Gütern bzw. Produkten (Erzeugnissen und Leistungen) mit ihren Gebrauchseigenschaften und den diese Gebrauchseigenschaften tragenden technischen Funktionen mit ihren Leistungsparametern und in den Mengen der erstellten Güter dar.

Güter

Wir unterscheiden, wie in Abschnitt 1.4 dargestellt, **materielle** und **immaterielle Güter**. **Materielle Güter** sind gegenständlich beziehungsweise technisch fassbar. Es sind allgemein **Erzeugnisse und Energien**. Erzeugnisse können Kleinteile, wie Schrauben, bis Großanlagen, wie Kraftwerke, sein. Erzeugnisse können konsumtiven (Brot) oder produktiven (Maschine) Zwecken oder beidem dienen (Computer). Mit fortschreitender technischer Entwicklung ist zu beobachten, dass Erzeugnisse immer weniger für sich allein eine Bedürfnisbefriedigung ermöglichen, sondern nur in Kombination mit bestimmten anderen Erzeugnissen, das heißt als **Erzeugnissystem**.

Eine Filmkamera ist nur zusammen mit dem zugehörigen Film und darüber hinaus nur mit der jeweiligen Entwickler- und Kopiertechnik nutzbar. Ein CD-Player braucht für die Erfüllung seiner Funktion eine CD. Auch jedes Auto funktioniert nur als Bestandteil eines größeren technischen Systems, zu dem der Kraftstoff mit passender Oktanzahl und das richtige Motoröl gehören.

Um Unklarheiten zu vermeiden, seien an dieser Stelle noch kurz die Begriffe **Erzeugnisgruppe** und **Erzeugnissortiment** erläutert. Eine Erzeugnisgruppe ist eine Kategorie von Erzeugnissen mit gleichen Merkmalen. Das können Erzeugnisse mit gleichen oder ähnlichen Gebrauchseigenschaften, zum Beispiel Hausschuhe, nach gleicher oder ähnlicher Herstellungstechnologie gefertigte Güter, zum Beispiel Gusserzeugnisse, oder aus gleichem Rohstoff bestehende Dinge, wie zum Beispiel Holzwaren, sein. Ein Erzeugnissortiment ist die geordnete Gesamtheit aller von einem Hersteller oder Händler angebotenen Erzeugnisse.

Immaterielle Güter sind **Dienstleistungen**, oft nur **Leistungen** genannt. Hier unterscheiden wir materielle und immaterielle Dienstleistungen. **Materielle Dienstleistungen** werden unmittelbar an einem Objekt erbracht. Charakteristisch für materielle Leistungen ist, dass die Produktionsfaktoren an das Objekt heranzuführen sind und die Leistung jeweils **pro Einsatzfall einmalig erbracht** wird. Zu den **materiellen Leistungen** gehören

- Pflege- und Verschönerungsleistungen am Menschen (so Frisieren, Schminken, Tätowieren)
- Pflege- und Verschönerungsleistungen an Sachen (so Gebäudereinigung, Auto waschen, Tapezieren)
- Transport und Anlieferung
- Montageleistungen (sofern sie gesondert und nicht im Rahmen industrieller Produktion erbracht werden)
- Inbetriebnahme und Vorführung
- Instandhaltung
- technische Umstellungen
- Testungen, Erprobungen
- Entsorgung.

Immaterielle Leistungen lassen sich allgemein als **Informationsleistungen** charakterisieren und sich grob in Kenntniser- und -übermittlungen, künstlerische Leistungen, juristische Leistungen und kommerzielle Leistungen gliedern. Teilweise sind sie mehrfach zuordenbar oder schließen anteilig materielle Leistungen ein. Charakteristisch für einen großen Teil der immateriellen Leistungen ist, dass sie **einmal erstellt und dann vielfach genutzt** werden, wie das bei Software, Wiederverwendungsprojekten, Filmen oder Musikkonserven der Fall ist.

Kenntniser- und -übermittlungen

- Entdeckungen, Erfindungen, Forschung und Entwicklung, Patente, Lizenzen, Know-how
- Software
- technische Entwürfe, Modelle, Baumuster, Prototypen
- Engineering (Anlagen-/Bauplanung und -projektierung)

- Consulting
- Aus- und Weiterbildung
- Telekommunikationsleistungen
- Informationsdienste, Sprachmittlung
- Kontaktvermittlungen
- Veranstaltungsdienste (Tourismus, Kongresse)
- medizinische Leistungen
- Züchtungen
- Prospektierungen.

Künstlerische Leistungen
- reine Künste (Theater, Musik, Tanz usw.)
- angewandte Künste (Architektur, Garten- und Landschaftsgestaltung usw.)
- Design (Formgestaltung, Bekleidungsmode)
- Gebrauchskunst und Kunstgewerbe (Floristik, Bijouterie, Souvenirs usw.).

Juristische Leistungen
- Rechtsnormentwicklung (Gesetzgebung, Standardisierung)
- Rechtsnormüberwachung (Schutzrechtsvereine, Abmahnvereine, Gutachten, Zertifizierungen)
- Rechtsnormdurchsetzung (Anwaltstätigkeit, Rechtsprechung, Vollstreckung).

Kommerzielle Leistungen
- Transaktionskonditionen (Rabatte, Skonti, Boni)
- Kreditgewährungen
- Bürgschaften
- Garantien
- Geschäftsvermittlungen
- Übertragung kommerzieller (Teil-)Funktionen (bei Lieferung, Absatz, Inkasso)
- Kundenbetreuung/kommerzieller Service.

Das **technische Leistungsergebnis** des Betriebsprozesses lässt sich qualitativ wie auch quantitativ nur produktspezifisch beschreiben. Es lässt sich mit keiner elementaren Kennzahl zusammenfassen.

Das qualitative technische Leistungsergebnis

Das qualitative technische Leistungsergebnis drückt sich aus im Innovationsniveau und in der Zuverlässigkeit der Produkte. Dafür braucht man in der Regel eine Vielzahl von Kennzahlen und zum Teil sogar rein subjektiv-qualitative Wertungen, die die einzelnen Produkteigenschaften beschreiben. Zusammenfassungen, die wir vorfinden, erfolgen hierbei anhand von Punktbewertungen. Diese schließen subjektive Momente bei der Kriterienwahl und der Gewichtung, Skalierung und Messung der Kriterien ein. Sie liefern folglich nur annähernd objektivierte Aussagen. Für die Einschätzung des qualitativen betrieblichen Leitungsergebnisses sind in aufsteigender Reihe folgende Aussagen erforderlich:

- einzelne Eigenschaften von Produkten (Gebrauchseigenschaften von Erzeugnissen bzw. Leistungsmerkmale von Dienstleistungen) und die sie tragenden technischen Funktionen mit ihrem nutzbaren Parameterbereich
- das technische Niveau von Produkten in Relation zu ihrem Nutzwert
- das technische Niveau einzelner Produktgruppen
- das technische Niveau des gesamten Sortiments des Betriebes.

Das quantitative technische Leistungsergebnis

Das quantitative technische Leistungsergebnis des Betriebsprozesses ist auch nur produktspezifisch beschreibbar. Wir erfassen es grundsätzlich in technischen Größen durch den gemessenen **Ausstoß** von Produkten mit definierter gleicher Qualität bzw. gleicher Grundqualität in einer festgelegten Zeiteinheit. Verwendet werden

- Stückzahlen (z. B. Traktoren, Wohnungen, Bücher, Paar Schuhe)
- Längen (z. B. Garne, Kabel)
- Flächen (z. B. Stoffe, Wohnfläche)
- Volumina (z. B. umbauter Raum, Bier, Schaumstoffe)
- physikalische Einheiten (z. B. Kilowattstunden).

In verschiedenen Produktionen gibt der Ausstoß keine genaue Aussage über das quantitative technische Leistungsergebnis. Dann werden Kennzahlen für die Bearbeitungsleistung an einem Arbeitsgegenstand verwendet. Solche sind

- Durchsatz (z. B. Erdölverarbeitung, Gesteinsklassierung, Abwasserbehandlung)
- Flächenbearbeitung (z. B. Hektarleistung von Landwirtschaftsmaschinen pro Tag)
- Vortrieb (z. B. im Tunnelbau oder Bergbau)
- Transportleistungen (Tonnenkilometer, Personenkilometer)
- Leistungszeiten (z. B. Verbindungsminuten in der Telekommunikation, Wachstunden)
- Anzahl der Einsätze (z. B. beim Service oder bei der Feuerwehr)
- Kundenzahlen (z. B. Besucherzahlen bei Internetseiten, Theatergäste, Flughafenpassagiere).

Gerade bei immateriellen Dienstleistungen ist die Leistungsmessung sehr schwierig. Hier hilft man sich, falls die Menge der Arbeitsresultate nur geringe Aussagekraft hat (wie die Zahl neu- und weiterentwickelter technischer Lösungen, die Zahl der Patente oder die Zahl der Veröffentlichungen) unter anderem mit Leistungszeiten (z. B. Mannjahre in der Forschung und Entwicklung, Beratungstage bei der Unternehmensberatung), Abonnentenzahlen (bei Zeitschriften oder Online-Diensten) oder gehandelten bzw. betreuten Wertvolumina (z. B. Umsätze des Handels oder der Börsen, Depotbestände bei Banken).

Die Zusammenfassung von technischen Leistungsergebnissen aus verschiedenen Produktionen eines Betriebes ist nicht direkt möglich. Da das allerdings für grundlegende Führungsentscheidungen oft notwendig ist, hilft man sich mit folgenden Lösungen:

- Vom Verwendungszweck oder der technischen Prinziplösung her ähnliche Produkte werden **in einer Produktklasse zusammengefasst** (z. B. Kühlschränke, Radios, Küchenmaschinen).

- Produkte, die durch ein bestimmtes Leistungsmerkmal charakterisiert sind, werden **über dieses Merkmal addiert** (z. B. Zahl der ISDN-Kanäle anstelle der Zahl der ISDN-Anschlüsse oder die Traktionsleistung hergestellter Traktoren anstelle der Traktorenzahl).
- Produkte, die durch einen bestimmten Produktionsfaktor gekennzeichnet sind, werden **über dessen Einsatzmenge zusammengefasst** (z. B. Walzgut oder Bitumenprodukte in Tonnen, Getränke in Litern).
- Produkte, die sich infolge ihrer Verschiedenartigkeit unter keinem Merkmal zusammenfassen lassen, werden **unter einer Wertgröße** (z. B. Produktionswert oder Umsatz) addiert. Das ist aber bereits ein ökonomisches Leistungsergebnis.

Das ökonomische Leistungsergebnis

Das ökonomische Leistungsergebnis des Produktionsprozesses besteht unmittelbar aus dem Wert der erzeugten Produkte. Doch nur der abgesetzte Teil der Produktion führt zum ökonomischen Leistungsergebnis des Betriebsprozesses. Erzeugte Produkte haben zunächst lediglich einen virtuellen Wert. Er realisiert sich erst durch den Verkauf. Das ökonomische Leistungsergebnis ist der Umsatz.

Den Betriebswirt interessiert dabei das ökonomische Leistungsergebnis des Betriebsprozesses sowohl hinsichtlich seines absoluten Umfangs als auch hinsichtlich der Relation von Leistungsergebnis zu Faktoreinsatz [24].

Zu den ökonomischen Absolutdaten

Kennzahl Umsatz

Das auf dem Markt realisierte Wertvolumen der Produktion wird mit der Kennzahl Umsatz bzw. Umsatzerlös erfasst. Dieses Wertvolumen schließt den Wert der eingekauften Produktionsfaktoren und die Wertschöpfung ein.

Kennzahl Wertschöpfung

Die eigentliche ökonomische Leistung des Betriebes ist der hinzugefügte Wert, den wir als **Wertschöpfung** oder **Nettoleistung** bezeichnen. Die Wertschöpfung ist bei pagatorischer Betrachtung (das heißt bei ausschließlicher Betrachtung der tatsächlich geleisteten Zahlungen) die Differenz zwischen dem Umsatzerlös und der Preissumme der eingekauften Produktionsfaktoren bzw. bei wertmäßiger Betrachtung (das heißt bei Berücksichtigung eingetretener Wertveränderungen auf dem Markt) die Differenz zwischen dem Marktwert der erstellten Güter und dem Marktwert der verbrauchten Produktionsfaktoren.

Kennzahl Kosten

Den Wert der gezielt für die Gütererstellung und -verwertung verbrauchten Produktionsfaktoren bezeichnen wir als **Kosten**. Dabei ist der Wert die Preissumme, die auf dem Markt zum Zeitpunkt des Verbrauchs zu zahlen ist. Kosten sind demnach als **bewerteter Faktorverbrauch** vom Grundsatz her eine Wertgröße und keine Zahlungsgröße. Auch Produktionsfaktoren, die wir nicht zu kaufen brauchen, aber einen Marktpreis haben und zu diesem Preis verkäuflich sind, stellen Wertverzehr und folglich Kosten dar. Die Faktorverbräuche für die betriebliche Leistungserstellung und -verwertung werden durch die Kostenrechnung erfasst.

Kennzahl Gewinn
Die Wertschöpfung als Differenz von Umsatzerlösen und Kosten ist die Grundlage des Gewinns. Sofern die Wertschöpfung dem Betrieb ungeschmälert verbleibt, sind Wertschöpfung und Gewinn identische Größen. Dies ist in der wirtschaftlichen Praxis nie der Fall. Eine bereits erzielte Wertschöpfung kann teilweise oder ganz aus nicht dem Betriebsprozess geschuldeten Gründen bzw. durch gesellschaftliche Regularien verloren gehen. Gewinn im allgemeinsten Sinne ist jeder wertmäßige Überschuss, der in einer definierten Periode bzw. bei einem abgegrenzten Geschäftsvorfall erzielt wird. Gewinn im engeren betriebswirtschaftlichen Sinne ist die Differenz zwischen dem Ertrag und dem Aufwand einer Periode. Dabei ist der Ertrag die Summe aller der einer Periode zuzurechnenden Umsatzerlöse. Aufwand ist die Summe der Kosten einer Periode. Angemerkt sei, dass die handels- und steuerrechtliche Abgrenzung des Gewinnbegriffs auf rechtlichen Gestaltungsakten fußt und demzufolge in der Regel vom allgemeinen betriebswirtschaftlichen Gewinnbegriff abweicht.

Zu den ökonomischen Relationsdaten

Während die Absolutdaten etwas über das ökonomische Gewicht des Betriebes aussagen, geben die Relationsdaten Auskunft über die **Effizienz** des Betriebsprozesses. Dabei unterscheiden wir vom Standpunkt der Technischen Betriebswirtschaft zwei Gruppen von Relationsdaten: **Produktivitätsdaten** und **Intensitätsdaten**. Produktivitätsdaten bzw. -kennzahlen quantifizieren die Relation von Leistungsergebnis zu Aufwand. Intensitätsdaten bzw. -kennzahlen quantifizieren den Aufwand je Einheit des Leistungsergebnisses. Sie stellen gewissermaßen die Umkehrung der Produktivitätsdaten dar. Produktivitäts- wie Intensitätskennzahlen können einen

- materiellen Bezug (Leistungseinheiten und Faktoreinsatzmengen)
- operationalen Bezug (technologischer Vorgang, Geschäftsvorfall)
- wertmäßigen Bezug (monetäre Größen)

haben.

Produktivitätskennzahlen

Wichtige Produktivitätskennzahlen sind

- mit materiellem Bezug
  - Arbeitsproduktivität
  - Maschinenproduktivität
  - Materialproduktivität (bzw. Materialausbeute),
- mit operationalem Bezug
  - Leistungsergebnis pro Operation bzw. Geschäftsvorfall
  - Leistungsergebnis pro betreutem Objekt
  - Leistungsergebnis pro Aktionsperiode.

Bei Produktivitätskennzahlen mit operationalem Bezug kann das Leistungsergebnis materieller oder wertmäßiger Art sein
- mit wertmäßigem Bezug
  - Kapitalproduktivität
  - Kostenproduktivität.

Produktivitätskennzahlen mit monetärem Bezug sind identisch mit Effizienzkennzahlen.

Intensitätskennzahlen

Wichtige Intensitätskennzahlen sind
- mit materiellem Bezug
  - Arbeitsintensität
  - Intelligenzintensität
  - Maschinenintensität
  - Materialintensität
  - Energieintensität
- mit operationalem Bezug
  - Aufwand pro Operation bzw. Geschäftsvorfall
  - Aufwand pro betreutem Objekt
  - Aufwand pro Aktionsperiode
- mit wertmäßigem Bezug
  - Kapitalbindung je Leistungseinheit (bzw. je Kapazitätseinheit)
  - Kostenaufwand je Leistungseinheit (Stückkosten), ggf. nach Kostenarten (z. B. Lohnstückkosten).

Folgendes Beispiel soll die Produktivitäts- und Intensitätskennzahlen beim Faktor Material verdeutlichen.

Der Zuschnittmeister in einer Ledergürtelfabrik entwirft gemeinsam mit dem Designer die Stanzvorlage mit dem Ziel, möglichst viele Gürtel aus einer brutto 4,2 m^2 großen Rinderhaut, die zum Preis von 281,– Euro bezogen wurde, zu stanzen. Die Lederhaut ist sehr fehlerhaft. Der durchschnittliche Gürtel ist 4 cm breit und 1 m lang. Nach Fertigstellung der Stanzvorlage zeigt sich, dass 57 Gürtel gestanzt werden können. Das ergibt eine Materialproduktivität von 13,6 Gürteln je Quadratmeter und eine Materialausbeute von 54,3 %. Die Kostenproduktivität pro 100 Euro beträgt damit 20,3 Gürtelrohlinge. Die Materialkostenintensität pro Gürtelrohling beträgt damit 4,93 Euro.

Weitere Kennzahlen

Unter Umständen sind zur genaueren Einschätzung des betrieblichen Leistungsergebnisses sowie zur Beurteilung des ökonomischen Gewichts und der Perspektiven des Betriebes weitere Kennzahlen bedeutsam. Solche sind
- Anzahl der Beschäftigten und ihre Qualifikationsstruktur
- Anteile einzelner Beschäftigtengruppen (z. B. Auszubildende, Arbeiter, Angestellte, Frauen, Behinderte)
- Anzahl der Mitarbeiter in Forschung und Entwicklung
- Anzahl neu- und weiterentwickelter Produkte und Technologien pro Jahr

- Absatz neu- und weiterentwickelter Produkte pro Jahr
- Krankenstand und Unfälle
- ökologische Daten.

3.3 Kostenrechnung

3.3.1 Grundzüge der Kostenrechnung

> Die **Funktion der Kostenrechnung** ist die exakte zahlenmäßige Widerspiegelung des Wertverzehrs für die betriebliche Leistungserstellung und -verwertung im Geldausdruck.

Die **Aufgaben der Kostenrechnung** [25], die als wichtigster Teil des internen Rechnungswesens zugleich das zentrale Element der betrieblichen Informationswirtschaft darstellt, umschließen
- die Kostendatenerfassung
- die Kostendatenspeicherung
- die Kostendatenauswertung.

Die Kostenrechnung dient dabei der Kostenkontrolle, der Kostenplanung und der Kostenkalkulation. Insbesondere geht es um die Beherrschung der Kostendynamik, das heißt der Abhängigkeit der Kostenentwicklung von der betrieblichen Leistungsentwicklung. Hierzu wurden verschiedene **Kostenrechnungssysteme** entwickelt. Nach dem **Umfang der Kostenverrechnung** unterscheiden wir die
- **Teilkostenrechnung**, die nur die direkt einem Bezugsobjekt zurechenbaren Kosten erfasst
- **Vollkostenrechnung**, die sämtliche Kosten je Bezugsobjekt erfasst, zu den direkt zurechenbaren Kosten (Einzelkosten) werden anteilig die nicht direkt zurechenbaren Kosten (Gemeinkosten) zusätzlich zugeordnet.

Die Einzelkosten sind meist variable, also unmittelbar leistungsabhängige Kosten (wie Lohn- oder Materialkosten), und die Gemeinkosten überwiegend fixe, also unabhängig von der Leistung entstehende Kosten (wie Abschreibungen, Mieten, Pachten). Nach dem **zeitlichen Bezug der Kostenverrechnung** unterscheiden wir die
- Istkostenrechnung
- Normalkostenrechnung
- Plankostenrechnung.

Bei der **Istkostenrechnung** werden die tatsächlich angefallenen Kosten einer Periode (Ist-Preise multipliziert mit Ist-Verbrauchsmengen) erfasst, wodurch sich zufällige Preis- und Mengenschwankungen voll in der Rechnung auswirken. Die Istkostenrechnung dient vor allem der **Nachkalkulation**. Die **Normalkostenrechnung** erfasst die durchschnittlichen Ist-Kosten mehrerer vergangener Perioden. Sie ist durch die Feststellung von Abweichungen der Ist-Kosten zu den Normalkosten vor allem ein Instrument der **Kostenkontrolle**.

Die **Plankostenrechnung** dient durch die Verwendung von Planpreisen und technisch begründeter Verbrauchsnormative der Erarbeitung von **Kostenvorgaben** und der **vorausschauenden Kostenkalkulation**. Die **Prinzipien der Kostenverrechnung** innerhalb der Kostenarten-, Kostenstellen- und Kostenträgerrechnung (siehe unten) sind das

- **Verursachungsprinzip**, demzufolge jedem Bezugsobjekt (Produkt, Anlage) nur jene Kosten zugerechnet werden dürfen, die es selbst tatsächlich verursacht hat
- **Durchschnittsprinzip**, das verlangt, dass nicht jedem individuellen Bezugsobjekt die dafür zufällig angefallenen Kosten zugerechnet werden, sondern die für identische Bezugsobjekte entstandenen Kosten gleichmäßig auf diese verteilt werden
- **Tragfähigkeitsprinzip**, auch Deckungsprinzip genannt, das als Sonderfall des Durchschnittsprinzips besagt, dass nicht unmittelbar einem Bezugsobjekt zurechenbare Kosten (überwiegend die Fixkosten) im Verhältnis ihrer Absatzpreise bzw. Erlöse auf die Bezugsobjekte verteilt werden.

Gruppierung der Kosten

Kosten lassen sich grundsätzlich gruppieren nach

- **Kostenarten** (nach Arten der eingesetzten Produktionsfaktoren)
- **Kostenstellen** (Ort bzw. Betriebsbereich, wo die Kosten entstehen)
- **Kostenträgern** (Güter bzw. Objekte, denen sie zuzurechnen sind) .

Demnach unterscheiden wir die Kostenarten-, Kostenstellen- und Kostenträgerrechnung.

Kostenartenrechnung

Für die Kostenarten gibt es verschiedene Gliederungsmöglichkeiten [26]:

1. nach der **Art der verbrauchten Produktionsfaktoren**, originär sind das Personalkosten (= Lohnkosten), Werkstoffkosten (= Material- und Energiekosten) und Betriebsmittelkosten (= Abschreibungen), hinzu treten von außen Dienstleistungskosten (für von Dritten erbrachte materielle und immaterielle Dienstleistungen), Raumkosten (= Mieten, Pachten), Kapitalkosten (= Zinsen) und Abgaben (Steuern, Gebühren)
2. nach ihrer **Funktion im Betriebsprozess** (Beschaffungs-, Produktions-, Absatz-, Forschungs- und Entwicklungs-, Verwaltungskosten)
3. nach ihrer **Zurechenbarkeit zu einem Bezugsobjekt** (wobei wir die Grundeinteilung in Einzelkosten und Gemeinkosten durch Sondereinzelkosten – das sind Kosten, die sich nicht dem Einzelstück, sondern nur dem gesamten Auftrag bzw. Los zuordnen lassen – und unechte Gemeinkosten – das sind zur Vereinfachung zusammengefasste Einzelkosten, wie Kosten für Hilfs- und Betriebsstoffe oder geringwertige Bauteile – ergänzen)
4. nach ihrem **Verhalten bei quantitativen Leistungsänderungen** (fixe und variable Kosten)
5. nach ihrer **Verbindung mit Auszahlungen** (pagatorische Kosten, wertmäßige Kosten, wobei pagatorische Kosten nur dann Wertverzehr darstellen, wenn die Zahlungen leistungsgebunden erfolgen) und **Ausgaben** (aufwandgleiche Kosten, kalkulatorische Kosten, wobei letzteren keine Ausgaben gegenüberstehen, wie bei kalkulatori-

schen Zinsen für das Eigenkapital, kalkulatorischem Unternehmerlohn oder kalkulatorischen Wagnissen)
6. nach der **Herkunft der Kostengüter** (primäre Kosten, für von außen beschaffte Produktionsfaktoren, und sekundäre Kosten, für in Geld verrechnete innerbetriebliche Leistungen).

Bestimmend ist in der betrieblichen Praxis die **Kostengliederung nach verbrauchten Produktionsfaktoren**. Das spiegelt sich im **Kontenrahmen** der Buchführung in der Industrie wider [27].

Kostenstellenrechnung

> Eine **Kostenstelle** ist ein betrieblicher Teilbereich, dessen Kosten abgegrenzt erfasst werden.

Für jede Kostenstelle werden die Kosten **auf Konten verbucht** und/oder **statistisch-tabellarisch im Betriebsabrechnungsbogen (BAB)** aufgegliedert. Der BAB weist zeilenweise die Kostenarten und spaltenweise die Kostenstellen aus.

Jeder Betrieb hat einen **Kostenstellenplan**, der zunächst nach **Kostenbereichen** und dann vertieft nach den **einzelnen Kostenstellen** gegliedert ist. Typische Kostenbereiche sind Materialstellen, Fertigungsstellen, Vertriebsstellen, Verwaltungsstellen und allgemeine Kostenstellen (wie Energie- und Wasserversorgung, Sozialeinrichtungen, Gebäudereinigung, Werksfeuerwehr). Nach der Art der **Verrechnung der Kostenstellen** unterscheidet man

- **Hauptkostenstellen** (deren Kosten direkt auf die Kostenträger verrechnet werden können)
- **Hilfskostenstellen** (deren Kosten zunächst auf andere Kostenstellen aufgeteilt werden, von denen aus dann die Zurechnung zu den Kostenträgern erfolgt).

Probleme bereitet die

- **Verrechnung der Gemeinkosten**, die zwar möglichst verursachungsgerecht erfolgen soll, was jedoch oft nicht möglich ist, so dass man sich mit so genannten **Umlageschlüsseln** hilft
- innerbetriebliche Leistungsverrechnung, die, sofern die Kosten nicht exakt feststellbar sind, über innerbetriebliche Verrechnungspreise für im Betrieb auszutauschende Leistungen erfolgt.

Durch die Erfassung des Ortes bzw. des betrieblichen Bereiches, wo die Kosten entstehen, soll letztlich der **Verursacher der Kosten** festgestellt werden. Allerdings ist nicht selten die Stelle, bei der die Kosten auftreten, nicht mit der Stelle identisch, die sie tatsächlich verursacht hat. Beispielsweise können in der Montageabteilung höhere Kosten deshalb auftreten, weil die Teilefertigung fehlerhafte Teile geliefert hat. Die Abgrenzung der Kostenstellen soll möglichst nach solchen Verantwortungsbereichen erfolgen, die auch die Kosten **beeinflussen** können. Zugleich ist durch die Feingliederung der Kostenstellen zu sichern, dass eine möglichst hohe Identität von Leistungsart und Kostenstelle erreicht wird, um über die Kostenstelle **kalkulieren** zu können.

Kostenträgerrechnung

Kostenträger sind die betrieblichen (absatzfähigen und innerbetrieblichen) Leistungen, denen die Kosten ursächlich zugerechnet werden können.

Wir unterscheiden dabei die
- Kostenträgerzeitrechnung
- Kostenträgerstückrechnung

Die **Kostenträgerzeitrechnung** ordnet alle Kosten einer Periode den für sie ursächlichen Leistungsarten zu. Sie kann kontenmäßig oder statistisch-tabellarisch (im Kostenträgerbogen) durchgeführt werden. Die **Kostenträgerstückrechnung** ermittelt die Kosten je Einheit der betrieblichen Leistung. Das ist die **Kalkulation**.

Unter zeitlichem Aspekt unterscheiden wir die Vor-, Zwischen- und Nachkalkulation. Die **Vorkalkulation** beruht auf Kostennormativen oder Vorausschätzungen und dient der Entscheidung über die Auftragsannahme, der Preiskalkulation und der Finanzplanung. Die **Zwischenkalkulation** kommt bei Kostenträgern mit langer Entwicklungs- und/oder Erstellungsdauer zur Anwendung und ist ihrem Wesen nach eine Nachkalkulation für Halbfertigprodukte. Die **Nachkalkulation** erfasst die Ist-Kosten für die Kostenträger und dient so der Kosten- bzw. Erfolgskontrolle und begründet außerdem die Kostennormative für künftige Vorkalkulationen. Ihre Daten werden meist in die Stammdatei eingestellt. Das **grundlegende Kalkulationsschema** erfasst die Kostenarten der direkt dem jeweiligen Kostenträger zurechenbaren Kosten (Einzelkosten) und verteilt nach einem bestimmten Schlüssel die nicht direkt zurechenbaren Kosten (Gemeinkosten) auf die Kostenträger, um abschließend durch Teilung durch die Leistungsmenge (Stückzahl) die Kosten pro Mengeneinheit (Stückkosten) zu ermitteln. Die nicht direkt zurechenbaren Kosten werden oft stufenweise zugeschlagen. Die verschiedenen **Kalkulationsverfahren** dienen dazu, die Zurechnungsprobleme zu meistern.

3.3.2 Kalkulationsverfahren

Die grundlegenden Kalkulationsverfahren [28] sind die
- Divisionskalkulation
- Zuschlagskalkulation
- Kuppelkalkulation.

Divisionskalkulation

Bei der Divisionskalkulation werden die Gesamtkosten des Betriebes oder des Betriebsbereichs ohne Differenzierung in Einzel- und Gemeinkosten durch die (hergestellte bzw. abgesetzte) Menge geteilt. Das Verfahren ist in Einprodukt-Betrieben anwendbar.

$$k = \frac{K}{Q}$$

wobei
k Stückkosten bzw. Kosten pro Mengeneinheit
K Gesamtkosten der jeweiligen Produktion
Q Menge der jeweiligen Produktion

Sollen Produktions- und Absatzleistung getrennt betrachtet werden, kommt die **zweistufige Divisionskalkulation** zur Anwendung.

$$k = \frac{K_\mathrm{p}}{Q_\mathrm{p}} + \frac{K_\mathrm{v}}{Q_\mathrm{v}} = k_\mathrm{p} + k_\mathrm{v}$$

wobei (ergänzend zu Formel)
K_p Produktionskosten
K_v Vertriebskosten (ggf. incl. Verwaltungskosten)
Q_p Produktionsmenge
Q_v Absatzmenge

Setzt man unterschiedliche Mengen für Produktion und Absatz ein, so erhält man einen vom Ergebnis der einstufigen Divisionskalkulation abweichenden Stückpreis. Die Ursache ist die wertmäßige Lagerbestandsveränderung. Die **mehrstufige Divisionskalkulation** (auch **Stufenkalkulation** genannt) wird bei Stufenproduktionen angewandt, wenn man exakte Kenntnis über die am Ende jeder Produktionsstufe aufgelaufenen Kosten haben will. Rechnerisch werden die Stückkosten jeder Stufe durch Division der insgesamt aufgelaufenen Kosten durch die erstellten fehlerfreien (weiter verarbeitbaren oder absatzfähigen) Mengen ermittelt. Dadurch werden Ausfallquoten und Lagerbestandsveränderungen zwischen den Produktionsstufen automatisch berücksichtigt.

$$k = \sum_{i=1}^{n} \frac{K_{\mathrm{p}\,i}}{Q_{\mathrm{p}\,i}} + \frac{K_\mathrm{v}}{Q_\mathrm{v}}$$

wobei (ergänzend zu Formel)
$K_{\mathrm{p}\,i}$ Kosten der jeweiligen Produktionsstufe
$Q_{\mathrm{p}\,i}$ erstellte Mengen der jeweiligen Produktionsstufe

Man bezeichnet die mehrstufige Divisionskalkulation als **Veredelungsrechnung**, wenn die Einzelmaterialkosten nur einmal erfasst und dem Kostenträger sofort direkt zugerechnet werden und damit je Produktionsstufe nur noch die Fertigungs-, Verwaltungs- und Vertriebskosten erfasst und durch die jeweilige Produktionsmenge dividiert werden.

$$K = eM + \sum_{i=1}^{n} \frac{K_{\mathrm{f}\,i}}{Q_{\mathrm{p}\,i}} + \frac{K_\mathrm{v}}{Q_\mathrm{v}}$$

wobei (ergänzend zu Formel)
eM Einzelmaterialkosten
$K_{\mathrm{f}\,i}$ Fertigungskosten der jeweiligen Produktionsstufe (ohne Materialkosten)

Die **Äquivalenzziffernkalkulation** kommt als Sonderform der Divisionskalkulation zur Anwendung, wenn zwar nur eine Produktart, diese aber in Sorten (Modifikationen) hergestellt wird. Die unterschiedlichen Kosten der einzelnen Sorten werden durch **Äquivalenzziffern** (Gewichtungs-, Umrechnungs- oder Wertigkeitsfaktoren) berücksichtigt. Dazu ist eine **Bezugssorte** (auch Richtsorte oder Einheitssorte genannt, bevorzugt die am meisten produzierte Sorte) auszuwählen, die die Äquivalenzziffer 1 erhält. Die Äquivalenzziffern der übrigen Sorten werden empirisch-statistisch ermittelt. Sie liegen über oder unter der Äquivalenzziffer 1. Durch Multiplikation der Äquivalenzziffer der jeweiligen Sorte mit der zu produzierenden Menge dieser Sorte erhält man als rechnerische Hilfsgröße die **Einheitsmenge** (auch rechnerische Produktionsmenge genannt). Durch anschließende Division der Einheitsmenge durch die tatsächlich zu produzierende Stückzahl der Sorte erhält man die Stückkosten dieser Sorte. Das kann in einem Rechengang mit Hilfe folgender Formel ermittelt werden

$$k_i = \frac{K}{\sum_{i=1}^{n} a_i \cdot Q_i}$$

wobei (ergänzend zu Formel)
k_i Kosten der jeweiligen Sorte
a_i Äquivalenzziffer der jeweiligen Sorte

Sollen auch Bestandsveränderungen bei Fertig- oder Halbfertigerzeugnissen berücksichtigt werden, so ist analog zur reinen Divisionskalkulation eine mehrstufige Äquivalenzziffernkalkulation vorzunehmen.

Zuschlagskalkulation

Im Gegensatz zur Divisionskalkulation, bei der von den gesamten Kosten des Betriebes oder des Betriebsbereichs auf die Stückkosten geschlossen wird, bildet bei der Zuschlagskalkulation von vornherein das **einzelne Stück** (ggf. als Teil eines Loses oder einer Serie) den Ausgangspunkt für die Ermittlung seiner Kosten. Die Zuschlagskalkulation kommt bei heterogener bzw. wechselnder mehrstufiger Produktion und ständigen Lagerbestandsänderungen an Fertig- und Halbfertigerzeugnissen zur Anwendung.

Die Zuschläge erfolgen auf festgelegte messbare **Bezugsgrößen**, bevorzugt auf bewertete Grundmaterialverbräuche, Arbeitszeiten und Maschinenzeiten, also Material-, Lohn- oder Betriebsmittel**einzelkosten**. Wir sprechen deshalb auch von **Bezugsgrößenkalkulation**. Der Bezugsgröße werden dann summarisch oder differenziert bestimmte Kosten prozentual zugeschlagen. Diese Kostenzuschläge umfassen in der Praxis außer **echten Gemeinkosten** auch **pauschalierte** (nicht aufgegliederte) **Einzelkosten**. Bei der **summarischen Zuschlagskalkulation** erfolgt ein einziger, in der Regel relativ großer, prozentualer Zuschlag auf die Bezugsgröße.

Sind beispielsweise für den Rohling eines größeren rotationssymmetrischen Teils Einstandskosten (= Materialeinzelkosten) in Höhe von 220 Euro anzusetzen und beträgt der im Betrieb festgelegte Kostenzuschlag 350 %, dann sind die so kalkulierten Selbstkosten für das fertig gedrehte Teil 990 Euro.

Bei der **differenzierenden Zuschlagskalkulation** erfolgen die Kostenzuschläge differenziert auf verschiedene Bezugsgrößen, die man in einer Kalkulation zusammenführt. Das soll in einem allgemeinen Schema verdeutlicht werden.

<table>
<tr><td>Materialeinzelkosten ↓</td><td>Lohneinzelkosten ↓</td><td>Betriebsmitteleinzel-kosten ↓</td><td rowspan="2">Sondereinzelkosten der Fertigung ↓</td></tr>
<tr><td>Materialgemeinkosten ↓</td><td colspan="2">Fertigungsgemeinkosten ↓</td></tr>
<tr><td>Materialkosten ↓</td><td colspan="3">Fertigungskosten ↓</td></tr>
<tr><td colspan="4">Herstellkosten ↓</td></tr>
<tr><td>Vertriebsgemeinkosten ↓</td><td colspan="2">Verwaltungsgemeinkosten ↓</td><td>Sondereinzelkosten des Vertriebs ↓</td></tr>
<tr><td colspan="4">Selbstkosten</td></tr>
</table>

Materialeinzelkosten sind die durchschnittlichen Einstandskosten pro Mengeneinheit des zu verarbeitenden Materials. **Materialgemeinkosten** erfassen die allgemeinen Kosten für die Einkaufs- bzw. Beschaffungsabteilung. **Lohneinzelkosten** („Lohnstunde“, „Lohnminute“, „Stücklohn“) umfassen je nach Lohnform die zeitbezogenen oder auf die Leistungseinheit bezogenen Bruttolohnkosten und Lohnnebenkosten. Die zugehörigen Gemeinkosten sind die **Fertigungsgemeinkosten**. Sie umfassen die Kosten für die Leitung des Fertigungsbereichs und die nicht aufteilbaren Kosten für die allgemein im Fertigungsbereich verwendeten Hilfs- und Betriebsstoffe. **Sondereinzelkosten der Fertigung** sind auftragsgebunden entstehende Kosten, wie Kosten für speziell benötigte Vorrichtungen und Werkzeuge, Konstruktionszeichnungen, Modelle, Erprobungen usw. Während die **Betriebsmitteleinzelkosten** („Maschinenstundenkosten“) vor allem die Verschleißkosten und die Kapitalbindungskosten enthalten, entstehen **Betriebsmittelgemeinkosten** durch die Instandhaltung und die Leitung der Anlagenwirtschaft. **Verwaltungsgemeinkosten** sind vor allem durch die betriebliche Informationswirtschaft und die Personalwirtschaft verursacht. **Vertriebsgemeinkosten** sind die Kosten für die Absatzabteilung. **Sondereinzelkosten des Vertriebes** entstehen auftrags- bzw. maßnahmegebunden, z. B. durch Verkaufslizenzen, Transportverpackungen, Frachten, Zölle, Verkaufsprovisionen.

Kuppelkalkulation

In Kuppelproduktionen, das sind Produktionen, in denen technologisch bedingt zugleich mehrere Produkte anfallen, ist eine auf das Einzelprodukt bezogene verursachungsgerechte Kostenzuordnung nicht möglich. Deshalb wird versucht, mit Hilfe des so genannten **Tragfähigkeitsprinzips** (auch **Durchschnittsprinzip** genannt) zu einer näherungsweise akzeptablen Kostenzuordnung zu gelangen. Wir unterscheiden dabei zwei **Verfahren der Kuppelkalkulation**

- Restwertverfahren
- Verteilungsverfahren.

Das **Restwertverfahren** wird angewandt, wenn sich das Leistungsergebnis der Produktion eindeutig in ein Hauptprodukt und ein oder mehrere Nebenprodukte aufgliedern lässt. Dabei wird so vorgegangen, dass von den Gesamtkosten der jeweiligen Produktion zunächst die für die Nebenprodukte erzielbaren Erlöse (ggf. abzüglich noch anfallender

Aufbereitungskosten) abgesetzt werden und die verbleibenden Restkosten durch die erstellte Menge des Hauptprodukts dividiert werden. Das Restwertverfahren ist nur sinnvoll anwendbar, wenn die Erlöse für die Nebenprodukte nur einen relativ kleinen Teil der Gesamtkosten ausgleichen. Das Verfahren ist völlig unbrauchbar, wenn diese Erlöse gar die Gesamtkosten übersteigen. Dann entstünden „negative“ Kosten für das Hauptprodukt. Das **Verteilungsverfahren** gelangt deshalb dort zur Anwendung, wo eine klare Unterscheidung zwischen Haupt- und Nebenprodukten nicht möglich ist. Verteilungsbasis ist dann das **Verhältnis der Erlöse pro Mengeneinheit aller aus der Kuppelproduktion gewonnenen Produkte**. Die Berechnungsformel ist ihrer Struktur nach die gleiche wie beim Äquivalenzziffernverfahren. Der Wesensunterschied besteht aber darin, dass beim Äquivalenzziffernverfahren die Gewichtungen das Ausmaß der Kostenverursachung anzeigen, während sie hier einen von außerhalb der Aufwandsstruktur der Produktion stammenden Maßstab der Kostenverteilung bilden.

3.4 Der Leitungsprozess

Der **Leitungsprozess** setzt sich einerseits aus der Aufgabe der Führung und andererseits aus der die Führung unterstützende Informationswirtschaft zusammen.

3.4.1 Führung

Führung ist zielgerichtete, Bedingungsänderungen berücksichtigende Gestaltung von Prozessen durch Einflussnahme auf Personen in einem Unterstellungsverhältnis.

Das Ziel der Führung ist stets die optimale Gestaltung des zu leitenden Prozesses. Führung kann aber nie unmittelbar Prozesse beeinflussen. Dies kann nur über Menschen geschehen, die die Prozesse durchführen bzw. tragen (Mitarbeiter). Folglich werden die sich im Betrieb real vollziehenden Prozesse der (technischen) Leistungserstellung und (marktlichen) Leistungsverwertung sowie die unmittelbar oder mittelbar hiermit zusammenhängenden Finanzprozesse von den Führungskräften indirekt über die diese Aufgaben ausführenden Menschen gesteuert. Das grundlegende Bezugssystem der Führung besteht aus dem Leiter, den Geleiteten und dem zu leitenden Prozess. Demzufolge lässt sich der Führungsprozess in Aufgaben der **Personalführung** und in die **Führung von Sachaufgaben** unterteilen. Zur **Personalführung** gehören

- die Personalentwicklung (Personalauswahl, Personalqualifizierung, Nachwuchsförderung)
- der Personaleinsatz (Leistungsfähigkeit und Leistungsbereitschaft)
- die Personalführung im engeren Sinne (Entlohnung, Anerkennung, Mitsprache, Aufstiegschancen).

Die zu führenden **Sachaufgaben** hängen vom Produktionsprofil des Betriebes ab. Typische Sachaufgaben in Industriebetrieben sind

- Produktion
- Beschaffung

- Absatz
- Forschung und Entwicklung
- Betriebsmittelwirtschaft
- Materialwirtschaft
- Finanzwirtschaft.

Führung ist **primär inhaltsbestimmt**, das heißt auf die Lösung bestimmter Sachaufgaben bzw. die Beherrschung bestimmter Abläufe (z. B. Rationalisierungsmaßnahmen, Investitionen, Personalentwicklung) gerichtet. Die sachbezogenen Aufgaben werden dadurch erfüllt, dass die Führung bestimmte **Funktionen** wahrnimmt.

Führungsfunktionen legen die Art und Weise der Einwirkung auf die Mitarbeiter zum Zwecke der Lösung der Sachaufgaben fest.

Lenkung und Disposition als originäre Führungsfunktionen

Die originäre Funktion der Führung ist die Lenkung. Die für die Lenkung des Produktionsprozesses wie des gesamten Betriebsprozesses unaufhörlich vorzunehmenden grundlegenden Operationen sind

- beobachten
- entscheiden
- durchsetzen.

Prozessbeobachtung kann **unmittelbar** oder **mittelbar** erfolgen. Da sie heutzutage – ganz besonders im Markt oder in intelligenzintensiven Produktionsprozessen – oft nicht mehr unmittelbar möglich ist, stützt sie sich auf eine umfangreiche betriebliche Informationswirtschaft. **Entscheidung ist Wahl zwischen Handlungsalternativen unter Unsicherheit.** Unterstützung geben entscheidungstheoretisch fundierte Vorgehensweisen (Entscheidungsverfahren, Entscheidungsregeln; Entscheidungshilfen, die zum Teil sachgebietsbezogen sind). Für die **Durchsetzung von Entscheidungen** gibt es verschiedene Instrumente. Das hauptsächliche Instrument ist die **Weisung**. Bei einem demokratischen Führungsstil arbeitet der Leiter oft mit Visionen, Empfehlungen, Zielvereinbarungen, Anreizen oder wirkt durch sein Vorbild.

Die Disposition kennzeichnet fallweise verfügende Anordnungen, die nur für den Einzelfall getroffen werden. Individuelle Dispositionen ersetzen stets eine fehlende Organisation bzw. treten dort an deren Stelle, wo jene nicht realisiert werden kann oder soll.

Derivative Führungsfunktionen

Um diese Grundaufgaben zielgerichtet durchführen zu können haben sich Führungsfunktionen mit bestimmter Arbeitsrichtung herausgebildet, die wir als **derivative Funktionen** bezeichnen. Es sind dies überwiegend Funktionen, die der Prozessorientierung und der Prozessgestaltung dienen, nämlich

- Planung
- Organisation

- Motivierung
- Kontrolle.

Allerdings ist eine eindeutige Trennung originärer und derivativer Funktionen der Führung nur schwer möglich. Inwieweit derivative Führungsfunktionen wahrgenommen werden, hängt außerdem von den gewählten **Führungsprinzipien** (bzw. Managementkonzepten) und vom praktizierten **Führungsstil** ab.

Planung

Planung ist ein systematisch-methodischer Prozess der Erkenntnis und Lösung von Zukunftsproblemen. Er umfasst die Planung aller Schritte der **Zielbildung** (siehe Kasten „Von der Betriebsphilosophie zu den Betriebszielen"), der **Problemanalyse**, der **Alternativensuche**, der **Prognose** und der **Bewertung** [29].

Ziel der Problemanalyse ist eine frühzeitige und umfassende Problemerkenntnis. Dazu gehören die

- Lageanalyse
- Lageprognose
- Problembestimmung
- Problemfeldanalyse
- Problemstrukturierung.

Von der Betriebsphilosophie zu den Betriebszielen [30]

Als Betriebsphilosophie wird ein System von Leitmaximen verstanden, deren Ausprägungen von ethisch-moralischen Werthaltungen bestimmt wird. Damit dient sie als eine Art sittlicher Unterbau für den Wirtschaftsprozess des Betriebes. In ihr manifestieren sich insbesondere Grundeinstellungen, die das Verhältnis der Führungskräfte zu Mitarbeitern, Anteilseignern, Kunden, Lieferanten sowie allgemein zur Gesellschaft zum Ausdruck bringen. Fixiert werden können beispielsweise

- das Bekenntnis zur Wirtschaftsordnung und zur gesellschaftlichen Funktion des Betriebes
- die Einstellung zu Wachstum, Wettbewerb und technischem Fortschritt
- die Rolle des Gewinns innerhalb der Betriebsziele, die Verantwortung gegenüber den Mitarbeitern und den Anteilseignern
- die akzeptierten Spielregeln und Verhaltensnormen im Rahmen der wirtschaftlichen Tätigkeit des Betriebes.

Zur Zielbildung gehören die Zielsuche auf Basis der Betriebsphilosophie, die Operationalisierung der Ziele, die Zielanalyse und -ordnung, die Prüfung auf Realisierbarkeit und letztlich die Zielentscheidung. In der Praxis werden stets gleichzeitig mehrere Ziele verfolgt. Die Zielplanung kann also nur im Rahmen eines Zielsystems erfolgen.

Die Zielsystemanforderungen lauten: realistisch, operational, klar definiert und gewichtet, konsistent, aktuell, vollständig, durchsetzbar, organisationskongruent, transparent und überprüfbar. Die Gesamtheit der ökonomischen Ziele einer Unternehmung wird auch als ihre Zielkonzeption bezeichnet, die grundsätzlich aus drei Zielkategorien besteht
- Leistungsziele (Beschaffungs-, Lagerhaltungs-, Produktions- und Absatzziele)
- Finanzziele (Liquiditäts-, Investitions- und Finanzierungsziele)
- Erfolgsziele (Umsatz-, Wertschöpfungs-, Gewinn-, Rentabilitätsziele).

Leistungs- und Finanzziele bilden als wirtschaftliche Sachziele den Gegenstandsbereich des Wirtschaftens im Betrieb ab, während Erfolgsziele als wirtschaftliche Formalziele den Umfang der angestrebten Wirtschaftlichkeit bei der Verfolgung wirtschaftlicher Sachziele zum Ausdruck bringen.

Alternativensuche
Hier geht es darum, systematisch solche Handlungsmöglichkeiten zu finden und inhaltlich zu konkretisieren, die geeignet erscheinen, das Problem zu lösen.

Prognose
Der Alternativensuche schließt sich im Planungsprozess die Prognose der künftigen Wirkungen dieser Alternativen unter bestimmten wahrscheinlichen Bedingungen an.

Bewertung
Die wahrscheinlichkeitsgewichteten Aussagen über die voraussichtlichen Wirkungen der geprüften Handlungsalternativen werden auf ihre Zielwirksamkeit verglichen. In der Regel fällt die Entscheidung für die Variante mit der höchsten Zielwirksamkeit (Effizienz).

Organisation

Organisieren im Rahmen des Führungsprozesses ist das Koordinieren arbeitsteiliger Aktionseinheiten (Stellen). Organisation als Führungsfunktion ist das Strukturieren von Daueraufgaben, also von Vorgängen mit Wiederholcharakter. Strukturieren als Führungsfunktion bedeutet somit Ordnen und Regeln von Arbeitsabläufen, Zuständigkeiten und dergleichen in allen Betriebsprozessen. Dauerhafte Über- und Unterordnungsbeziehungen zwischen Aktionseinheiten bezeichnen wir als **Aufbauorganisation**. Die regelhafte Strukturierung von Prozessen bezeichnen wir als **Ablauforganisation**. Organisieren ist allerdings keine einmalige sondern eine ständige Aufgabe, denn der Betrieb muss seine Organisation entsprechend den inneren und äußeren Erfordernissen des Betriebsprozesses anpassen. Dies bezeichnen wir als Organisationsentwicklung. Dabei unterscheiden wir
- schlagartige Einführung
- stufenweise Einführung oder
- parallele Einführung
  (alte und neue Lösung befristet nebeneinander).

Motivieren

Motivieren ist das Erzeugen dauerhafter psychischer Handlungsantriebe bei den Mitarbeitern. Das geschieht durch das Setzen von Anreizen wie auch durch ständige erzieherische Einwirkungen auf die Mitarbeiter [31].

Kontrolle

Die Kontrolle umfasst den Soll-/Ist-Vergleich und die Abweichungsanalyse. Grundsätzlich lassen sich vier Typen von Kontrollen unterscheiden:
- Prämissenkontrolle (ist die Zielorientierung mit dem gegenwärtigen Erfordernissen noch vereinbar?)
- Zustandskontrolle (ist der Betriebsprozess noch stabil?)
- Ergebniskontrolle (Soll-Ist-Vergleich und Erfassung nicht geplanter Ergebnisse)
- Verfahrens-/Verhaltenskontrolle (ist vorschriftsgemäß gearbeitet worden?).

Führungsprinzipien

Grundlegende Führungsprinzipien sind folgende [32]:
- **Führung muss richtungweisend sein.**
  Führung hat die notwendigen Ziele zu erkennen und festzulegen.
- **Führung muss ganzheitlich sein.**
  Führung muss stets das zu leitende Gesamtsystem gestalten und alle Beteiligten mit dem Blick darauf koordinieren.
- **Führung muss selbständig handeln.**
  Die Führungsfunktion kann insgesamt nicht delegiert werden. Dazu muss Führung kompetent (befugt und befähigt) sein.
- **Führung muss verantwortlich sein.**
  Führung repräsentiert das zu leitende System faktisch und formell. Es haftet (stets in allgemeinem Sinne und häufig auch rechtlich) für dessen Erfolg, auch bei fremdem Verschulden.

Managementkonzepte

> **Managementkonzepte** [33] sind auf bestimmte Situationen ausgerichtete und mit einem bestimmten Führungsstil verbundene Schwerpunktsetzungen im Führungsprozess.

Zu unterscheiden sind **mitarbeiterorientierte Managementkonzepte** und **sachverhaltsorientierte Managementkonzepte**. Häufig genannte mitarbeiterorientierte Konzepte auch als „Management-by-Konzepte“ bezeichnet sind:
- **Management by objectives**: Konzept des Führens durch qualifizierte stabile Zielstellungen
- **Management by breakthrough**: offensives Konzept des Konzentrierens auf Schlüsselaufgaben

- **Management by systems**: systemorientiertes Führungskonzept
- **Management by exception**: Konzept des Eingreifens der Führung nur in Ausnahmesituationen
- **Management by results**: ergebnisorientiertes Führungskonzept
- **Management by delegation**: Konzept, Leitungsaufgaben möglichst auf untere Ebenen zu delegieren
- **Management by participation**: Konzept der Mitarbeiterbeteiligung an Entscheidungen
- **Management by motivation**: Konzept, das auf engagierte, initiativreiche Mitarbeiter setzt.

Sachverhaltsorientierte Managementkonzepte sind insbesondere
- das **Marketingkonzept**: Konzept der konsequenten Marktorientierung für den gesamten Betriebsprozess
- das **Controllingkonzept**: Konzept der durchgängigen Effizienzsteuerung aller Teilprozesse im Betrieb
- das **Innovationskonzept**: Konzept zur dauerhaften Sicherung von Vorsprungspositionen im Wettbewerb mittels wissenschaftlich-technischer Leistungen
- das **Reengineeringkonzept**: Konzept der radikalen Anpassung der Prozessstrukturen im Betrieb an veränderte Erfordernisse.

Führungsstile

Führungsstile können nach ihren Extremen zwischen autoritär und demokratisch eingeordnet werden
- **autoritär**: Der Leiter entscheidet allein und ordnet an.
- **patriarchalisch**: Der Leiter trifft die Entscheidung allein, ist aber bemüht, den Mitarbeiter von ihr zu überzeugen, bevor er anordnet.
- **beratend**: Der Leiter berät mit den Mitarbeitern, bevor er entscheidet und anordnet.
- **kooperativ**: Der Leiter erarbeitet seine Entscheidungen gemeinsam mit den Mitarbeitern.
- **partizipativ**: Die Mitarbeiter und der Leiter entwickeln eigenständige Entscheidungsvorschläge. Der Leiter wählt die Vorzugsalternative nach Diskussion aus und ordnet sie an.
- **demokratisch**: Die Mitarbeiter entscheiden innerhalb eines vom Leiter gesetzten Spielraums. Der Leiter koordiniert den Entscheidungsprozess. Er bestätigt das Ergebnis und ordnet seine Umsetzung an.

Der in einem Betrieb oder in Teilbereichen praktizierte Führungsstil wird in starkem Maße geprägt von der Persönlichkeitsstruktur des Managements. Unter den Gesichtspunkten von Effizienz und Zufriedenheit darf der Führungsstil aber dessen ungeachtet nicht allein als „Privatsache" der jeweiligen Vorgesetzten angesehen werden. Vielmehr ist der Führungsstil situativ an die jeweils herrschenden Führungsbedingungen anzupassen, um optimale Ergebnisse zu erzielen.

Bewältigung der Unbestimmtheit

Wirtschaften vollzieht sich unter einem sehr vielgestaltigen und sich ständig wandelnden inneren und äußeren Bedingungsgefüge. Da ein wesentlicher Teil dieses Bedingungsgefüges – und das mit dem Zeithorizont zunehmend – schwer voraussehbar ist, enthält die notwendige Anpassung daran immer auch wesentliche Elemente der **Unbestimmtheit**. Das zwingt neben dem unumgänglichen Erfordernis der Planung auch zu einem den möglichen Bedingungsänderungen begegnenden **strategischen Verhalten**. Allerdings kann man sich der oft in der Fachliteratur gestellten Forderung nach optimaler Anpassung an Bedingungsänderungen nicht ohne weiteres anschließen. Anpassung kann nur an Situationen erfolgen, die man als möglich erkennt; und viele sind nicht vorhersehbar. Anpassung setzt auch **Anpassungsfähigkeit** des zu leitenden Prozesses und seiner Systemelemente voraus. Wenn die notwendige Anpassung zeitabhängig ist, sprechen wir von **Reaktionszeit** oder **Reaktionsfähigkeit**.

Eine erfolgreiche Führung verbindet deshalb stets Wissen um Ausgangslage und Prozessverlauf mit Erfahrung und Intuition.

3.4.2 Informationswirtschaft

Informationen sind als zweckorientiertes Wissen [34] definiert.

Die betriebliche Informationswirtschaft dient der Führung als pragmatisches Instrument zur Beschaffung, Speicherung, Übermittlung und Verarbeitung der für Entscheidungen benötigten Informationen. Die Informationswirtschaft bildet in der Regel ein System, dass die Quellen und die Verwendungsstellen von Informationen miteinander verknüpft. Wesentliche Aspekte dieses Systems sind

- eine an den Verwendungszwecken orientierte Systematisierung der Informationen
- die permanente Informationsgewinnung aus den relevanten inneren und äußeren Prozessen
- Aufbereitungsstellen und -verfahren (Selektion, Verdichtung, Gewichtung, Auswertung)
- geordnete Zugriffsmöglichkeiten (Welche Informationen werden welchen Personen in welcher Form zugänglich gemacht?)
- funktionierende Informationswege (Telekommunikationskanäle, Datenspeicher, Informationsdurchlauf über die Stellen).

Den Informationsbedarf decken zum einen die organisierten betrieblichen Informationssysteme selbst aber zum anderen auch die Mitarbeiter als individuelle Informationsträger. Die grundlegenden Bestandteile der betrieblichen Informationswirtschaft sind

- das Rechnungswesen (Buchhaltung)
- die Betriebsstatistik (einschließlich Prozessdatenerfassung)
- die Marktforschung.

Je nach Bedarf kann die betriebliche Informationswirtschaft weitere Bestandteile enthalten wie z. B. Führungsinformation, Personalinformation, Patentinformation, Notfallinformation. Wenn die betriebliche Informationswirtschaft bzw. ihre Teile formalisiert und auf Informationstechnik (Computer, Datenbanken, Datennetze) gestützt werden, sprechen wir von computergestützten Informationssystemen (CIS), häufig treffen wir an

- Managementinformationssysteme (MIS)
- Marketinginformationssysteme (MAIS)
- Produktionsinformationssysteme (z. B. SAP/R3)
- betriebsübergreifende Informationssysteme (z. B. DATEV)
- betriebsübergreifende Adresssysteme (z. B. Outlook).

Die entscheidenden Vorteile solcher computergestützten Informationssysteme sind:

- kurze Zugriffszeit
- Datensicherheit
- Datenaktualität
- Integration von Einzeldaten zu aggregierten Informationen.

3.5 Betriebsentwicklung

3.5.1 Der Innovationsprozess

Innovationen

Innovationen werden im Hauptverständnis auf technische Lösungen, also Erzeugnisse und Technologien, bezogen.

> Aus ökonomischer Sicht ist eine **Innovation** eine erstmalige Nutzung einer neuen Lösung durch ein wirtschaftendes System (Betrieb, Volkswirtschaft).

Innovationsgegenstände

Gegenstand von Innovationen im Betrieb können grundsätzlich alle Leistungsergebnisse, alle Leistungs- und Leitungsprozesse, alle technisch-technologischen sowie organisatorischen Systeme und auch die Leistungsvoraussetzungen (Produktionsfaktoren) sein. Üblicherweise werden Innovationen auf technische Leistungsergebnisse, technische Prozesse, technische Systeme und technische Produktionsfaktoren beschränkt. Dem **Objekt** nach können wir unter weiterer Vertiefung der Einteilung unterscheiden

- Erzeugnisinnovation
- Dienstleistungsinnovation
- Applikationsinnovation (verbesserte Anwendung/Konsumtion eines Produkts)
- Technologieinnovation
- Methodeninnovation
- Materialinnovation
- Informationsinnovation.

Dem **Niveau** nach unterscheiden wir grundsätzlich **Basisinnovationen** (Erschließung neuer Anwendungsbereiche durch völlig neuartige Lösung) und **Verbesserungs- bzw. Folgeinnovationen** (Ausschöpfung der Anwendungsmöglichkeiten gegebener Lösungen). Näheres siehe auch Kapitel 7.

Betriebe versuchen mit Innovationen
- ihre Wettbewerbsposition zu verbessern bzw. zu sichern
- eine höhere Preis-Kosten-Differenz zu erzielen (Pionierrente/Surplusprofit).
- Schlüsselpositionen in technischen Systemen zu erreichen
- ihr Image beim Kunden und im gesellschaftlichen Umfeld zu verbessern.

Dazu müssen die Betriebe die Innovationsprozesse rationell und zeitlich straff durchführen und deren Effizienz überwachen.

3.5.2 Betriebslebenszyklus

Quantitative Veränderungen im Betriebsprozess treten uns als Entstehen und Auslaufen, als Wachsen und Schrumpfen von Prozessen entgegen. Daher hat es sich eingebürgert quantitative Veränderungen im Betriebsprozess über **Lebenszyklen** abzubilden (Produktlebenszyklen, Technologielebenszyklen, Anlagenlebenszyklen, Betriebslebenszyklus als Ganzes). Das Standardmodell des Lebenszykluskonzepts stellt den zeitlichen Entwicklungsverlauf der betrachteten Objekte dar. Im Betriebslebenszyklus unterscheiden wir **Gründung, Wachstum, Reife, Schrumpfung, Liquidation**. Dieses Modell gibt die quantitativen Veränderungsprozesse **vereinfacht** wieder, denn in jeder Phase des Betriebslebenszyklus können gegenläufige Teilprozesse (infolge vieler einzelner Produkt-, Technologie- oder Anlagenlebenszyklen) vor sich gehen.

Für die Betriebsentwicklung ist bedeutsam, dass jede dieser Phasen des Lebenszyklus mit **Krisen** verbunden sein kann. Unter Krisen verstehen wir Disproportionalitäten, die sich stark effizienzmindernd auswirken oder für den Betrieb existenzbedrohend seien können. So kann bereits in der Gründungsphase die primäre Kombination der Produktionsfaktoren, d. h. der Betriebsanlauf, misslingen. In Wachstumsphasen ist meist der Mangel an Finanzierungsmöglichkeiten das kritische Problem. In der Reife- und noch mehr in der Schrumpfungsphase lässt sich der Fixkostenblock bei zurückgehender Leistung nicht reduzieren. Möglichen Krisen vorbeugend müssen **Proportionalitätsbedingungen** vorausschauend gesichert und die Prozesse selbst ständig **rationalisiert** werden. Erfolgen diese Maßnahmen in der Krise, sprechen wir von **Sanierung**. Quantitative Veränderungen ergeben sich auch durch Konzentration oder durch Diversifizierung.

> Unter wirtschaftlicher **Konzentration** verstehen wir eine Ballung ökonomischer Größen. Zu beachten ist, dass man den Konzentrationsbegriff nicht nur auf einen rechtlichen Zusammenschluss beschränkt, sondern auch alle Formen einbezieht, die direkt oder indirekt zur Bildung einer wirtschaftlichen und/oder machtmäßigen Einheit führen [35].

Die Konzentration kann erfolgen durch:

- **Kooperation** (gemeinsames Nutzen von Objekten, gemeinsames Durchführen von Beschaffungs-, Produktions- und Absatzfunktionen)
- **Zusammenführen von Potenzialen** (Fusion, Konzern- und Kartellbildung)

Diversifizierung ist die Vergrößerung der Anzahl der Produktarten oder der technologischen Prozesse.

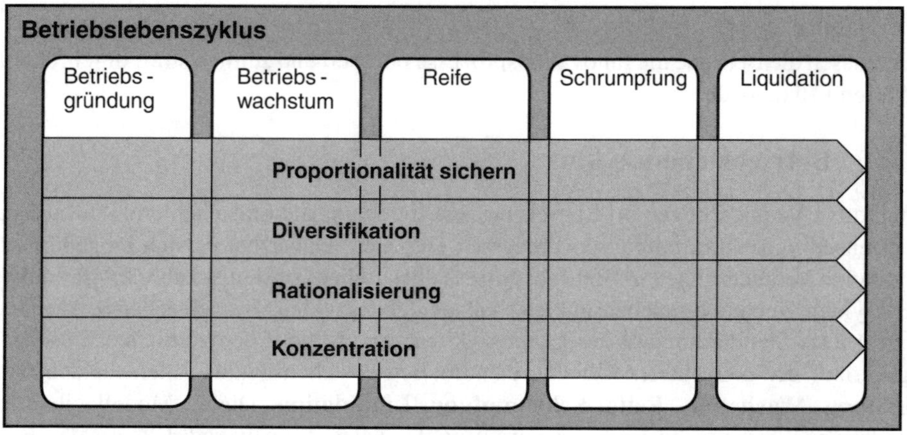

Bild 3.4 Betriebslebenszyklus

3.6 Beziehungen zum natürlichen und gesellschaftlichen Umfeld

Das natürliche Umfeld einschließlich des technisch-kulturell beeinflussten Umfeldes wird als **Umwelt** bezeichnet. Umwelteinflüsse gehören zu den Zusatzfaktoren. Umwelteinflüsse wirken maßgeblich auf die Effizienz des Betriebsprozesses ein. Umgekehrt gibt es keine betriebliche Tätigkeit, die ohne Wirkung für die Umwelt wäre. Das geschieht in Form der Ressourcenentnahme, des Eingriffs in die Landschaft, durch Abfälle, Abwasser und Emissionen (Gase, Strahlung, Schall, Abwärme).

Umweltbelastung ist die Abgabe schädlicher Medien an die Umwelt, die im ökologischen Kreislauf nicht mehr vollständig aufbereitet oder abgebaut werden können.

Betriebliche Effizienz und Umweltschutz stehen oft im Widerspruch zueinander. Allerdings tragen intensive Material- und Energieausnutzung und Recycling dazu bei, betriebliche Effizienz und ökologische Erfordernisse in Übereinstimmung zu bringen. Um von allen Betrieben ein umweltgerechtes Verhalten zu erzwingen, wurden Umweltschutzgesetze erlassen, die Minimalanforderungen repräsentieren. Zahlreiche Betriebe aber leisten von sich aus einen aktiven Beitrag zum Umweltschutz. Umweltgerechtes Verhalten ist heute ein nicht zu unterschätzendes Werbeargument.

Die Beziehungen zum **gesellschaftlichen Umfeld** sind geprägt durch rechtliche Vorschriften und den Wertvorstellung der Gesellschaft. Rechtliche Rahmenbedingungen [36] wirtschaftlicher und beruflicher Aktivitäten sind vor allem

- Gewerbe- und Berufsfreiheit
- Recht auf Arbeit und auf Ausbildung
- Wirtschaftsordnung
- Tarifautonomie.

Betriebe leisten einen erheblichen Beitrag der politischen und sozialen Bedingungen in der Region. Mitwirkung in gesellschaftlichen Entscheidungsgremien kann eine förderliche Rahmenbedingung für die Betriebsentwicklung sein.

3.7 Total Quality Management – TQM

Das Qualitätsmanagement ist eine den ganzen Betriebsprozess durchdringende Aufgabe. Es hat seine heutige Ausprägung in Gestalt des Total Quality Management (TQM) gefunden.

TQM ist eine auf Mitwirkung aller ihrer Mitglieder beruhende **Führungsmethode** einer Organisation, die **Qualität in den Mittelpunkt stellt** und durch **Zufriedenstellung der Kunden** auf **langfristigen Geschäftserfolg** sowie auf **Nutzen** für die Mitglieder der Organisation und für die Gesellschaft zielt [37].

Bild 3.5 soll die Entwicklung des TQM veranschaulichen

Das Bild zeigt, dass sich ab den sechziger Jahren das Qualitätsverständnis weg von der reinen Qualitätskontrolle hin zu einem gesteigertem Qualitätsbewusstsein mit Kundenorientierung entwickelt hat. TQM umfasst

- das Ausweiten der Qualitätserfassung vom Leistungsergebnis auf den Leistungserstellungsprozess in allen seinen Phasen, auf die Vorleistung sowie auf das Umfeld des Betriebes
- die konsequente Ausrichtung der Qualitätsbetrachtung auf die subjektive Sicht des Kunden
- das Erweitern der klassischen Qualitätskontrolle zu einem umfassenden Qualitätsmanagement.

Ausdruck fand diese Entwicklung in einer Differenzierung der Qualitätskonzepte: Total Quality Control (TQC), Company Wide Quality Control (CWQC), Company Wide Quality Improvement (CWQI), Total Quality Service, Lean Production (Schlanke Produktion), Business Process Reengineering (Geschäftsprozessverbesserung – BPR), KAIZEN (Kontinuierlicher Verbesserungsprozess – KVP), Organizational Intelligence (Lernende Organisation) usw. Hier verwenden wir den Begriff TQM als Sammelbegriff für alle

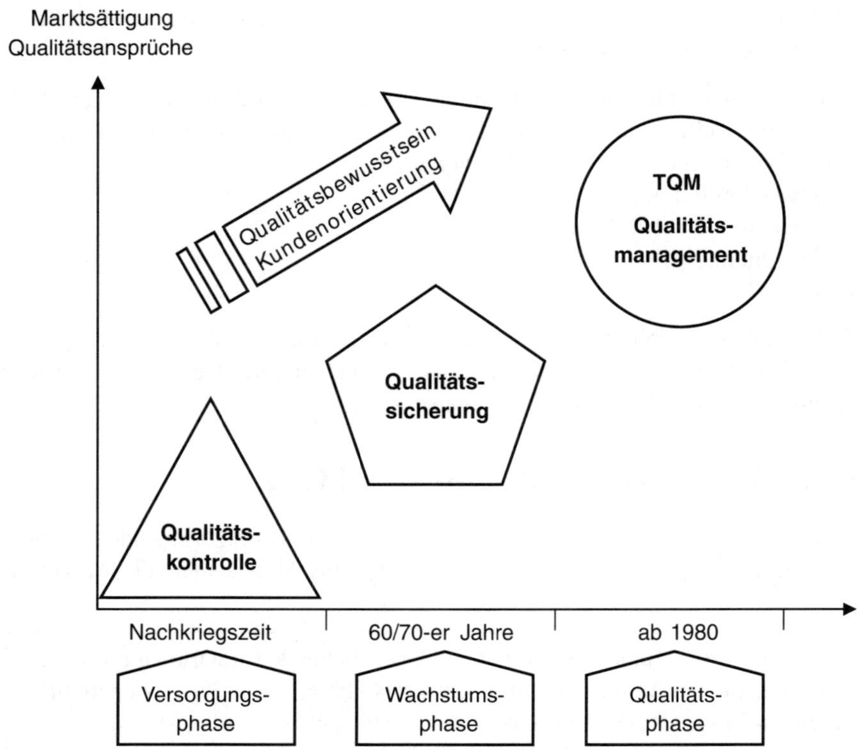

Bild 3.5 Entwicklung des Qualitätsmanagements [38]

Qualitätskonzepte. TQM wendet die jeweils ausgewählten Methoden konsequent innerhalb einer auf Qualität und Kundenzufriedenheit ausgerichteten Unternehmenskultur an. **Total** meint dabei, dass der gesamte Betrieb ohne Ausnahme in die Qualitätsverbesserung der unmittelbaren und mittelbaren Tätigkeiten zur Produkt- und Dienstleistungserstellung mit einbezogen werden muss. **Qualität** wird definiert gemäß DIN: „Qualität ist die Beschaffenheit einer Einheit bezüglich ihrer Eignung, festgelegte und vorausgesetzte Erfordernisse zu erfüllen." [39]. Anders formuliert: **Qualität ist die Erfüllung von (vereinbarten) Anforderungen zur dauerhaften Kundenzufriedenheit.** Der Begriff **Management** steht dafür, Qualität als einen aktiv zu betreibenden Prozess zu sehen. Alle Führungs-, Planungs-, Steuerungs- und Überwachungsaktivitäten wirken durch die sie ausübenden Personen an der ständigen Qualitätsverbesserung mit [40].

Ziele des Total Quality Managements

1. Kontinuierliches Verbessern des Betriebs für die Kunden, die Anteilseigner und die Mitarbeiter
2. Senken des Fehlleistungsaufwands mit gleichzeitig verbesserten Leistungen für den Kunden
3. Steigern der Effizienz und der Effektivität.

Eine konsequent angewandte TQM-Strategie baut auf der Annahme auf, dass eine Reduzierung der Fehler in allen Bereichen zu einer Reduzierung der Gesamtkosten und gleichzeitig zu einer Senkung der Anzahl unzufriedener Kunden führt.

Kontinuierliche Verbesserung

Kontinuierliche Verbesserung im Sinne von TQM bedeutet, durch weitestgehende Fehlervermeidung, rationelles und flexibles Gestalten von Arbeitsabläufen, reibungsfreies Arbeiten, vernetzten Kommunikations- und Informationsfluss sowie konstruktive Zusammenarbeit mit Mitarbeitern und Führungskräften sich ständig um effektiveres und effizienteres Arbeiten zu bemühen. TQM sichert dabei mit vielen kleineren Verbesserungsschritten in kurzen Zeitabschnitten Innovationen ab und beugt der schleichenden Verschlechterung der Innovationsergebnisse vor. Diese Art und Weise der Verbesserung in kleinen Schritten ist auch unter dem Begriff **KAIZEN** bekannt geworden.

Qualitätskosten

Qualitätskosten setzen sich aus vier Elementen zusammen, den Fehlerverhütungskosten, den Prüfkosten, den internen Fehlerkosten und den externen Fehlerkosten. Allgemein geht man von Qualitätskosten in Höhe von 15 % des Gesamtumsatzes aus. Dabei haben die Fehlerverhütungskosten einen Anteil von 5 bis 10 %. Darüber hinaus geht man heute davon aus, dass zu den erfassten Kosten noch nicht erfasste bzw. nicht erfassbare Kosten (zum Beispiel für Arbeitszeiten im Vertrieb zur Beruhigung unzufriedener Kunden) in gleicher Höhe aufkommen. Beispiele für Qualitätskosten:

Qualitätskosten	**Beispiel**
Fehlerverhütungskosten	Ordnung, Sicherheit und Sauberkeit am Arbeitsplatz
	Lieferantenbeurteilungssystem
	Schulungen in Qualitätssicherung
Prüfkosten	Eingangs-, Fertigungs- und Endprüfungen
	Prüfmittelüberwachung
	Qualitätsgutachten
Interne Fehlerkosten	Nacharbeiten
	Ausschuss
	Mengenabweichungen
Externe Fehlerkosten	Reklamationen
	Ersatzteile
	Garantiekosten

TQM erhöht zunächst die Kosten für die Fehlerverhütung, weil die Verantwortung für die Vermeidung von Fehlern in die Tätigkeit selbst hineingelegt wird. Dadurch können aber Prüfkosten sowie die internen und externen Fehlerkosten verringert werden, so dass ein erfolgreich angewandtes TQM-Konzept dazu beiträgt, Kosten zu verringern und dadurch die Rentabilität zu erhöhen.

Betriebe erhoffen sich durch die Ausrichtung auf Qualität eine Verbesserung ihrer Ertragslage, die es ihnen ermöglicht ihre Wettbewerbsposition zu sichern bzw. auszubauen. Dabei wollen Betriebe, die Total Quality Management betreiben, dies auch gegenüber ihren Kunden und der Gesellschaft demonstrieren können. Mit der Normenreihe ISO 9000 wurde international die Möglichkeit geschaffen, dass ein Betrieb sich testieren lassen kann, dass er ein der Normenreihe entsprechendes Qualitätsmanagementsystem aufgebaut hat und danach arbeitet. Ein Qualitätsmanagementsystem ist der erste Schritt auf dem Weg zum TQM. Betriebe die den „European Quality Award“ verliehen bekommen haben, haben nach der Auffassung der European Foundation for Quality Management (EFQM) bei der Umsetzung von TQM Hervorragendes geleistet und werden als vorbildlich angesehen.

DIN EN ISO 9000 ff.

Seit 1987 orientieren sich zahlreiche Betriebe an der Normenreihe 9000-9004, die die Forderungen an ein Qualitätsmanagementsystem definiert. Die von der weltweiten Vereinigung der internationalen Normungsinstitute – International Standard Organization (ISO) – aufgesetzte Normenreihe wurde vom Deutschen Institut für Normung (DIN) unverändert übernommen. EN steht dabei für Europäische Norm. Das folgende Bild zeigt Struktur und Aufbau der DIN EN ISO 9000 ff. [41].

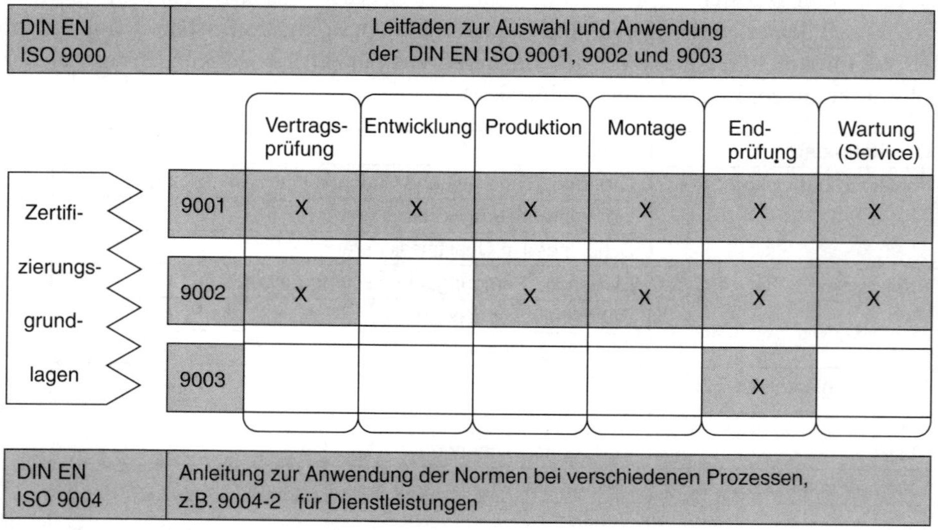

Bild 3.6 DIN EN ISO 9000 ff.

In den Normen 9001, 9002 bzw. 9003 sind die Voraussetzungen für ein Qualitätsmanagementsystem, die den jeweils grau hinterlegten Bereich abdecken, festgelegt. Die Norm setzt sich aus 20 Normelementen zusammen, die in ihrer Nummerierung und Reihenfolge nur in sehr begrenztem Maße einen Rückschluss auf die Priorisierung der Forderungen zulassen.

Systematik der DIN EN ISO 9001

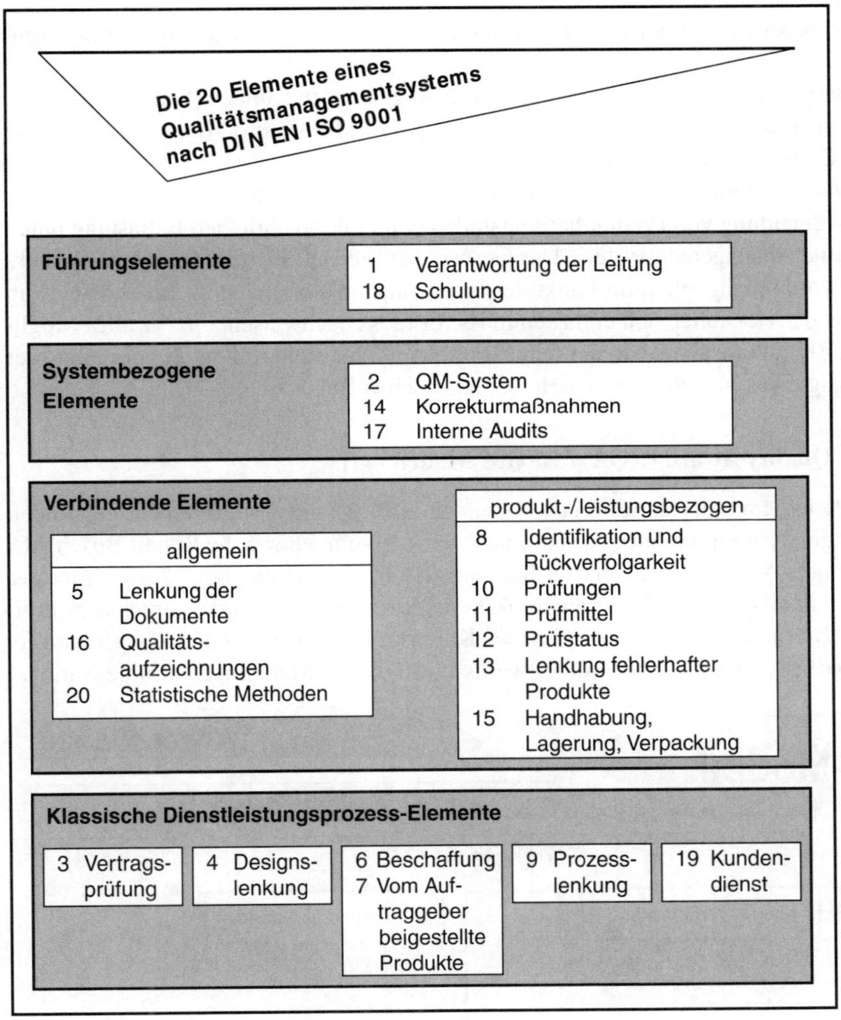

Bild 3.7 Die 20 Elemente der DIN EN ISO 9000 ff.

Zertifizierung nach DIN EN ISO 9000

Die Auszeichnung mit einem Zertifikat (Zertifizierung) ist eine Maßnahme durch einen unparteiischen Dritten, die aufzeigt, dass angemessenes Vertrauen besteht, dass eine ordnungsgemäß bezeichnete Einheit die Qualitätsforderung erfüllt [42]. Der Nutzen eines zertifizierten Qualitätsmanagementsystems (QMS) besteht in

- dem Festlegen von Verantwortungen, Zielen, Kompetenzen und Vereinbaren von systematischen Vorgehensweisen, um Zufälle und Gefahren auszuschließen

- der Vertrauensbildung zwischen Kunden und Lieferant auf nationaler und internationaler Ebene
- einem generellen Wettbewerbsvorteil, nämlich einem Zertifikat als Marketinginstrument
- der Sicherstellung der Ausschreibungsbeteiligung bei allen Kunden (Seit dem 01.01.93 vergibt die öffentliche Hand Aufträge mit mehr als 100 000 Euro Volumen nur noch an nach ISO 9000 ff. zertifizierte Unternehmen.)
- in der Verbesserung der Geschäftsabläufe (abteilungsübergreifend)
- in der Vermeidung von Produkthaftungsfällen und in der rechtlichen Entlastung durch ein Qualitätsmanagementsystem. Das Gesetz über die Haftung für fehlerhafte Produkte [43] wurde maßgeblich im Punkt der Beweislastumkehr geändert. Im Schadensfall gilt, dass der Hersteller sich entlasten muss. Er muss nachweisen, dass er alles Mögliche und Zumutbare getan hat, um seine Sorgfaltspflichten zu erfüllen. Zuvor musste der Geschädigte das Verschulden des Herstellers nachweisen.

European Quality Award (EQA) / EFQM-Modell [44]

1989 wurde in Montreux die European Foundation for Quality Management gegründet. Zu den Mitgliedern zählen führende europäische Unternehmen wie die Robert Bosch AG, die Volkswagen AG oder die Deutsche Telekom AG. Das Kriterienmodell zur Vergabe des EQA, der erstmalig 1992 an die Firma Rank Xerox Ltd. verliehen wurde, berücksichtigt einerseits die Besonderheiten des europäischen Kulturkreises und ist andererseits auch an der Vergleichbarkeit mit konkurrierenden Awards in den USA (Malcolm Baldridge National

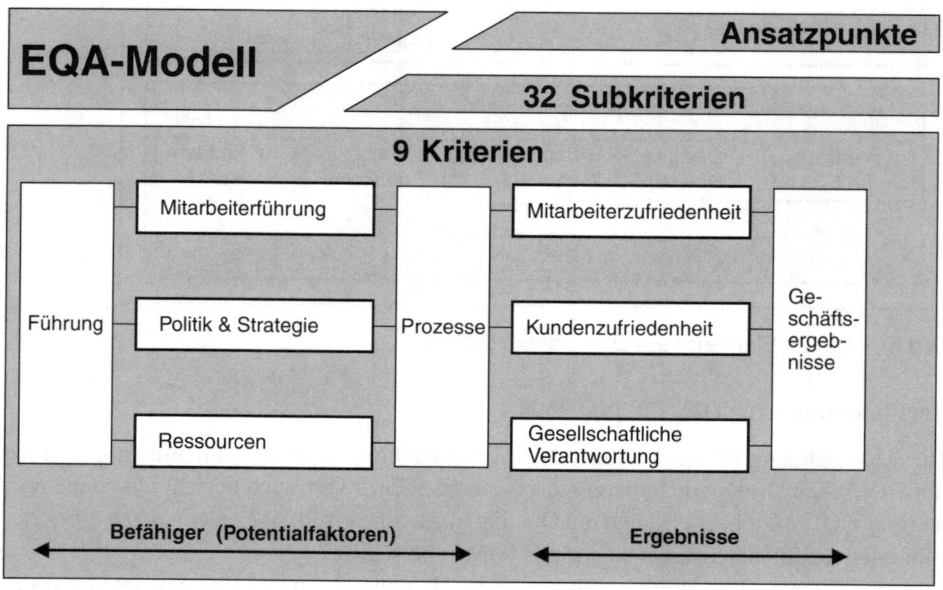

Bild 3.8 Das EFQM-Modell

Quality Award seit 1988) und in Japan (Deming-Prize seit 1951) orientiert. Nach DIN EN ISO 9001 zertifizierte Betriebe erreichen ca. 300 Punkte, wenn sie sich am EQA-Modell messen. Gewinner des EQA-Awards lagen bei 750 bis 800 Punkten.

European Quality Award 1995		
Gruppe/Kriterium		**Max. Punkte**
Befähiger		500
1	**Führungsqualität** Das Verhalten aller Führungskräfte, um das Unternehmen zu umfassender Qualität zu führen.	100
2	**Politik und Strategie** Daseinszweck, Wertesystem, Leitbild und strategische Ausrichtung des Unternehmens sowie die Art und Weise der Verwirklichung dieser Aspekte.	80
3	**Mitarbeiterorientierung** Der Umgang des Unternehmens mit seinen Mitarbeitern	90
4	**Ressourcen** Management, Einsatz und Erhaltung von Ressourcen.	90
5	**Prozesse** Das Management aller wertschöpfenden Tätigkeiten im Unternehmen.	140
Ergebnisse		500
6	**Kundenzufriedenheit** Was das Unternehmen im Hinblick auf die Zufriedenheit seiner externen Kunden leistet.	200
7	**Mitarbeiterzufriedenheit** Was das Unternehmen im Hinblick auf die Zufriedenheit seiner Mitarbeiter leistet.	90
8	**Gesellschaftliche Verantwortung** Was das Unternehmen im Hinblick auf die Erfüllung der Bedürfnisse und Erwartungen der Öffentlichkeit leistet.	60
9	**Geschäftsergebnisse** Was das Unternehmen im Hinblick auf seine geplanten Betriebs- bzw. Unternehmensergebnisse leistet.	150
	Maximal zu erreichende Punktzahl	1000

Bild 3.9 Kriterien und Gewichtung des EQA [45]

Die 9 Kriterien des EQA-Modells gliedern sich in zwei aufeinander bezogene Gruppen von Einflussgrößen, den Potenzialfaktoren (Enablers: Befähiger) und den Ergebnissen (Results). Beide Einflussgrößen werden mit jeweils 50 % gleich gewichtet. Die Befähiger sollen die Qualitätsförderung im Unternehmen gewährleisten. Sie thematisieren wesentliche Kriterien des „Business Excellence" (Beste Geschäftsführung). Die Ergebnisse dokumentieren den Grad des Erfolgs, der durch die Qualitätsaktivitäten erreicht werden konnte. Wesentliche Voraussetzung zur Verbesserung der Geschäftsergebnisse sind die Mitarbeiter- und die Kundenzufriedenheit, wobei auch die gesellschaftliche Verantwortung berücksichtigt wird.

Die Einzelkriterien des bis heute gültigen EQA und ihre Gewichtung zeigt Bild 3.9.

Alle Maßnahmen im Rahmen von TQM haben das Ziel, die Unternehmensergebnisse dauerhaft zu sichern und zu verbessern. Im Gegensatz zu kurzfristigen Gewinnmaximierungsstrategien steht eine dauerhafte Erhöhung des Unternehmenswertes im Mittelpunkt der Betrachtung. TQM als „Management by Facts“ bedeutet, die Wirkungszusammenhänge zwischen der Gestaltung der Potenzialfaktoren und der Entwicklung der Ergebnisgrößen aufzeigen zu können und verstehen zu lernen. Dies wird durch die immer wiederkehrende (im Regelfall jährliche) Bewertung nach dem EFQM-Modell und den aus der Bewertung entwickelten und für das nächste Geschäftsjahr festgeschriebenen Maßnahmen bewirkt. Damit ist es ein Führungs- und Controlling-Instrument, das dem Betrieb auf dem Weg zu „Business Excellence“ unterstützt. Denn durch regelmäßige Selbstbewertungen überprüft ein Assessoren-Team aus dem Betrieb, ob der eingeschlagene Weg der richtige ist und wie erfolgreich sich der Betrieb im Vergleich zu „best practice“ zeigt. Ein weiterer Vorteil dieser Punktbewertung ist die Möglichkeit des firmenübergreifenden Leistungsvergleichs.

4 Die Produktionswirtschaft

4.1 Produktions- und Kostenfunktionen

4.1.1 Allgemeine Produktionsfunktion

Produktionsfunktionen drücken den Zusammenhang zwischen den zur Leistungserstellung eingesetzten Faktormengen bestimmter Qualität und den Ausbringungsmengen bestimmter Qualität in einem abgegrenzten Produktionssystem und innerhalb einer definierten Produktionsperiode aus. Die allgemeine Produktionsfunktion lässt sich durch folgende Gleichung wiedergeben

$$E = f(R_1, R_2, R_3, \ldots, R_n)$$

wobei
E Ergebnis der Produktion
R Faktor bestimmter Qualität

Werden die quantifizierten Faktoreinsätze adäquat mit Kleinbuchstaben gekennzeichnet, sieht die Produktionsfunktion wie folgt aus

$$M = f(r_1, r_2, r_3, \ldots, r_n)$$

wobei
M Ausbringungsmenge
r Faktormenge bestimmter Qualität

Die jeweilige Produktionsfunktion zeigt folglich die Transformationsleistung des betrachteten Produktionsprozesses an. Diese Transformationsleistung entspringt dabei entweder

- der Kombinationswirkung der eingesetzten Produktionsfaktoren selbst, also unmittelbar den **Faktoreigenschaften** oder
- den Prozesskonnektoren und den Prozesseinflussgrößen, also den **Prozesseigenschaften** oder
- sowohl den **Faktor-** als auch den **Prozesseigenschaften**.

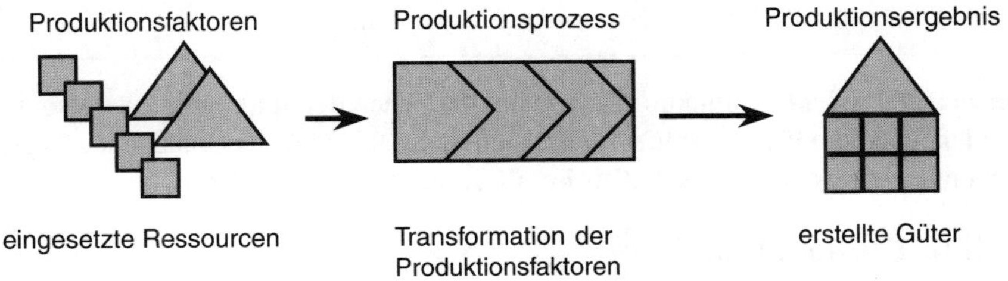

Bild 4.1 Transformation der Produktionsfaktoren

Im Vordergrund der betriebswirtschaftlichen Theorie stehen Produktionsfunktionen auf Basis voll aggregierter (also nicht differenzierter) Stellenstruktur und aggregierter In-

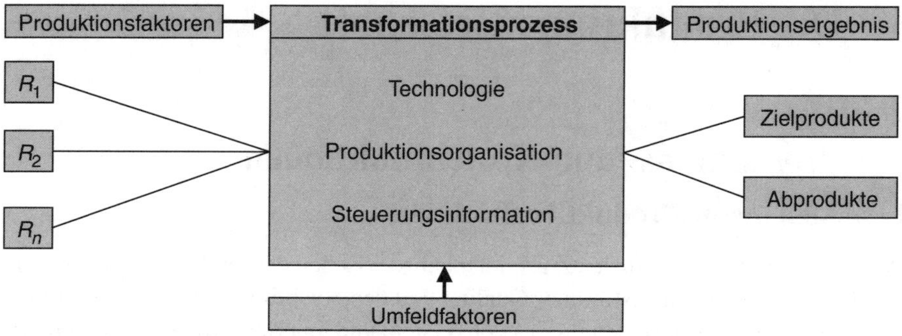

Bild 4.2 Struktur des Transformationsprozesses

puts wie auch Outputs, da sie für die Produktionsplanung von grundlegender Bedeutung sind. Für mehrstufige Produktionsprozesse mit differenzierten Beiträgen der Produktionsstellen zum betrieblichen Leistungsergebnis sind allerdings auch Ansätze zur Herausarbeitung von Produktionsfunktionen mit desaggregierter Stellenstruktur von hohem Interesse [46]. Die teilweise anzutreffende Einteilung in originäre (= beschaffte) und derivative (= selbsterstellte) Faktoren ist für die Bestimmung der Produktionsfunktion einzelner Produktionsprozesse von untergeordneter Bedeutung. Von Gewicht ist diese Untergliederung allerdings bei komplexen Betriebsprozessen, die einen Teil der Produktionsfaktoren selbst generieren. Jede Produktionsfunktion stellt, da sie das Verhältnis von Faktorertrag zu Faktoreinsatz abbildet, eine Produktivitätsbeziehung dar.

Arten von Produktionsfunktionen

Produktionsfunktionen sind in ihrer elementaren Form ihrem Wesen nach **technologische Funktionen**. Sie werden zu **Kostenfunktionen**, wenn in Werten ausgedrückte Faktoreinsätze zu Ausbringungsmengen bestimmter Qualität ins Verhältnis gesetzt werden. Sie stellen **technisch-ökonomische Funktionen** dar, wenn die Faktoreinsätze materiell beschrieben, jedoch an die Stelle der Ausbringungsmenge ein definierter ökonomischer Effekt (darunter ggf. ein Konsumtionseffekt) tritt. Sie werden zu rein **ökonomischen Funktionen**, wenn sowohl Faktoreinsatzmengen als auch Ausbringungsmengen ausschließlich in Wertgrößen ausgedrückt werden.

Im Rahmen einer Produktionsfunktion lassen sich zwischen dem Faktoreinsatz, also der Inputvariablen, und dem Faktorertrag, also der Outputvariablen zwei grundlegende Typen von Beziehungen unterscheiden: **Substitutionalität** und **Limitationalität**.

4.1.2 Substitutionalität

Substitutionalität bedeutet ganz allgemein, dass die für die Erzielung einer bestimmten Ausbringungsmenge eingesetzten Produktionsfaktoren untereinander austauschbar sind. Wir unterscheiden zwei Arten der Substitutionalität: Alternative und periphere Substitution. **Alternative Substitution** ist gegeben, wenn ein Produktionsfaktor vollständig gegen einen anderen ausgetauscht werden kann. Bei tatsächlich vollständigem Ausscheiden eines Produktionsfaktors erfolgt allerdings der Übergang in eine andere Produktionsfunktion.

Ein Jackenhersteller hatte für seine Modelle bisher Reißverschlüsse eingesetzt. Der Modetrend verlangt jedoch zunehmend Knöpfe. Fünf Knöpfe erweisen sich als notwendig, um je einen Reißverschluss zu substituieren. Sollte es die Marktnachfrage erfordern, werden nur noch Knöpfe eingesetzt.

Periphere Substitution, auch Randsubstitution genannt, finden wir vor, wenn der Austausch von Produktionsfaktoren nur innerhalb bestimmter Grenzen möglich ist.

Ein Reparaturunternehmen für Heimelektronik hat die Alternative, seine um 50 % gewachsenen Aufträge durch Personalaufstockung oder durch zusätzliche Diagnosetechnik abzuarbeiten. Allerdings zeigt sich schnell, dass neue Diagnosegeräte nur einen Teil, nämlich 30 %, des gewachsenen Arbeitsvolumens ablösen können. Das Erkennen der Reparaturaufgabe und die Reparaturausführung erweisen sich als nicht substituierbar.

Insbesondere bei peripherer Substitution beeinflussen die Faktoreinsatzverhältnisse die Ausbringungsmenge. Jedes Faktoreinsatzverhältnis bedingt einen bestimmten Ertrag. Faktorkombinationen in Mengenverhältnissen, die zum gleich großen Produktionsergebnis führen, bezeichnen wir als **isoquant**. Das lässt sich wie folgt veranschaulichen:

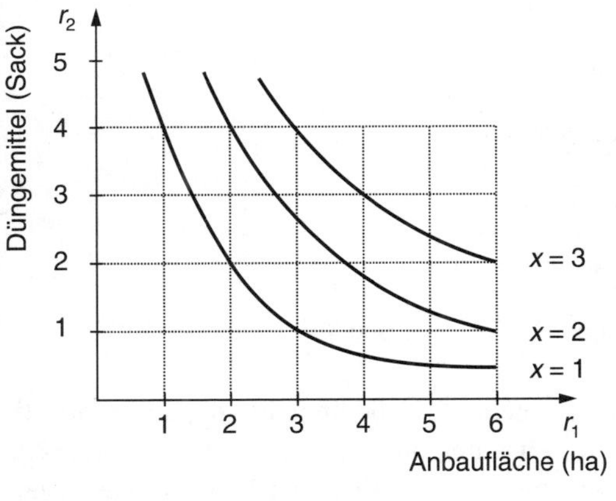

Bild 4.3 Substitutionalität

Das Bild 4.3 soll deutlich machen, dass

- sich Linien gleichen Ertrages, genannt **Ertragsisoquanten**, bei verschiedenen Faktorkombinationen ergeben
- höhere oder niedrigere Erträge nur aus Faktorkombinationen mit **anderen** Ertragsisoquanten resultieren.

4.1.3 Limitationalität

Limitationalität bedeutet, dass die Produktionsfaktoren untereinander nicht austauschbar sind und demnach nur in einem definierten quantitativen Verhältnis zueinander einen bestimmten Ertrag bringen.

So erfordert die Herstellung von Normschrauben auf einem Schraubendrehautomaten ein festes Verhältnis von Maschinenzeit und Stahlstangen.

Das bedeutet, dass bei Vorliegen von Limitationalität zusätzliche Einsatzmengen **nur eines** Produktionsfaktors **keine** Erhöhung der Ausbringungsmenge bewirken. Der jeweils überschüssige Produktionsfaktor verursacht bestenfalls nutzlosen Mehraufwand, in verschiedenen Prozessen sogar einen Qualitätsabfall oder zusätzlichen Trenn- und Entsorgungsaufwand. Eine Ertragssteigerung ist also nur innerhalb technisch fest vorgegebener Faktoreinsatzverhältnisse möglich. Übertragen in das folgende Bild ist das ausschließlich auf dem so genannten Strahl der effizienten Kombinationen, dargestellt durch die gestrichelte Linie über die Ecken der Ertragsisoquanten, erreichbar. Ausdrücklich sei angemerkt, dass sich Substitutionalität und Limitationalität auf Produktionsfunktionen beschränken, die sich **ausschließlich** auf Faktoreigenschaften zurückführen lassen.

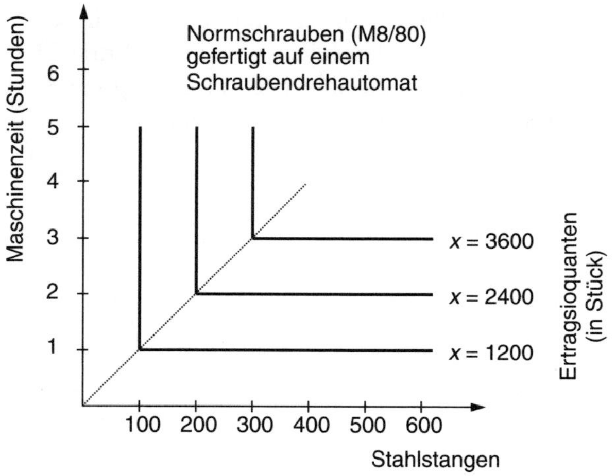

Bild 4.4 Limitationalität

In konkreten Produktionsprozessen bewirken technologiebedingt im Komplex Substitutionalität und Limitationalität bestimmte Zusammenhänge zwischen Faktoreinsatz und Faktorertrag. Für den Betriebswirt wie für den an Wirtschaftlichkeit interessierten Ingenieur stellt sich dabei die Frage: Wie entwickelt sich der Gesamtausstoß eines Produktionsprozesses, wenn einzelne Produktionsfaktoren zunehmend eingesetzt werden bzw. welchem Produktionsfaktor ist die jeweilige Zunahme des Gesamtausstoßes geschuldet? Zur Klärung dessen halten wir alle Faktoren bis auf einen, dessen Einsatzmenge wir variieren, konstant. Wir verändern dazu die allgemeine Produktionsfunktion $M = f(r_1, r_2, r_3, \ldots, r_n)$, indem wir zunächst den variablen Faktor identifizieren, der Einfachheit halber hier mit r_n. Dann lautet die Produktionsfunktion

$$M = f(r_1, r_2, \ldots, r_{n-1}, r_n)$$

Konstant sind hierin alle Faktoren von r_1 bis r_{n-1}, variabel ist nur r_n. Betrachten wir die konstant gehaltenen Faktoren als geschlossene Einheit bzw. als fixen Faktor r_f und geben wir dem variablen Faktor das Symbol r_v, so vereinfacht sich die Gleichung zu

$$M = f(r_f, r_v)$$

bzw. unter Weglassung des für die mögliche Ausstoßänderung bedeutungslosen Faktors r_f zu

$$M = f(v) \quad \text{bzw.} \quad M = f(r)$$

In Produktionsprozessen, in denen es notwendig ist, die kombinierte (synergetische) Wirkung von zwei und mehr variablen Produktionsfaktoren zu erfassen, geschieht dies mit Hilfe mehrdimensionaler Funktionen.

$$M = f(r_{v1}, r_{v2}, \ldots, r_{vn})$$

Häufig auftretende charakteristische Zusammenhänge zwischen Faktoreinsatz und Faktorertrag werden als Produktionsfunktionen bestimmten Typs definiert, die in der Reihenfolge ihrer Herausarbeitung mit Großbuchstaben oder gelegentlich auch mit dem Namen ihres Autors gekennzeichnet werden. Wir kennen bislang folgende Produktionsfunktionen

Typ A:	Ertragsgesetz	Thünen-Funktion
Typ B:	Verbrauchsfunktion	Gutenberg-Funktion
Typ C:	Wiederholfunktion	Heinen-Funktion
Typ D:	Betriebsmodell	Kloock-Funktion
Typ E:	Kapazitätsbelegungsmodell	Küpper-Funktion
Typ F:	Zielbeeinflusste Produktionsfunktion	Matthes-Funktion

In diesem Buch werden die Produktions- und Kostenfunktionen vom Typ A und B näher behandelt.

4.1.4 Produktionsfunktion Typ A – Ertragsgesetz

Diese Produktionsfunktion trifft vor allem auf die landwirtschaftliche Produktion bzw. biologische Produktionsprozesse und auf stoffwandelnde Produktionsprozesse zu.

Das **Ertragsgesetz** lautet: Wenn man die Einsatzmenge eines Faktors (bzw. einer Faktorengruppe) bei konstanter Einsatzmenge übriger Faktoren sukzessive vermehrt, dann ergeben sich zunächst steigende, dann abnehmende Ertragszuwächse, bis nach Überschreiten des Ertragsmaximums die Erträge immer mehr abnehmen.

Dieses Gesetz heißt daher in der Produktionstheorie auch Gesetz vom zunehmenden und abnehmenden Ertragszuwachs.

In einer Gärtnerei soll der Gemüseertrag pro Flächeneinheit durch Einsatz eines Spezialdüngers gesteigert werden. In vergleichenden Versuchen ergeben sich auf je 100 m^2 folgende Erträge:

Faktoreinsatz (r_v) r in Packungen Dünger	**Faktorertrag** (M) M in kg Gemüse
$r_1 = 1$	$M_1 = 50$
$r_2 = 2$	$M_2 = 110$
$r_3 = 3$	$M_3 = 180$
$r_4 = 4$	$M_4 = 240$
$r_5 = 5$	$M_5 = 275$
$r_6 = 6$	$M_6 = 300$
$r_7 = 7$	$M_7 = 315$
$r_8 = 8$	$M_8 = 320$
$r_9 = 9$	$M_9 = 315$
$r_{10} = 10$	$M_{10} = 300$

Das lässt sich grafisch wie folgt darstellen:

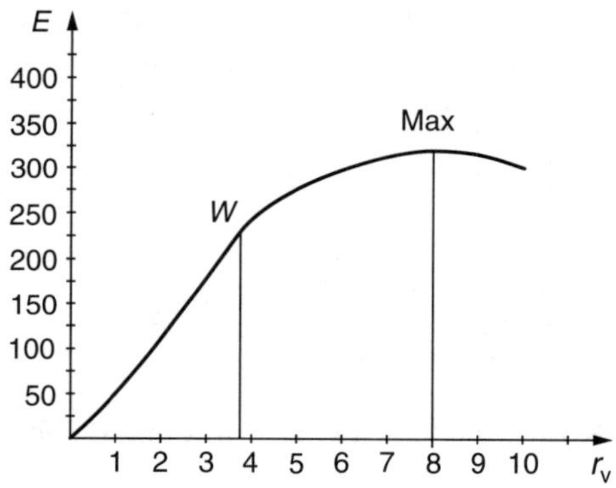

Bild 4.5 Gesamtertragskurve

Aus der Grafik erkennen wir, dass ein zusätzlicher Einsatz des variablen Faktors (hier des Düngers) zunächst zu einem progressiv steigenden Ertrag führt. Nach dem Erreichen der optimalen Faktorkombination steigt der Gesamtertrag zwar weiter, aber degressiv, das heißt mit abnehmender Zuwachsrate, bis er das Ertragsmaximum erreicht. Danach führt jeder weitere Einsatz des variablen Faktors zu einem Sinken des Gesamtertrages. Die Voraussetzungen für die Gültigkeit des Ertragsgesetzes, das grundsätzlich auf dem Phänomen der peripheren Substitution beruht, sind [47]:

1. der Einsatz steigender Mengeneinheiten eines (oder mehrerer) leistungswirksamen variablen Faktors (hier des Düngers) in Kombination mit einem bestands- und leistungsmäßig konstanten Faktor (hier der Gartenfläche)
2. die vollständige Homogenität und beliebige Teilbarkeit des variablen Faktors
3. die Unveränderlichkeit der Produktionstechnik
4. die Erzeugung nur einer Produktart.

Analysieren wir diesen Ertragsverlauf für den Fall des Einsatzes nur eines variablen Faktors (Ein-Faktor-Fall) und für den Fall des Einsatzes zweier variabler Faktoren (Zwei-Faktoren-Fall).

Ein-Faktor-Fall

Der Verlauf der Gesamtertragskurve ergibt sich aus der Wirksamkeit bzw. Produktivität der jeweiligen Einsatzmenge des variablen Faktors in Kombination mit dem konstanten Faktor. Dabei interessiert je nach Zielstellung des Produktionsprozesses zum einen der Punkt, bis zu dem der Ertragszuwachs infolge der jeweils letzten zugeführten Mengeneinheit des variablen Faktors steigt, also der Punkt des höchsten Grenzertrages, des weiteren der Punkt des höchsten Durchschnittertrages und dann der Punkt des Ertragsmaximums.

Dies untersuchen wir genauer anhand der Grenzertrags- und der Durchschnittsertragsfunktion. Der **Grenzertrag** ist der Zuwachs an Gesamtertrag, der sich aus dem Einsatz der letzten zusätzlichen Einheit des variablen Faktors ergibt. Dieser Grenzertrag wächst zunächst und erreicht im Wendepunkt der Gesamtertragskurve sein Maximum, um danach wieder abzunehmen und im Maximum der Gesamtertragskurve den Wert null zu erreichen. Danach nimmt der Grenzertrag mit abnehmendem Gesamtertrag immer größere negative Werte an. Die Grenzertragsfunktion ist mathematisch definiert durch die 1. Ableitung der Gesamtertragsfunktion, also durch

$$M' = \frac{\Delta M}{\Delta r} = \frac{\text{Ertragsänderung}}{\text{Faktormengenänderung}}$$

Wir nehmen zur rechnerischen Bestimmung der Grenzerträge die Zahlen aus unserem obigen Beispiel.

Faktormenge (r_v)	**Gesamtertrag** (M)	**Grenzertrag** (M')
$r_1 = 1$	$M_1 = 50$	$M' = 50$
$r_2 = 2$	$M_2 = 110$	$M' = 60$
$r_3 = 3$	$M_3 = 180$	$M' = 70$
$r_4 = 4$	$M_4 = 240$	$M' = 60$
$r_5 = 5$	$M_5 = 275$	$M' = 35$
$r_6 = 6$	$M_6 = 300$	$M' = 25$
$r_7 = 7$	$M_7 = 315$	$M' = 15$
$r_8 = 8$	$M_8 = 320$	$M' = 5$
$r_9 = 9$	$M_9 = 315$	$M' = -5$
$r_{10} = 10$	$M_{10} = 300$	$M' = -15$

Grafisch lässt sich die entsprechende Grenzertragsfunktion in Beziehung zur Gesamtertragsfunktion wie im Bild 4.6 darstellen.

Das Bild veranschaulicht das oben Gesagte. Der Gipfel der Grenzertragskurve liegt genau unter dem Wendepunkt der Gesamtertragskurve, und die Grenzertragskurve schneidet unter dem Gesamtertragsmaximum die Abszisse in den negativen Ertragsbereich.

Durchschnittsertragsfunktion

Der **Durchschnittsertrag** ist jener Ertrag, den eine Faktoreinheit innerhalb der jeweiligen Faktoreinsatzmenge bewirkt. Sie errechnet sich durch Division des Gesamtertrages durch die Menge des eingesetzten variablen Faktors. Der Durchschnittsertrag steigt, solange der Grenzertrag höher ist als der Durchschnittsertrag. Das liegt daran, dass jeder Ertragszuwachs, der höher als der bisherige Durchschnittsertrag ist, diesen zwangsläufig anheben muss. Im Maximum des Durchschnittsertrages sind folglich Grenzertrag und Durchschnittsertrag gleich. Mathematisch lässt sich der maximale Durchschnittsertrag durch Anlegen der Tangente an die Gesamtertragskurve bestimmen (siehe auch Bild 4.7).

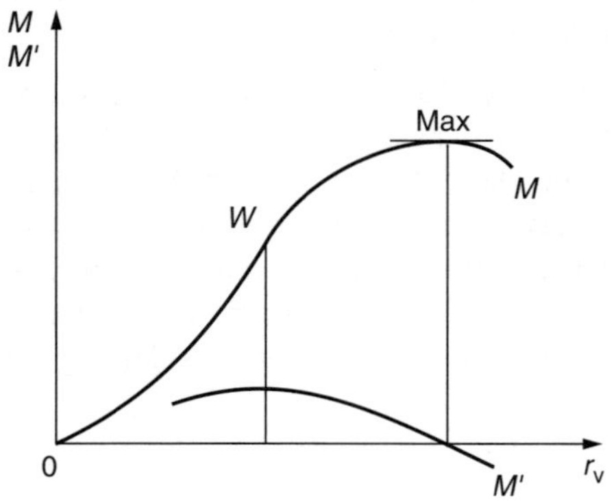

Bild 4.6 Gesamt- und Grenzertragsfunktion

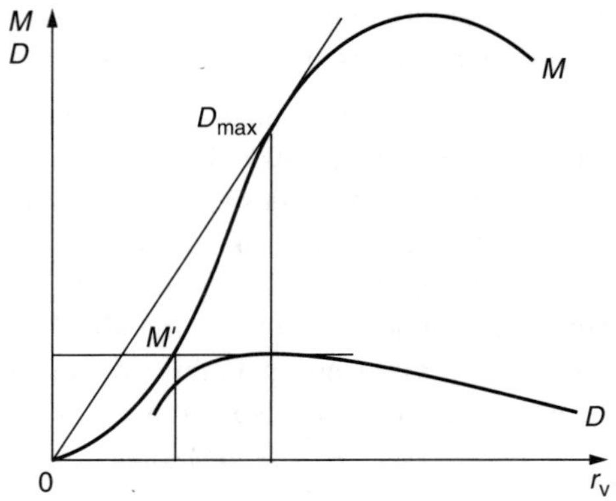

Bild 4.7 Durchschnittsertragsfunktion

In unserem Beispiel zeigt auch die rechnerische Überprüfung anhand einer Tabelle, dass der höchste Durchschnittsertrag bei $r = 3{,}5$ liegt.

Faktoreinsatz (r_v)	**Gesamtertrag** (M)	**Durchschnittsertrag** m
$r_1 = 1$	$M_1 = 50$	$m_1 = 50$
$r_2 = 2$	$M_2 = 110$	$m_2 = 55$
$r_3 = 3$	$M_3 = 180$	$m_3 = 60$
$r_4 = 4$	$M_4 = 240$	$m_4 = 60$
$r_5 = 5$	$M_5 = 275$	$m_5 = 55$
$r_6 = 6$	$M_6 = 300$	$m_6 = 50$
$r_7 = 7$	$M_7 = 315$	$m_7 = 45$
$r_8 = 8$	$M_8 = 320$	$m_8 = 40$
$r_9 = 9$	$M_9 = 315$	$m_9 = 35$
$r_{10} = 10$	$M_{10} = 300$	$m_{10} = 30$

Zwei-Faktoren-Fall

Produktionsfunktionen mit zwei Variablen lassen sich dreidimensional darstellen. Aufgrund des sich daraus ergebenden Bildes bezeichnet man diese Art der Darstellung auch als Ertragsgebirge. Wir kennen vier grundsätzliche Typen von Ertragsgebirgen [48] (Bild 4.8).

Schnitte durch dieses auf unterschiedlichen Höhen der Ertragsachse ergeben Ertragsisoquanten. Eine Ertragsisoquante im Zwei-Faktoren-Fall bezeichnet die Gesamtheit der technisch möglichen Kombinationen beider variablen Faktoren, die zum gleichen Gesamtertrag führen.

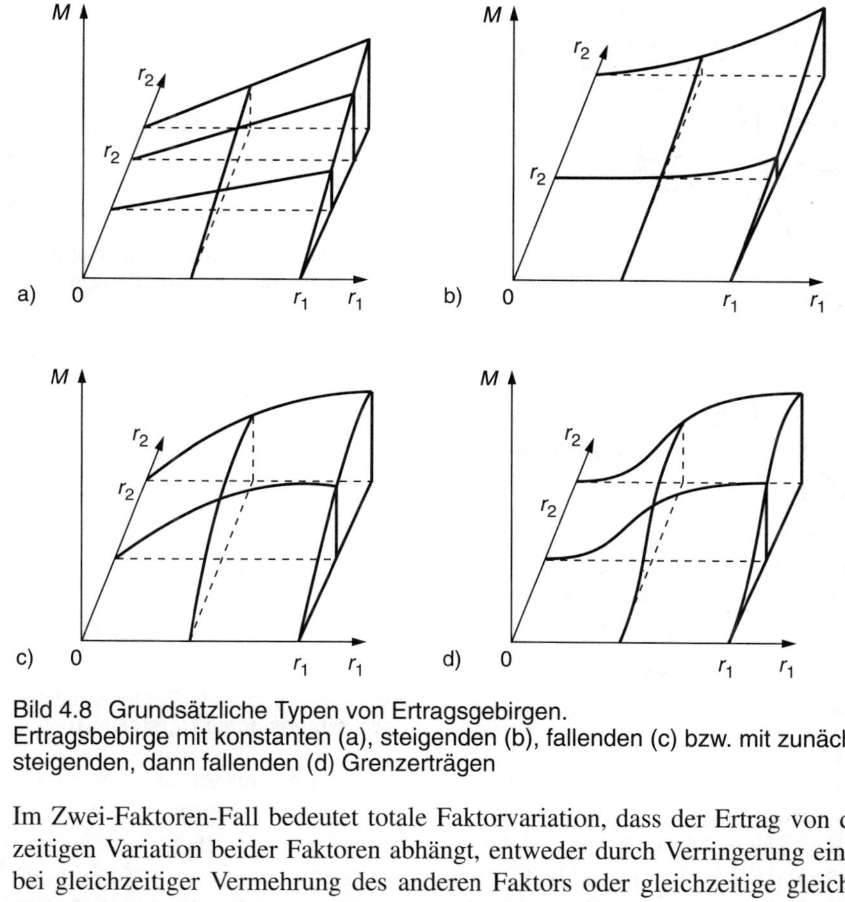

Bild 4.8 Grundsätzliche Typen von Ertragsgebirgen.
Ertragsbebirge mit konstanten (a), steigenden (b), fallenden (c) bzw. mit zunächst steigenden, dann fallenden (d) Grenzerträgen

Im Zwei-Faktoren-Fall bedeutet totale Faktorvariation, dass der Ertrag von der gleichzeitigen Variation beider Faktoren abhängt, entweder durch Verringerung eines Faktors bei gleichzeitiger Vermehrung des anderen Faktors oder gleichzeitige gleichgerichtete Veränderung beider Faktoren. Wir unterscheiden davon ausgehend als die zwei Grundtypen dieser Faktorvariation die isoquante Faktorvariation und die Niveauvariation.

Isoquante Faktorvariation

Bei isoquanter Faktorvariation wird das Einsatzverhältnis beider Faktoren zueinander so variiert, dass stets die gleiche Ertragsmenge anfällt.

Das Bild 4.9 lässt aber leicht erkennen, dass die Faktorkombination nur in einem bestimmten Variationsbereich wirtschaftlich sein kann, denn darüber hinaus werden beide Faktoren vermehrt eingesetzt, ohne dass der Ertrag steigt. Dieser Bereich sinnvoller Faktorvariation wird als **Substitutionsgebiet** bezeichnet. Für eine zweidimensionale Darstellung dieses Sachverhaltes ordnet man jedem gewünschten Ertragsniveau, den Ertragsisoquanten, die entsprechend variierten Mengenverhältnisse beider Faktoren zu.

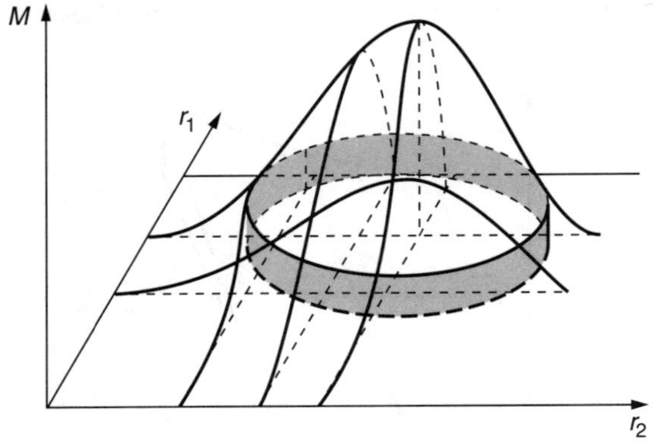

Bild 4.9 Substitutionsgebiet bei einem Ertragsgebirge

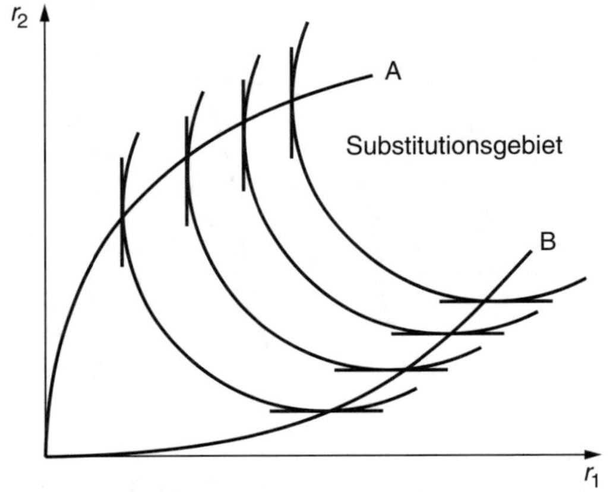

Bild 4.10 Isoquante Faktorvariation (zweidimensionale Darstellung)

Nun wird ersichtlich, dass die jeweilige Faktorkombination nur bis zu den Tangentialpunkten der Ertragsisoquanten mit den Parallelen zu den Koordinatenachsen wirtschaftlich sinnvoll sein kann. Die Verbindung dieser Tangentialpunkte über alle Ertragsisoquanten hinweg bezeichnen wir – im Bilde des „Ertragsgebirges“ bleibend – als Kammlinie. Die **Kammlinien** begrenzen das Substitutionsgebiet. Allerdings wird auch ersichtlich, dass in der Nähe der Kammlinien das Austauschverhältnis, das heißt das Verhältnis zwischen der Abnahme des ersetzten Faktors und der Zunahme des ersetzenden Faktors, bezeichnet als **Grenzrate der Substitution**, ein anderes als inmitten des Substitutionsgebietes ist. Je größer die Grenzrate der Substitution ist, desto mehr Einheiten des einen Faktors sind zum Ausgleich der Verringerung der Einheiten des anderen Faktors notwendig, um das angestrebte Ertragsniveau zu halten, und desto geringer ist der Grenzertrag des ersetzenden Faktors.

Dies ist zunächst eine rein technische Betrachtung. Es geht aber letztlich um diejenige Faktorkombination, mit der ein bestimmtes Ertragsniveau zu niedrigsten Kosten gesichert werden kann. Diese bezeichnen wir als **Minimalkostenkombination**. Die Minimalkostenkombination ist gegeben, wo sich die Grenzerträge der Faktoren verhalten wie die ihrer Kosten. Mathematisch gesehen ergibt sich die Minimalkostenkombination aus dem Berührungspunkt der Kostenisoquante (auch als **Bilanzgerade** oder **Budgetgerade** bezeichnet) mit der zugehörigen Ertragsisoquante. Die Verbindung der Minimalkostenkombinationen über verschiedene Ertragsniveaus hinweg nennen wir **Minimalkostenlinie oder optimale Prozessgerade**.

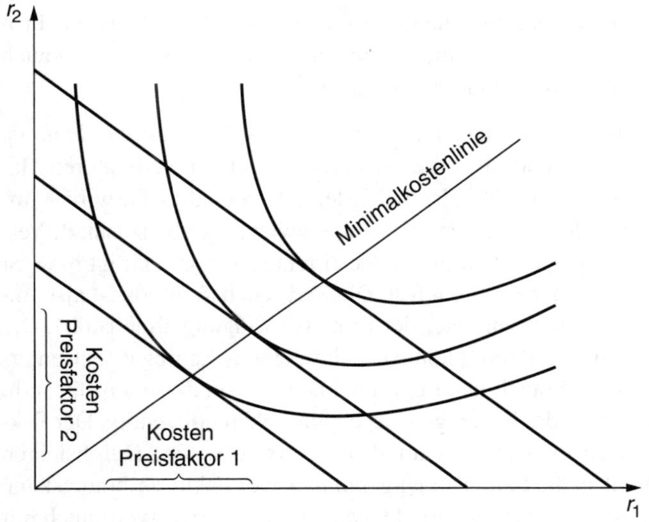

Bild 4.11 Minimalkostenlinie/optimale Prozessgerade

Niveauvariation

Bei der Niveauvariation bleibt das Faktoreinsatzverhältnis konstant. Es wird untersucht, wie sich das Ertragsniveau bei verändertem Faktoreinsatz in der gewählten Mengenkombination entwickelt. In dreidimensionaler Grafik lässt sich die Niveauvariation als senkrechter Schnitt durch den Ursprung der beiden Faktorachsen darstellen. Die Schnittlinie der senkrechten Ebene mit dem Ertragsgebirge, bezogen auf die Ebene der beiden Faktoren, nennen wir auch hier **Prozessgerade**. Die Schnittlinie mit der Oberfläche des Ertragsgebirges bildet den **Ertragsverlauf** entsprechend dem Faktoreinsatz ab.

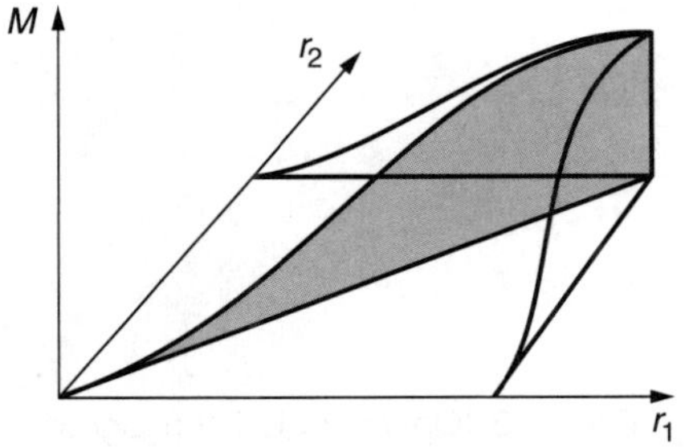

Bild 4.12 Niveauvariation

4.1.5 Produktionsfunktion Typ B – Verbrauchsfunktion

Die Verbrauchsfunktion spiegelt die technisch bestimmten funktionalen Beziehungen zwischen den Leistungsgraden (von Gutenberg als „Intensität" bezeichnet) einer abgegrenzten produzierenden Einheit (im engeren Sinne: eines technischen Aggregats) und dem Faktorverbrauch je Leistungseinheit wider. Die Verbrauchsfunktion treffen wir in den meisten Prozessen an, in denen der Maschineneinsatz für die Produktion bzw. das Produktionsergebnis bestimmend ist. Ein anschauliches Beispiel ist der Kraftstoffverbrauch eines Automobils in Abhängigkeit von der Geschwindigkeit.

Allerdings verbraucht das Automobil weitere Faktoren, so die Arbeitszeit des Fahrers, Schmiermittel, Reifen, Durchsichten und Reparaturleistungen, nicht nur die Faktoren Maschine und Kraftstoff. Bei jeder „Intensität", also bei jeder Geschwindigkeit, wird – unter sonst gleichbleibenden Umfeldbedingungen, wie Ladegewicht, Straßenzustand, Verkehrslage, Windverhältnisse – von jedem Faktor eine bestimmte Menge benötigt bzw. ist das erforderliche Mengenverhältnis der Faktoren fest. Die Verbrauchsfunktion ist also immer eine limitationale Produktionsfunktion unter der Prozessbedingung „Intensität". Die Verbrauchsfunktionen der einzelnen Faktoren können sich in einem Aggregat sehr unterschiedlich verhalten. Der Faktorverbrauch kann ggf. unabhängig von der Intensität sein. So ist der Einsatz eines Fahrers bei jeder beliebigen Geschwindigkeit notwendig. Der Faktorverbrauch kann mit wachsender Intensität eventuell auch sinken. So sind Durchsichten in der Regel an Zeitpunkte, nicht an die Laufleistung gebunden. Der Faktorverbrauch kann unter Umständen mit der Intensität steigen. So erhöht sich der Schmierstoffverbrauch mit steigender Geschwindigkeit.

Es gibt aber auch andere Verbrauchsverläufe. So kann der Faktorverbrauch mit steigender Intensität zunächst sinken und dann steigen, wie z. B. der Kraftstoffverbrauch, oder er kann zunächst intensitätsunabhängig sein und erst ab einer gewissen Intensität steigen, wie bei Reifen. Bei Vorhandensein mehrerer Verbrauchsfunktionen bei einem Aggregat ergibt sich das Problem der Bestimmung des **optimalen Leistungsgrades**. Das erfordert zunächst die Bewertung der Faktoren durch die Multiplikation der Mengen mit den Preisen. Das Mini-

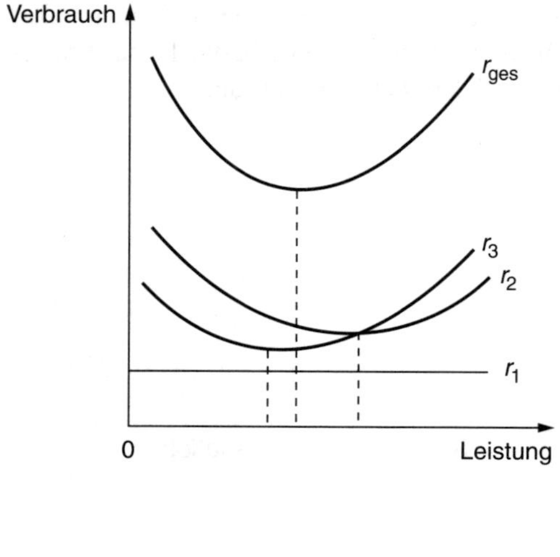

Bild 4.13 Optimaler Leistungsgrad

mum des bewerteten Gesamtfaktorverbrauchs pro Leistungseinheit gibt also die optimale Intensität bzw. den optimalen Leistungsgrad an.

Angemerkt sei, dass sich das Problem der Minimalkostenkombination hier nicht stellt, da bei jeder beliebigen Intensität Limitationalität zwischen den Faktoren gegeben ist.

Ableitung der Kostenfunktion aus der Produktionsfunktion

Kosten sind in Geld bewertete Mengen an Produktionsfaktoren, die zum Zwecke der betrieblichen Leistungserstellung verbraucht werden. Es handelt sich um einen **Wertverzehr**, der über die Faktortransformation zu einer **Wertschöpfung** führen soll. Nur bei dieser Zielstellung der Leistungserstellung sprechen wir von Kosten, sonst um bloße Ausgaben. Anders gesagt: **Kosten** sind Ausgaben, die mit dem Ziel wertschöpfender Leistungserstellung getätigt werden. Die Kostenfunktion leitet sich demnach aus der Produktionsfunktion ab. Dies können wir in folgenden Schritten tun. Die Produktionsfunktion lautet

$$M = f(r_1, r_2, \ldots, r_n) \tag{4.1}$$

Wir bewerten nun die Faktoreinsatzmengen r mit den Faktorpreisen p.

$$M_\mathrm{w} = f(r_1 x p_1, r_2 x p_2, \ldots, r_n x p_n) \tag{4.2}$$

Da die so mit den Faktorpreisen bewerteten Faktormengen nichts anderes sind als die Faktorkosten für die jeweilige Produktion, können wir auch schreiben

$$M_\mathrm{w} = f(K_1, K_2, \ldots, K_n) \tag{4.3}$$

Da Kosten für die einzelnen Faktoren sich als ökonomische Größe ihrer Qualität nach nicht mehr unterscheiden, können wir sie auch zu den Gesamtkosten K zusammenfassen.

$$M_\mathrm{w} = f(K) \tag{4.4}$$

Dies ist dem Wesen nach immer noch eine Produktionsfunktion, und zwar im Wertausdruck, da M_w die abhängige Größe darstellt. Wir bezeichnen sie sowohl bei Darstellung der getrennten Faktorkosten als auch der Gesamtkosten als **monetäre Produktionsfunktion**. Diese ist für die betriebliche Praxis nicht operabel. Sie besagt nämlich: Die Produktionsmenge ist von den Kosten abhängig. Wir wollen aber wissen, welche Kosten für eine bestimmte Produktionsmenge anfallen. Dazu kehren wir die monetäre Produktionsfunktion um und erhalten so die **Kostenfunktion**.

$$K = f(M_\mathrm{w}) \quad \text{bzw., da } M_\mathrm{w} \text{ auf } M \text{ zurückgeht,} \qquad K = f(M) \tag{4.5}$$

Die Aussage lautet nunmehr: Die Kosten sind abhängig von der Produktionsmenge. Das bestätigt auch den Erfahrungszusammenhang, dass mit höherer Ausbringungsmenge die Kosten steigen und mit niedrigerer Ausbringungsmenge sinken. Allerdings ist dieser Zusammenhang je nach Charakter der jeweiligen Produktionsfunktion zu präzisieren. Je nachdem, ob es sich – insgesamt oder im Ertragsverlauf – um eine Produktionsfunktion mit konstanten, mit steigenden oder mit fallenden Grenzerträgen handelt, hängen die Kosten von der für die jeweilige Ausbringungsmenge notwendigen Faktormenge, auch als Beschäftigungsgrad λ bezeichnet, ab.

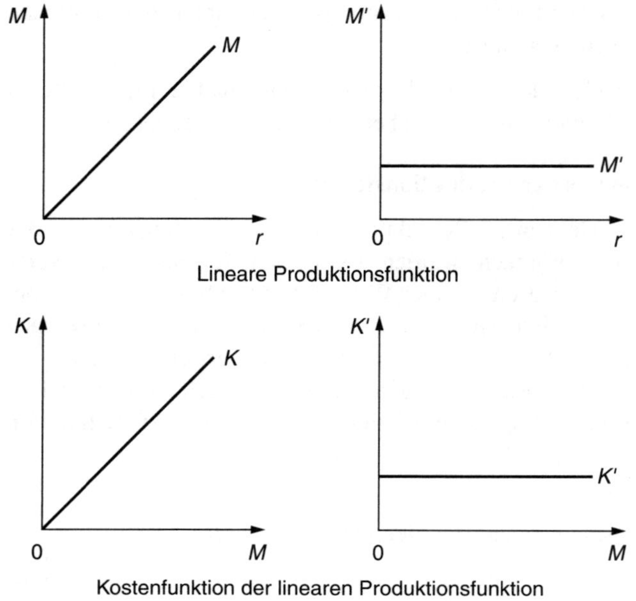

Bild 4.14 Lineare Produktionsfunktion und Kostenfunktion der linearen Produktionsfunktion

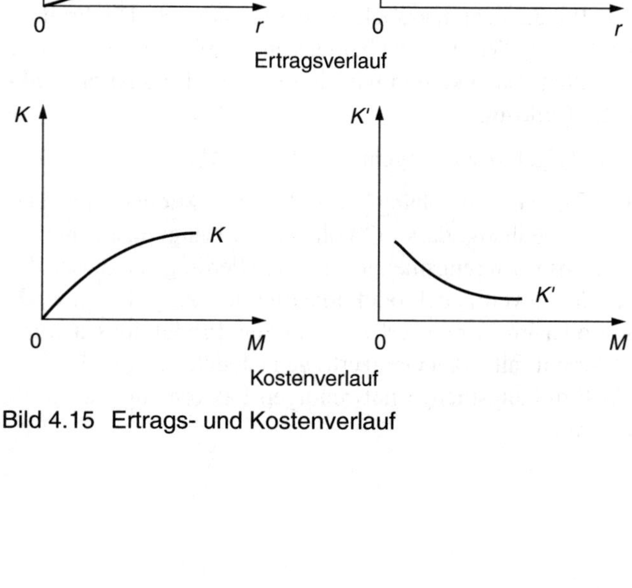

Bild 4.15 Ertrags- und Kostenverlauf

Bei Produktionsfunktionen mit konstanten Grenzerträgen, linear-homogene Produktionsfunktionen genannt, führt jede zusätzliche Faktormengeneinheit zu einem gleichbleibenden Ertragszuwachs. Jede zusätzliche Einheit Ertrag verursacht – gleiche Preise für jede gleiche Faktormenge vorausgesetzt – die gleichen Kosten. Damit bleiben auch die Grenzkosten, also der Zuwachs an Gesamtkosten pro zusätzlicher Ertragseinheit, gleich hoch. Eine lineare Produktionsfunktion führt folglich zu einer linearen Gesamtkostenfunktion und zu einer linear-konstanten Grenzkostenfunktion. Das veranschaulichen die Bilder 4.14 bis 4.16.

Produktionsfunktionen mit steigenden Grenzerträgen führen zu Gesamtkostenfunktionen mit abnehmenden Zuwachsraten und Grenzkostenfunktionen mit sinkenden Grenzkosten. Bei zunehmendem Faktormengeneinsatz werden demnach für jede zusätzliche Ertragseinheit immer weniger Faktoreinheiten erforderlich.

Bei Produktionsfunktionen mit abnehmenden Grenzerträgen steigen die Gesamtkosten progressiv an. Ob die zugehörigen Grenzkosten linear oder auch progressiv ansteigen, hängt vom Verlauf der Gesamtkostenfunktion ab.

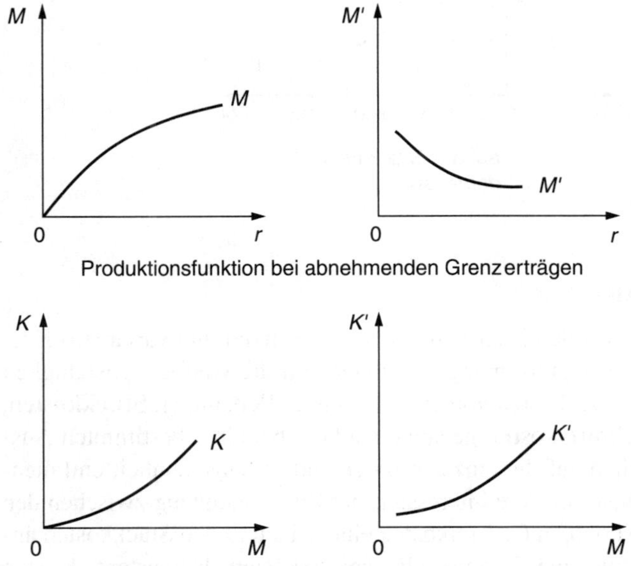

Bild 4.16 Produktions- und Kostenfunktion bei abnehmenden Grenzerträgen

4.1.6 Kostentheoretische Begriffe

Fixe und variable Kosten

Die Gesamtkosten jedes Produktionsprozesses setzen sich aus verschiedenen Kostenarten zusammen, das heißt sie sind immer strukturiert. Das Kostenverhalten in Abhängigkeit von der Ausbringungsmenge ist durch das Verhalten der Kostenarten bei unterschiedlicher Beschäftigung bestimmt. Wir unterscheiden hinsichtlich ihres Verhaltens grundsätzlich **fixe Kosten** K_f, das sind Kosten, die auf Veränderungen des Beschäftigungsgrades nicht reagieren bzw. konstant bleiben (zeitbezogene Abschreibungen, Zinsen, Mieten und Pachten, leistungsunabhängige Zeitlöhne), und **variable Kosten** K_v, das sind Kosten, die auf Änderungen des Beschäftigungsgrades reagieren, wobei Richtung und Ausmaß der Reaktion (Reagibilitätsgrad) unterschiedlich sein können [49]. Wir unterscheiden dabei variable Kosten, die sich

- im gleichen Verhältnis wie der Beschäftigungsgrad ändern (= **proportionale Kosten**)
- stärker als der Beschäftigungsgrad zunehmen (= **progressive Kosten**)
- weniger stark als der Beschäftigungsgrad wachsen (= **degressive Kosten**).

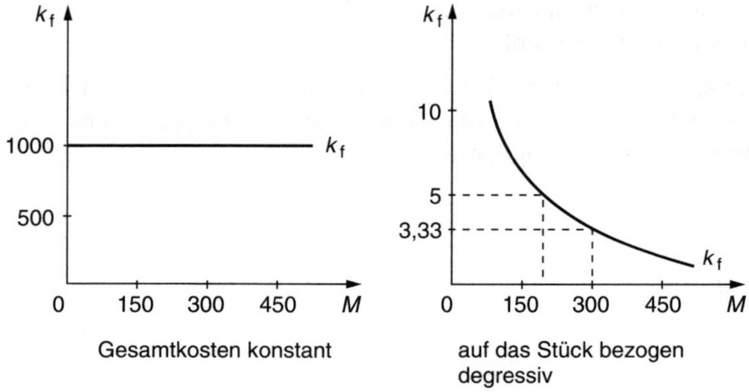

Bild 4.17 Fixe Kosten

Gesamtkosten und Stückkosten

Gesamtkosten sind – nur das wurde bisher betrachtet – alle (fixen und variablen) Kosten, die für eine bestimmte Ausbringungsmenge entstehen. Für die Wettbewerbsfähigkeit des Betriebes sind jedoch die Stückkosten von entscheidender Bedeutung. **Stückkosten**, in der Literatur auch **Durchschnittskosten** genannt, sind der bei einer bestimmten Ausbringungsmenge durchschnittlich auf die einzelne produzierte Mengeneinheit entfallende Anteil der Gesamtkosten. Insbesondere interessiert der Zusammenhang zwischen den fixen Gesamtkosten und den variablen Gesamtkosten einerseits und den Stückkosten andererseits. Wir erkennen hier folgende Zusammenhänge: Fixkosten als konstante Kosten führen mit steigender Ausbringungsmenge zu degressiv sinkenden Stückkosten.

Variable Kosten führen im Falle proportionaler Kosten zu gleichbleibenden Stückkosten (Bild 4.18).

Mit der Ausbringungsmenge überproportional steigende oder sinkende variable Kosten führen selbstverständlich zu steigenden oder sinkenden variablen Stückkosten. Von besonderem Interesse ist, wie mit veränderter Ausbringungsmenge fixe Gesamtkosten und variable Gesamtkosten gemeinsam auf die Gesamtstückkosten einwirken. Das veranschaulicht Bild 4.19.

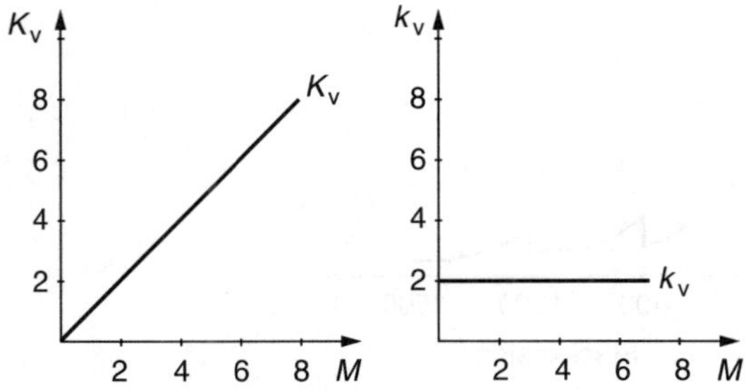

Bild 4.18 Proportionale Kosten

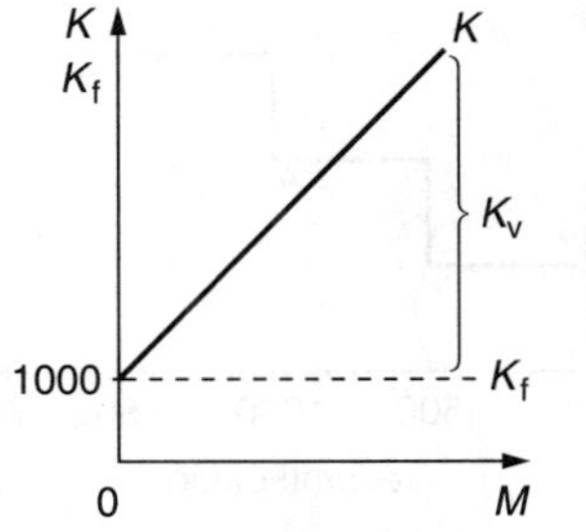

Bild 4.19 Gesamtstückkosten

Die Stückkostenfunktion k ergibt sich also aus der Addition der beiden Funktionen $k_f = f(m)$ und $k_v = f(m)$.

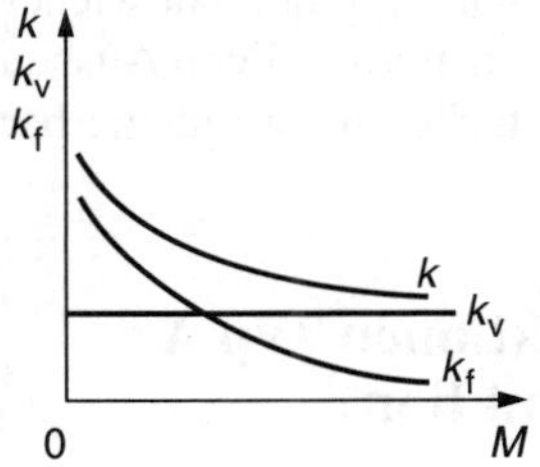

Bild 4.20 Stückkostenfunktion

Regressive Kosten

In seltenen Fällen kommt es mit zunehmendem Beschäftigungsgrad zu sinkenden Gesamtkosten und damit zu stark degressiven Stückkosten. Wir bezeichnen diesen Sachverhalt als **regressive Kosten**. Das bedeutet aber umgekehrt: Bei sinkendem Beschäftigungsgrad wachsen die Kosten stark überproportional. Wir können dies z. B. bei den Kühlenergiekosten für offene Tiefkühltruhen beobachten.

Sprungkosten

Kostensprünge bzw. **Sprungkosten** entstehen, wenn für die Erhöhung der Ausbringungsmenge Kapazitätserweiterungen notwendig werden. Da dies nur in Gestalt ganzer Aggregate geschehen kann, steigen die Fixkosten in entsprechenden Stufen bzw. Sprüngen an. Dabei sinken aber mit dem Auslastungsgrad der Aggregate die stückbezogenen sprungfixen Kosten degressiv. Das verdeutlicht Bild 4.21.

Nutzkosten und Leerkosten

Beschäftigte Produktionsfaktoren verursachen Kosten, die zu Werten in Gestalt nutzbarer Güter führen. Diese Kosten nennen wir **Nutzkosten**. Nicht beschäftigte, aber im Betrieb vorhandene, Produktionsfaktoren verursachen in der Regel auch Kosten. Diese Kosten bezeichnen wir als **Leerkosten**. Mit zunehmendem Auslastungsgrad der Kapazitäten nehmen die Nutzkosten zu und die Leerkosten ab.

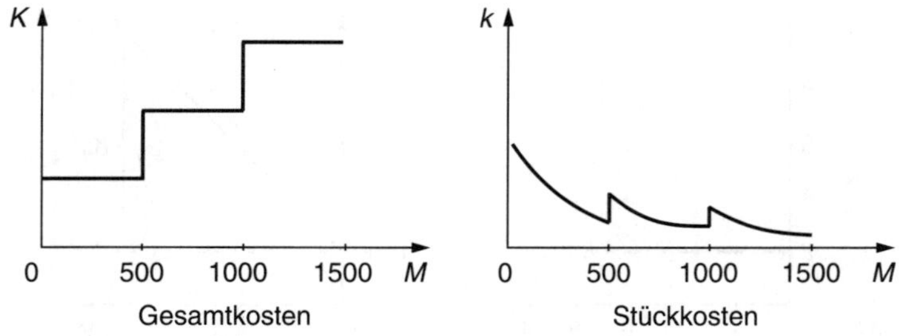

Bild 4.21 Sprungkosten

Remanente Kosten

Von remanenten Kosten bzw. von **Kostenremanenz** sprechen wir, wenn die Kosten mit steigender Beschäftigung anwachsen, aber mit abnehmender Beschäftigung nicht wieder sinken. Dies geschieht vor allem bei einem mit wachsendem Absatz notwendigen Ausbau der Kapazität, die bei anschließend zurückgehendem Absatz natürlich nicht reduzierbar ist.

4.1.7 Kostenverläufe nach den Produktionsfunktionen Typ A (Ertragsgesetz) und Typ B (Verbrauchsfunktion)

Kostenverläufe nach dem Ertragsgesetz

Zwischen den Ertragsverläufen und den zugehörigen Kostenverläufen besteht ein unmittelbarer Zusammenhang. Der ertragsgesetzliche Gesamtkostenverlauf stellt eine Kombination von auf dem Fixkostensockel beginnendem, zunächst degressivem und danach progressivem Kostenverlauf dar. Dabei fällt im Vergleich zum Ertragsverlauf sofort auf, dass sich mengenmäßige Ertragskurve und Kostenkurve (allerdings nur bis zum Ertragsmaximum) spiegelbildlich verhalten.

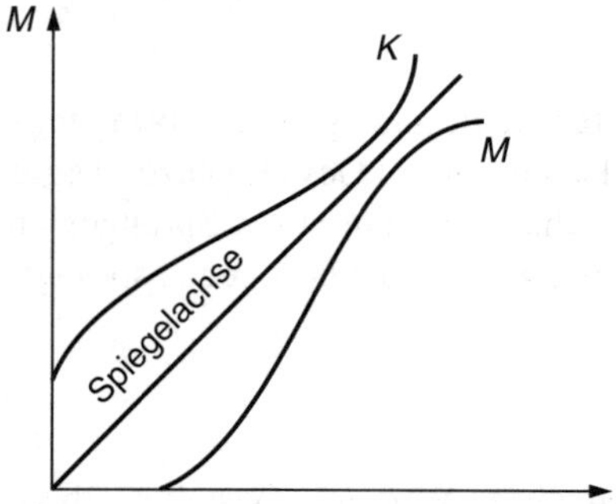

Bild 4.22 Zusammenhang von Ertrags- und Kostenkurve

Die **Grenzkosten** sind der Kostenzuwachs, der durch den bewerteten Faktorverbrauch für die jeweils letzte Produktionseinheit eines Gutes entsteht. Die Grenzkostenkurve erreicht ihr Minimum im Wendepunkt der Gesamtkostenkurve und sie stellt ebenfalls die

Spiegelung der Grenzertragskurve dar. Die **Stück-** oder **Durchschnittskosten** ermittelt man durch Division der Gesamtkosten durch die Ausbringungsmenge bzw. Stückzahl. Die Stückkostenkurve erreicht mathematisch gesehen ihr Minimum im kleinsten Tangentenwinkel des an die Gesamtkostenkurve angelegten Fahrstrahls bzw. in ihrem Schnittpunkt mit der Grenzkostenkurve. Aus der Sicht der Kostenbeeinflussung ist es zweckmäßig, den Stückkostenverlauf für die fixen Stückkosten und die variablen Stückkosten getrennt zu betrachten. Dabei wird erkennbar, dass die fixen Stückkosten mit zunehmender Ausbringung einen degressiv sinkenden Verlauf nehmen, während die variablen Stückkosten ihr Minimum auch hier im Schnittpunkt mit der Grenzkostenkurve erreichen, der allerdings vor dem Schnittpunkt der gesamten Stückkosten mit der Grenzkostenkurve liegt. Diese Zusammenhänge zwischen den ertragsgesetzlichen Kostenkurven veranschaulicht Bild 4.23.

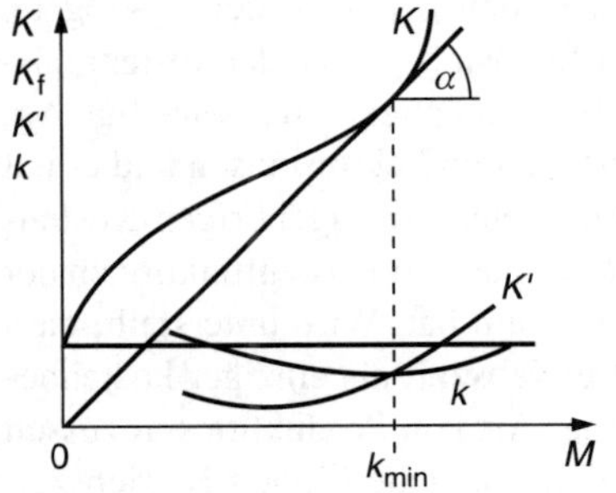

Bild 4.23 Zusammenhänge zwischen den ertragsgesetzlichen Kostenkurven

Kostenverläufe nach Verbrauchsfunktionen

Auf Verbrauchsfunktionen basierende Kostenverläufe folgen nicht einer vorab definierbaren Gesetzmäßigkeit, sondern sie werden

- vom Produktionspotenzial bzw. seinem quantitativen Ausdruck, der Kapazität
- von der Intensität der Produktionsprozesse
- von der Betriebszeit der Aggregate

bestimmt. Entscheidende Bezugsgröße ist die Kapazität. Ändert sich infolge der notwendigen Veränderung der Ausbringungsmenge die Menge der einzusetzenden Produktionsfaktoren (ihr Beschäftigungsgrad), ändert sich die Kapazitätsnachfrage. Es werden also Kapazitätsanpassungen notwendig. Dies kann auf folgenden Wegen geschehen:

1. Die Kapazität wird nicht verändert, sondern angepasst ausgenutzt. Dies kann erfolgen durch
   a) zeitliche Anpassung (Überstunden, Kurzarbeit, Sonderschichten, Feierschichten)
   b) intensitätsmäßige Anpassung (Veränderung der Arbeitsgeschwindigkeit).
2. Die Kapazität wird quantitativ angepasst. Dies kann erfolgen
   a) ohne Veränderung der Betriebsgröße durch Deaktivierung oder Reaktivierung von im Betrieb befindlichen Betriebsmitteln und Arbeitskräften
   b) mittels Änderung der Betriebsgröße („multiple Betriebsgrößenvariation" nach Gutenberg) durch Aussonderung oder Zuführung von Betriebsmitteln, Entlassung und Einstellung von Arbeitskräften.

3. Die Kapazität wird qualitativ in ihrer Struktur angepasst. Dies kann erfolgen durch
   a) selektive Anpassung. Die kostenungünstigsten Aggregate werden zuerst außer Betrieb und zuletzt in Betrieb genommen.
   b) dauerhaft qualitative Änderungen („mutative Betriebsgrößenvariation" nach Gutenberg). Die Betriebsgröße wird durch qualitativ neue Kapazitäten vergrößert oder durch den Verkauf von Kapazitäten bestimmter Qualität verringert.

Diese Anpassungswege können auch kombiniert genutzt werden.

Kostenverläufe bei den verschiedenen Wegen der Kapazitätsanpassung

Kostenverlauf bei zeitlicher Anpassung

Hierbei handelt es sich ausschließlich um die Veränderung der periodenbezogenen (täglichen, wöchentlichen, monatlichen, jährlichen) Arbeitszeit bzw. Laufzeit der Aggregate. In der Regel wird die zeitliche Anpassung bei optimaler Intensität, das ist der kostengünstigste Leistungsgrad, angestrebt. Zur Ermittlung dessen bewertet man für das jeweilige Aggregat die Verbrauchsmengen jeder benötigten Faktorart mit den Faktorpreisen und erhält durch diese Bewertung für die einzelnen Verbrauchsfunktionen die zugehörigen Kostenfunktionen. Die optimale Intensität ist dort gegeben, wo die aus den Kostenfunktionen der Einzelfaktoren gebildete Gesamtkostenfunktion ihr Minimum hat. Wird unterstellt, dass die optimale Intensität angestrebt wird, verbleibt die **Betriebszeit** als einziger kostenbestimmender Faktor. Angesichts der Limitationalität dieser Art von Produktionsprozessen trifft das allerdings auf jede beliebige Intensität zu. Damit gilt: Jede Einheit Betriebszeit ergibt bei konstanter Intensität eine gleich hohe Ausbringung und gleich hohe Grenzkosten. Sofern nur variable Kosten anfallen, verändern sich die Gesamtkosten proportional zur Ausbringung, und die Stückkosten bleiben konstant. Treten Fixkosten hinzu, verläuft die Gesamtkostenentwicklung unterproportional, und die Stückkosten sinken mit steigender Ausbringung degressiv.

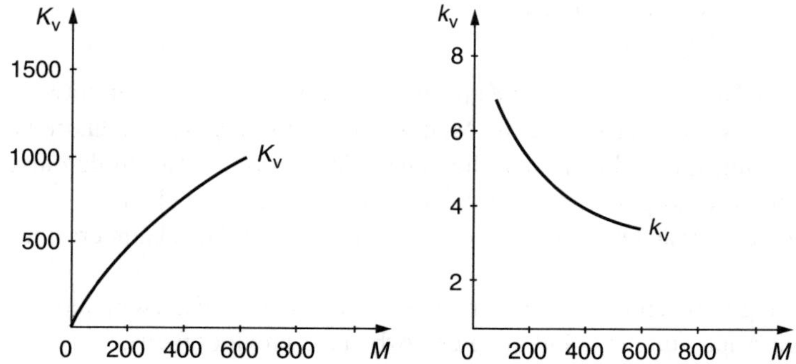

Bild 4.24 Degressive Gesamt- und Stückkosten

Oft bewirkt eine Erhöhung der Betriebszeit aber auch steigende Kosten, z. B. durch Überstundenzuschläge. Die Lohnkostenkurve verläuft dann ab einem bestimmten Punkt steiler. Das bewirkt einen Sprung in den Grenzkosten, degressiv steigende Lohnkosten ab diesem Punkt und eine schwächer degressiv verlaufende Stückkostenkurve.

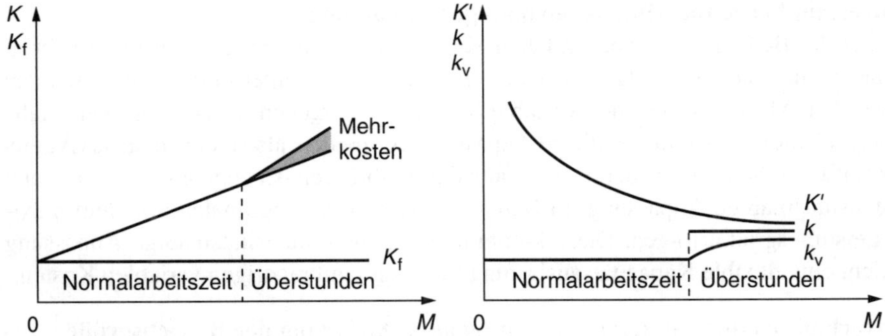

Bild 4.25 Beispiel: Mehrkosten infolge von Überstundenzuschlägen

Kostenverlauf bei intensitätsmäßiger Anpassung

Eine intensitätsmäßige Anpassung ist bei Produktionen erforderlich, die aus technologischen Gründen weder zeitweise noch teilweise außer Betrieb gesetzt werden können, wie Erdölverarbeitungsanlagen oder Hochöfen. Die Betriebszeit ist hier fest vorgegeben, die Fahrweise der Anlagen gestattet aber Intensitätsänderungen. Technologisch bedingt sind hierbei Minimal- und Maximalintensitäten, und zwischen beiden liegt die optimale Intensität, der kostenminimale Leistungsgrad.

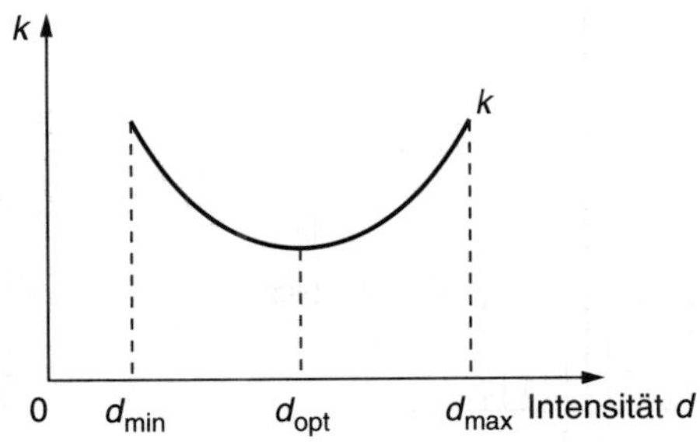

Bild 4.26 Kostenminimale Intensität

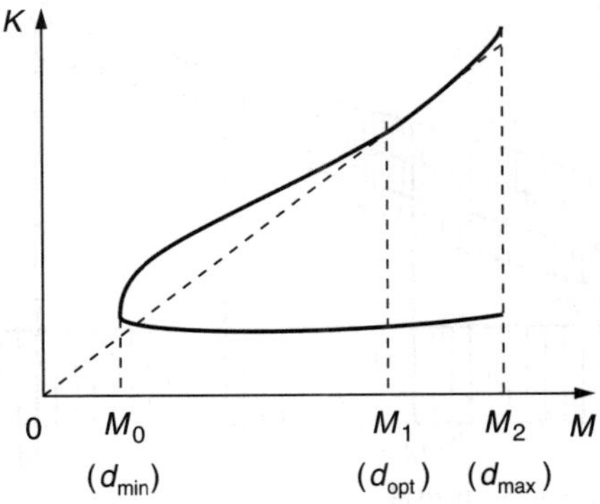

Bild 4.27 Gesamtkostenkurve

Jeder Punkt auf dieser Kurve zeigt die bewerteten Faktorkosten pro Ausbringungseinheit, die Stück- bzw. Durchschnittskosten, in Abhängigkeit von der jeweiligen Intensität an. Angesichts der Limitationalität der Prozesse ergibt sich, dass bei jeder gewählten Intensität konstante Grenzkosten und damit lineare Gesamtkosten vorliegen. Diesen ausbringungsmengenabhängigen bewerteten Faktorverbrauch nennen wir **Faktoreinsatzfunktion**. Der niedrigste Kostenanstieg ergibt sich bei der optimalen Intensität. Zu beachten ist, dass abseits der optimalen Intensität jeweils zwei Leistungsgrade die gleiche Faktoreinsatzfunktion aufweisen. Multipliziert man nunmehr die erhaltenen Werte der Faktoreinsatzfunktionen mit den entsprechenden Ausbringungsmengen, erhält man eine S-förmige variable Gesamtkostenkurve, die ihren Wendepunkt in der optimalen Intensität hat.

Kostenverlauf bei zeitlich-intensitätsmäßiger Anpassung

Falls unter der Bedingung der behandelten Verbrauchsfunktion eine so geringe Ausbringungsmenge zu erstellen ist, dass diese nur eine suboptimale Intensität gestattet, würden sich über dem Minimum liegende variable Stückkosten ergeben. Dies kann man – falls technologisch möglich – durch zeitliche Anpassung vermeiden, also indem man das Aggregat nur zeitweise betreibt. Andererseits: Falls die Ausbringungsmenge größer wird, kann eine intensitätsmäßige Anpassung im Bereich zwischen dem optimalen und dem maximalen Leistungsgrad erfolgen. Diese kombinierte zeitlich-intensitätsmäßige Anpassung ermöglicht eine flexible Kapazitätsauslastung bei insgesamt niedrigen variablen Kosten.

Kostenverlauf bei quantitativer Anpassung ohne Änderung der Betriebsgröße

Bedingung ist die Veränderung der Zahl der eingesetzten Potenzialeinheiten, das heißt der Aggregate und Arbeitskräfte. Das bedeutet: Die Anpassung kann nur in Stufen erfolgen. Es entstehen zunächst beim Kapazitätsausbau **intervallfixe Kosten, zusätzlich** zu den **absoluten Fixkosten** für den Produktionsbereich bzw. den Betrieb. Bei Stilllegung von Aggregaten entstehen aber dadurch **remanente Fixkosten**, das sind nicht abgebaute **Leerkosten**.

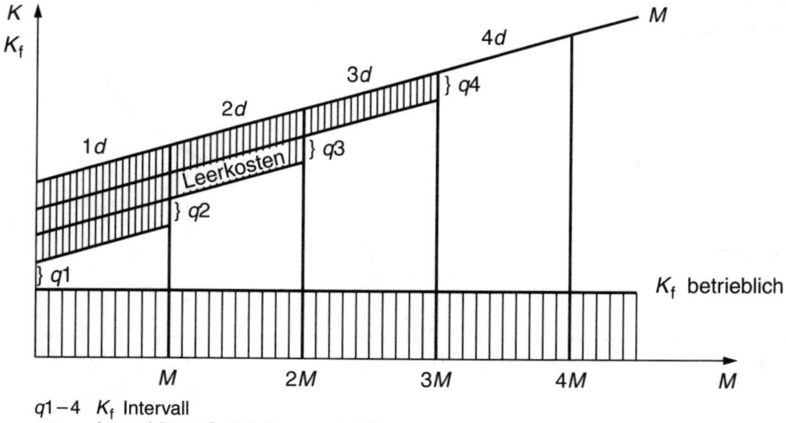

$q1-4$ K_f Intervall
$1d$ Intensitätsstufe 1; 1 Aggregat aktiv
$2d$ Intensitätsstufe 2; 2 Aggregate aktiv etc.

Bild 4.28 Kostenverlauf bei quantitativer Anpassung ohne Änderung der Betriebsgröße

Kostenverlauf bei quantitativer Anpassung unter Änderung der Betriebsgröße

Beim Kapazitätsausbau entstehen – wie eben gezeigt – intervallfixe Kosten, jedoch werden beim Kapazitätsabbau durch den Verkauf bzw. die Vermietung von nicht benötigten Aggregaten und die Entlassung von Arbeitskräften remanente Fixkosten (weitgehend) vermieden. Sie bleiben allerdings anteilig bestehen, sofern einzelne Aggregate nicht zeitlich oder intensitätsmäßig ausgelastet werden. Das trifft sinngemäß auch auf die absoluten Fixkosten zu. Wir haben also bei jeder Stufe des Kapazitätsabbaus das Verhältnis von Nutzkosten zu Leerkosten zu betrachten.

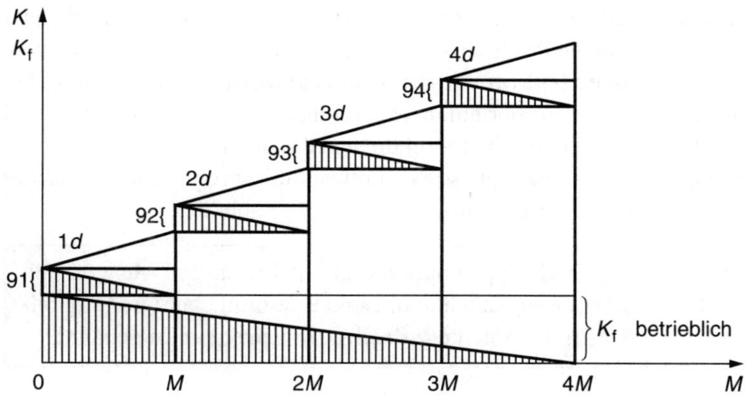

Bild 4.29 Kostenverlauf bei quantitativer Anpassung unter Änderung der Betriebsgröße

Kostenverlauf bei selektiver Anpassung

Die selektive Kapazitätsanpassung bewirkt, da je nach geforderter Ausbringungsmenge immer nur die jeweils wirtschaftlichsten Aggregate betrieben werden, dass die durchschnittliche Kosteneffizienz der Aggregate mit sinkender Beschäftigung steigt und mit zunehmender Beschäftigung zurückgeht.

Kostenverlauf bei Anpassung durch dauerhaft qualitative Änderungen

Hierbei handelt es sich dem Wesen nach um die Einführung neuer und die Aussonderung veralteter Technologien bzw. Anlagen. Die neuen Technologien bzw. Anlagen sind in der Regel produktiver und die Stückkosten niedriger. Überwiegend werden, da die neuen Aggregate meist kapitalintensiver sind, die Fixkostenanteile höher und die Anteile der variablen Kosten niedriger. Vom Standpunkt der Produktionstheorie her handelt es sich jedoch, da hier ein Faktor bestimmter Qualität vollständig durch einen anderen ausgetauscht wird, jedes Mal um eine neue Produktionsfunktion. Es handelt sich folglich bei dieser Art der Kapazitätsanpassung um eine Abfolge von Produktions- und zugehörigen Kostenfunktionen. Aus der Vielfalt technologischer Lösungen und der Spezifik ihres Funktionsbereiches sowie ihrer Faktorerfordernisse folgt, dass eine absolut effiziente Technologie nicht bestimmbar sein kann. Jede hat ihre eigene Verbrauchs- und Kostenfunktion.

4.2 Produktionsprozessgestaltung

4.2.1 Die Produktionsziele

Die Aufgabe der Produktionswirtschaft ist, den Produktionsprozess zielführend, sicher und effizient zu gestalten. Die Ziele des Betriebes, genauer: des Unternehmers, bestimmen die Ziele der Produktion. Da – wie dargestellt – der Betrieb eine im Wettbewerb stehende spezialisierte Wirtschaftseinheit innerhalb der arbeitsteiligen Volks- bzw. Weltwirtschaft ist, ist das Ziel der Produktion grundsätzlich durch das dem Markt anzubietende Leistungsprogramm, also das **Absatzprogramm** (absatzfähige Güter in Mengen und Qualitäten) bestimmt. Darauf wiederum ist das **Produktionsprofil** abgestimmt, das unter Berücksichtigung der verfügbaren Ressourcen und des Rationalprinzips das **Erzeugnis- und Leistungsprogramm** – also die ureigene Produktionsleistung des Betriebes – im interaktiven Abgleich mit der **technologischen Struktur** und der **Kooperationsstruktur** des Betriebes bestimmt. Hier sei angemerkt, dass aus der nunmehr zusammen mit dem Erzeugnis- und Leistungsprogramm fixierten technologischen Struktur sich das Technologiepflege- sowie Innovations- und das Kapazitätsausnutzungs- sowie -entwicklungsprogramm und aus der Kooperationsstruktur das Beschaffungsprogramm des Betriebes ableiten.

Das betriebliche Erzeugnis- und Leistungsprogramm in Qualitäten und Mengen und die dafür zu belegenden Produktionskapazitäten in exakter terminlicher Ordnung bilden das komplexe Sachziel der Produktion, kurz **Produktionsprogramm** genannt.

Aus dem Rationalprinzip erwächst als wichtigstes ökonomisches Ziel der Produktion das zwingend zu beachtende **Ziel höchstmöglicher Effizienz**. Das sind in der Regel die niedrigsten Aufwände bzw. Kosten für das vorgegebene Sachziel der Produktion. Hinzu treten **marktbezogene Ziele**, so Aufgaben zur Sicherung von Umsatzvolumina sowie von Marktanteilen bzw. Marktpositionen, wie zum Beispiel durch Qualitätssicherung, Kundenwunschfertigung, Herstellung marktgerechter Produktmodifikationen, rasche Produktionseinführung von Neuheiten, termingerechte Auftragsausführung, flexible Kapazitätsauslastung. **Weitere Ziele der Produktion** können – abgeleitet aus übergeordneten betrieblichen bzw. unternehmerischen Zielen – sein

- **politische Ziele**, wie Erhalt der Selbständigkeit, Einfluss in der Gesellschaft, Prestige, Macht
- **soziale Ziele**, wie Sicherung und Schaffung von Arbeitsplätzen, Einkommenssicherung für die Beschäftigten, gutes Betriebsklima
- **ökologische Ziele**, wie Ressourcenschonung, geringe Schadstoffemission, problemarmes Recycling.

Eine unabdingbare Restriktion für jede Produktionsdurchführung ist die **technische Sicherheit**. Das heißt, Gefährdungen von Menschen, Sachen und der Umwelt sind durch die technologisch-organisatorische Produktionsgestaltung und das jeweilige Betriebsregime auszuschließen.

4.2.2 Aufgabenbereiche der Produktionswirtschaft

Die Aufgabenbereiche der betrieblichen Produktionswirtschaft sind sehr umfangreich. Sie umfassen

- **Produktionsplanung** (Produktionsprogramm einschließlich Produktionsablauf, Kapazitätsbelegung, Betriebsdatenerfassung und -verwaltung)
- **Ressourcenbereitstellung** (Personaleinsatz, Material- und Energiewirtschaft, innerbetrieblicher Transport)
- **Produktionsdurchführung** (technologische Prozessführung, Produktionsorganisation, Auftragsorganisation)
- **Entsorgung** (Abtransport erstellter Produkte, Abfallwirtschaft)

- **Regenerierung der Produktionsvoraussetzungen** (Instandhaltung, Ersatzteilwirtschaft, Reinigung, Betriebssicherheit).

In den folgenden Abschnitten wird auf diese Aufgabenbereiche der Produktionswirtschaft näher eingegangen.

4.2.3 Produktionsplanung

Der erste Schritt der Produktionsplanung ist die Produktionsprogrammplanung. Ihr Ziel ist das optimale Produktionsprogramm. Dieses enthält unter dem Aspekt höchster Effizienz terminiert die Arten und Mengen der im definierten Zeitraum herzustellenden Produkte unter Beachtung der Produktionsvoraussetzungen (Kapazitäten). Ausgangspunkt dafür ist das Absatzprogramm. Aus dem Produktionsprogramm folgen die (interne) Produktionsgestaltung und Ressourcennutzung und das (externe) Beschaffungsprogramm. Die Produktionsgestaltung beruht auf den im Betrieb vorhandenen bzw. beschaffbaren **Technologien**. Technologien bestehen ihrerseits aus **Prozessschritten oder -stufen** (bei Dominanz des Faktors Arbeitskraft als **Arbeitsgänge** bezeichnet), die entweder einzelne oder kombinierte technologische Operationen beinhalten. Die Effizienz der Technologien bestimmt sich bei gegebenem Sachziel der Produktion durch den insgesamt notwendigen bewerteten Faktoraufwand, also die Kosten. Diese müssen bei effizienter Produktion ein Minimum bilden.

Dies wird erreicht, indem die für die uneingeschränkte Funktionserfüllung bzw. Absatzfähigkeit des Produktes **gerade noch notwendigen** Faktormengen eingesetzt werden. Das gilt sowohl für den einzelnen Prozessschritt als auch für die Prozessstufenfolge.

Bei der Produktionsplanung können wir unter **sachlichem Aspekt** folgende Aufgabenfelder unterscheiden:

- **Produktionsablaufplanung** (Zeitfolge der Produkterstellung nach Arten, Arbeitsvorgänge mit Teiloperationen, Zeit- und Faktorbedarf, Arbeitsmethoden, Fertigungsarten, -prinzipien und -strukturen, Prozessfolgen, Fertigungsfristen und Durchlaufzeiten)
- **Produktionsstättenplanung** (Fabrikplanung, Werkstätten- und Bereichsplanung, Arbeitplatzgestaltung)
- **Faktorbedarfs- und Kostenplanung insgesamt und je Leistungseinheit** (Arbeitskräfte/Lohnkosten, Betriebsmittel/Abschreibungen, Materialien und Energien/Materiakosten)
- **Arbeitszeit- bzw. Arbeitskräftekapazitäts- und -einsatzplanung** (Zeitnormen, Personalkapazitäten nach Qualifikation, Anzahl und Lohngruppe, Arbeitszeitregime, Ausfallregelungen, Urlaubsplanung)
- **Betriebsmittel- bzw. Kapazitätsplanung** (Maschinen und Anlagen, Vorrichtungen, Werkzeuge und Prüfmittel, Flexibilitätsreserven)
- **Materialplanung** (Qualitäten und Mengen, Ausbeuten, Bestellfristen, Lagerdurchlauf, Bereitstellungsformen und -termine)
- **Infrastrukturplanung** (Energielast, Wasserentnahme, Schadstoffgrenzwerte, Kapazitäten der Umschlagsstellen).

Die Produktionsplanung erfolgt in enger Abstimmung zwischen dem Vertrieb und den Bereichen Produktentwicklung/Konstruktion und Produktionsvorbereitung/Technologie. Die grundlegenden Anforderungen an sie sind

- wettbewerbsfähige Produktqualitäten
- wirtschaftliche Produktion
- rationelle Nutzung der Kapazitäten
- Einhaltung von Standards
- niedriges soziales und ökologisches Konfliktniveau.

Das Kernstück der Produktionsplanung ist die **Produktionsablaufplanung**. Sie umfasst die **Aufgabengliederung** und die darauf fußende Festlegung der **Ablaufstruktur** der Produktion. Die Ablaufstruktur ist primär nach einem der drei Elementarfaktoren zu ordnen, entweder

1. **nach dem Faktor Arbeitskraft**: Mit welchen Aufgaben wird die einzelne Arbeitskraft nacheinander beschäftigt? Welche Arbeitskräfte werden nacheinander für eine Aufgabe eingesetzt? Wie sind die eingesetzten Arbeitskräfte im Produktionsablauf miteinander verbunden?
2. **nach dem Faktor Betriebsmittel**: Mit welchen Aufgaben ist das einzelne Betriebsmittel nacheinander belegt? Welche Betriebsmittel werden nacheinander für eine Aufgabe eingesetzt? Wie sind die Betriebsmittel im Produktionsablauf miteinander verbunden?
3. **nach dem Faktor Arbeitsgegenstand**: Welche Bearbeitungsgänge erfährt der einzelne Arbeitsgegenstand nacheinander? Welche Arbeitsgegenstände werden an einer Produktionsstelle nacheinander bearbeitet? Wie wird die Bearbeitung der Arbeitsgegenstände zeitlich und über die Produktionsstellen aufgeteilt oder zusammengeführt?

Das in der betrieblichen Praxis dominierende Ordnungsprinzip der Produktionsablaufplanung ist das der Ablaufstrukturierung nach dem Arbeitsgegenstand. Unter diesem Organisationsaspekt ist zu entscheiden über

- die **Fertigungsart** (auch **Produktionstyp** genannt), die den Wiederholgrad der Fertigung bzw. die Menge identischer Produkte kennzeichnet
- das **Fertigungsprinzip**, das den räumlichen Organisationstyp des Werkstückdurchlaufs angibt
- die **Fertigungsstruktur**, die die Art der Verbindung der Produktionsstellen beschreibt
- den **Fertigungsverlauf**, der die Zusammenfassung oder Trennung der in einem Arbeitsgang zu bearbeitenden Werkstücke bei ihrem Weg über die Produktionsstellen anzeigt.

4.2.4 Fertigungsarten

Hinsichtlich der **Fertigungsart** kann man grundsätzlich nach

- Einzelfertigung
- Serienfertigung
- Massenfertigung

unterscheiden.

Einzelfertigung	ist die Erstellung eines **unikalen** Produkts.
Serienfertigung	ist die Erstellung einer **begrenzten Anzahl identischer** Produkte.
Massenfertigung	ist die über den **gesamten Betrachtungszeitraum** erfolgende Erstellung **identischer** Produkte.

Ein Sonderfall der Serien- wie der Massenfertigung ist die **Sortenfertigung**. Hierbei wird die im Prinzip identische Produktart in relativ engen Grenzen variiert. Dies ist z. B. in der Automobilindustrie oder in der Walzstahlerzeugung der Fall. Serien-, Massen- und Sortenfertigung kann **fortlaufend** oder in **Losen** bzw. **Chargen** erfolgen.

> Ein **Los** ist die abgegrenzte Menge identischer Produkte, die hintereinander oder zugleich in einer Produktionsstufe bzw. in einem Arbeitsgang in der gleichen technologischen Kombination (bezeichnet als Aufspannung, Rüstgang, Aufstellung, Ansatz) bearbeitet bzw. erstellt werden.

Chargenproduktion, die in stoffwandelnden Produktionen (vor allem Metallurgie, Chemie- und Farbenindustrie) stattfindet, hat ihre Besonderheit darin, dass sie **aus einem Ansatz** hervorgeht. Völlige Produktidentität ist nur bei einem Produkt aus der selben Charge gegeben. Die Wirtschaftlichkeit der jeweiligen Fertigungsart entscheidet sich im wesentlichen durch die Absatzmöglichkeiten. Je nach Produktionsmenge können verschiedene Technologien und Kapazitäten zum Einsatz kommen, die unterschiedliche Stückkosten bedingen und können größere Einkaufsmengen die Beschaffungskosten senken. Allerdings hat vor allem in der Stückfertigung auch die Losgröße erheblichen Einfluss auf die Kosten.

> Die wirtschaftlich **optimale Losgröße** ist jene, bei der die Kosten einer durchgängigen Fertigung und die Vorratskosten (Lager- und Kapitalbindungskosten) ein Minimum bilden.

Grafisch lässt sich das wie folgt darstellen

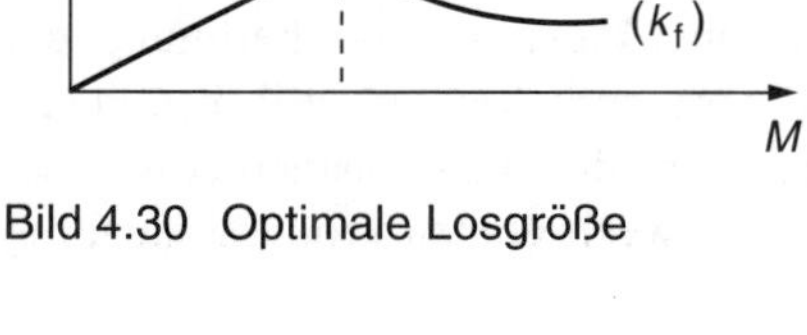

$$L_{opt} = \sqrt{\frac{2M \cdot k_f}{k_v \cdot i}}$$

Bild 4.30 Optimale Losgröße

Zur Berechnung verwenden wir die Andler-Formel [50]

$$L_{\mathrm{opt}} = \sqrt{\frac{2 \cdot M \cdot k_{\mathrm{f}}}{k_{\mathrm{v}} \cdot i}}$$

wobei
L_{opt} optimale Losgröße
M Jahresmenge des herzustellenden Produkts
k_{f} fixe Rüstkosten je Los
k_{v} variable Fertigungskosten je Stück innerhalb des losbezogenen Arbeitsganges
i Vorratskosten in Prozent des jahresdurchschnittlichen Vorratswertes (Zinsrate)

Diese Berechnungsvorschrift für die optimale Losgröße unterstellt, dass die variablen Stückkosten innerhalb eines Loses vom ersten bis zum letzten Stück gleich hoch sind. Das ist erfahrungsgemäß meist nicht der Fall. Typischerweise treten Anlaufprobleme auf. Das ist vor allem bei kleinen Losen komplizierter bzw. komplexer Erzeugnisse zu berücksichtigen. Unter der Voraussetzung, dass die Anlaufschwierigkeiten durch einen kontinuierlichen Lerneffekt (an der einzelnen Produktionsstelle wie in der betrieblichen Organisation insgesamt) behoben werden, können wir die stückbezogenen variablen Kosten von Stück a bis Stück n mit Hilfe der Anlaufkostenformel genauer bestimmen [51]

$$y_n = a \cdot n^{b-1}$$

wobei
y_n Kosten des n-ten Erzeugnisses in einer Fertigungsfolge
a Kosten des ersten Erzeugnisses in einer Fertigungsfolge
b Anlaufexponent

Der Anlaufexponent ist empirisch-statistisch, also durch Auswertung vorangegangener Fertigungsanläufe mit diesem oder einem vergleichbaren Produkt, zu bestimmen. Die Anlaufkosten sind erfahrungsgemäß nur bei Losen bis etwa 20 von praktischer Bedeutung. Nicht berücksichtigt werden können mit dieser Anlaufkostenformel technologisch bedingte Anlaufprobleme. Diese gehorchen ihren, der spezifischen Technologie eigenen Gesetzmäßigkeiten.

Fertigungsprinzipien

Wir unterscheiden zwei Fertigungsprinzipien

- **Werkstattprinzip**, auch Verfahrensprinzip genannt
  Dies beinhaltet die nach Verfahren bzw. Technologien erfolgende räumliche Gliederung der Produktionsstellen. Das Werkstattprinzip wird vor allem im Maschinenbau angewandt. So finden wir dort z. B. eine Dreherei, Fräserei, Bohrerei, Stanzerei, Brünierei usw. Je nach Erfordernis durchläuft das einzelne Werkstück die einzelnen Werkstätten.

Die Vorteile des Werkstattprinzips bestehen vorrangig in der Qualität der Werkstückbearbeitung in verfahrensspezialisierten Einheiten und hoher Flexibilität der Fertigung, die Nachteile sind eine relativ lange Durchlaufzeit, erhöhter innerbetrieblicher Transportaufwand, höherer Aufwand für die Produktionsorganisation und damit insgesamt relativ höhere Kosten. Das Werkstattprinzip kommt daher bei stark wechselnden Produktionen, bei vorherrschender Einzel- oder Kleinserienproduktion und bei kundenindividueller Fertigung zur Anwendung.

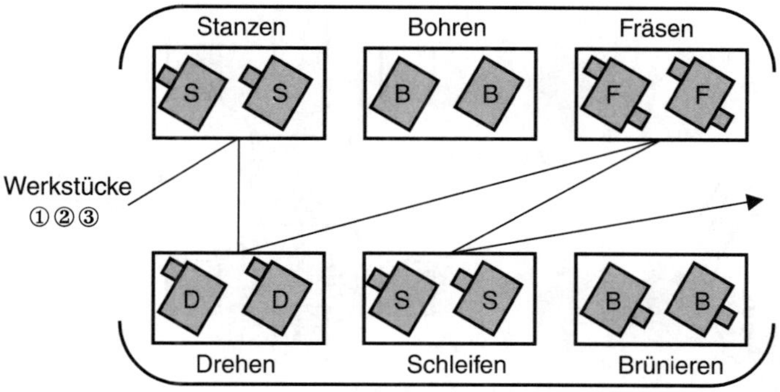

Bild 4.31
Werkstattprinzip

- **Gegenstandsprinzip**
  Es beinhaltet die räumliche Gliederung der Produktionsstellen in der Reihenfolge der Bearbeitungsgänge für ein Werkstück.

Die Vorteile des Gegenstandsprinzips liegen vor allem im schnellen Werkstückdurchlauf, dem meist geringen Aufwand für Transport und Zwischenlagerung, im kleineren Aufwand für die Produktionsorganisation und damit insgesamt niedrigeren Kosten. Der Nachteil ist ein höherer Aufwand bei Produktionsumstellungen. Dieses Fertigungsprinzip wird überwiegend bei der Massen- und Großserienproduktion angewandt. Allerdings gestatten flexible automatisierte Steuerungen zunehmend auch die wirtschaftliche Fertigung kleinerer Serien, da mit ihnen auf die Umsetzung von Maschinen weitgehend verzichtet werden kann.

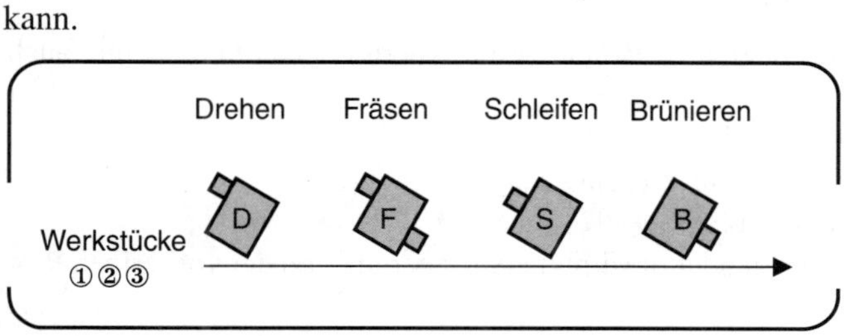

Bild 4.32
Gegenstandsprinzip

Fertigungsstrukturen

Die Fertigungsstruktur kennzeichnet die Art der Verbindung der Produktionsstellen für die zu realisierenden Bearbeitungsgangfolgen. Wir unterscheiden die

- **Einzelplatzstruktur**
  Hier werden alle Bearbeitungsgänge an einer Produktionsstelle ausgeführt.
- **Neststruktur**
  In diesem Falle werden alle Bearbeitungsgänge für ein Werkstück zwischen den zu einer aus technologisch unterschiedlichen Produktionsstellen zusammengefassten komplexen Einheit, die **Fertigungsnest** oder kurz **Nest** genannt wird, flexibel je nach tech-

nologischen und kapazitiven Möglichkeiten verteilt. Nach außen erscheint das Nest wie eine einheitliche, aber technologisch multifunktionale Produktionsstelle (Bild 4.33).

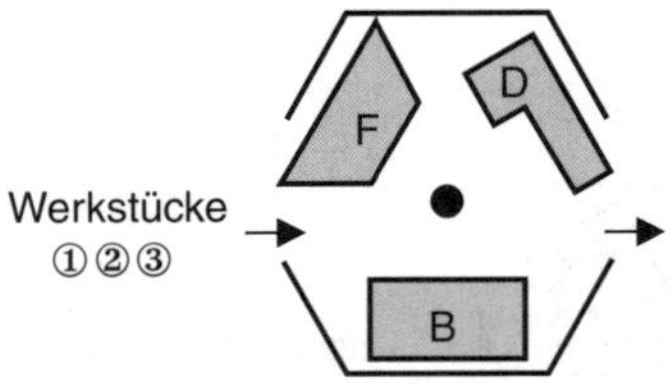

Bild 4.33 Neststruktur

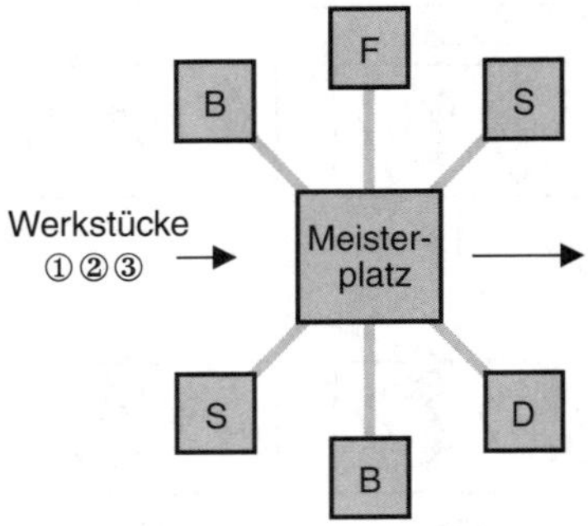

Bild 4.34 Sternstruktur

- **Sternstruktur**, auch **Verlagsstruktur** genannt
  Hierbei werden die Werkstücke über einen zentralen Arbeitsplatz („Meisterplatz“) Bearbeitungsgang für Bearbeitungsgang den Produktionsstellen zugeführt und nach der Bearbeitung wieder zum zentralen Arbeitsplatz zurückgeführt. Am zentralen Arbeitsplatz wird nach jedem Bearbeitungsgang eine Qualitätskontrolle und Leistungserfassung durchgeführt (Bild 4.34).
- **Reihenstruktur**
  Bei der Reihenstruktur laufen die Werkstücke direkt von einer Produktionsstelle zur nächsten. Angemerkt sei, dass dies nicht die räumliche Anordnung der Produktionsstellen, sondern nur deren organisatorischen Zusammenhang betrifft. Die Reihenstruktur kann
  - das Werkstück über alle oder ausgewählte Produktionsstellen führen, ggf. auch zurückführen.
  - verzweigt oder unverzweigt sein
  - mit oder ohne Zwangsfolge versehen sein
  - mit oder ohne Zwangstakt erfolgen
  - eine zentrale Steuerung haben oder die direkte Ansteuerung von der vorherigen Produktionsstelle

  gestatten.

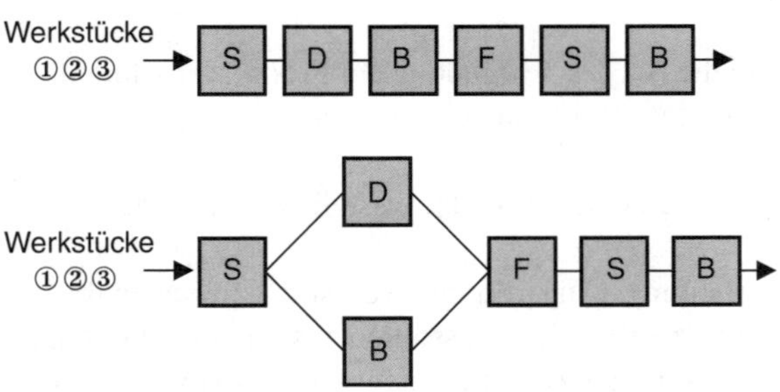

Bild 4.35 Unverzweigte und verzweigte Reihenstruktur

Fertigungsverläufe

Der Fertigungsverlauf kennzeichnet den Weg eines **Loses** über die Produktionsstellen, das heißt, er zeigt an, ob das in Bearbeitung befindliche **Los geschlossen** bleibt oder in bestimmter Weise beim Transport und/oder bei der Fertigung **aufgelöst** wird. Wir unterscheiden als grundlegende Fertigungsverläufe (Bild 4.36):

- Reihenverlauf
- Parallelverlauf
- kombinierter Verlauf.

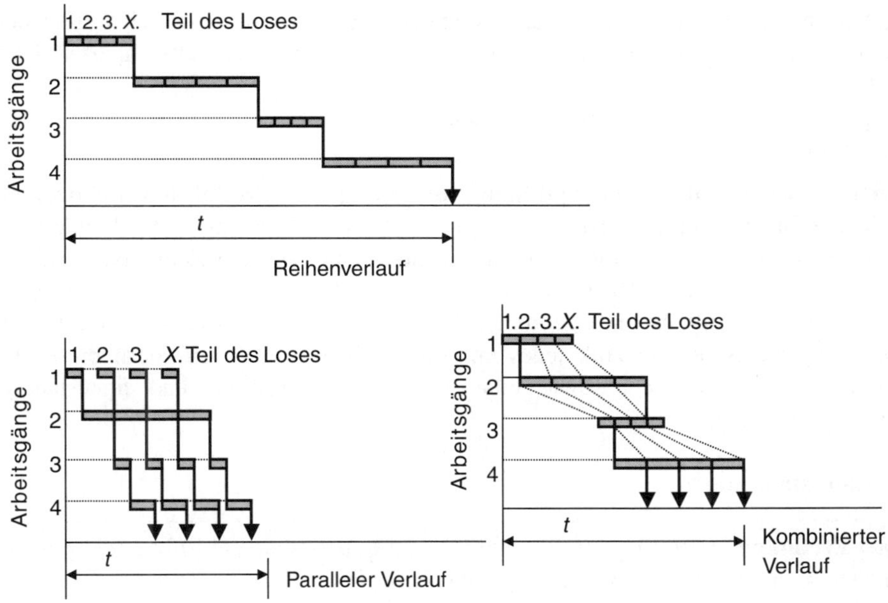

Bild 4.36 Fertigungsverläufe

Beim Reihenverlauf können wir nach dem unverzweigten bzw. **einfachen** und dem **verzweigten** Reihenverlauf (mit Einfügungen und Verzweigungen) differenzieren.

Sonderformen des Fertigungsverlaufs sind

- der **Verlauf über ein Nest**. Hierbei kann innerhalb des Nestes durch Selbstorganisation eine Auflösung des Loses erfolgen (**„interne“ Losauflösung**).
- die **Fließfertigung**. Hierbei können die einzelnen Stücke eines Loses flexibel zwischen den Stücken anderer Lose über die Bearbeitungsstationen geführt werden (**„externe“ Losauflösung**).

Produktionshilfsprozesse

Bislang haben wir nur die Organisation der Produktionshauptprozesse betrachtet. Diese können aber entweder überhaupt bzw. mit hinreichender Effizienz nur mit den unterstützenden Leistungen der Hilfsprozesse einschließlich der unmittelbar produktionsvorbereitenden Prozesse laufen. Die wichtigsten Hilfsprozesse sind

- technologisch-organisatorische Fertigungsvorbereitung
- Transport-, Umschlags- und Lagerprozesse
- Verschleißteil- bzw. VWP-Wirtschaft (Vorrichtungen, Werkzeuge, Prüfmittel)
- Qualitätssicherungssystem
- Produktionsdatenerfassung, -weiterleitung und -verarbeitung
- Hilfsstoffversorgung
- Energieversorgung
- technische Sicherheitssysteme (Warnsysteme, Brandschutz einschließlich Werksfeuerwehr, Schutzgasversorgung, Strahlenschutzeinrichtungen, Sicherheitsschleusen, Erste Hilfe)
- Zugangs- und Anwesenheitskontrollsysteme
- Entsorgung.

Effizienzentscheidend ist die optimale Anbindung der Produktionshilfsprozesse an die Produktionshauptprozesse. Die unterstützenden Leistungen der Hilfsprozesse müssen genau in der Qualität und Menge und genau zu dem Zeitpunkt verfügbar sein, in dem der jeweilige Hauptprozess diese benötigt. Dem ist die selbstverständlich auch bedeutsame Aufgabe untergeordnet, die Hilfsprozesse für sich wirtschaftlich zu führen. Angesichts der Spezifik jedes einzelnen Hilfsprozesses erfordern diese eine differenzierte technologische sowie anlagentechnische Gestaltung und eigenständige Organisationslösungen.

Fertigungssteuerung

Unter **Fertigungssteuerung** versteht man den auf Rationalität und Effizienz gerichteten operativen Führungs- bzw. Leitungsprozess der Produktion.

Die Fertigungssteuerung kann

- produktbezogen
- materialflussbezogen
- kapazitätsbezogen
- kapitalbezogen

erfolgen. Die **produktbezogene Fertigungssteuerung** zielt im Schwerpunkt auf definierte Produkt- bzw. Zwischenproduktqualitäten bei Einsatz bestimmter Faktorqualitäten und -mengen. Sie ist im Zuge ihrer Realisierung technologiebasiert. Die **materialflussbezogene Fertigungssteuerung** richtet sich wesentlichen auf eine störungsarme und ökonomisch optimale Bestandshaltung und Durchlaufterminierung. Die **kapazitätsbezogene Fertigungssteuerung** strebt die optimale Ausnutzung der verfügbaren Arbeitskräfte und Betriebsmittel an. Das schließt eine rasche Störungsbeseitigung ein. Ein charakteristisches Merkmal ist eine sehr qualifizierte Auftragsorganisation mit einem differenzierten System von Auftragspapieren. Die **kapitalbezogene Fertigungssteuerung** orientiert auf möglichst geringen Finanzmittelbedarf sowie möglichst hohe Liquidität des Betriebsprozesses.

Unter welchem dieser Aspekte die Fertigungssteuerung jeweils erfolgt, hängt von den betrieblichen Erfordernissen und Bedingungen ab. Es können ggf. auch mehrere Aspekte zugleich verfolgt werden. Für die meisten Betriebe ist allerdings die materialflussbezogene Fertigungssteuerung typisch. Die Fertigungssteuerung umfasst die

- Produktionsvorplanung
- Auftragsorganisation
- auftragsbezogene Feindisposition des Faktoreinsatzes
- Durchlaufsteuerung.

Produktionsvorplanung

Die Produktionsvorplanung legt die

- für die qualitätsgerechte Produkterstellung notwendige technologische Prozessfolge einschließlich der in den Bearbeitungsstufen erforderlichen technologischen Prozessführung
- Materialvordisposition (nach Materialarten einschließlich Qualitäten, Materialmengen entsprechend den erwarteten Ausbeuten bzw. den Materialausnutzungsnormativen)
- normativen Durchlaufzeiten der Werkstücke bzw. Lose und darunter die Rüstzeiten, Bearbeitungszeiten, Förderzeiten, Prüfzeiten und Liegezeiten
- Kapazitätsbelegung (Arbeitsverteilung, Maschinenbelegung, Lagerbelegung, Transportmittelbelegung) einschließlich der Prioritäten (vorrangige bzw. bis spätestens zu einem bestimmten Termin zu realisierende Aufgaben, Rang- und Reihenfolgen in bestimmten Störungsfällen)

fest. Die Produktionsvorplanung stützt sich dabei maßgeblich auf die **Stammdatei** des Betriebes und die **Zeitermittlung**.

Stammdatei

> Die **betriebliche Stammdatei** enthält in möglichst elementarer Form alle wichtigen technisch-technologischen und technisch-ökonomischen Grunddaten des Betriebsprozesses, die über einen gewissen Zeitraum nicht verändert werden.

Die Stammdatei enthält in der Regel folgende **Gruppen von Stammdaten**

- **Artikel- bzw. Teilestammdaten/Materialstammdaten**
  Eigenschaften, Funktionen, Einsatzzwecke aller eingekauften Artikel und Materialien, Bauteile und Baugruppen sowie ihrer Substitute bzw. selbst hergestellten Teile, deren technische bzw. konstruktive Daten, Standards, die Teileklassifizierung, die Gebrauchseignung bzw. der Einfluss auf die Zielproduktparameter, Verarbeitungseigenschaften, die Zuordnung zu Teilefamilien, die Einteilung nach ihrer ökonomischen Gewichtung in A-, B- und C-Teile, das Lagerverhalten und die Lagerkosten, die Einstandspreise, Fertigungsaufwände nach Arbeitsgängen innerhalb normativer Losgrößen, Ausbeuten,

Fehlerquoten und zum Teil auch die Gemeinkostensätze für die einzelnen Kalkulationsstufen, Nachkalkulationswerte, Fertigungsaufwände (Faktoreinsatzmengen und -kosten) nach Arbeitsgängen (innerhalb normativer Losgrößen oder Chargen), Gefahrenpotenziale, Wiederbeschaffungszeiten einschließlich Bestellfristen.

- **Stammdaten zu Erzeugnistypen**
  Erzeugnistypen in ihren Reihen (ggf. nach Modifikationen) mit den entsprechenden Leistungsparametern und Stücklisten bzw. Rezepturen, Fertigungsaufwände bzw. Kosten, spezifische Montagemittel, Gussformen und ähnliches.
- **Prozessstammdaten** zu
  - Fertigungstechnologien bzw. -abläufen (Faktoraufwände, Zeiten und Kosten je Bearbeitungsgang, je Bearbeitungs- bzw. Prozessstufe und Gesamtfertigungsprozess)
  - Transport-, Umschlags- und Lagerprozessen (Kapazitäten nach technischen Mitteln und nach jeweiligem Teilprozess)
  - Instandhaltungsprozessen (Zeiten, technischer Mitteleinsatz und Kosten je Grundoperation)
  - Kundendienstprozessen (Zeiten, technischer Mitteleinsatz und Kosten normierbarer Einzelleistungen sowie komplexer Kundendienstprodukte)
  - kommerziellen Prozessen (Zeiten und Kosten routinemäßiger Bestell- und Absatzvorgänge)
  - wissenschaftlich-technischen Routinearbeiten (v. a. Versuchsreihen)
  - personalwirtschaftlichen Prozessen (Fluktuationskosten nach Personalposten, Betreuungs- bzw. Lohnrechnungsaufwand je Mitarbeiter in den einzelnen Beschäftigtengruppen, Abrechnungsaufwand für häufige Einzelvorgänge, wie Dienstreisen oder Krankmeldungen)
- **Kapazitäts-** bzw. **Potenzialstammdaten**
  - Ausstoß- bzw. Durchsatzleistungen und Verfügbarkeit (Standzeiten) der einzelnen Maschinen und Anlagen
  - Gesamtkapazitäten einzelner technologischer Operationen bzw. Bearbeitungsgänge
  - innerbetriebliche Förder- bzw. Transportkapazitäten
  - An- und Abtransportkapazitäten nach Transportmitteln
  - Lager- und Umschlagskapazitäten
  - Kundendienstkapazitäten
  - Forschungs-, Entwicklungs- und Einführungskapazitäten
  - Personalstrukturdaten, v. a. nach Qualifikationen
- **Infrastrukturdaten bzw. Infrastrukturanschlussparameter**
  (Energie-, Wasser- und Abwasserkapazitäten, Einzelkapazitäten aller Anschlüsse)
- **Kundenstammdaten**
  (Identifikations- und Charakterisierungsdaten jedes Kunden, Abnahmemengen)
- **Lieferantenstammdaten**
  (Identifikations- und Charakterisierungsdaten jedes Lieferanten, Liefermengen)
- **Ökologische Stammdaten**
  (Emissionen und Abfälle je Produkt, Technologie und Betriebsstätte).

Die Stammdatei besteht aus **Stammblättern**, die heute meist per EDV geführt werden.

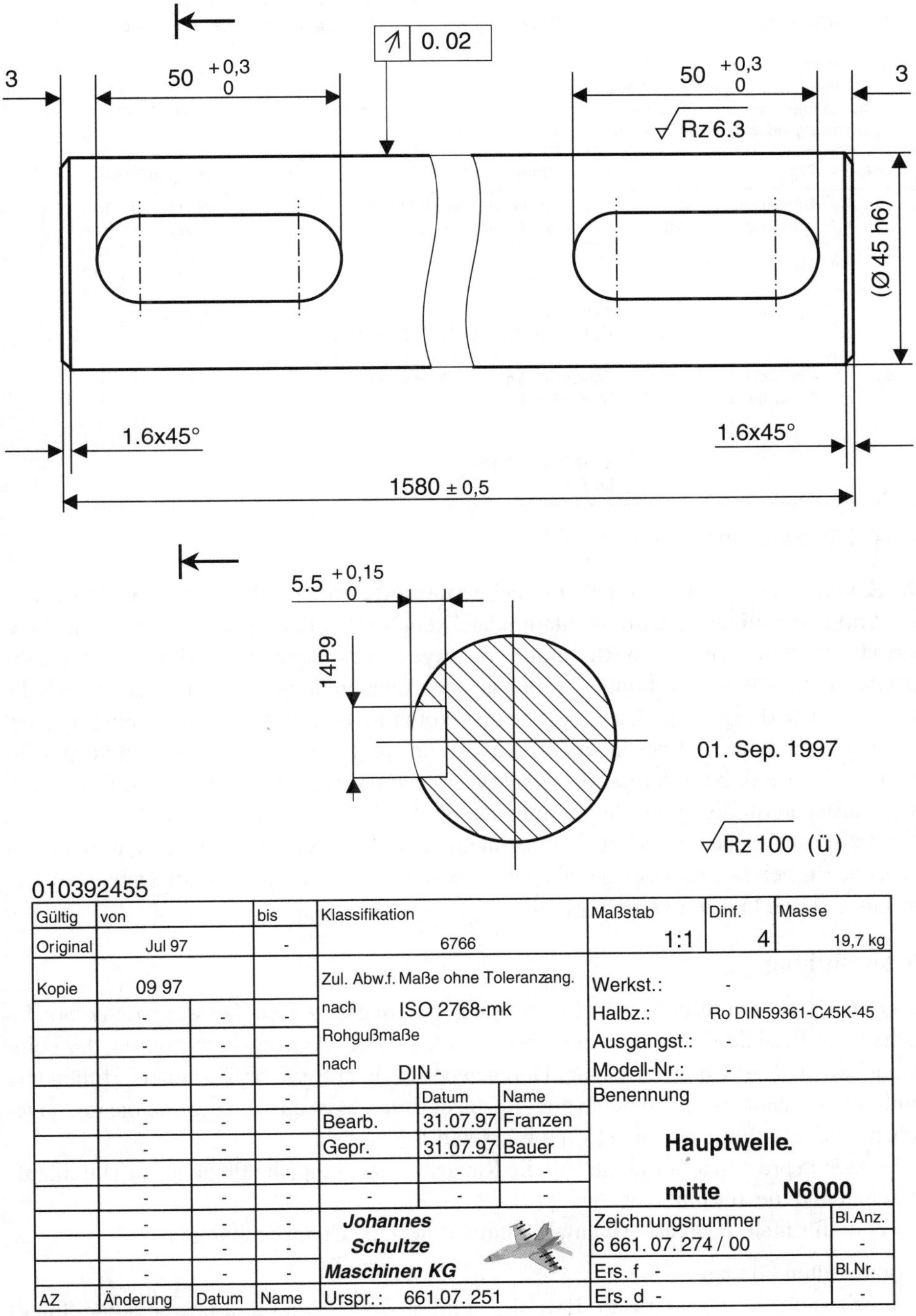

010392455

Gültig	von		bis	Klassifikation			Maßstab	Dinf.	Masse
Original	Jul 97		-	6766			1:1	4	19,7 kg
Kopie	09 97			Zul. Abw.f. Maße ohne Toleranzang.			Werkst.: -		
	-	-	-	nach ISO 2768-mk			Halbz.: Ro DIN59361-C45K-45		
	-	-	-	Rohgußmaße			Ausgangst.: -		
	-	-	-	nach DIN -			Modell-Nr.: -		
	-	-	-		Datum	Name	Benennung		
	-	-	-	Bearb.	31.07.97	Franzen			
	-	-	-	Gepr.	31.07.97	Bauer	**Hauptwelle.**		
	-	-	-	-	-	-			
	-	-	-	-	-	-	**mitte N6000**		
	-	-	-	***Johannes***			Zeichnungsnummer	Bl.Anz.	
	-	-	-	***Schultze***			6 661. 07. 274 / 00	-	
	-	-	-	***Maschinen KG***			Ers. f -	Bl.Nr.	
AZ	Änderung	Datum	Name	Urspr.: 661.07. 251			Ers. d -	-	

Bild 4.37a Stammblatt

Arbeitsplan / Stueckliste: 666107274 Datum: 15.10.97 Seite: 1

Bezeichnung	: WELLE HAUPTWELLE, MITTE N-6000		
Artikelnummer	: 666107274	Basismenge :	1,00 Stk
Bezeichnungsnummer	: 14021-7.274-4		

Pos.	**Typ**		**Bezeichnung**	**Mengen/Zeiten**		
10	Arbeitsplatz :	181272	Waager.-Nutenfräsmasch.FNW 32x	28,00	M	Tr
	Arbeitsgang :	181272	FRÄSEN 2X NUT 14P9 UND KPL.	4,00	M	Te
			ENTGRATEN	4,00	M	Tm
				1,000		ma1
20	Material :		010392455	1, 00 0	Stk	
			RUND DIN59361-C45K-D45H6X1580 LG.			
30	Arbeitsplatz :	111001	Schlosserarbeiten, Teilmontagen	5,00	M	Tr
	Arbeitsgang :	111001	BOS. FASEN	2,00	M	Te
				2,00	M	Tm
				1,000		ma1
			ENDKONTROLLE			
			LAGER			

Bild 4.37b Stammblatt (Fortsetzung)

Die Stammdatei wird durch die betriebliche **Stammdatenverwaltung** geführt. Mittels eines **Änderungsdienstes** wird die Stammdatei ständig (bei Bedarf oder Datenanfall) bzw. periodisch (üblicherweise im Rhythmus von zwei Jahren) ergänzt und aktualisiert. Qualifizierte Stammdatenverwaltungen stellen aus den Elementardaten heraus auch historische Daten (Entwicklungsreihen), aggregierte bzw. kombinierte oder hochgerechnete Daten bereit. Die Stammdatei ist besonders effektiv, wenn sie die jeweiligen Bestwerte („Benchmarks") des Betriebes oder gar der Konkurrenz zum Vergleich mit ausweist. Der relativ hohe Aufwand für die Pflege der Stammdatei lässt sich durch arbeitsteilige Zuarbeiten aus den Betriebsbereichen, in denen Daten ohnehin anfallen oder erfasst werden, durch automatische Betriebdatenerfassung und eine systematische computergestützte Datenübernahme aus anderen Dateien verringern.

Zeitermittlung

Das Ziel der Zeitermittlung ist die Erarbeitung von **Vorgabezeiten**. Diese werden schon innerhalb der Produktionsvorplanung, aber vor allem in der Auftragsorganisation, der Feindisposition und der Kontrolle bei der Durchsteuerung benötigt. Vorgabezeiten erfüllen ihre Funktion nur dann, wenn zugleich eine Bezugsleistung bzw. eine Bezugsmenge mit angegeben wird. Die Vorgabezeiten [52] umfassen die

- Sollzeiten pro Ablaufabschnitt (für die Kapazitätsbelegung, die Planung der Durchlaufzeiten und die Terminkontrolle)
- Zeiten für nicht planbare Ablaufabschnitte (wie z. B. Unterbrechungen).

Vorgabezeiten können

- auftragsabhängig, also für die **jeweilig** zu produzierende bzw. zu bearbeitende Stückzahl oder Menge oder

- auftragsunabhängig, also für eine vorab fixierte **normative** Stückzahl bzw. Produktionsmenge

erarbeitet werden. Vorgabezeiten gibt es für
- Arbeitskräfte
- Betriebsmittel
- Werkstücke

Vorgabezeiten für Arbeitskräfte enthalten
- Grundzeiten
- Erholungszeiten
- Verteilzeiten.

Vorgabezeiten für Betriebsmittel enthalten
- Grundzeiten
- Verteilzeiten.

Vorgabezeiten für Werkstücke enthalten
- Veränderungszeiten
- Prüfzeiten
- Liegezeiten.

Grundzeiten für Arbeitskräfte umfassen alle Zeiten, in denen diese mit der Wahrnehmung produktionsvorbereitender, -durchführender und -nachbereitender Arbeitsaufgaben beschäftigt sind, also alle für die Erfüllung einer Produktionsaufgabe notwendigen Haupt-, Neben- und Zusatztätigkeiten. **Grundzeiten für Betriebsmittel** umfassen alle Zeiten, in denen es technologiebedingt mit Werkstücken belegt ist, also alle Haupt-, Neben- und Zusatznutzungen. **Erholungszeiten** sind ganz überwiegend nur für Arbeitskräfte in stark ermüdenden Arbeitsgängen erforderlich, in seltenen Fällen auch für Betriebsmittel (notwendige Abkühlung, Abklingen von Schwingungen). **Verteilzeiten** umfassen die Zeiten für notwendige, aber nicht unmittelbar produktive Tätigkeiten bzw. Belegungen, wie Arbeitseinweisungen, Studium von Auftragsunterlagen, Wartung von Betriebsmitteln.

Unterbrechungen, sofern nicht verteilzeit- oder erholungsbedingt, können technologiebedingt, organisationsbedingt, störungsbedingt oder persönlich bedingt sein. **Technologiebedingte Unterbrechungen** treten vor allem bei allen diskontinuierlichen Produktionsprozessen, bei disproportionalen Kapazitätsprofilen mehrstufiger Produktionen sowie bei nicht passfähigen Produktionstakten auf. **Organisationsbedingte Unterbrechungen** entstehen entweder durch die gewählte Organisationslösung selbst, durch fehlerhafte Produktionslenkung oder durch Entscheidungsstau. **Störungsbedingte Unterbrechungen** gehen auf Materialfluss- oder Energieunterbrechungen, auf den Ausfall von Technik und auf Fehlbedienungen zurück. **Persönlich bedingte Unterbrechungen** sind z. B. durch Zuspätkommen, durch den Gang zur Toilette oder zum Getränkeautomaten veranlasst.

Veränderungszeiten bei Werkstücken umfassen die **Einwirk- bzw. Bearbeitungszeiten** und die **Förderzeiten** (Zuführung, Einspannung und Entnahme der Werkstücke an der

Maschine und Transport zur nächsten Bearbeitungsstation). Die **Prüfzeiten** erstrecken sich auf die Kontrolle der Qualität und Menge. Die **Liegezeiten** schließen **ablaufbedingtes Liegen** (z. B. infolge Werkzeugwechsel oder Neujustierung der Maschine), **Wartezeiten** auf den nächsten Arbeitsgang oder die Abholung sowie jede **Zwischenlagerung** bis zur Übergabe an das Fertigwarenlager ein.

Auftragsorganisation

> Die Auftragsorganisation ist das betriebliche Führungssystem für die Herausarbeitung, Steuerung und Kontrolle der definitiv von den betrieblichen Einheiten auszuführenden Einzelaufgaben, kurz **Aufträge** genannt.

Im Betrieb gilt das Prinzip: **Kein Faktorverbrauch ohne Auftrag**. Eine gut funktionierende Auftragsorganisation ist die entscheidende Basis einer effizienten Betriebsführung. Die Auftragsorganisation verknüpft alle Betriebsprozesse. Ihr Kernstück ist die Fertigungsauftragsorganisation. Die Auftragsorganisation hat folgenden Anforderungen gerecht zu werden

- Die Aufträge müssen eindeutig und verbindlich sein.
- Die Aufträge sind so abzugrenzen, dass die innerbetriebliche Arbeitsteilung und Spezialisierung effizient genutzt wird.
- Der Auftragsdurchlauf durch den Betrieb ist sowohl für jeden einzelnen Auftrag als auch für die Gesamtheit aller Aufträge innerhalb eines bestimmten Zeitabschnitts optimal zu gestalten.
- Es ist eine permanente Auftragsverfolgung (Fortschrittskontrolle einschließlich zugehöriger Qualitätskontrolle) zu gewährleisten.
- Die Auftragsabwicklung muss einem durchgängigen Kostencontrolling hinsichtlich der Nutz- und Leerkosten sowie der Kapitalbindungskosten unterliegen.

Das **Grundsystem der betrieblichen Auftragsorganisation** beginnt mit den **Kundenaufträgen** (bzw. den Eigenaufträgen des Vertriebes, die auch Lageraufträge genannt werden). Kundenaufträge sind **bestätigte** Bestellungen der Kunden. Sie enthalten die zu liefernden Produkte nach Qualität, Menge und Termin. Aus den Kundenaufträgen werden die Fertigungsaufträge abgeleitet. Die **Fertigungsaufträge** zergliedern die Kundenaufträge zunächst nach Produkten und dann deren Erstellung weiter untergliedert nach ihrem konstruktiven Aufbau und legen schließlich die Bearbeitungsgänge für die zu erstellenden Produkte fest. In der Regel werden so aus relativ wenigen Kundenaufträgen sehr viele einzelne Fertigungsaufträge. Wir bezeichnen diese Ableitung der Fertigungsaufträge aus den Kundenaufträgen als **Kombination der Fertigungsaufträge**. Dies ist dadurch begründet, dass aus Effizienzgründen stets die **Gesamtheit der Kundenaufträge in die Gesamtheit der Fertigungsaufträge umgesetzt** werden muss, wobei vor allem in der Teilefertigung versucht wird, gleichartige Bearbeitungsgänge zusammenzufassen.

Da jedoch jede Fertigung praktisch immer zugleich allgemein produktionsprofilbedingt oder unmittelbar kundenauftragsbedingt **Kooperation** erfordert, werden zu den Fertigungsaufträgen sofort auch (und bei schlanker Produktion sogar weit überwiegend) **Bestellaufträge** ausgelöst. Nach Realisierung der Fertigungsaufträge erfolgt die Rekombination der Kundenaufträge in Gestalt von **Versandaufträgen** (auch **Auslieferungsaufträge** genannt). Die Rekombination der Kundenaufträge schließt neben den für die Fertigung realisierten Bestellungen auch die realisierten Bestellungen für **Beistellungen** und **Beilagen** ein.

Beistellungen sind bezogene, nicht weiter bearbeitete Systemkomponenten, die aber für die volle Funktionseignung der Produkte mitgeliefert werden (z. B. Filme für Fotoapparate, Software für Computer, Benzin und Motoröl für Automobile).

Beilagen sind mitgelieferte, nicht unmittelbar funktionsnotwendige Produkte, die aber mit dem gelieferten Produkt im Zusammenhang stehen (z. B. technische Dokumentationen, Gebrauchsanweisungen, Verzeichnisse von Vertragswerkstätten, Pflegemittel).

Grundsätzlich stimmen Kundenaufträge mit den Versandaufträgen überein. Es kann jedoch aus produktionstechnologischen Gründen (mehrere Kunden werden aus gleicher Serie oder Charge beliefert, wodurch einzelne Kunden höhere Qualitäten als bestellt erhalten), aus verpackungs- und transporttechnologischen Gründen (z. B. bei Lieferung nur in standardisierten Abpackungen und in vollen Containern) und bei geteilten oder zusammengefassten Lieferterminen zu Abweichungen kommen. **Kundenaufträge und Versandaufträge sind trotz ihres engen Zusammenhangs nicht identisch.** Ebenso sind Versandaufträge nicht mit Transportaufträgen zu verwechseln. Die Auftragsabwicklung verläuft in der Regel nicht störungsfrei. Die **Störungen** lassen sich gruppieren in

- **Auftragsänderungen**, ausgelöst durch veränderte Kundenwünsche oder Markterfordernisse, durch neue Rechtsvorschriften, durch veränderte Produktionsbedingungen oder den Zwang, dem technischen Fortschritt zu folgen
- **Ressourcenmangel**, wie nicht oder nicht rechtzeitig eingehende Materiallieferungen, Elektrolastgrenzen, Fehlzeiten von Arbeitskräften, Kapazitätsengpässe bei Maschinen und Anlagen
- **technisch-organisatorische Störungen**, bedingt z. B. durch unvorhergesehenen Verschleiß, Fehlbedienungen, Havarien, Fehlplanungen und Disziplinverstöße.

Je nach Art des Kundenauftrags, des betrieblichen Leistungsprofils, der inneren Arbeitsteilung und äußeren Kooperation ist das System der Auftragsorganisation durch **weitere Auftragsarten** zu ergänzen, so

- Forschungs- und Entwicklungsaufträge
- Konstruktions- und Projektierungsaufträge
- Qualitätsprüfungs- und Erprobungsaufträge
- Wartungs-, Instandhaltungs- und Reparaturaufträge
- Transportaufträge (Bild 4.38).

Wesentlicher Bestandteil einer effizienten Auftragsorganisation ist die permanente **Auftragsverfolgung**. Nur mit ihrer Hilfe ist es möglich, im Falle von Störungen steuernd in die Auftragsabwicklung einzugreifen. Die Produktionslenkung muss jederzeit erkennen

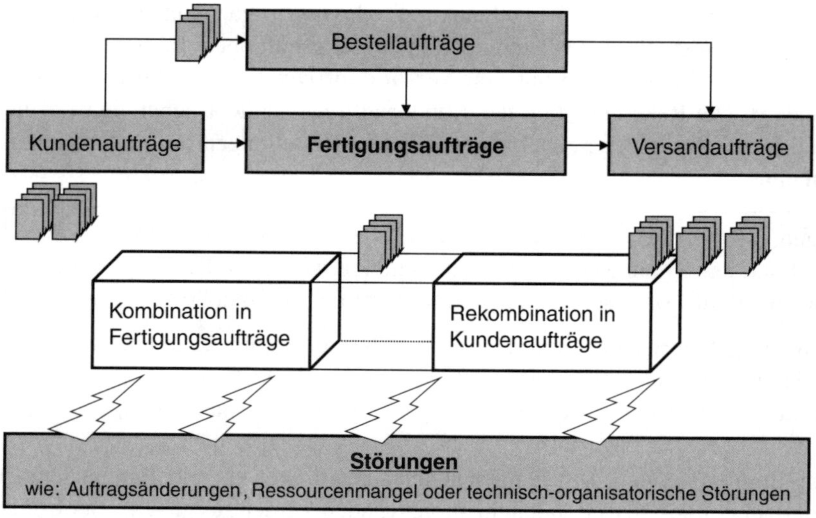

Bild 4.38 Grundsystem der Auftragsorganisation

können, wo sich die Teile eines bestimmten Auftrages gerade befinden. Von Vorteil sind weitgehend automatisierte Systeme der Auftragsverfolgung. Rückmeldesysteme, die sich allein auf den Menschen stützen, weisen in der Regel Defekte auf, die auf Irrtümer, Fehlhandlungen und interessenbedingte Falschmeldungen zurückgehen. Die Auftragsverfolgung sollte daher eng mit einer EDV-gestützten Auftragsabwicklung und mit einer automatisierten Betriebsdatenerfassung verknüpft sein. Die Daten der Auftragsverfolgung sollten außer der Produktionslenkung auch dem Vertrieb, insbesondere dem Kundenmanagement, und der Transportlenkung zur Verfügung stehen.

Auftragsbezogene Feindisposition des Faktoreinsatzes

Die auftragsbezogene Feindisposition des Faktoreinsatzes erfolgt durch die Erarbeitung der **Fertigungsaufträge** (im Maschinenbau oft **Arbeitspläne** genannt) für jedes Einzelteil und – bei mehrteiligen bzw. komplexen Produkten – stufenweise für jede einzelne abgrenzbare Montage- bzw. Fügeaufgabe.

> Im **Arbeitsplan** wird der genaue Arbeitsablauf mit allen notwendigen Informationen festgelegt [53].

Das Kernstück des Arbeitsplanes ist der Fertigungs- bzw. Arbeitablauf. Daraus wird über Stücklisten zusammenfassend die

- Materialfeindisposition für alle Haupt-, Hilfs- und Betriebsstoffe
- exakte sachliche und zeitliche Verteilung der Arbeitsaufgaben auf die beteiligten Arbeitskräfte
- genaue technologische und zeitliche Belegung der Maschinen und Anlagen

abgeleitet.

Durchlaufsteuerung

Die **Durchlaufsteuerung** beinhaltet die operative Lenkung der Arbeitsaufgaben, der Kapazitäten und Ressourcen.

Sie sichert in erster Linie die planmäßige Durchführung der Fertigungsprozesse durch ständige Überwachung und Nachregelung. Ihr Schwerpunkt ist die effiziente **Koordinierung aller Teilprozesse**. Sie ist besonders gefordert, vorausschauend Störungen und Störursachen zu erkennen und sie zu vermeiden. Auftretende Störungen sind zu begrenzen und zügig sowie mit geringem Aufwand und mit minimalen negativen Folgen zu beheben. Der planmäßige Betriebszustand ist schnellstmöglich wieder zu erreichen.

Das wichtigste Instrument der Durchlaufsteuerung ist die auftragsbezogene Terminplanung und -kontrolle. Die entsprechenden technisch-ökonomischen und zeitlichen Zieldaten werden als Vorgaben aus der Auftragsorganisation übernommen. Die gebräuchlichsten methodischen Hilfsmittel sind Balkendiagramm und Netzplan. Wir kennen **dezentralisierte** und **zentralisierte** Formen der Durchlaufsteuerung. Bei dezentralisierter Durchlaufsteuerung liegt die Verantwortung bei den Leitern der einzelnen Betriebsbereiche (der Werkstätten, Meisterbereiche, Produktionslinien, Anlagen). Die zentralisierte Durchlaufsteuerung liegt in den Händen eines speziell damit Beauftragten, wie eines **Schichtleiters** oder eines **Dispatchers**. In Großbetrieben mit hochverflochtener Produktion kann es hierarchisch gegliederte **Dispatchersysteme** geben.

4.3 Produktionsvorbereitung

4.3.1 Aufgabenbereich der Produktionsvorbereitung

Die **Produktionsvorbereitung** umfasst im weitesten Sinne alle Tätigkeiten, die zur Gestaltung und Beherrschung künftiger Produktionsprozesse notwendig sind [54].

Dabei muss der Sache nach zwischen kurzfristiger und langfristiger Produktionsvorbereitung differenziert werden. Dies ist nur vordergründig eine Frage des Zeithorizonts, denn ihrem Wesen nach stützt sich die **kurzfristige Produktionsvorbereitung** auf bereits im Betrieb vorhandene Produktionspotenziale, während die **langfristige Produktionsvorbereitung** auf die Neuschaffung oder grundlegende Veränderung von Produktionspotenzialen zielt. Die kurzfristige Produktionsvorbereitung dient der unmittelbar beabsichtigten Erstellung absatzfähiger Produkte. Mit der langfristigen Produktionsvorbereitung soll die Fähigkeit erworben werden, bestimmte, zum Teil sogar heute noch nicht bekannte Produktarten mit künftig wettbewerbsfähigem technischem Niveau sowie Aufwand in vom Markt geforderten Mengen erstellen zu können. Die langfristige Produktionsvorbereitung ist folglich eng mit der strategischen Produktionsprofilentwicklung, mit Innovationsprozessen, dem Kapazitätsausbau und der Schaffung von Qualifikationsreserven der Mitarbeiter verbunden.

Obwohl eine scharfe Trennung von kurz- und langfristiger Produktionsvorbereitung nicht möglich ist, empfiehlt es sich doch, sie aufgrund der unterschiedlichen Sachfragen nicht in einem Problemkomplex zu abzuhandeln. Wir beschränken uns hier auf die kurzfristige Produktionsvorbereitung, nachstehend – dem Sprachgebrauch der Praxis folgend – nur als **Produktionsvorbereitung** bezeichnet. Fragen der langfristigen Produktionsvorbereitung werden im Rahmen des betrieblichen Innovationsprozesses dargestellt. Die Produktionsvorbereitung umschließt folgende, wechselseitig miteinander verflochtene Aufgaben:

- Erstellung der technischen Unterlagen
- Vorkalkulation
- Erarbeitung und -einordnung der Fertigungsaufträge
- Bearbeitungszeit- und Durchlaufzeitermittlung
- Lagervorbereitung
- Werkstatt- bzw. Anlagenvorbereitung
- Versand- und Transportvorbereitung
- Kontrollplanung (Aufgaben und Termine der Auftragsverfolgung)
- Rechnungsvorbereitung
- Nachkalkulation.

Spezielle Aufgaben stellen sich für die **Werkstatt bzw. Anlagenvorbereitung**

- bei der rationellen Gestaltung der Rüstprozesse, d. h. der Aufwandsminimierung für das routinemäßige Einrichten der Maschinen und Anlagen für den jeweiligen Bearbeitungsgang
- bei der Planung der An- und Abfahrprozesse von Großanlagen und großen technischen Systemen
- bei der Umrüstung von Maschinen und Anlagen infolge einer auftragsbedingten Modifizierung von Produkten und/oder Technologien.

Die Produktionsvorbereitung steht immer vor dem Problem, einerseits die Produktionsaufgaben und -prozesse eindeutig festzulegen, andererseits genügend Flexibilität bei Störungen oder abweichenden Produktionsbedingungen zu sichern und den Planungsaufwand gering zu halten. Diese Widerspruchssituation bezeichnen wir als das **Prozessplanungsdilemma der Produktionsvorbereitung**.

4.3.2 Einzelaufgaben der Produktionsvorbereitung

Erstellung der technischen Unterlagen

Der Kundenauftrag bzw. der Eigenauftrag wird, sofern er nicht mittels routinemäßiger Fertigungsprozesse realisiert werden kann, zunächst in der Konstruktionsabteilung bearbeitet. Ziel ist ein funktionserfüllendes, kundenwunschgerechtes und wirtschaftlich zu erstellendes Produkt. Ergebnis ist die Konstruktion (bzw. in stoffverarbeitenden Prozessen die Rezeptur), die insgesamt und für jedes Einzelteil in Zeichnungen (oder als 3-D-Computermodell) dokumentiert wird. Aus der Konstruktion ergibt sich die Stückliste.

Eine **Stückliste** ist eine Übersichtsdarstellung, die alle zur Erstellung eines Endprodukts bzw. einer Baugruppe benötigten Teile nach Qualitäten und Mengen enthält. Wichtige Angaben zu den Teilen sind die Teilenummer (u. U. die Variantennummer), die Teilebezeichnung, die für das Endprodukt einzusetzende Anzahl oder Menge und die Verweisung auf die zugehörige Konstruktionszeichnung bzw. das Stammblatt.

Wir unterscheiden verschiedene **Formen der Stückliste**. Die Basis bildet die **Urstückliste**, auch **Konstruktionsstückliste** genannt. Sie enthält alle Teile des Endprodukts. Es gibt sie in drei **Grundformen**: Zum ersten als **Strukturstückliste** bzw. mehrstufige Stückliste, die die benötigten Teile in hierarchischer Ordnung über alle Fertigungsstufen hinweg lückenlos ausweist, zum zweiten als **Baukastenstückliste** bzw. einstufige Stückliste, die nur die Teile der nächstniederen Fertigungsstufe enthält, also bezogene oder vorgefertigte Baugruppen nicht aufgliedert, und zum dritten die **Mengenübersichtsstückliste**, die fertigungsstufenunabhängig alle gleichartigen Teile nur einmal mit ihrer Gesamtmenge aufführt. Die **Urstückliste** enthält **alle Teile**, also die selbst zu fertigenden und die zu beziehenden Teile. Die Fertigungsplanung leitet aus der Urstückliste die

- **Materialstückliste** bzw. **Bestellstückliste** (darunter für Normteile und standardisierte Baugruppen die **Normalstückliste**)
- **Fertigungsstückliste** (als Bearbeitungsstückliste und als Montagestückliste)
- **Terminstückliste** (die rückrechnend vom Fertigstellungstermin des Endprodukts für jedes Teil den Bereitstellungstermin und den Termin des Bearbeitungsbeginns bzw. den Bestelltermin festlegt)

ab [55].

Im wechselseitigen Zusammenhang mit der Konstruktion erfolgt die **technologische Planung** (oft Arbeitsfolgeplanung). Sie legt im technologischen Ablaufplan die Reihenfolge und die technischen, technologischen und aufwandsseitigen Parameter der einzelnen Bearbeitungsgänge fest. Unter Effizienz- und Terminaspekten ist zusammen mit der Kundenauftragsannahme bzw. dem Vertrieb zu entscheiden, ob die Fertigung überhaupt übernommen werden soll oder welche Teile selbst gefertigt und welche bezogen werden sollen.

Vorkalkulation

Die Vorkalkulation ist eine von der Kundenauftragsannahme und der Produktionsvorbereitung gemeinsam bzw. in wechselseitiger Abstimmung durchzuführende Aufgabe. Dabei wird vorgeklärt, ob und wieweit kostendeckend produziert und verkauft werden kann. Die Vorkalkulation ist allerdings keine passive Kostenwiderspiegelung. Die Produktionsvorbereitung ist gehalten, die vom Markt bzw. den Absatzerfordernissen her bestimmten **Kosten- und Preislimite** durch technische und technologisch-organisatorische Lösungen einzuhalten oder zu unterschreiten. Vorkalkulation ist folglich keine rein ökonomische, sondern eine technisch-ökonomische Aufgabe, die ein hohes Maß an Kreativität erfordert. Das Hauptproblem der Vorkalkulation ist in der betrieblichen Praxis weniger das Erfassen der Kosten für die Elementarfaktoren, als vielmehr die sachverhaltsgerechte Zuordnung der Gemeinkosten. Im Ergebnis der Vorkalkulation erhalten wir einen **Kostenplan**, der nach Produktions- bzw. Fertigungsstufen gegliederte Vorgaben für Faktorverbräuche, Zeiten und Kosten der Produktion einschließt [56].

Erarbeitung und Einordnung der Fertigungsaufträge

Aus der Stückliste bzw. der Rezeptur der zu erstellenden Erzeugnisse sind die notwendigen Produktionsoperationen bzw. die Bearbeitungsgänge abzuleiten. Aus den realisierbaren technologischen Folgen ist diejenige auszuwählen, die am besten die notwendige Produktqualität, eine fristgerechte Produkterstellung und niedrige Kosten sowie die technische Produktionssicherheit und eine möglichst geringe Umweltbelastung gewährleistet. Für die für jedes Teil bzw. Baugruppe gewählte Bearbeitungsgangfolge wird in dieser zentralen Arbeitsphase der Produktionsvorbereitung ein **Fertigungsauftrag**, oft als Fertigungsplan oder Arbeitsplan bezeichnet, erstellt. **Formelle Voraussetzungen** für einen Fertigungsauftrag (Kopfdaten) sind die

- eindeutige Auftragsidentifikation. Sie erfolgt meist durch eine Auftragsnummerierung oder -kodierung und dient so der Vermeidung von Verwechslung und Doppelausführung sowie der sicheren Auftragsverfolgung.
- Benennung mit im Betrieb verständlichen Bezeichnungen. Das sind oft Typenbezeichnungen, Kürzel oder Kodes.
- Vollständigkeit und Klarheit der Daten und Fertigungsanweisungen.

Sachliche Voraussetzungen für einen Fertigungsauftrag sind die

- technische Realisierbarkeit
- Wirtschaftlichkeit der Ausführung
- terminliche Realisierbarkeit.

Der Fertigungsauftrag enthält außer den Kopfdaten mindestens den Ausweis [57]

- der Werkstatt
- des Bearbeitungsverfahrens
- des Bearbeitungsganges
- der Maschinengruppe
- der für den Auftrag notwendigen Vorrichtungen, Werkzeuge, Prüfmittel bzw. Messgeräte
- der für den Auftrag erforderlichen Qualifikation bzw. die Lohngruppe der einzusetzenden Arbeitskräfte
- der Rüstzeit und Stückbearbeitungszeit (Stückzeit).

Das **Kernstück** der Fertigungsauftragserarbeitung ist die **Fertigungsablaufplanung**. Hierbei werden die Fertigungs- bzw. Arbeitspläne erstellt, die die Bearbeitungsgänge, die Bearbeitungsverfahren und die Bearbeitungszeiten ausweisen. Die Bearbeitungsgangfolge wird primär von technologischen Gesichtspunkten bestimmt. Bei schweren Werkstücken sowie bei kompliziert zu montierenden Aggregaten sind ergonomische Aspekte zu beachten. Der Fertigungs- bzw. Arbeitsplan wird aber auch maßgeblich von der Maschinenwahl (der Maschinenleistung und dem Verhältnis von Rüstzeit zu Stückbearbeitungszeit) und den innerbetrieblichen Transportmöglichkeiten beeinflusst.

Sind die Bearbeitungsgangfolge und die Fertigungsmenge (Losgröße) vorab festgelegt, können **normierte Fertigungsaufträge**, die zur Auftragsunterscheidung lediglich fortlaufende Auftragsnummern erhalten, zum Einsatz gelangen. Der Fertigungsauftrag kann entweder aus einem **Einzeldokument** (oft Laufkarte genannt) oder aus einem strukturierten **Dokumentensatz** (Arbeitsplankartei) bestehen. Handelt es sich um einen Dokumentensatz, enthält dieser als zentrales Dokument die **Arbeitsplanstammkarte**, die alle Bearbeitungsgänge für das jeweilige Werkstück mit den wichtigen Parametern auflistet. Ergänzende Dokumente sind der oder die Lohnzettel und/oder **Zeitaufnahmebögen**, auf denen die einzelnen Arbeitskräfte ihren Zeitaufwand für die Bearbeitungsgänge oder die Leistungsmenge vermerken, ggf. auch, sofern dies nicht eindeutig vorgegeben war, ihre Lohngruppe, eine **Materialbedarfskarte** (als Berechtigungsnachweis für die Ausfertigung von Materialentnahmescheinen), eine **Werkzeugkarte** (als Berechtigungsnachweis für zu empfangende Werkzeuge und Vorrichtungen), eine **Terminkarte** (manchmal nur für termindringliche Arbeitsaufgaben), **ergänzende Arbeitsanweisungen** für schwierige oder qualitätskritische Bearbeitungsgänge und unter Umständen **Prüfaufträge** und (ggf. zusätzlich) **Ausschuss- und Nacharbeitsscheine**. Die einzelnen Fertigungsaufträge sind abschließend in dieser Arbeitsphase der Produktionsvorbereitung unter den Gesichtspunkten der termingerechten Auftragserfüllung und der wirtschaftlichen Fertigung des Einzelauftrages sowie der Wirtschaftlichkeit der gesamten Fertigung in eine **Rang- und Reihenfolge** zu bringen.

Bearbeitungszeit- und Durchlaufzeitermittlung

Die Bearbeitungszeit- und Durchlaufzeitermittlung hat zwei grundlegende **Funktionen**
1. dient sie der exakten **Kapazitätsplanung**.
2. stellt sie die **Dauer der Auftragsrealisierung** fest.

Dazu wird der normative Zeitbedarf für jeden Fertigungsauftrag über alle Produktionsstellen hinweg erfasst und summiert. Das erfolgt zunächst unabhängig von Terminstellungen. Die Zusammenfassung nach der Belegung der einzelnen Produktionsstellen (meist dokumentiert im so genannten **Maschinenbelegungsplan**) zeigt die differenzierte Auslastung innerhalb des Kapazitätsprofils über den Zeitverlauf an. Damit lassen sich zugleich **Kapazitätsreserven** erkennen. Sie sind von besonderem Interesse, falls sich Kapazitätsdefizite bei bestimmten technologischen Operationen durch verfügbare Kapazitäten kompatibler Technologien ausgleichen lassen, wie zum Beispiel Bohrkapazitäten durch Fräskapazitäten. Die meist auf Betriebsmittel orientierte **Kapazitätsplanung** wird durch eine arbeitskräfteorientierte **Stellenbesetzungsplanung** ergänzt.

Der **Durchlaufzeitplan**, der die Zeitdauer vom Fertigungsbeginn bis zur Fertigstellung des auslieferungsfähigen Produkts ausweist [58], baut auf den festgestellten Kapazitätsbelegungen auf und fixiert unter Berücksichtigung notwendiger Transportzeiten (ggf. ergänzt durch einen gesonderten **innerbetrieblichen Transportplan**) und strukturell unvermeidlicher Liegezeiten sowie zeitlicher Sicherheitspuffer die Verweildauer der Werkstücke bzw.

der Baugruppen oder der Produkte an den einzelnen Produktions- und Lagerstellen bis zu ihrer Bereitstellung für den Vertrieb. Dabei gilt im Interesse einer möglichst geringen Kapitalbindung das Prinzip, so spät wie vertretbar mit der Bearbeitung der einzelnen Werkstücke, Baugruppen und Produkte zu beginnen, sie aber dann so rasch wie möglich zu erstellen. Im einzelnen enthält der Durchlaufzeitplan somit

- die Bearbeitungszeit
- ggf. die Zeit für eine technische Lagerung (Reifung, Aushärtung, Auspolymerisation, Trocknung, Kühlung)
- die Förderzeit (Transportzeit)
- die Liegezeit.

Der Durchlaufzeitplan weist ggf. auch die so genannte **Gesamtbearbeitungszeit** aus. Das ist bezogen auf das einzelne Werkstück die Summe aller Rüst- und Stückbearbeitungszeiten plus der technischen Lagerzeiten plus der Förderzeiten. Die Erfassung der Gesamtbearbeitungszeiten ohne Liegezeiten ist dann von Interesse, wenn Parallelbearbeitung und dadurch eine Durchlaufzeitverkürzung möglich ist. Die **fertigungsgebundene Transportplanung**, die im Zusammenhang mit der Durchlaufzeitplanung erstellt wird, unterscheidet zwischen

- der allgemeinen innerbetrieblichen Transportplanung (Strecken-, Pendel- und Rundfahrten, Wahltransportsysteme) die die Transportkapazitäten mit den zu transportierenden Produktmengen abgleicht.
- der speziellen Transportplanung für den einzelnen Auftrag, die den Transport der Werkstücke über bestimmte Produktions- und Lagerstellen festlegt.

Eine spezielle Transportplanung erfolgt meist nur dann, wenn der Transport und/oder der Umschlag sehr kompliziert sind, große Produktmengen auf einmal zu transportieren sind oder der Transportweg des jeweiligen Werkstücks im allgemeinen Transportsystem unüblich ist. In diesen Fällen werden gesonderte Transportaufträge (Transportscheine) ausgestellt.

Lagervorbereitung

Grundlage der Lagervorbereitung ist die Materialbedarfsplanung aus der Fertigungsauftragserarbeitung. Das Materiallager bestellt aufgrund der erteilten Fertigungsaufträge sowie empirisch-statistisch begründeter Normative **vorausschauend** die benötigten Materialarten und sichert so eine kontinuierliche Produktion. Die Lagervorbereitung ist vom Grundsatz bestimmt, dass jede Produktionsunterbrechung infolge fehlenden Materials die Effizienz der Produktion mindert. Der Materialbedarf im Sinne der Lagervorbereitung erstreckt sich sowohl auf Werkstoffe (einschließlich Bauteile und Baugruppen sowie Hilfsstoffe) als auch auf bearbeitungsgangspezifische Werkzeuge (vor allem schnellverschleißende wie Stanzformen, Drehmeißel, Bohrer und Vorrichtungen sowie Prüfmittel). Zu letzterem sind die Fertigungsmittelwirtschaft sowie der Fertigungsmittel- bzw. Rationalisierungsmittelbau einzubeziehen. Dazu werden Werkzeugentnahmescheine und ggf. Werkzeugfertigungsaufträge ausgestellt. Die Regenerierung von benutzten Werkzeugen

(z. B. Schärfen, Härten, Richten) erfolgt in der Regel ohne gesonderten Auftrag nach ihrer Rückgabe in das Werkzeuglager durch den verantwortlichen Werkzeugmeister.

Bei der Lagervorbereitung ist zwischen dem **Bringprinzip** und dem **Holprinzip** zu unterscheiden. Beim **Bringprinzip** ist das Materiallager (bzw. das Werkzeuglager) dafür verantwortlich, dass alle Produktionsstellen das benötigte Material (bzw. die Vorrichtungen, Werkzeuge und Prüfmittel) qualitäts-, mengen- und termingerecht erhalten. Das Bringprinzip wird vor allem bei der Massenfertigung eingesetzt. Wir differenzieren dabei weiter nach den Unterprinzipien „Material schiebt" oder „Fertigung zieht". Das Prinzip „Material schiebt" finden wir vor allem in der Chemieindustrie. Dort ist es zum Teil aus Gründen der technischen Produktionssicherheit unumgänglich. Das Prinzip „Fertigung zieht" kommt insbesondere in der Großserienfertigung sowie in der Sortenfertigung zur Anwendung. Hierbei werden die jeweils benötigten Materialarten vom Materiallager abgerufen und an die Produktionsstelle gebracht. Die Spezifik des zu erstellenden Produkts und die jeweilige Fertigungssituation können hierbei besser berücksichtigt werden als beim Prinzip „Material schiebt".

Beim **Holprinzip**, das in der Kleinserien- und Einzelfertigung und somit vor allem im Maschinenbau dominiert, erhalten die beauftragten Arbeitskräfte das für den Fertigungsauftrag benötigte Material in der Materialausgabe des Lagers gegen einen Materialentnahmeschein und die Vorrichtungen, Werkzeuge und Prüfmittel gegen den Werkzeugentnahmeschein. Nichtübereinstimmungen mit der Materialbedarfskarte aus dem Dokumentensatz des Fertigungsauftrages zeigen eine ungenügende Materialausnutzung oder die mangelhafte Qualität des eingesetzten Materials an. Differenzen bei Werkzeugentnahmescheinen deuten meist auf eine mangelhafte technologische Auftragsplanung hin.

Werkstatt- bzw. Anlagenvorbereitung

Die Fertigung von Einzelteilen bedarf in der Regel keiner besonderen Vorbereitung von Werkstätten oder Anlagen. Die Vorbereitung der Maschinen und Anlagen für den jeweiligen Bearbeitungsgang ist Bestandteil der Rüstvorgänge. Die Werkstatt- bzw. Anlagenvorbereitung ist erforderlich, wenn eine bestimmte Fertigung eine technische oder technologische Umrüstung bedingt [59]. Diese wird vor allem bei Großaufträgen oder bei einer über längere Zeit zu erwartenden Massen- bzw. Großserienfertigung vorgenommen. Für den Zusammenbau von Großmaschinen und Anlagen sowie deren Verschiffung, für die Ausrüstung größerer Objekte (z. B. von Schiffen) oder den Bau großer Brücken werden nicht selten spezielle Montageplätze geschaffen, die nach der Auftragsausführung wieder aufgegeben werden.

Versand- und Transportvorbereitung

Die hierbei zu lösende Aufgabe besteht darin, vorausschauend abzusichern, dass die erstellten Produkte möglichst ohne Unterbrechung und unnötigen Mehraufwand aus dem Fertigungsprozess heraus von den jeweiligen Vorratsstellen (meist sind das die betrieblichen Fertigwarenlager, teilweise aber auch die letzten Produktionsstellen in einer Bearbeitungsgangfolge oder auch spezielle Versandlager, in denen die Zusammenstellung der

Versandeinheiten erfolgt) termingerecht und ohne Qualitätsverlust den Bedarfsstellen der Abnehmer zugeführt werden. Dazu sind im Zusammenhang die

- Versandeinheiten (Versandsortiment je Lieferung, Versandmengen, Transportverpackungen/-behälter)
- Versandtermine
- Versandarten (Direktbelieferung, Postversand, Bahnversand, Speditionsversand, Fahrverkauf)
- Transportarten (Straßentransport, u. U. mit genauer Festlegung des Transportmittels, wie LKW, Tieflader, Tankzug, Kleintransporter, Kühlfahrzeug, PKW, oder Bahnfracht, Schiffsfracht, Luftfracht), ggf. die Transportkette (oder Kühlkette) mit Umschlagspunkten)
- Lieferorte einschließlich der Lieferbedingungen bzw. der Incoterms (Übergabeort, Transportkosten, Gefahrenübergang, Versicherung)

festzulegen. Dazu wird auf der Grundlage einer Abstimmung mit dem Vertrieb die Erfassung der erforderlichen Daten für die Versanddokumente, wie Lieferscheine, Versandscheine bzw. Versandanmeldungen, Frachtbriefe, Konnossemente, Orderlagerscheine, Nachnahmen, Konsulatsfaktura, Ursprungszeugnisse und Versicherungsscheine, an den betreffenden Produktionsstellen sowie für die Transportvorschriften bzw. -hinweise veranlasst.

Kontrollplanung

Üblicherweise erfolgt die Qualitäts- und Mengenkontrolle im Fertigungsprozess an bestimmten Kontrollstellen (Prüfpunkte). Bei speziellen Aufträgen mit besonders zu beachtenden Kundenanforderungen werden zusätzliche Kontrollmaßnahmen geplant und terminlich festgelegt. Das geschieht z. B. durch Produktionsrapporte, Begehungen und den Einsatz von Prüfgruppen). In Ausnahmefällen werden für Fertigungskontrollen [60] Termine gemeinsam mit dem Kunden festgelegt.

Rechnungsvorbereitung

Die Rechnungsvorbereitung stellt aus dem Fertigungsprozess heraus diejenigen Leistungsdaten zur Verfügung, die für die Rechnungslegung gegenüber dem Kunden relevant sind. Den Ausgangspunkt bildet stets der jeweilige Liefer- und Leistungsvertrag bzw. der bestätigte Kundenauftrag. Es kann nur in Rechnung gestellt werden, was eine Vertragsgrundlage hat. Allerdings erweist sich nicht selten eine eindeutige Leistungszuordnung zu einem Kundenauftrag als schwierig. Festpreise für eine Gesamtleistung sowie Stück- bzw. Mengenpreise für eindeutig definierte Qualitäten bereiten wenig Probleme. Anders gestaltet sich die Aufgabe bei vertraglich vereinbarter leistungsabhängiger Preisgestaltung. Hierfür sind ggf. zusätzliche Leistungs- und Prozesskostenerfassungen zu veranlassen.

In Ausnahmefällen sind gegenüber dem Kunden erbrachte Leistungen überhaupt nicht fakturierbar, weil der betriebsinterne Leistungsnachweis nicht geführt werden kann. Probleme in der Rechnungsvorbereitung treten auf, wenn die Inanspruchnahme technologischer

Plattformen bzw. der Infrastruktur technisch nicht gemessen werden kann oder entsprechende Messeinrichtungen fehlen oder wenn Aufwände aus Führungs- sowie Stabsbereichen und damit Leitungsgemeinkosten nicht verursachungsgerecht zuzuordnen sind.

Nachkalkulation

Die Nachkalkulation dient der Feststellung der tatsächlichen Kosten und ist damit vorrangig ein Instrument der Kostenkontrolle. Im Zusammenhang mit der Rechnungsvorbereitung hat die Nachkalkulation jedoch unter Umständen auch die Aufgabe, die Preisermittlung zu unterstützen. Die strukturierten Daten der Nachkalkulation sind aber vor allem die Grundlage einer qualifizierten Vorkalkulation. Für längere Zeit gültige, bestimmten Teilen, Baugruppen oder Produkten eindeutig zurechenbare Kalkulationsdaten werden in die Stammdatei eingestellt.

4.4 Systemgestützte Produktionsplanung und -steuerung

4.4.1 Funktion und Ablauf systemgestützter Produktionsplanung und -steuerung

Die unter dem Wettbewerbsdruck wachsende Aufgaben- und Problemvielfalt führte etwa ab den 60er Jahren zu einer intensiven Suche nach rechnergestützten Lösungen der Produktionsplanung und -steuerung. Sie sollten das Spannungsfeld zwischen kundenorientierter Fertigung, kontinuierlicher Kapazitätsauslastung und Fertigkosten besser beherrschbar machen. Die Produktionsplanung und -steuerung hat demnach vor allem Koordinationsaufgaben zu erfüllen und zwar

- Faktor- und Zeitabhängigkeiten innerhalb von Aufträgen
- Abhängigkeiten zwischen Aufträgen
- Abhängigkeiten zwischen Fertigungsstufen

und dabei auftretende Störungen zu meistern [61]. Die in der industriellen Praxis entwickelten Planungs- und Steuerungssysteme weisen ein weitgehend übereinstimmendes Ablaufschema auf (Bild 4.39).

4.4.2 Systeme der Produktionsplanung und -steuerung

Mit der Verfeinerung der Produktionsplanung und -steuerung stieg rasch der notwendige Rechenaufwand an. Zunächst wandte man sich dem Operations Research zu. Jedoch zeigte sich bald, dass der hohe operative Programmieraufwand und der aus der Vielzahl der Variablen resultierende erhebliche Rechenaufwand in keinem vertretbaren Verhältnis zum Zugewinn an Planungsqualität und Reaktionszeit standen. Benötigt wurden einfache und gegenüber Bedingungsänderungen robuste methodische Lösungen, die auch beim Einsatz kleiner Computer eine hinreichend sichere und effiziente Produktionsführung ermöglichten. Die Antwort waren verschiedene zentrale und dezentrale Systeme der Produktionsplanung und -steuerung [62], abgekürzt **PPS-Systeme**, wobei nur die dezentralen PPS-

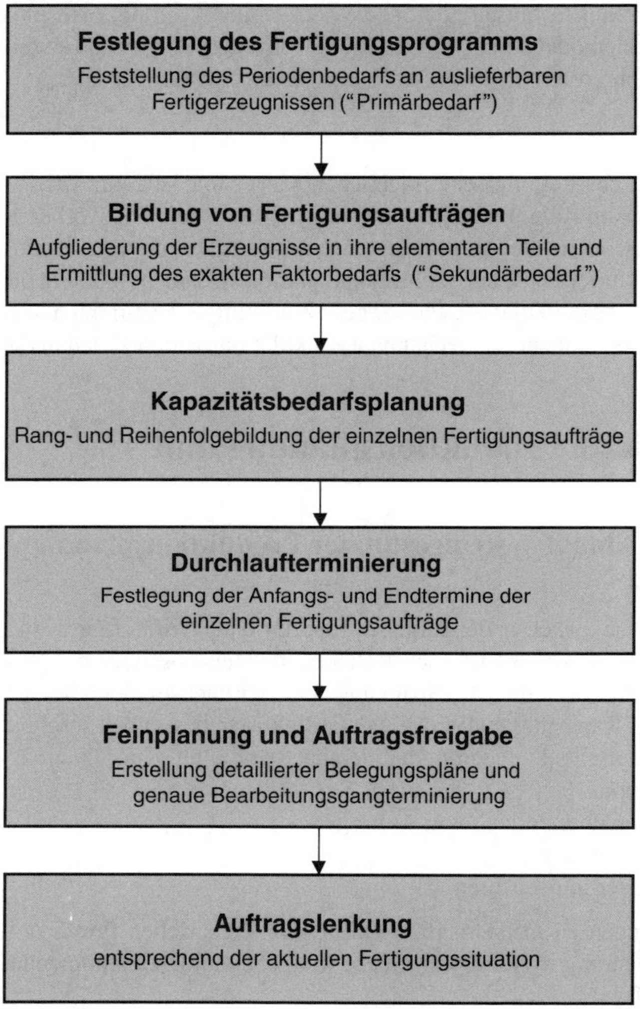

Bild 4.39 Ablaufschema von PPS-Systemen

Systeme mit vorgelagerter zentraler Produktionsgrobplanung von praktischer Bedeutung sind [63].

> Ein **PPS-System** ist im Kern ein Softwaresystem zur operativen Planung und Steuerung der Produktion in Industriebetrieben.

PPS-Systeme kommen bevorzugt in großen Industriebetrieben mit klar gliederbarer mechanischer Fertigung und mit stufenweisen Montageprozessen, die Stücklisten nutzen, also vor allem in Betrieben des Maschinenbaus und der Elektroindustrie, aber auch in Chemiebetrieben zum Einsatz.

Das Grundkonzept der PPS-Systeme besteht in einer stufenweisen Sukzessivplanung mit in der Zeitfolge zunehmendem Detaillierungsgrad. Charakteristisch ist die entweder gar nicht vorhandene oder sehr geringe Rückkopplung von nachgelagerten zu vorangegangenen Planungsstufen.

Konkrete Methoden der Fertigungsplanung und -steuerung, die eine größere Bedeutung erlangten, sind bei Busch ausführlich dargestellt [64]. Wichtige seien hier nur genannt:

- das Manufacturing Ressources Planning (MRP)
- das Fortschrittszahlensystem (FZS)
- das Kanban-Prinzip
- die Optimized Production Technology (OPT)
- die belastungsorientierte Auftragsfreigabe (BOA)
- die bestandsgeregelte Durchflusssteuerung (BGD).

PPS-Systeme ersetzen den Produktionsplaner oder den Disponenten bzw. Dispatcher nicht. Sie unterstützen deren Arbeit.

4.4.3 Bestandteile der PPS-Systeme

PPS-Systeme bauen ausschließlich auf gegebenen Produktionspotenzialen auf. Sie umfassen die

- operative Produktions- bzw. Fertigungsprogrammplanung
- operative Produktionsprozess- bzw. Fertigungsablaufplanung
- Produktionssteuerung
- Produktionskontrolle.

PPS-Systeme werden heute von Computerherstellern und System- bzw. Softwarehäusern als komplette Programmpakete angeboten. Diese Komplettlösungen erfassen nicht nur den Produktionsbereich, sondern reichen tief in praktisch alle mit der operativen Produktionslenkung verknüpften Betriebsprozesse hinein. Wichtige **Bestandteile moderner PPS-Systeme** sind

- eine computergestützte Stammdatenverwaltung
- die Primärbedarfsplanung
- die Sekundärbedarfsplanung
- die Lagerbestandssteuerung
- das Bestellwesen
- eine gesamtheitliche Zeitwirtschaft (produktionsstellenbezogene Durchlaufterminierung)
- die Kapazitätsplanung
- die Auftragsfreigabe
- die Feinterminierung
- die Auftragsverfolgung.

PPS-Systeme überdecken sich folglich weitgehend mit dem gesamtbetrieblichen System der Auftragsorganisation, der operativen Produktionslenkung und der Materialwirtschaft.

Die computergestützte **Stammdatenverwaltung** für PPS-Systeme umfasst mindestens die

- Teilestammdaten und ein Identifikationssystem (meist ein Nummernsystem) für alle Teile
- Erzeugnisstrukturdaten entsprechend dem konstruktiven Aufbau
- Bearbeitungsplandaten (Bearbeitungsgänge mit Rüst- und Stückbearbeitungszeiten)
- Betriebsmitteldaten (Kapazitäten).

Die **Primärbedarfsplanung** ermittelt den Bedarf des Vertriebes an Endprodukten sowie verkaufsfähigen Zwischenprodukten, die in der definierten Produktionsperiode versandfähig bereitgestellt werden müssen. Die **Sekundärbedarfsplanung** legt ausgehend vom Primärbedarf und der Entscheidung über Eigenfertigung oder Fremdbezug (make or buy) die Fertigungs- und die Bestellaufträge fest und stellt damit den exakten Bedarf an Material, Baugruppen, Energie und Fremdleistungen für die Fertigung fest. Die grundlegenden Dispositionsmethoden sind

- die **deterministische Disposition**, bei der entsprechend den Erzeugnisstrukturdaten durch Multiplikation der Teilearten mit den benötigten Mengen die Sekundärbedarfe für die Produktionsperiode insgesamt und unter Berücksichtigung notwendiger zeitlicher Vorläufe (Bestellfristen, Fertigungsdurchlaufzeiten) terminspezifiziert festgelegt werden.
- die **stochastische Disposition**, auch verbrauchsgesteuerte Disposition genannt, bei der die erwarteten Sekundärbedarfe entsprechend den Verbräuchen in der Vergangenheit eingeschätzt werden.

Die deterministische Disposition bedingt einen hohen Erfassungs- und Rechenaufwand. Die stochastische Disposition ist dagegen ungenau. Eine Kompromißlösung ist eine Sekundärbedarfsplanung auf Basis einer ABC-Analyse, bei der teure Teile oder Baugruppen deterministisch und geringwertige Teile stochastisch geplant werden.

Die **Lagerbestandsführung** erstreckt sich auf die Lagerbewegungen (Zu- und Abgänge) und die Bestandssteuerung (periodischer Umschlagsbestand, Sicherheitsbestand, Melde- bzw. Bestellbestand, Werkstattbestände). Das **Bestellwesen** umfasst die Planung und Abwicklung des Fremdbezugs an Materialien und Leistungen, wobei das PPS-System Bestellungen (mit den notwendigen zeitlichen Vorlauf) für den Bedarfszeitpunkt auslöst. Es selbst verzichtet in der Regel auf einen an der jeweiligen Lage auf dem Beschaffungsmarkt, insbesondere an der Preissituation, orientierten Einkauf. Daraus möglicherweise resultierende Nachteile für den Betrieb versucht die Materialwirtschaft des Betriebes durch eine prognostisch begründete Vorratspolitik auszugleichen. Die **Durchlaufterminierung** kann entweder vom Liefertermin des Endprodukts her (Rückwärtsterminierung, retrograd) oder ausgehend vom Beginn der Fertigung (Vorwärtsterminierung, progressiv) sowie auch kombiniert erfolgen. Terminprobleme werden durch eine erhöhte Kapazitätsbelegung, wie

- Überstunden
- Verkürzung der Übergangszeiten (Liege-, Transport-, Prüfzeiten)
- Parallelbearbeitung (Auftragssplitting)
- Auftragsüberlappung (vorzeitiges Weiterreichen teilbearbeiteter Aufträge)

gelöst.

Die **Kapazitätsplanung** ordnet die terminierten Fertigungsaufträge den Produktionsstellen (Kapazitätseinheiten) zu. Bei Überbelegung oder zu geringer Auslastung der Produktionsstellen erfolgt ein Kapazitätsabgleich, das heißt ein Vorziehen oder Hinausschieben in andere Fertigungsperioden oder eine Umverteilung zwischen den Produktionsstellen. Die formelle **Freigabe der Aufträge** zur Fertigung geschieht mit einem sehr kurzen Zeithorizont von zwei Werktagen bis maximal zwei Wochen. Die Voraussetzung ist die Verfügbarkeitsprüfung, mit der festgestellt wird, ob alle Bedingungen zur Aufnahme und reibungslosen Durchführung der geplanten Fertigungsaufträge (Arbeitskräfte, Materialien, einsatzbereite Maschinen und Werkzeuge, keine neuen Änderungswünsche der Auftraggeber) unmittelbar vorhanden sind. Ist dies der Fall, werden die Auftragspapiere ausgefertigt und an die erste Produktionsstelle gegeben.

Die **Feinterminierung** umfasst die operative Maschinenbelegungsplanung und Ablaufplanung. Bei Kapazitätsdefiziten und Terminüberschneidungen wird zwischen Auftragspriorität und Kontinuität der Fertigung abgewogen. Häufig genannte Prioritätsregeln sind die [65], [66]

- **Auftragseingangs-Regel** (AE-Regel), bei der die Aufträge nach ihrem Eingangstermin bearbeitet werden (und die demzufolge keine Prioritätsregel im eigentlichen Sinne ist)
- **Kürzeste-Operationszeit-Regel**, bei der die Aufträge mit der kürzesten Gesamtbearbeitungszeit zuerst bearbeitet werden (und die demzufolge für Aufträge mit langen Bearbeitungszeiten problematisch ist)
- **Kürzeste-Fertigungsrestzeit-Regel**, die besagt, dass Aufträge mit der kürzesten Restbearbeitungszeit bzw. kürzesten Gesamtbearbeitungszeit zuerst realisiert werden (wodurch zu Beginn eine verzögerte Bearbeitung und zum Ende hin eine beschleunigte Bearbeitung erfolgt)
- **Liefertermin-Regel**, nach der die Aufträge in der Reihenfolge des Liefertermins des übergeordneten Auftrags bearbeitet werden (wodurch allerdings die Fertigungsrestzeiten nicht hinreichend berücksichtigt werden)
- **Schlupfzeitregel**, bei der die Aufträge mit den kürzesten Puffer- oder Schlupfzeiten zuerst in die Bearbeitung gelangen (wobei die vor allem das Problem verursachende Zahl der Bearbeitungsgänge bzw. Montagestufen unberücksichtigt bleibt).

Die **Auftragsverfolgung**, auch als Auftragsfortschrittskontrolle bezeichnet, dient der Mengen-, Qualitäts- und Termineinhaltung. Sie stützt sich auf ein Rückmeldesystem und eine möglichst automatisierte Betriebsdatenerfassung.

4.4.4 Trends bei PPS-Systemen

PPS-Systeme werden zunehmend mit Lösungen zur Durchlaufbeschleunigung (Kanban), mit Datenbanksystemen (vor allem der Stammdatei und der Zeichnungsverwaltung) und mit CAD/CAM- und CIM-Systemen verknüpft. Das Prinzip der in Japan entwickelten **Kanban-Systeme** besteht darin, den Materialfluss durch die einzelnen Fertigungsstellen nur über eine Produktion auf Abruf („Just in Time") zu steuern. Zwischen den einzelnen Fertigungsstellen werden als Pufferbestände sogenannte Transport-Kanbans eingerichtet. Benötigt eine Fertigungsstelle ein Teil, so ruft sie den entsprechenden Teilebehälter aus dem Pufferlager ab. Die für das abgerufene Teil zuständige Fertigungsstelle wird durch den Abruf informiert und produziert das Teil schnellstmöglich nach. Nachteile des Kanban-Prinzips, das bei Massen- oder Großserienfertigung von Interesse ist, bestehen darin, dass keine Losgrößenoptimierung möglich ist, weil die Losgröße durch die Transport-Kanbans vorgegeben ist, und dass unter Umständen Fertigungsbereiche auf Aufträge warten, weil ihre Transport-Kanbans alle belegt sind.

CAD/CAM-Systeme sind computergestützte Lösungen zur Produktentwicklung (CAD: computer aided design) im engeren Sinne für die Konstruktion, die mit computergestützten Lösungen zur Steuerung und Überwachung der Produktion (CAM: computer aided manufacturing) verknüpft sind. CAM-Lösungen sind im Unterschied zu PPS-Systemen auf kleinere Fertigungsabschnitte (einzelne numerisch gesteuerte Maschinen oder Anlagen) oder fahrerlose Transportsysteme bezogen. Unter **CIM-Systemen** (CIM: computer integrated manufacturing), die inzwischen das Pilotstadium verlassen, versteht man die computergestützte Integration der betriebswirtschaftlich orientierten Planungs- und Steuerungsfunktionen in die technische Vorbereitung und Steuerung der Produktion. Voraussetzung sind Programmpakete, die eine iterative Verknüpfung und komplexe Steuerung aller wichtigen betrieblichen Leistungs- und Informationsprozesse zulassen. Am bekanntesten ist das Software-System SAP R/3. In jüngerer Zeit lässt sich auch eine Differenzierung der PPS-Systeme in Richtung auf eine Typenbildung feststellen [67]. Insbesondere zeigen sich Unterschiede zwischen kundenauftragsbezogenen und kundenanonymen PPS-Systemen.

4.5 Produktionsrationalisierung

4.5.1 Ziele und Felder der betrieblichen Rationalisierung

Rationalisierung umfasst alle Maßnahmen zum Zwecke der Kostensenkung durch die bessere Ausnutzung des im Betrieb **gegebenen** Faktorsystems.

Typische Rationalisierungsziele sind
- Ressourceneinsparung bzw. intensivere Ressourcennutzung
- Prozessbeschleunigung
- Prozessstabilisierung (Störquotensenkung, Ausschussreduzierung)
- verlängerte Nutzungsdauer von Betriebsmitteln.

Rationalisiert werden können alle Bereiche, Objekte und Prozesse im Betrieb, so
- die Geschäftsfeldstruktur (Konzentration auf ertragreiche Geschäftsfelder)
- das Produktionsprofil (auf Kernkompetenzen orientierte Make-or-Buy-Entscheidungen)
- die Standortstruktur
- die Produktionsstätten und die betriebliche Infrastruktur
- die Produkte
- der Produktionsprozess
- die Anlagenwirtschaft einschließlich Instandhaltung
- die Beschaffung einschließlich Vorratshaltung und Lagerwirtschaft

- der Vertrieb (Kundenstruktur, Vertriebswege, Transaktionen, Marketingmaßnahmen)
- der Kundendienst
- Forschung, Entwicklung und Produkt- sowie Technologieeinführung
- Leitungs- und Verwaltungsprozesse.

Die Rationalisierung steht in engem Zusammenhang mit Innovationsprozessen, der Modernisierung der Betriebsmittel und der Spezialisierung und Kooperation. Rationalisierungsmaßnahmen werden zunehmend nicht einzeln, sondern im Rahmen einer komplexen Rationalisierung des Betriebsprozesses durchgeführt. Rationalisierung wird meist durch offenkundige Probleme des Betriebes, wie Kostendruck, Lieferschwierigkeiten und mangelnde Flexibilität, veranlasst. Vorteilhafter ist dagegen eine vorausschauend planmäßige Rationalisierung.

4.5.2 Schwerpunkte und Richtungen der Produktionsrationalisierung

Der Schwerpunkt der betrieblichen Rationalisierung ist die Produktion. Die Ziele der **Produktionsrationalisierung** sind die Steigerung der Produktivität, die Senkung der Stückkosten, die Verkürzung der Durchlaufzeiten, die Verringerung der Kapitalbindung, die Qualitätssicherung, die Erhöhung der Flexibilität, die Reduzierung von Störeinflüssen, die bessere Flächen- bzw. Raumausnutzung und die Vereinfachung der Produktionsplanung und -steuerung. Die **Richtungen der Produktionsrationalisierung** sind sehr vielgestaltig. Wichtige sind

- die Qualitätsoptimierung der Produkte (markt- und faktorseitig)
- die Sicherung der technologischen Stabilität (zur Erhöhung der Prozesskontinuität bzw. zur Störquotenreduzierung, zur Verlängerung der Laufzeiten der Anlagen, zur Erzielung stabiler Produktqualitäten bzw. zur Ausschussminderung)
- die Verbesserung der Prozessorganisation/Produktionssteuerung
- eine höhere Stabilität der Inputfaktoren (Werkstoffqualitäten, Energieversorgung, Arbeitsdisziplin, Maschinen)
- eine intensivere Faktorausnutzung (Materialausbeute, Arbeitszeit, Maschinenzeit)
- eine kostendegressive (in der Regel hohe und kontinuierliche) Kapazitätsauslastung bzw. die Reduktion der Leerzeiten
- die Faktorsubstitution
- die Arbeitsrationalisierung
- die Transportwegoptimierung
- die Reduzierung der Transport- und Lagerverluste
- die Beseitigung von Engpässen und Disproportionalitäten (Parameterabstimmung der Produktionsstufen und der technischen Systeme)
- die Einsparung von Produktionsstufen
- die Verkürzung der Produktionsvorbereitung einschließlich der Rüstzeiten und der An- und Abfahrzeiten von Produktionsanlagen
- die Modernisierung, Auf- und Umrüstung der Maschinen
- die Mechanisierung und Automatisierung einschließlich der Computerisierung

- die Standardisierung
- die Nutzung von spezifischen (auch zeitweiligen) Standortvorteilen
- die Verwertung von Abprodukten.

4.5.3 Instrumente und Methoden der Produktionsrationalisierung

Analyseinstrumente der Rationalisierung sind
- Benchmarking/Betriebsvergleich (Bestwerterfassung und -analyse)
- Kostenstrukturvergleich
- Schwachstellen- und Engpaßanalyse
- Störanalyse
- Funktionsanalyse (Gebrauchswert-Kosten-Analyse)
- Prozessanalyse sowie Durchlaufanalyse
- Technologievergleich
- Kapazitätsanalyse
- Strukturanalyse (Untersuchung der Proportionalitätserfordernisse typischer Betriebszustände)
- Arbeitsstudien
- Standortanalyse.

Außerdem werden Analysen aus anderen Phasen des Betriebsprozesses mit herangezogen, so
- Absatzberichte und -analysen
- Reklamationsanalysen bzw. Kundendienstberichte
- Analysen von Lagerverlusten
- Transportschadenanalysen.

Sehr viel Aufmerksamkeit wird den **Arbeitsstudien** gewidmet. Sie dienen der Rationalisierung aller Arten und Typen von Arbeit. Hier geht es folglich um den Menschen bzw. den Faktor Arbeitskraft. Pentzlin gliedert die Arbeitsstudien grundsätzlich in die
- Arbeitszeitstudie, die die Messdaten liefert
- Arbeitswertstudie, die den Schwierigkeitsgrad der Arbeit und Möglichkeiten zur Anreicherung von Arbeitsinhalten bestimmt
- Arbeitsablaufstudie, die die Abfolge der Arbeitsgänge untersucht [68].

Bei der Arbeitsablaufstudie unterscheidet Pentzlin die „bereinigende" Arbeitsablaufstudie zur „Entstörung" (= „Arbeitsdiagnose") und die „gestaltende" Arbeitsablaufstudie zur Entwicklung und Umstellung der Arbeitsvorgänge. Vorfragen für jede Arbeitsablaufstudie sind
- Kann dieser Arbeitsgang weggelassen werden?
- Kann diese Arbeit aufgeteilt werden?
- Kann diese Arbeit mit anderen kombiniert werden?
- Kann diese Handarbeit durch Maschinenarbeit ersetzt werden?

Wesentlicher Bestandteil der Arbeitsablaufstudien von Prozessen mit hohem Anteil von Handarbeit sind ergonomische (bewegungsökonomische) Studien. Hierfür sind zunächst fünf Merkmalsgruppen zu unterscheiden, aus denen „Arbeitstypen" gebildet werden können

- Reine Handarbeit bis reine Maschinenarbeit (als Extreme)
- Beeinflussbarkeit der Maschinenzeit bei gemischter Hand-Maschinen-Arbeit
- Anteil der Handzeiten
- Einphasige oder mehrphasige Handarbeitsanteile
- Art und Grad der physischen und psychischen Belastung (Belastung der Muskelgruppen, Körperhaltung, Konzentrationserfordernisse, Monotonie).

Die wichtigste ergonomische Forderung ist, dass das Werkzeug bzw. die Technik zweckentsprechend und menschengerecht sein muss. Dazu sind in den Arbeitsabläufen sowohl die technologische Wirkamkeit der Betriebsmittel als auch die ergonomische Wirksamkeit der Arbeit zu untersuchen. Den Schwerpunkt bilden dabei die Grundhaltungen der Hand (Schreib-, Bohr-, Kratz-, Stoßschlaghaltung) und die Griffformen (Kraftschluss).

Methoden der Produktionsrationalisierung

Es gibt sehr verschiedene Rationalisierungsmethoden. Häufig genutzt werden folgende

- **Lean Production** (Konzentration auf eigene Kernkompetenzen bzw. Prozesse mit höchster Produktivität bei gleichzeitiger Steigerung der Effizienz von Zulieferungen)
- **Einsparung von Produktionsstufen** (meist bei gleichzeitigen anwendungstechnischen Anpassungen der Weiterverarbeitung der erzeugten Produkte bei den Abnehmern)
- **Taylorsche Methode** (Zerlegung der Arbeitsvorgänge in elementare Bewegungen, um durch tiefgehende Arbeitsteilung und Arbeitsgangspezialisierung die höchstmögliche Leistung je Arbeitskraft bzw. je Arbeitsplatz zu erreichen)
- **Mehrmaschinenbedienung**
- **Anreicherung von Arbeitsinhalten** je Arbeitsplatz bzw. je Arbeitskraft
- Einführung von **Teamarbeit bzw. Nestfertigung** (unter Einbeziehung von leistungssteigernden Lohnformen und Anreizsystemen)
- **Anwendung von statistischen Modellen** zur Belegung bzw. Beschickung von Produktionsstellen, die stark stochastische Produktionsverläufe aufweisen (wie in der Chargenproduktion verschiedener Chemiebetriebe)
- **Standardisierung der Bauteile und Baugruppen** (zur Vergrößerung der Lose und Serien, zur Reduzierung des Konstruktionsaufwandes, zur Vereinfachung der Montageprozesse)
- **Training am Arbeitsplatz** (Training on the job, Learning by doing).

4.5.4 Beurteilung der Effizienz der Produktionsrationalisierung

Rationalisierungsmaßnahmen erweisen sich in der Praxis überall dort als vorteilhaft, wo die technischen Pinzipien bzw. technischen Grundlösungen der gegebenen Produktionstechnik Leistungs- bzw. Produktionsreserven aufweisen, wo die wissenschaftlich-technische Entwicklung keine kurzfristige Ablösung der eigenen Basistechnologien erwarten lässt und wo die technische Restnutzungsdauer der Betriebsmittel eine Wiedererwirtschaftung der Rationalisierungsaufwendungen ermöglicht. Die Effizienz einer Rationalisierungsmaßnahme ist gegeben, wenn die erzielte bzw. erzielbare Kostensenkung größer ist als der betriebliche Gesamtaufwand dafür. Die Effizienz kann statisch oder dynamisch berechnet werden. Der statischen Berechnung werden in der Regel die Rentabilität der Rationalisierungsmaßnahme und die Rückflussdauer der aufgewendeten finanziellen Mittel zugrunde gelegt.

Berechnung der Rentabilität

$$r = \frac{\Delta k}{K}$$

Berechnung der Rückflussdauer (Pay back)

$$t = \frac{K}{\Delta k}$$

wobei

r Rentabilität
t Rückflussdauer in Jahren (oder in Monaten)
Δk durchschnittliche Kostensenkung pro Produktionsperiode (Jahr oder Monat)
K für die Rationalisierungsmaßnahme eingesetztes Kapital

Die dynamische Berechnung berücksichtigt mögliche Zinseszinseffekte. Diese sind bei langfristig wirsamen Rationalisierungsmaßnahmen einzubeziehen. Berechnet werden in der Regel der Kapitalwert und die interne Rendite der Maßnahme.

Kapitalwert (Nettobarwert)

$$K' = -K + \sum_{t=1}^{n} \Delta k(1+i)^{-t}$$

Interne Rendite

$$r = i_1 - K'_1 \cdot \frac{i_2 - i_1}{K'_2 - K'_1}$$

wobei

K' Kapitalwert
K für die Rationalisierungsmaßnahme eingesetztes Kapital
t Rückflussdauer in Jahren
Δk durchschnittliche Kostensenkung pro Jahr
i Kalkulationszins
r Rentabilität
i_1 Probierzins 1 (identisch mit dem Zins für die bestmögliche eigene Kapitalanlage)
K'_1 Kapitalwert auf Basis i_1
i_2 Probierzins 2 (frei wählbarer, das heißt eigentlicher, Probierzins)
K'_2 Kapitalwert auf Basis i_2

4.6 Produktionssicherheit

4.6.1 Ziele der Produktionssicherheit

Die **Produktionssicherheit** dient dem physischen Schutz der Arbeitskräfte, der Produktionsanlagen und der Vorräte.

Gefahren gehen insbesondere von rotierenden und schwenkenden Maschinenteilen, von Güterbewegungen bzw. Transportmitteln, von Elektroanlagen, Hochtemperaturprozessen, von unter Druck stehenden Anlagen, von brennbaren, explosiven, giftigen oder ätzenden Stoffen, von Blend- und Laserlicht, von radioaktiven Materialien und verschiedenen mikrobiotischen Kulturen aus. Mit zunehmender Größe, Leistung und Kompliziertheit der Maschinen und Anlagen und der Anwendung von Technologien hoher Prozessintensität wachsen die Gefahrenmomente. Verflochtene Anlagen- und Infrastruktursysteme schaffen zusätzliche Risiken.

4.6.2 Arbeits- und Gesundheitsschutz

Im Mittelpunkt der Produktionssicherheit steht der **Arbeitsschutz**. Dieser umfasst alle Maßnahmen zum Schutz des Arbeitnehmers vor Gefahren, die seine Gesundheit oder sein Leben bedrohen. Dazu gibt es umfassende gesetzliche Regelungen, die auch Gefahren berücksichtigen, die nicht aus der Produktionstechnik resultieren [69]. Danach steht der Arbeitsschutz nicht im Belieben des Arbeitgebers. Er ist dafür verantwortlich, dass die Schutzbestimmungen im Betrieb eingehalten werden. In Betrieben mit mehr als 20 Mitarbeitern hat der Unternehmer einen oder mehrere Sicherheitsbeauftragte bzw. Betriebsärzte und Sicherheitsingenieure [70] zu bestellen. Andererseits müssen die Arbeitnehmer die Unfallverhütungsvorschriften [71] befolgen. Ebenso hat der Betriebsrat verschiedene Aufgaben auf dem Gebiet des Arbeitsschutzes wahrzunehmen. Die Gewerbeaufsicht hat zu überwachen, dass die Schutzvorschriften in den Betrieben eingehalten werden. Gewerbeaufsichtsbeamte sind jederzeit ohne Voranmeldung zur Kontrolle der Betriebsanlagen und zur Erteilung von Verboten und Auflagen bei gefährlichen Anlagen sowie zur Anwendung von Zwangsmitteln berechtigt. Neben der Gewerbeaufsicht sind auch die Berufsgenossenschaften als Träger der gesetzlichen Unfallversicherung und die Landespolizeibehörden zuständig. Die Zusammenarbeit zwischen Gewerbeaufsicht und Berufsgenossenschaften ist in der Allgemeinen Verwaltungsvorschrift vom 28.11.1977 geregelt [72].

Der Arbeitsschutz ist eng mit dem **Gesundheitsschutz**, der über die unmittelbare Produktionssicherheit hinausreicht, verbunden. Danach ist jeder Arbeitgeber verpflichtet, Räume und technische Ausrüstungen so einzurichten und zu unterhalten, dass die Beschäftigten unter Berücksichtigung der Natur des jeweiligen Prozesses gegen Gefahren für Leben und Gesundheit soweit als möglich geschützt sind, darunter auch gegen gesundheitliche Spätfolgen. Die Gewerbeordnung spezifiziert diese Anforderungen dahingehend, dass genügendes Licht, ausreichender Luftraum und Luftwechsel, die Beseitigung von

Staub, Dünsten, Gasen und Abfällen, Schutzvorrichtungen an Maschinen und anderen Gefahrenstellen, vorsorgliche Brandschutzmaßnahmen, eine verbindliche Betriebsordnung und den Anforderungen der Gesundheitspflege entsprechende Hygieneeinrichtungen zu gewährleisten sind. Darüberhinaus sind organisatorische Maßnahmen, wie regelmäßige Belehrungen zum Arbeits- und Gesundheitsschutz, zur medizinischen Versorgung in Notfällen oder zur Bereitstellung von Sanitätsräumen und Ausstattungen zur Ersten Hilfe sowie zur Gesundheitsüberwachung zu treffen [73].

4.6.3 Brandschutz

Wesentlicher Bestandteil der Produktionssicherheit ist der Brandschutz. Er umfasst alle vorbeugenden baulichen, technischen und organisatorischen Maßnahmen und die Durchführung der Brandbekämpfung. Entscheidend ist der **vorbeugende Brandschutz**. Mögliche Entzündungsquellen sowie Faktoren der Brandentstehung und -ausbreitung sind zu erkennen und zu beseitigen. Vor allem sind die Mitarbeiter in einen vorbeugenden Brandschutz einzubeziehen, und es ist das richtige Verhalten bei Brandausbruch und während des Brandes zu üben. Fluchtwege und Sammelpunkte sind bekannt zu machen und deutlich zu kennzeichnen. Feuerlöscheinrichtungen müssen ausreichend vorhanden, leicht zugänglich und einfach bedienbar sein, und ihre Funktionstüchtigkeit ist regelmäßig zu überprüfen. Das betrifft vor allem Handfeuerlöscher, aber sofern vorhanden, auch Hydranten, Sprinkleranlagen und Schutzgassysteme zur Erstickung von Bränden. Größere Betriebe verfügen oft über eine eigene Werksfeuerwehr. Der telefonische Kontakt zur örtlichen Feuerwehr muss jederzeit gewährleistet sein. Besondere Aufmerksamkeit hat zum Schutz von Menschenleben dem **Alarmierungssystem** bei Brandausbruch und bei anderen Gefahren zu gelten. Gehören Rauchmelder zum Alarmsystem, sind diese periodisch zu kontrollieren.

4.6.4 Technische Überwachung

Anlagen und Werkstoffe, die laut Gewerbeordnung [74] „überwachungsbedürftig“ sind, wie Dampfkessel, Druckgasanlagen, Aufzugsanlagen u. a. m., sowie Kraftfahrzeuge und Kraftfahrzeugführer werden (letztere laut Straßenverkehrszulassungsordnung) regelmäßig von **Technischen Überwachungsvereinen** (TÜV, zusammengeschlossen in der Vereinigung der Technischen Überwachungsvereine e. V., Essen oder der DEKRA) überprüft. In Abstimmung mit den **Berufsgenossenschaften** kommt die Überprüfung von übrigen unter Druck stehenden Anlagen hinzu. In freier Vereinbarung mit den betroffenen Betrieben erfolgt die Überprüfung von wärmetechnischen Anlagen, Trinkwasseranlagen, Strahlenschutzeinrichtungen und Werkstoffen. Außerdem werden in größeren Betrieben **Sicherheitsbeauftragte** beschäftigt, die zusätzlich die Einhaltung des vorgeschriebenen technologischen und organisatorischen Betriebsregimes und der Transportordnungen im laufenden Betriebsprozess kontrollieren.

4.6.5 Sicherheitsbereiche und Werkschutz

Für technisch besonders gefährliche Prozesse werden in der Regel besonders abgegrenzte Bereiche geschaffen, zu denen nur Prozessbeteiligte Zutritt haben. Das wird mit Zugangskontrollen gesichert. Solche **Sicherheitsbereiche** dienen oft auch dem Geheimnisschutz. Für gefährliche Werkstoffe, wie Gifte oder radioaktive Materialien, existieren immer besonders **gesicherte Depots**. Eine **Raumüberwachung** mit Hilfe der Videotechnik unterstützt das frühzeitige Erkennen von Gefahrensituationen und das rasche Reagieren darauf. Dabei sind datenschutzrechtliche Bestimmungen zu beachten. Der **Werkschutz**, der heute oft durch externe Diensleistungsunternehmen wahrgenommen wird, hat die Aufgabe, Unbefugte vom Betriebsgelände fernzuhalten, Besucher zu führen und strafbare Handlungen zu verhindern. Dessen Aufgabe wird durch einen Werkszaun, einen ständig besetzten Werkszugang, Anwesenheitskontrollsysteme sowie Identitätskarten für die Mitarbeiter und Besucher erleichtert.

4.6.6 Sicherheitstechnik

Insbesondere in Gefahrensituationen neigen Menschen zu Fehlhandlungen. Um dies möglichst auszuschließen, werden zunehmend **sicherheitstechnische Lösungen** eingesetzt. Dazu gehören das automatische Herunterfahren von Produktionsanlagen, das Stoppen von Transportsystemen, Zugangssperren bei Alarm (vor allem zu Aufzügen), automatische Ansagen und anderes. Schließsysteme wirken sehr oft auch vorbeugend. Die Gefahren aus Transport- und Umschlagsprozessen, die die Hauptunfallquelle im Betrieb darstellen, lassen sich durch **Verkehrsleitsysteme** wesentlich verringern.

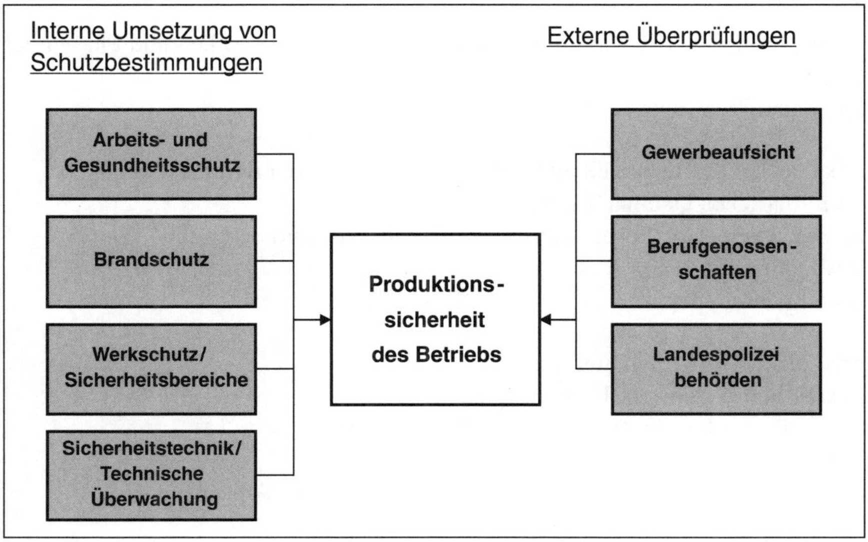

Bild 4.40 Produktionssicherheit

5 Materialwirtschaft und Logistik

5.1 Aufgaben der betrieblichen Materialwirtschaft

Die betriebliche Materialwirtschaft umfasst alle Prozesse, die darauf gerichtet sind, die Betriebsprozesse, vor allem die Produktion, mit den benötigten Werkstoffen zu versorgen [75].

Unter **Werkstoffen** verstehen wir alle Roh-, Hilfs- und Betriebsstoffe sowie Bauteile, Baugruppen und Halbfabrikate und die als Beistellungen oder Beilagen mit zu versendenden Fertigerzeugnisse. Hinzu kommt die Versorgung mit geringwertigen Betriebsmitteln. Auch diese werden unter dem Begriff **Materialien** gefasst. Nicht selten wird die Energieversorgung einbezogen.

In der betrieblichen Praxis wird im weiteren Sinne unter **Materialwirtschaft** ein Aufgabenbereich verstanden, der erstens die Prozesse der Beschaffung bzw. des Einkaufs, der Vorrats- bzw. Lagerwirtschaft, des Transports sowie der Logistik und der Abfallwirtschaft und zweitens den rationellen Materialeinsatz (dann oft als **Materialökonomie** bezeichnet) umfasst. Materialwirtschaft im engeren Sinne beschränkt sich auf die erstgenannten Prozesse Beschaffung und Lagerwirtschaft. Die grundlegenden Ziele der Materialwirtschaft sind [76]
- die bedarfsgerechte Verfügbarkeit der Materialien in allen Bereichen und Phasen des Betriebsprozesses
- niedrige materialrelevante Kosten für den Betrieb.

Die bedarfsgerechte Verfügbarkeit an Materialien bedingt deren Bereitstellung
- in der erforderlichen Qualität und Menge
- in einer zweckgerechten Form (Konsistenz, Behälter, Positionierung)
- am Verwendungsort
- zum benötigten Zeitpunkt.

Die materialrelevanten Kosten umfassen
- die direkten Materialkosten (Einstandspreise)
- die Kosten für den Beschaffungsprozess (Bestellkosten)
- die fixen und variablen Lagerkosten
- die durch Materialmangel eintretenden Verluste (Fehlmengenkosten).

Der **Einstandspreis** ist der um alle Preisnebenbedingungen und die beschaffungsbedingten Aufwendungen bereinigte Angebots- oder Listenpreis.

Der **Einstandspreis** setzt sich wie folgt zusammen:
Angebotspreis (Listenpreis)
\+ Mindermengenzuschlag bzw. – Mengenrabatt
– sonstige Rabatte und Boni
\+ Fracht-, Transport- und Versicherungskosten
\+ interne Kosten beim Wareneingang einschließlich Eingangsprüfung
– Skonto bzw. + Finanzierungskosten
= Einstandspreis

Der Einstandspreis bildet die Grundlage der **direkten Materialkosten**. Diese ergeben sich aus der Multiplikation des Einstandspreises pro Mengeneinheit mit der beschafften Menge.

Integrierte Materialwirtschaft

Da in der betrieblichen Praxis die Teilaufgaben der Materialwirtschaft recht heterogen sind, zugleich eng auf den Betriebsprozess sowie untereinander abgestimmt sein müssen, werden darauf gerichtete **Managementlösungen** als **integrierte Materialwirtschaft** bezeichnet. Diese integrierte Materialwirtschaft verbindet

- das Beschaffungsmarketing
- die Prozesse der klassischen Materialwirtschaft (Einkauf, Lagerwirtschaft, Fertigungsversorgung)
- den Materialdurchlauf durch den Betrieb
- die materialbezogene Qualitätssicherung
- die Abfallentsorgung und -verwertung
- die materialwirtschaftlichen Prozesse im Vertrieb (vor allem Verpackungsprozesse)
- den Innen- und Außentransport bzw. die Logistik
- die rationelle Materialverwendung einschließlich der Materialsubstitution sowie Materialinnovation
- die Energiewirtschaft.

5.2 Beschaffungsmarketing

5.2.1 Funktionen des Beschaffungsmarketings [77]

Die Beschaffung von Produktionsfaktoren erfolgt heute – direkt oder indirekt auch für kleine oder mittlere Unternehmen – weltweit unter Berücksichtigung der jeweiligen Marktbedingungen und vor allem im Wettbewerb um die qualitativ geeignetsten und preisgünstigsten Ressourcen. Das erfordert ein Beschaffungsmarketing. Das Beschaffungsmarketing hat wie das Marketing generell (siehe auch Kapitel 8) eine strategische und eine operative Funktion, die sich realisiert in der

- Informationsebene
- Aktionsebene
- Managementebene.

Die Aufgaben in der Informationsebene werden vor allem durch die Beschaffungsmarktforschung, in der Aktionsebene durch die Beschaffungspolitik und in der Managementebene durch die zweckmäßige Ausrichtung der Beschaffungsorganisation des Betriebes auf die Struktur der Beschaffungsmärkte und der verbrauchenden Stellen im Betrieb erfüllt.

5.2.2 Beschaffungsmarktforschung

Die **Beschaffungsmarktforschung** umfasst die systematische Beobachtung, Analyse und Prognose der für die betriebliche Material- und Energieversorgung relevanten Faktormärkte.

Im **Schwerpunkt** wendet sich die Beschaffungsmarktforschung [78] der

- Feststellung der infrage kommenden Lieferanten, ihrer Leistungsfähigkeit und ihrer Konkurrenzsituation
- Ermittlung geeigneter Materialqualitäten und neuer Materialien
- Analyse von Preisniveau und Preisentwicklung der benötigten Materialien in Relation zu ihrer Qualität und Verarbeitungseignung
- Beobachtung des Lieferantenverhaltens hinsichtlich Qualitätseinhaltung, Pünktlichkeit, Preis- und Konditionenpolitik sowie Reklamationsverhalten
- Untersuchung der Beschaffungswege

zu. Die Reichweite der Beschaffungsmarktforschung darf sich nicht nur auf die unmittelbaren Bezugsquellen beschränken, sondern sie muss auch das Feld der Vorlieferanten, der Substitutionsgütermärkte, der Materialinnovationen und der bisher nicht erschlossenen Bezugsregionen erfassen. Sie muss auch möglichst frühzeitig Erkenntnisse über entstehende **Marktstörungen** (wie Lieferantenausfall, mögliche Preiserhöhungen, Konkurrenzeingriffe, Unterbrechung von Bezugswegen, neue gesetzliche Regelungen) bereitstellen. Von ihr wird außerdem erwartet, dass sie neben Argumentationshilfen für den Einkauf Aussagen über die eigene strategische Position auf den Beschaffungsmärkten und zur zweckmäßigen organisatorischen Aufstellung gegenüber den Lieferanten liefert [79].

5.2.3 Beschaffungspolitik

In der Beschaffungspolitik verbinden sich strategische und operative Aufgaben eng miteinander. Die Beschaffungspolitik lässt sich einteilen in

- Beschaffungsprogrammpolitik
- Beschaffungsmengenpolitik
- Bezugsquellen- bzw. Lieferantenpolitik.

Die Beschaffungspolitik hat ihren Ausgangspunkt im strategisch fixierten Produktionsprofil, steht folglich immer im Beziehungssystem von Leistungsstruktur (Produktionsprogramm), technologischer Struktur und Kooperationsstruktur. Insbesondere das Beschaffungsprogramm leitet sich unmittelbar aus dem Produktionsprogramm her und berücksichtigt technologische Erfordernisse und Kooperationsbedingungen. Damit wird zugleich der **Fremdbezugsgrad** festgelegt.

Beschaffungsprogrammpolitik

Gegenstand der Beschaffungsprogrammpolitik ist die langfristige Auswahl der zu beschaffenden Güter [80]. Festzulegen sind dabei die

- zur Erreichung der Produktqualitäten zu beschaffenden Materialarten
- technologiegerechten Verarbeitungseigenschaften der Materialien
- Variationsbreite der Materialqualitäten entsprechend den Absatz- und Technologieerfordernissen sowie die Materialstandardisierung und die infrage kommenden Materialsubstitutionen
- Preislimite für die zu beschaffenden Materialarten bzw. das jeweilige Preis-Qualitäts-Verhältnis

Beschaffungsmengenpolitik

Die Beschaffungsmengenpolitik ist unmittelbar von den geplanten Produktionsmengen abhängig. Es stellen sich nur zwei Fragen:

1. In welchem Umfang und mit welcher zeitlichen Reichweite sollen bei günstigen Bedingungen (Preise, Qualitäten, Verfügbarkeit) auf den Bezugsmärkten **Vorräte** angelegt werden?
2. In welchen **Mengen** und in welchen **Mengeneinheiten** (Verpackungs- bzw. Transporteinheiten) soll die einzelne Materialart jeweils bezogen werden?

Die Beantwortung der zweiten Frage hängt maßgeblich von der Art der Kopplung von Produktion und Zulieferung ab. Kanban-Systeme erfordern z. B. eine Zulieferung just in time, womit die Festlegung der jeweiligen Bezugsmenge quasi in der Verantwortung des Lieferanten liegt.

Bezugsquellen- bzw. Lieferantenpolitik

Die Bezugsquellen- bzw. Lieferantenpolitik legt

- die Beschaffungsmärkte mit ihren Bezugsquellen (Handelsstufen und Geschäftsarten)
- die Entscheidungskriterien für die Lieferantenauswahl
- die Anzahl der Lieferanten
- Art und Umfang der Zusammenarbeit mit den Lieferanten

fest.

Die **Lieferantenauswahl** geschieht nach folgenden Grundkriterien

- dauerhafte qualitäts- und mengenmäßige Versorgungssicherheit
- durchschnittlich niedrige Bezugskosten
- Vermeidung einseitiger Abhängigkeit.

Oft werden auch Zusatzkriterien herangezogen, wie

- die Bereitschaft und Fähigkeit zur Zusammenarbeit bei Produkt- und Technologieinnovationen
- die Risiken, die aus dem übrigen Kundenkreis des Lieferanten resultieren können

- der Einfluss des Rufes des Lieferanten auf die eigene Absatzfähigkeit (vor allem, wenn die Kunden die Verwendung bestimmter Produktmarken bei Materialien oder Bauteilen bevorzugen).

Die Lieferantenauswahl kann durch ein so genanntes Lieferantenportfolio nach den Kriterien „strategische Bedeutung des Lieferanten" und „Kostenwirkung des Lieferanten" erleichtert werden. Von strategischer Bedeutung sind

- die Marktführerschaft des Lieferanten hinsichtlich Produkt- und Technologieniveau, Image sowie der Position seiner Lieferprodukte innerhalb technischer Systementwicklungen
- bisherige und künftige zwingende technische Verflechtungen mit dem Lieferanten
- die Innovations- und Kapitalkraft des Lieferanten.

Die Kostenwirkung des Lieferanten bestimmt sich durch

- den material-, technologie- sowie logistikbedingten Kosteneinfluss seiner Lieferungen auf die Standard- und die Spitzenprodukte
- das Preis-Qualitäts-Verhältnis der einzelnen Lieferprodukte
- sein Preisverhalten bei Verknappungen.

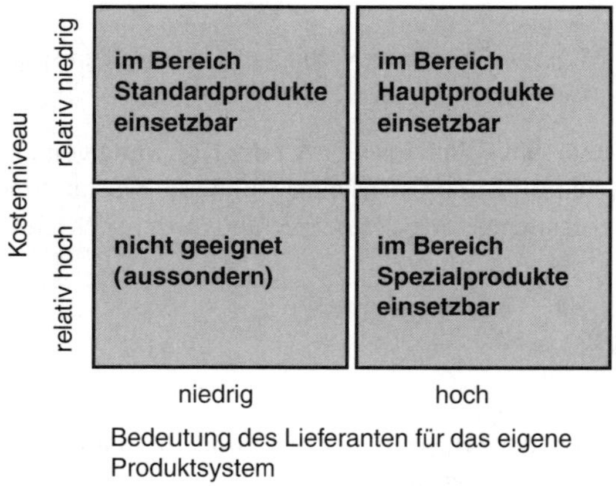

Bild 5.1 Lieferantenportfolio [81]

Am interessantesten sind die „Blue-Chip-Lieferanten", das heißt solche, die strategisch bedeutsam sind und zugleich preiswerter als dessen Mitbewerber liefern. Sie kommen vor allem für Spitzenprodukte infrage. Strategisch unwichtige, aber preiswerte Lieferanten sollten überwiegend für Standardprodukte zuliefern. Strategisch unbedeutende und zugleich teure Lieferanten sollten – auch bei exzellentem Lieferservice – ausgesondert werden. Teure Lieferanten sind nur für Spezialprodukte akzeptabel [82].

Kriterien zur überwiegend **operativen Lieferantenauswahl** sind die

- nachweislichen Qualitätsparameter der Lieferprodukte sowie Garantien dazu
- Lieferfrist
- Lieferzuverlässigkeit
- Lieferkapazität
- Stabilität des Lieferanten bzw. sein möglicher Ausfall.

Die Auswahl des Lieferanten erfolgt angesichts der Heterogenität der Kriterien häufig mittels einer Punktbewertung. Wichtiger Bestandteil der Lieferantenpolitik ist die Entscheidung darüber, ob und wie weit mit **Stammlieferanten** zusammengearbeitet werden soll. Die Vorteile einer Zusammenarbeit mit Stammlieferanten sind überwiegend technischer und organisatorischer Art. Preisvorteile spielen eine geringere Rolle. Aufgrund der stabilen Vertragsverhältnisse können auf den Bezugsmärkten eintretende Preischancen auch meist nicht genutzt werden. Die **Vorteile von Stammlieferanten** sind

- langfristig bekannte Materialqualitäten
- langfristige Preisvereinbarungen
- meist höhere Rabatte und Skonti
- eine einfachere Zusammenarbeit und demzufolge niedrigere Transaktionskosten
- die Bevorzugung bei Lieferengpässen
- ein positives Interesse an innovativer Zusammenarbeit
- eine größere Bereitschaft zu Gegengeschäften.

Die **Nachteile** bestehen vor allem in

- einem abnehmenden Lieferantenwettbewerb
- zunehmender Abhängigkeit vom Stammlieferanten
- einem Verlust an Fähigkeit zur Flexibilität
- möglichen Überraschungen.

Daher sollte man sich stets auf mehrere Stammlieferanten, in der Regel vier bis fünf, orientieren. Damit bleibt der **Lieferantenwettbewerb** erhalten, und bei Ausfall eines Lieferanten kann die fehlende Lieferkapazität durch die verbleibenden Lieferanten leichter ausgeglichen werden. Wichtige Elemente einer wirkungsvollen Bezugsquellen- bzw. Lieferantenpolitik sind die systematische Beeinflussung der Lieferanten im Interesse des eigenen Unternehmens und die (in der Regel nur über Verbände erfolgreiche) Einflussnahme auf relevante Politikbereiche (wie Importbesteuerung, Ökosteuer, Materialstandards, Verwendungsverbote). Die Zusammenarbeit mit den Lieferanten gehört allerdings schon überwiegend zur Beschaffungsorganisation.

5.2.4 Beschaffungsorganisation

Eine effiziente betriebliche Beschaffungsorganisation hat sich an der Struktur der

- zu beschaffenden Güter
- materialverbrauchenden betrieblichen Einheiten bzw. Standorte
- Lieferanten

zu orientieren. Entscheidend für die Gestaltung der betrieblichen Beschaffungsorganisation sind Art und Menge der zu beschaffenden Güter und die notwendige Intensität der Abstimmungsprozesse zwischen Beschaffung und Produktion sowie mit den Lieferanten.

Insbesondere Materialien, Bauteile und Baugruppen, die im Einkauf ähnliche Anforderungen stellen, sollten jeweils von **einem** Einkäufer bzw. einer Einkaufsabteilung betreut werden. Je komplizierter bzw. technisch anspruchsvoller diese sind, desto höher muss das **Qualifikationsniveau** im Einkauf sein.

Aus ökonomischer Sicht haben allerdings Menge und Wertumfang der Beschaffungsgüter großes Gewicht. Das wird durch eine Klassifizierung der Güter nach ihrem **Einkaufsvolumen** unterstützt. Hilfreich ist dabei die Methode der ABC-Analyse [83].

> Die **ABC-Analyse** ist ein Verfahren zur Schwerpunkterkennung in einer Vielfalt durch Dreiteilung nach einem quantitativen Einteilungskriterium.
>
> In der Materialwirtschaft ist das dominierende Einteilungskriterium das Mengen-Wert-Verhältnis der Materialien, in der ABC-Analyse meist kurz als **Teile** bezeichnet. Die A-Teile sind dabei die Teile, die bei geringem Mengenanteil einen hohen Wertanteil haben. Die B-Teile haben einen mittleren Mengenanteil bei mittlerem Wertanteil. Die C-Teile repräsentieren dagegen bei einem hohen Mengenanteil einen geringen Wertanteil. Die Mengenabgrenzung zwischen A-, B- und C-Teilen kann nach einem formalisierten Verfahren oder willkürlich erfolgen. Ein formales Einteilungsverfahren wäre z. B. die Ordnung aller betrieblich verwendeten Teilearten nach ihrem wertmäßigen Jahresverbrauch, wobei das erste Drittel die A-Teile, das zweite Drittel die B-Teile und das dritte Drittel die C-Teile darstellt. Bei willkürlicher Einteilung, die in der Regel bevorzugt wird, werden bei einer Betrachtung von der Zahl der Materialarten her z. B. die wertintensivsten 10 Materialarten als A-Teile, die folgenden 100 als B-Teile und der Rest als C-Teile eingestuft oder umgekehrt vom Wertvolumen her die wertintensivsten Teile z. B. bis zu einem Wertanteil von 80 % als A-Teile, die folgenden Teile mit einem Wertanteil von 15 % als B-Teile und die restlichen 5 % als C-Teile klassifiziert. Die Ergebnisse von ABC-Analysen werden häufig in Konzentrationskurven oder Säulendiagrammen dargestellt.

In Betrieben, in denen klar differenzierbar nach Betriebsbereichen oder betrieblichen Standorten relativ große Mengen gleichartiger Materialien verbraucht werden, sollte auch die Beschaffungsorganisation danach **strukturiert** werden. Dadurch werden kurze **Kommunikations- und Entscheidungslinien** geschaffen, und der Einkauf lässt sich leichter auf die Materialprobleme der Produktion ausrichten. Die Ausrichtung der Struktur der Beschaffungseinheiten auf die Produktionseinheiten ist aber vor allem dort ratsam, wo eine flexible Anpassung der Beschaffungsgüter an die jeweiligen Produktionserfordernisse erfolgen muss.

Wo die Verhandlungsmacht der Lieferanten groß ist bzw. bestimmte Lieferantengruppen eine intensive Bearbeitung erfordern, ist es angeraten, die Struktur des Einkaufs auf die Struktur der Lieferanten auszurichten. Zugleich sollte mit allen Lieferanten, grundsätzlich immer mit den stärkeren, eine systematische Zusammenarbeit stattfinden. Nur so lassen sich die Lieferanten dauerhaft im Interesse des Betriebes beeinflussen. Eine kontinuierliche Zusammenarbeit hat nicht zuletzt die Funktion, den Lieferanten die Überzeugung zu vermitteln, einen langfristigen und verläßlichen Abnehmer zu haben, sofern dessen Anspruchsniveau entsprochen wird. Instrumente dafür sind [84]

- ein regelmäßiges **Lieferantenaudit** (Prüfung und Zertifizierung der Lieferprodukte und der Lieferfirmen, Beobachtung des Lieferservice und des Reklamationsverhaltens)

- der Umgang mit den Lieferanten und Spediteuren (Kommunikationsformen, differenzierte Behandlung, Bestellverhalten, Verhandlungsführung, Flexibilität gegenüber Lieferantenwünschen, Lieferantenhonorierung, eigenes Reklamations- sowie Zahlungsverhalten)
- die Art der Einbeziehung neuer Lieferanten (Vermeidung negativer Reaktionen traditioneller Lieferanten)
- die Vereinbarungen mit den Lieferanten (Rahmenverträge, Qualitätsvereinbarungen, Garantien, Rücknahmeverpflichtungen, Versicherungen, Schadenersatzregelungen, Rabattvereinbarungen, Bürgschaften).

Es geht also immer um eine Gestaltung der Beschaffungsorganisation, die den spezifischen Erfordernissen und Bedingungen des jeweiligen Betriebsprozesses entspricht. Dabei gibt es die grundsätzliche Möglichkeit, die Beschaffung **zentral** oder **dezentral** durchzuführen und/oder zu leiten.

Bei **zentraler Beschaffung** kauft eine Organisationseinheit im Betrieb alle Materialien ein und stellt diese den verbrauchenden Stellen bereit. Bei **dezentraler Beschaffung** kaufen die verbrauchenden Stellen die benötigten Materialien selbst. Meist existieren aber Organisationslösungen, die **zentrale** und **dezentrale Beschaffung** kombinieren. Das geschieht meist in der Form, dass Materialien, bei denen eine Konzentration von Sachkunde und Verhandlungsmacht Vorteile bringt, zentral eingekauft werden und Materialien, die eine hohe Sachkunde und direkte Entscheidungen der unmittelbar verbrauchenden Stellen verlangen, dezentral beschafft werden.

Die Beschaffungsorganisation selbst kann, gleich ob zentral, dezentral oder kombiniert, in sich **verrichtungsorientiert** (z. B. nach Marketingaufgaben, Planung, Einkauf, Lagerung usw.) oder **objektorientiert** (nach Materialarten bzw. zu versorgenden Stellen) strukturiert sein [85].

5.3 Beschaffungsdisposition und Einkauf

5.3.1 Beschaffungsarten

Wir unterscheiden [86]
- die auftragsabhängige Beschaffung
- die fertigungssynchrone Beschaffung
- die Vorratsbeschaffung.

Die **auftragsabhängige Beschaffung** ist kennzeichnend bei kundenspezifischer Fertigung. Der Materialeinkauf erfolgt in der Regel **erst, wenn** der konstruktiv und technologisch bedingte Materialbedarf **eindeutig bestimmbar** ist. Ausnahmen bilden Standardmaterialien bzw. Normteile oder Baugruppen, die bei jeder Fertigung zum Einsatz gelangen können. Die so genannte **fertigungssynchrone Beschaffung** wird in der Regel bei Fertigungen durchgeführt, bei denen mit der Annahme des Kundenauftrages der Materialbedarf sofort klar ist, also bei Produktserien, die immer wieder relativ unverändert gefertigt werden bzw. bei Produktionen, bei denen sich lediglich das Fertigungsvolumen ändert.

Die Bezeichnung „fertigungssynchron“ ist übrigens nicht ganz exakt, da die Beschaffung mit einem bestimmten zeitlichen Vorlauf vor der Produktion erfolgen muss. Die **Vorratsbeschaffung** erfolgt für Fertigungen, bei denen im Prinzip immer die gleichen Materialien zum Einsatz gelangen und wo der Materialbedarf der Fertigung über das Vorratslager gepuffert werden muss. Der ökonomische Nachteil der Vorratsbeschaffung besteht in der durch die Lagerbestände bedingten Kapitalbindung, ihr Vorteil ist die mögliche Nutzung günstiger Marktsituationen.

Da das grundlegende Anliegen der Beschaffung stets eine hohe **Versorgungssicherheit** der Produktion bei **gleichzeitiger Minimierung der Bezugskosten** ist, ist eine differenzierte Entscheidung darüber notwendig, welche Beschaffungsart für welche Materialart gewählt werden soll.

5.3.2 Beschaffungsdisposition

Unter **Disposition** versteht man allgemein die situationsabhängige Regelung eines Einzelfalls im Rahmen einer dauerhaften Organisationsregelung. Die **Beschaffungsdisposition** regelt operativ die Auslösung der Einkaufs- bzw. Bestellprozesse vom Ort und Zeitpunkt der notwendigen Bereitstellung der Materialien im Betriebsprozess her unter Berücksichtigung der Lagerung und des innerbetrieblichen Materialdurchflusses [87].

Die Beschaffungsdisposition bedarf ihrerseits eines **auslösenden Faktors**. Solche sind in der betrieblichen Praxis

- Bedarfsmeldungen der verbrauchenden Bereiche bzw. Stellen
- Verbrauchsanalysen (darunter Verschleißanalysen)
- erreichte oder geplante Produktionsmengen
- erreichte oder geplante Projektstufen
- Bestandsveränderungen bzw. unterschrittene Bestandsgrößen (Meldebestand)
- geplante Termine (Projekttermine, Bestelltermine).

Der **Prozess der Beschaffungsdisposition** umfasst drei grundlegende Schritte

1. Feststellen des Dispositionsgegenstands und -zeitpunkts
2. Vorbereiten und Durchführen der Dispositionsentscheidung (verbrauchsstellen- und materialartenbezogene Abstimmung und Optimierung entsprechend Qualität, Menge und Zeitpunkt)
3. Zeitliche Einordnung der Bestellung (in Abstimmung mit der betrieblichen Finanzwirtschaft sowie unter Berücksichtigung der Situation auf den Beschaffungsmärkten), ggf. mit nachfolgender Zuweisung bzw. Freigabe oder einer Umlenkung vorhandenen Materials an die verbrauchenden Stellen.

Spezielle Probleme der Beschaffungsdisposition bestehen in der Berücksichtigung

- der Lagerkapazitäten für die einzelnen Materialarten und Zwischenprodukte
- der materialartbezogenen Lagerdauer und Lagerkosten
- der Sicherheitsbestände sowie eventueller Fehlmengenkosten

- der marktüblichen oder marktoptimalen Angebots-, Bestell-, Kauf- und Lieferzeitpunkte
- der Lieferantenzuverlässigkeit
- der Betriebsruhezeiten und Inventuren im eigenen Betrieb und bei den Lieferanten.

Die Beschaffungsdisposition ist iterativ mit dem Einkaufsprozess und der Eingangs- sowie Bereitstellungskontrolle, der Lagerwirtschaft sowie der Durchlaufverfolgung verbunden. Diese Prozesse erfolgen heute **programmgestützt** mit **Schlüsselverzeichnissen** für die Materialarten, einem **DV-lesbaren Belegsystem** (bestehend aus Bestellausdruck, Eingangsmeldung bzw. Stückgutfrachtbrief, Bestands- bzw. Lagerfachkarten, Materialanforderungs- oder Materialentnahmescheinen, Rollmeldungen, Absortier- bzw. Kommisionierlisten und schließlich Ausgangsmeldungen) und mit **Organisationsregelungen** (Bestellroutinen, Artikel- und Lagerortdateien, Lagerordnungen und so genannte Palettierkataloge zur Festlegung der Ladeeinheiten).

5.3.3 Einkauf

Der Einkauf umfasst die Vorgänge
- Angebotseinholung
- Vertragsabschluss
- Vertragskontrolle.

Angebotseinholung

Die Angebotseinholung dient dazu, verschiedene Angebote vergleichen zu können. Angebote können auf folgenden Wegen eingeholt werden
- Erfassen offener Angebote (z. B. aus der Werbung)
- Rückfragen auf unverlangt eingehende Angebote
- Reagieren auf Messeofferten
- Anfragen an bisherige oder potenzielle Lieferanten
- Ausschreibungen sowie Einschreibungen (Aufforderungen zur Angebotsabgabe).

Im Interesse eines zielsicheren Angebotsvergleichs ist unbedingt zu gewährleisten, dass die eingeholten Angebote genaue und verbindliche Aussagen zu allen interessierenden Materialeigenschaften bzw. Qualitätsparametern, zu den Preisen und Lieferkonditionen enthalten. Demgemäß kommt präzisen Anfragen bzw. Rückfragen eine große Bedeutung zu. Die wichtigsten Sachverhalte und zugehörigen **Kriterien des Angebotsvergleichs** sind

- **Materialqualität**
  Hauptkriterien: Einfluss auf die Produktqualität, technologische Eignung. Das wird über Eingangsprüfungen, Erprobungen und Referenzen erfasst.
- **Lieferform und Verpackung**
  Hauptkriterien: Lieferantenverantwortung bis zur Verarbeitung, problemarme Anlieferung und wirksamer Schutz der Lieferprodukte. Das wird über die zugesicherten Lieferkonditionen und Frachtkontrollen erfasst.

- **Fehler- bzw. Schadensquote**
  Hauptkriterien: Parametertoleranzen, Produktionsausfälle. Das wird über Eingangskontrollen, Qualitätsstatistiken in der Produktion und Material- sowie Verarbeitungsgarantien des Lieferanten erfasst.
- **Lieferantenservice und anwendungstechnische Unterstützung**
  Hauptkriterium: problemarmer und effizienter Materialeinsatz. Das wird über die Störungsquoten der Produktion und die Qualitätsstatistik erfasst.
- **Materialpreis**
  Hauptkriterien: Einstandspreis und mögliche Preisänderungen im Bezugszeitraum
- **Liefertermine**
  Hauptkriterium: Planungssicherheit für die betroffenen Betriebsprozesse
- **übrige Lieferkonditionen**
  Hauptkriterien: Rabatte, Boni, Transport- und Versicherungskosten, sofern nicht schon im Einstandspreis enthalten
- **Bestellaufwand und Bestellkonditionen**
  Hauptkriterien: kundenfreundliches Bestellverfahren, einfache Bestelldokumente, Bestelltermine und Bestellfristen, die Möglichkeit von Bestelländerungen, vom Besteller geforderte Sicherheiten, Sanktionen bei Rücktritt
- **Zahlungskonditionen**
  Hauptkriterien: Zahlungsziele, Skonti, Verzugssanktionen
- **Rücknahmegarantien**
  Hauptkriterium: Problemlose Entsorgung von Abfällen und verschlissenen Teilen sowie überlagerten Liefermaterialien.

Vertragsabschluss

Die meisten Vertragsabschlüsse kommen durch eine **Bestellung** zustande. Dies ist eine Frage der Rationalität des Beschaffungsprozesses. Ein Vertragsabschluß in schriftlicher Form verursacht einen deutlich höheren Aufwand und verteuert somit die zu beschaffenden Materialien. Schon ein einfacher Bestellvorgang für Grundmaterialien kann in einem Maschinenbaubetrieb infolge der notwendigen internen Abstimmung und der Kommunikationsaufwendungen mit den Lieferanten Kosten von mehreren hundert Euro verursachen. Ein **Bestellvorgang** umfasst, falls zwischen verschiedenen Lieferanten gewählt werden soll, folgende Arbeitsschritte im Betrieb

- Erarbeitung und Erfassung der Bedarfsmeldungen der Betriebsbereiche
- Prüfung und Koordinierung der Bedarfsmeldungen
- Angebotseinholung
- Angebotsprüfung
- Vergabeverhandlungen zur Erzielung besserer Konditionen
- Bestelldisposition und Bestellentscheidung
- Bestellung (Auftragserteilung an den ausgewählten Lieferanten)
- Kontrolle der Auftragsbestätigung des Lieferanten.

Die ökonomisch wesentliche Frage ist neben Qualität und Preis des zu beschaffenden Materials die nach der Bestellmenge. Die ökonomisch optimale Bestellmenge bestimmt sich unter Anwendung der uns bereits bekannten mathematischen Struktur der **Andler-Formel** wie folgt

$$M_{\mathrm{opt}} = \sqrt{\frac{2Qk_{\mathrm{f}}}{k_{\mathrm{s}}(i+l)}}$$

wobei

M_{opt} ökonomisch optimale Bestellmenge
Q Jahresbedarf der Materialart in Mengeneinheiten
k_{f} durchschnittliche Kosten für einen Bestellvorgang („bestellfixe Kosten“)
k_{s} Mengenpreis pro Materialeinheit / Einstandspreis („Stückpreis“)
i Kapitalbindungskostensatz
l Lagerkostensatz

Die **tatsächlich zu bestellende Materialmenge** orientiert sich an der ökonomisch optimalen Bestellmenge. Diese hängt jedoch von weiteren Faktoren ab, wie

- den konkreten Serien- bzw. Losgrößen in der Fertigung und deren zeitlichen Einordnungen
- den Liefereinheiten (z. B. Containergrößen) und transporttechnischen Gegebenheiten
- der Lagerkapazität
- der Liquidität des Betriebes.

Vertragskontrolle

Die Vertragskontrolle im Einkauf umfasst die Kontrolle

- der Liefertermine
- der Materialqualitäten
- des Lieferservices.

Dies geschieht überwiegend durch die so genannte Eingangskontrolle. Da heutzutage der Lieferservice oft die Bereitstellung des Materials unmittelbar an der verbrauchenden Stelle einschließt, muss die Eingangskontrolle mit der Bereitstellungskontrolle im Betrieb verknüpft werden. Die Bereitstellungskontrolle an den verbrauchenden Stellen kann sich somit nicht nur auf das jeweils von außen angelieferte Material beschränken. Sie schließt als Teilaufgabe der Durchlaufverfolgung auch die Kontrolle der Bereitstellung der selbsterstellten Zwischenprodukte ein. Komplexe Programme der Produktionssteuerung können dabei sehr hilfreich sein [88].

5.4 Lagerwirtschaft

5.4.1 Funktionen der Lagerhaltung

Vorratsbeschaffung erfordert in der Regel eine Lagerung. Das trifft in bestimmtem Umfang auch die auftragsabhängige und fertigungssynchrone Beschaffung zu. Auf eine Lagerung im Betrieb kann verzichtet werden, sofern beschaffte Vorräte weiterhin beim Lieferanten, bei Transport- bzw. Versorgungsunternehmen oder rollend (auf den Transportmitteln) gelagert und von dort jederzeit bei Bedarf („just in time“) abgerufen werden können. Vorratswirtschaft und Lagerwirtschaft stehen folglich in einem engen Zusammenhang, sind jedoch nicht identisch.

Funktionen der Lagerhaltung sind [89]
- die **Ausgleichsfunktion bzw. Pufferfunktion**
  Die Schwankungen im Materialbedarf des Betriebsprozesses und in der Materialbeschaffung müssen im Interesse der Kontinuität des Betriebsprozesses ausgeglichen werden.
- die **Sicherungsfunktion**
  Möglichen Lieferstörungen ist durch Reservenbildung entgegenzuwirken.
- die **Spekulationsfunktion**
  Der Einkauf sollte abweichend vom Materialbedarf des Betriebsprozesses erfolgen, wenn die Einstandspreise niedrig oder Preiserhöhungen zu erwarten sowie Verknappungen wahrscheinlich sind oder zum Nachteil der Konkurrenz erzeugt werden können.
- die **produktionstechnische Funktion**
  In ausgewählten Fällen bildet die Lagerung einen Teil des Produktionsprozesses (z. B. bei Wein, Käse, Holz, Gusserzeugnissen und bei verschiedenen chemischen Produkten).

Unverzichtbar sind in jedem Fall die Ausgleichs- und die Sicherungsfunktion.

Lagerwirtschaftliche Aufgabenbereiche im technischen Sinne sind
- Antransport der Lagergüter
- Materialeingang
- Lagerung
- innerbetrieblicher Transport und Umschlag
- lagerwirtschaftliche Dienstleistungen (Umsortimentierung, Bereitstellung, Versand).

Die Lagerwirtschaft erfordert eine differenzierte Gestaltung der Lagerhaltung (näheres siehe Abschnitt 5.4.3) und der Lagertechnik je nach
- dem ökonomischen Lagerzweck (Produktion, Reservenhaltung, Absatz, Kundendienst)
- der Verbrauchsstruktur und dem Umschlagstempo der Lagergüter
- den Verhaltenseigenschaften der Lagergüter (Alterung, Verderb, Lichtempfindlichkeit, Konsistenzänderung usw. und demzufolge z. B. Notwendigkeit der Kühlung, Klimatisierung, Trocknung, Bewegung, Konservierung, Dunkellagerung usw.)
- den Formeigenschaften und dem Gewicht der Lagergüter
- der Fertigungsorganisation und dem Bereitstellungsprinzip (Hol- oder Bringprinzip).

5.4.2 Lagerbauten und Lagertechnik

Aus baulicher Sicht unterscheiden wir folgende **Lagertypen**
- offene Lager (Freiflächenlager)
- halboffene Lager (ein- und mehrgeschossig)
- geschlossene Lager (ein- und mehrgeschossig)
- Speziallager.

Offene Lager bieten keinen Schutz gegen Witterungseinflüsse und, sofern sie keinen befestigten Untergrund haben, auch nicht gegen Bodenfeuchte. Typisch ist bei diesen Lagern die (unmittelbare) Bodenlagerung oder die Lagerung auf Stützen bzw. Sockeln, seltener auf (ein- und mehrgeschossigen) Gestellen. Die größte Form offener Lager stellen die Containerplätze dar. **Halboffene Lager** bieten Schutz gegen Niederschläge. Sie haben meist den Vorteil des Zugangs von mehreren Seiten. Sie dienen der längeren Lagerung relativ witterungsunempfindlicher Güter oder der Trocknung. Mehrgeschossige halboffene Lager dienen der Abstellung rollender Technik (Parkdecks). **Geschlossene Lager** bieten einen guten Witterungsschutz. Der Grundtyp ist die Lagerhalle. Nachteilig ist, dass der Zugang nur an wenigen Stellen erfolgen kann. Für die Variabilität der Lagerung ist von besonderer Bedeutung, dass die Lagerräume möglichst keine baulichen Hindernisse (Stützen, Trennwände, Infrastrukturanschlüsse) aufweisen und die Lagerflächen (vor allem bei mehrgeschossigen Lagern) eine hohe Tragfähigkeit besitzen. **Speziallager** dienen der Lagerung flüssiger, gasförmiger, giftiger, explosiver, temperaturempfindlicher oder nuklearer Güter oder anderer besonders gefährlicher oder schutzbedürftiger Materialien. Das sind z. B. Tanklager, Silos, Kühlhäuser, Bunker, Abklingbecken oder Tresorbauten.

Zur baulichen Ausstattung von Lagern gehören auch **Umschlagstellen**, wie Verladeplätze und Rampen, und die gesamte **gebäudetechnische Ausrüstung** mit Elektroversorgung, Beleuchtung, Kommunikationstechnik, Lüftung, Klimatisierung, Lichtschutz, Wasserversorgung, Entwässerung, Sanitärtechnik, Bauten- und Korrosionsschutz, Brandschutz und Sicherheitstechnik. Die **Lagertechnik** besteht aus [90]

- den Lagereinrichtungen
- den Packmitteln
- der Fördertechnik einschließlich der Umschlagtechnik
- den Lagerhilfsgeräten.

Die **Lagereinrichtungen** hängen von der Art der Lagergüter und dem **Lagertyp** ab. **Rollende Lagerung**, das heißt Vorratshaltung oder Zwischenlagerung auf den Transportmitteln, benötigt keine Lagerbauten oder -einrichtungen, wohl aber ausreichende Stellplätze bzw. Stauräume. **Bodenlagerung** bedarf entweder gar keiner oder nur einer geringen technischen Ausstattung, wie z. B. Trennwände oder -bretter, Stützen, Verschläge, Boxen, bei Stapelung Paletten oder stapelfähige Behälter. **Regallagerung** bedarf eines jeweils geeigneten **Regalsystems**. Hierbei unterscheiden wir

- **Fachbodenregale** (Einfachste Regalform. Jede Materialart hat ihren festen Platz: Auffüllung und Entnahme erfolgt in beliebigen Mengen)
- **Durchlaufregale** (Beschickung von einer, Entnahme von der anderen Seite)
- **Verschiebe- bzw. Kompaktregale** (Regaleinheiten werden insgesamt horizontal verschoben, so dass Zwischengänge entfallen)
- **Umlauf- bzw. Paternosterregale** (Regaleinheiten werden umlaufend vertikal verschoben)
- **Palettenregale** (Identität von Lager-, Transport-, Lade-, Entnahme- und Fertigungseinheit ermöglicht bei palettenweisem Umschlag eine hohe lagerwirtschaftliche Effizienz)
- **Kassettenregale** (Einzelauffüllung und -entnahme oder Kassettenumschlag möglich)

- **Hochregallager bzw. Großraum-Magazinanlagen** (mehrgeschossige Magazinanlagen mit mehreren Gassen und meist hochautomatisierten Regalbediengeräten)
- **Sonderformen**, wie Langgut-, Ständer-, Fach-, Wabenregale und andere.

Die **Packmittel** dienen sowohl der geordneten und sicheren Lagerung als auch dem Materialtransport. Sie lassen sich einteilen in
- Paletten
- Lagersichtbehälter
- Behälter für den innerbetrieblichen Transport
- Container
- Gebinde
- Fässer und Flaschen.

Unter einer **Palette** versteht man in der Lagerwirtschaft eine genormte und dauerhafte transportable Plattform, die als Ladeeinheit mit Gabelstaplern umgeschlagen werden kann. Wir unterscheiden Flachpaletten (ohne Aufbauten), Paletten mit Aufbauten (Gitterbox-, Rungen-, Tankpaletten), Flugzeugpaletten sowie Spezialpaletten (mit speziellen Vorrichtungen). Am verbreitetsten ist die Flachpalette nach DIN 15 146 aus Holz mit $1\,200 \times 800$ mm^2 Grundfläche, 30 kg Eigengewicht und 1 000 kg Tragfähigkeit. Sie ist innerhalb des europäischen **Palettenpools** austauschbar. Mittels Zusatzeinrichtungen und Ladungssicherungen wurden Paletten vielseitig einsetzbar gemacht. **Lagersichtbehälter** sind in der Regel auf Lagerung und Transport von Kleinteilen abgestimmte stapelfähige Stahlbehältnisse, die das Lagergut auch im Stapel leicht erkennen und entnehmen lassen. **Behälter für den innerbetrieblichen Transport** sind zur Lagerung und Beförderung gröberer Teile vorgesehen. Sie sind meist aus Stahlblech und haben Griffe. Sie sind untereinander und auf Paletten stapelfähig und oft auch rollbar. Kleinbehälter bestehen meist aus Aluminiumblech und sind häufig verschließbar.

Container sind dauerhafte, genormte Transportbehälter im Güterverkehr, die sicher zu verschließen und leicht (durch genormte Eckbeschläge zur Befestigung auf Transportmitteln und als Anschlagspunkte für Umschlaggeräte) zwischen verschiedenen Transportmitteln umzuschlagen sind. Container haben eine Höhe und Breite von je 8 Fuß (= 243,8 cm) und eine Länge von 40 Fuß (= 1 219,2 cm) bei 30 480 kg maximalem Bruttogewicht oder eine Länge von 20 Fuß (= 605,8 cm) bei 20 320 kg maximalem Bruttogewicht. **Gebinde** sind mit Draht, Band, Schrumpffolie oder ähnlichem zusammengefasste (meist kleinere) Transportbehälter. Ihnen können auch die so genannten **Collis** zugerechnet werden, die eine genormte Umverpackung für kleinere Verpackungseinheiten darstellen. Die einfachste Gebindeform sind Ballen. **Fässer** und **Flaschen** dienen der Lagerung und dem Transport von Flüssigkeiten, **Stahlflaschen** dem Transport und der Lagerung technischer Gase.

Fördertechnik

Die lagergebundene Fördertechnik besteht aus Förderzeugen einschließlich Transportanlagen, Umschlagtechnik und Anschlagmitteln. Bei **Transportmitteln** unterscheiden wir
- Flurförderzeuge
- Hebezeuge

- Aufzüge
- Transportanlagen.

Flurförderzeuge operieren gleislos in der Ebene. Zum Einsatz gelangen Gabelstapler verschiedener Ausführung, Wagen mit und ohne Hubeinrichtung, Containerumsetzer sowie Schleppgeräte für rollende Lasten. **Hebezeuge** lassen sich in Kräne und Regalbediengeräte aufteilen. Eingesetzt werden vor allem Brückenkräne mit Laufkatzen, Stapelkräne, Hängekräne, Portalkräne, Containerkräne und Fahrzeugkräne. **Aufzüge**, darunter Schrägaufzüge, dienen dem Vertikaltransport. Sie können das Fahrgut offen oder in einem Fahrkorb transportieren. **Transportanlagen** operieren in der Regel als liniengebundene Stetigförderer. Dazu zählen unter anderem Gurtbandförderer, Kreisförderer, Rollenbahnen, gleisgebundene Transportsysteme (bei entsprechender Größe Werksbahn genannt), zielcodegesteuerte Transportanlagen sowie Regalbediengeräte.

Die **Umschlagtechnik** dient dem Umsetzen von Lagergütern bzw. dem Be- und Entladen von Transportmitteln. Sie ist teilweise mit der Fördertechnik identisch oder mit ihr kombiniert, wie bei mobilen Bandförderern, Gabelstaplern oder Containerumsetzern. Als speziell dem Umschlag dienende Technik umfasst sie z. B.

- Palettierautomaten
- Einspeichergeräte
- Entnahmegeräte
- Hubtische
- Laderutschen
- Pumpen
- Füllstationen.

Häufig sind auch Transportfahrzeuge mit Umschlagtechnik, wie Ladebordwänden, Ladebäumen, Rutschen oder Pumpen, ausgestattet.

Der sichere und schnelle Umschlag von Lagergütern, vor allem in großen und schweren Packeinheiten, erfordert deren stabile Verbindung mit den tragenden Elementen der Hebezeuge. Dazu dienen die so genannten **Anschlagmittel**. Sie sind zugleich meist Hilfsmittel bei der Lastaufnahme und bei der Positionierung der Verladeeinheiten beim Umschlagvorgang. Anschlagmittel sind sehr vielgestaltig. Das sind vor allem Seile, Ketten und Anschlagbänder (mit und ohne Haken, und diese wiederum mit und ohne Sicherungen), Zangen und Klemmen, magnetische und pneumatische Lasthaftgeräte, **Spreader** als spezielle Anschlagmittel für Container, Anbaugeräte an Förderzeugen zum Aufnehmen, Greifen und Manipulieren der Transportgüter sowie Ladungssicherungen auf den Transportmitteln.

Lagerhilfsgeräte

Unter Lagerhilfsgeräten verstehen wir alle technischen Einrichtungen zum Prüfen, Messen, Wägen, Zählen, Sortieren, Dosieren und Kontrollieren der Lagergüter und ihrer Bewegungen. Welche Lagerhilfsgeräte jeweils notwendig sind, hängt von der Art der Lagergüter und vom Anspruchsniveau der verbrauchenden Stellen bzw. der Abnehmer ab. Lagerhilfsgeräte kommen überwiegend beim Eingang und beim Ausgang der Lagergüter zum Einsatz.

5.4.3 Lagerhaltung

Grundsätze und Regeln für Lagertechnologien

Lagertechnologie umfasst die Gesamtheit aller technischen Prozesse im Lager.

Die jeweilige Lagertechnologie ist nach folgenden **Grundsätzen** zu gestalten [91]:
- Die Lagergüter sind gegen Schadeneinflüsse bzw. Qualitätsminderungen zu schützen.
- Der Zugriff zu den Lagergütern muss selektiv und rasch erfolgen können.
- Der Durchlauf der Lagergüter und deren Bereitstellungsformen sind an die Erfordernisse der Verbrauchsstellen im Betrieb anzupassen.
- Die Kosten für Lagerung, Umschlag und Transport der Lagergüter müssen möglichst niedrig sein.
- Die Vorschriften des Arbeits- und Brandschutzes sind strengstens einzuhalten.

Diesen Grundsätzen kann durch die Einhaltung folgender **Regeln** weitgehend entsprochen werden
- Die räumliche Verteilung der Lagergüter im Lager sollte so erfolgen, dass die insgesamt geringste Transportaufgabe (Transportweg × Transportmenge × Häufigkeit der Einlagerung und Entnahme) entsteht.
- Der Transport sollte ungebrochen erfolgen, um insbesondere Umschlagkosten und Schäden zu reduzieren.
- Den spezifischen Anforderungen der einzelnen Lagergüter (z. B. hinsichtlich Temperatur, Luftfeuchtigkeit, Schutz vor Beschädigungen, Lagerzeit) ist durch Lagerbau und -einrichtung, Lagerort und Lagerdurchlauf zu entsprechen.
- Die Lagerprozesse sollten sich nicht gegenseitig behindern. Das betrifft vor allem das Anliefern und Ausliefern, das Einlagern und Entnehmen und die Transport- und Umschlagprozesse. Transportwege müssen ausreichend breit sein, stets frei gehalten werden und sollten sich möglichst wenig kreuzen.
- Die Lagergüter sind übersichtlich und leicht zugänglich unterzubringen.
- Lagerfläche und Lagerraum sind so gut wie möglich auszunutzen, und zwar vor allem durch Nutzung der Raumhöhe, platzsparende Lagereinrichtungen und Transporttechnik sowie eine rationelle Lagerortbelegung.
- Die Lagerbauten, die Lagereinrichtung, die Lager- und/oder Transportbehälter und die Lagertechnik sollten ein einheitliches Standardsystem bilden.
- Die Lagerprozesse sollten weitgehend ohne manuellen Zugriff, ohne Begleitung durch Arbeitskräfte und ohne unmittelbare Aufsicht erfolgen können.
- Die Lagertechnologie sollte in Verbindung mit der Lagerorganisation eine gleichmäßige Auslastung unterstützen. Dazu tragen unter anderem Kapazitätsreserven in den einzelnen Lagerprozessen, Kapazitätsumverteilungen, Prioritätsregeln, Annahme- und Ausgabezeiten bei.
- Die Lagertechnologie muss flexibel sein. Der Ausfall eines Gerätes darf die Funktionsfähigkeit des Lagers insgesamt nicht stören und weiterhin den raschen Zugriff auf jedes Lagergut ermöglichen.

- Die Lagertechnologie muss zukunftssicher, das heißt anpassungsfähig an andere Lagergüter, veränderte Lageranforderungen und an Lagererweiterungen, sein.

Die Lagertechnologie wird durch zahlreiche **Faktoren** bestimmt, wie
- den Lagertyp (rollende Lagerung, Bodenlagerung, Regallagerung)
- die Art des Lagergutflusses (Kopflager, Durchflusslager)
- Art und Umfang der Umsortimentierung
- die Spezifik der Lagergüter (Konsistenz, Packeinheiten, notwendige Lagerbedingungen)
- die Packmittel (Lagerung ohne Packmittel, Packmittelarten)
- die Transporteinheiten (Packeinheiten, Umschlageinheiten, An- und Abtransporteinheiten)
- die räumliche Struktur der Lagerung (Reihenlagerung, Blocklagerung, Stapellagerung)
- die verfügbare Lagertechnik (Lagereinrichtungen, Förder- und Umschlagtechnik)
- die bauliche Beschaffenheit des Lagers
- die Organisation der Kontrolle (Ein- und Ausgangskontrolle, Lagerkontrolle).

Die Lagertechnologie wird dabei besonders durch die Art des Flusses der Lagergüter und die räumliche Struktur der Lagerprozesse geprägt.

Fluss der Lagergüter

Hinsichtlich der **Art des Lagergutflusses** unterscheiden wir
- den Kopflagertyp
- den Durchflusslagertyp.

Beim **Kopflagertyp** erfolgen die Einlagerung und die Auslagerung retour auf gleichem Wege. Die Vorteile dieses Typs bestehen in geringerem Bedarf an Verkehrsflächen und Lagertechnik, nur einer nötigen Verkehrsanbindung, flexiblerer Auslastung der Umschlagkapazitäten, einfacherer Koordination von Gütereingang und -ausgang, schnellerem Austausch von Packmitteln. Die Nachteile bestehen in der wechselseitigen Behinderung des Gütereingangs und Güterausgangs, der leichteren Verwechslung und Fehlleitung von Gütern und in der gegenseitigen Störung mit anderen Tätigkeiten im Lager (wie Umsortierungen, Pack- oder Prüfprozesse). **Der Kopflagertyp ist bevorzugt in Lagern mit geringerem Umschlag anzuwenden.**

Beim **Durchflusslagertyp** erfolgt die Bewegung der Lagergüter in einer Richtung und kreuzungsfrei. Die Vor- und Nachteile dieses Typs sind denen des Kopflagertyps entgegengesetzt. Ein signifikanter Nachteil ist die getrennte technische Ausstattung des Eingangs- und Ausgangsbereiches. Allerdings kann dieser Nachteil durch die U-Form des Lagergutflusses gemildert werden. **Der Durchflusslagertyp erweist sich bei hohem Umschlag als günstig.**

Räumliche Struktur der Lagerprozesse

In Verbindung mit der Art des Lagergutflusses bestimmt die räumliche Struktur des Lagers bzw. der Lagerprozesse die Lagertechnologie, insbesondere die Häufigkeit und den

Umfang der Umschlagprozesse. Grundsätzlich ist zwischen **Umschlag-** und **Lagerungsbereichen** zu unterscheiden. Sie sind in jedem Lager vorhanden und (außer bei rollender Lagerung) räumlich eindeutig getrennt. Finden weitere Lagerprozesse statt (wie Umsortierungs-, Pack- oder Prüfprozesse), so sind auch dafür räumliche Bereiche notwendig. Diese sind aber nicht immer klar von den Umschlagbereichen getrennt. **Prozesskombinationen** und damit die räumliche Verbindung von Lagerprozessen finden wir oft in den wichtigsten Teilen des Umschlagbereiches, nämlich im Eingangs- und im Ausgangsbereich des Lagers. Lagerökonomisch sehr vorteilhaft ist, die Lagerprozesse mit möglichst wenig Umschlägen durchzuführen. Beispielsweise kann man viel Platz und Aufwand sparen, wenn die Eingangsprüfung schon auf den Transportmitteln erfolgt, zumindest wenn sie unmittelbar nach dem Abladen geschieht. Die Lagerungsbereiche sind räumlich so zu strukturieren, dass

- die Lagergüter übersichtlich getrennt werden
- keine Qualitätsminderung durch den Lagerort, durch benachbarte Lagergüter und durch den Transportweg oder Umschlag im Lager eintreten kann
- die Ein- und Auslagerung problemlos erfolgt
- die Transportwege und die Zahl der Umschläge im Lager insgesamt ein Minimum erreichen.

Typen der Lagerungstechnologien

> **Lagerungstechnologie** ist die Art und Weise des unmittelbaren Umganges mit dem Lagergut selbst.

Bei den eigentlichen Lagerungstechnologien lassen sich folgende **Grundtypen** unterscheiden [92]

- Packmittellose Lagerung
  - Bodenlagerung
  - Regallagerung
- Lagerung mit Hilfe von Packmitteln
  - Bodenlagerung
  - Regallagerung
- Lagerung in speziellen Behältnissen (Tanks, Becken, Silos, Magazine)
- fortgesetzte Lagerung in der Transporteinheit.

Bei Bodenlagerung wie Regallagerung, jeweils mit oder ohne Einsatz von Packmitteln, kann

- Einzelstücklagerung
- Reihenlagerung
- Blocklagerung
- Stapellagerung
- Schüttlagerung

erfolgen. **Einzelstücklagerung** ist vor allem bei größeren technischen Aggregaten zweckmäßig, für die im Falle der Bodenlagerung meist genau gekennzeichnete Lagerflächen („Stellplätze", „Parkplätze") vorgesehen sind. Kleinere technische Aggregate werden meist einzeln in (oft speziellen) Packmitteln im Regal gelagert. **Reihenlagerung** findet ganz überwiegend bei der Bodenlagerung Anwendung. Hierbei werden die Lagergüter nebeneinander an Transportgassen abgelegt. Sie sind einzeln zugänglich. Bei Regallagerung werden sie einzeln zugänglich nebeneinander in den Regalfächern abgelegt. **Blocklagerung** heißt, dass die Lagergüter in mehreren Reihen unmittelbar hintereinander, also in Blöcken, abgelegt werden. Das spart viel Lagerraum. Allerdings sind nur die Lagergüter der ersten Reihe unmittelbar zugänglich. Das Prinzip „First in – first out" ist hier nicht anwendbar. Bei **Stapellagerung** werden die Lagergüter am Boden oder in Regalfächern unmittelbar übereinander abgelegt. Die Stapelung kann in Säulen, Reihen oder Blöcken vorgenommen werden. Die höchste Lagerraumnutzung erbringen Blockstapel. Die Hauptprobleme sind insbesondere bei Bodenlagerung der Stapeldruck und die Stabilität des Stapels, des weiteren auch hier die Zugänglichkeit einzelner Lagergüter. Stapeldruck und Stabilität müssen entweder durch das Lagergut oder das Packmittel übernommen bzw. gesichert werden. **Schüttlagerung** erfolgt bei Bodenlagerung in Haufen oder Halden und bei Regallagerung lose in Behältern. Sie wird meist nur bei geringwertigen Lagergütern, wie Sand, Kies, Splitt, Erzen oder einfachen Normteilen, wie Nägeln oder Schrauben, angewandt. Die Hauptprobleme entstehen hier beim Umschlag sowie durch Staub und Schmutz.

Die **Lagerung in speziellen Behältnissen** (Tanks, Silos, Druckbehälter, Kühlbehälter, Magazine) ist meist aufgrund der Konsistenz der Lagergüter (wie Gas, Flüssigkeit, Mehl, Pulver, Granulat) und/oder ihrer Gefährlichkeit erforderlich. Die Lagertechnologie wird durch die Behälterkonstruktion und die Lagerungs- sowie Umschlagerfordernisse (wie Kühlung, Schutzgas, Elektrostatik) der Lagergüter bestimmt. Die **fortgesetzte Lagerung in der Transporteinheit**, die durch das Just-in-time-Prinzip zunehmend an Bedeutung gewinnt, erfolgt überwiegend in Containern, Güterwagen und Tankwagen. Sie ist eng mit der **rollenden Lagerung** verknüpft.

Die Entscheidung über den Typ der Lagerungstechnologie wird maßgeblich durch die Baulichkeiten, die Packmittel und die Umschlagtechnik mitbestimmt. Vor allem hat der vielseitige Paletteneinsatz zur Rationalisierung der gesamten Transport- und Lagerwirtschaft beigetragen. Die inzwischen weit verbreiteten **Hochregallager** haben flexible, leicht (möglichst automatisiert) steuerbare Regalbediengeräte zur Voraussetzung.

Hochregallager sind Lager mit Fachregalen einheitlicher Abmaße (die sich meist am Palettenstandard orientieren). Sie haben in der Regel eine Höhe über 15 m sowie meist mehrere Transportgassen, die über Regalbediengeräte gesteuert werden. Die Effizienz der Hochregallager hängt insbesondere von der Zugriffszeit zu den Lagergütern und von der Störquote (Ausfall der Bediengeräte, Blockierung der Transportgassen) ab. Die am häufigsten zu bewegenden oder jederzeit benötigten Lagergüter sollten die kürzesten Transportwege haben und selbst bei Ausfall der Bediengeräte zugänglich sein.

Lagerhilfsprozesse

Die Lagerhilfsprozesse umfassen
- den Lagerguteingang und -ausgang
- die Prüfprozesse im Lager
- die Pflege der Lagergüter
- Umsortierungen und Fertigungsvorbereitungen
- Packprozesse
- den Leergutumschlag.

Lagerguteingang und -ausgang stellen die wichtigsten **Lagerhilfsprozesse** dar. Der **Lagerguteingang**, in der Praxis meist als **Wareneingang** bezeichnet, umfasst alle Tätigkeiten bis zur Einlagerung. Die Aufgaben im Lagerguteingang, der zwangsläufig meist weitere Lagerhilfsprozesse einbezieht, bestehen in
- der Entgegennahme der Lagergüter, bei der zunächst (anhand der Lieferpapiere) nur geprüft wird, ob das angelieferte Gut für den Betrieb bzw. für welches Lager des Betriebes bestimmt ist
- dem Entladen
- dem Entpacken oder Umpacken
- der Eingangskontrolle (die, wo möglich, schon vor dem Entladen erfolgen sollte, auf jeden Fall innerhalb der Reklamationsfristen)
- dem Umsortieren (falls notwendig)
- der Bestimmung von Lagerungsart (bei Teilmengen eventuell auch Zulagerung) und Lagerort (dem Erstellen der Belegungsübersicht)
- der Einlagerungsvorbereitung (Festlegung der Einlagerungstechnologie und technik, des Einlagerungszeitpunkts und des Durchführenden)
- der Leergutrückführung oder -entsorgung.

Der **Lagergutausgang**, meist als **Warenausgang** bezeichnet, umfasst alle Tätigkeiten vom Zugriff auf die Lagergüter bis zu deren Bereitstellung für die Verbrauchsstellen im Betrieb oder deren Versand. Die Aufgaben im Lagergutausgang bestehen in
- der Entnahme der Lagergüter aus dem Lager
- dem Umpacken oder Verpacken
- der Kommissionierung
- der Ausgangskontrolle
- der Auslieferung.

Entnahme der Lagergüter aus dem Lager

Lagertechnologische Fragen sind vor allem bei der **Entnahme** zu klären. Teilprobleme sind dabei der **Zugriff** auf die Lagergüter, die Festlegung der jeweils günstigsten **Auslagerungseinheit**, die **Auslagerung** selbst und ggf. die **Absortierung**. Die Zugriffsmöglichkeiten auf die Lagergüter hängen vom Typ der Lagerungstechnologie, dem Lagerort, den Packmitteln für die Lagerungseinheiten und der Umschlagtechnik ab. Wir unterscheiden den **direkten Zugriff** (wenn das einzelne Lagergut an seinem Lagerort erreicht werden kann), den **mittelbaren Zugriff** (wenn die Lagerungseinheit entnommen werden muss, um an das einzelne Lagergut zu gelangen) und den **nicht direkten Zugriff** (wenn, wie vor allem bei der Blockstapelung, erst umgelagert werden muss, um an eine bestimmte Lagerungseinheit heranzukommen). Eng mit dem Zugriff ist die Frage nach der günstigsten Auslagerungseinheit verbunden. Die Varianten sind die **Einzelentnahme am Lagerort**, die **Entnahme aus der ausgelagerten Lagerungseinheit**, die dann sofort wieder eingelagert wird, und die **komplette Auslagerung** der Lagerungseinheit oder mehrerer bzw. aller relevanten Lagerungseinheiten („full in – full out“). Die Absortierung ist eng mit Zugriffsart und Auslagerungseinheit verknüpft. Wir können die **verbrauchsstellen-** bzw. **kundenbezogene** (meist bei Sofortabruf), die **artikelweise** (bei verbrauchs- oder transportbedingt im Durchschnitt gleichen Abrufmengen) und die **lagerungseinheitsbezogene Absortierung** (bei komplett möglicher Auflösung der Lagerungseinheiten für die Kommissionierung) unterscheiden. Insbesondere bei der verbrauchsstellen- bzw. kundenbezogenen Absortierung, die per Absortierliste erfolgt, ist die Abfolge der Anfahrt der Lagerorte zu optimieren.

Umpacken oder Verpacken

Das Umpacken oder Verpacken der ausgehenden Lagergüter ist notwendig, wenn – meist im Gefolge der Absortierung – transportsichere Bereitstellungs- oder Versandeinheiten zu bilden sind. Das ist ein kostenaufwendiger Vorgang, den man durch zweckgerechte Packmittel rationell gestalten bzw. bei größeren Mengen automatisiert durchführen sollte.

Kommissionierung

Die Kommissionierung ist das dingliche Zusammenführen der einzelnen Lagergüter zu Auslieferungseinheiten. Die Grundlage sind exakte Auslieferungsanforderungen (wie Bestellscheine oder Lieferscheine). Es lassen sich in Verbindung mit dem Absortieren zwei **Arten** der Kommissionierung unterscheiden

- Kommissionierung am Kommissionierplatz (einem festen Zwischenlagerort)
- Kommissionierung durch Absortieren an den Lagerorten direkt in die Kommissionierbehälter.

Die Kommissionierung kann ein- oder mehrstufig erfolgen. Bei der **einstufigen Kommissionierung** wird die gesamte Sendung für einen Empfänger in einem einzigen Vorgang zusammengestellt, bei der **mehrstufigen Kommissionierung** zunächst Teilsendungen, die dann zu einer Gesamtsendung zusammengefasst werden. Die durch die Kommissionierung gebildeten **Auslieferungseinheiten** können ihrerseits

- eine oder mehrere Packeinheiten
- und/oder eine oder mehrere Versandeinheiten
- und/oder eine oder mehrere Transporteinheiten

bilden. Die Kommissionierung ist ein sehr kritischer Vorgang, weil alle Irrtümer entweder zu Störungen oder Mehraufwand im eigenen Betriebsprozess oder zur Verärgerung oder gar zum Verlust von Kunden führen können. Deshalb kommt dem **Belegsystem** und der

Ausführungskontrolle hier besondere Bedeutung zu. Die wichtigsten Bestimmungsmerkmale in den **Kommissionierbelegen** sind die Kommissionierungsnummer (Auslieferungsnummer), der Empfängercode (Nummer der Verbrauchsstelle oder Kundennummer), die Versandnummer(n) und/oder die Ladungsnummer(n), das Auslieferungsdatum, die Angabe der Packeinheiten und der Ort der Zwischenlagerung der Sendung nach der Kommissionierung.

Auslieferung

Die Auslieferung schließt den Ausgang der Lagergüter ab. Sie umfasst alle Prozesse, die mit deren Übergabe an die Verbrauchsstellen im Betrieb oder an die Kunden verbunden sind. Das sind die Versandvorbereitung bzw. die Bereitstellung zur Abholung, der Versand und der Abtransport. Die Art der Auslieferung innerhalb des Betriebes hängt vom Versorgungsprinzip der Verbrauchsstellen (Holprinzip/Bringprinzip) ab. Beim Holprinzip erhält der Abholer das Material gegen einen Materialentnahmeschein. Dabei kann die Entnahme durch den Abholer selbst direkt vom jeweiligen Lagerort erfolgen („Selbstkommissionierung“) oder das kommissionierte und bereitgestellte Material wird dem Abholer im Lager übergeben. Beim **Bringprinzip** kennen wir die **Unterprinzipien „Material schiebt“** oder **„Produktion zieht“**. Im ersten Falle hat das Lager ständig und unaufgefordert die Materialversorgung an den Verbrauchsstellen zu gewährleisten. Im zweiten Falle rufen die Verbrauchsstellen das Material aus dem Lager ab, das dann für die Anlieferung an der Verbrauchsstelle zuständig ist.

Die Auslieferung nach außen umfasst die Versandvorbereitung, den Versand und den Abtransport. Die **Versandvorbereitung** schließt die Versanddisposition (Versandeinheiten, Versandtermine, Versandformen und -arten und ggf. die Ladungsdisposition), die Versandverpackung, die Warenausgangskontrolle, die Bereitstellung für den Abtransport und die Leergut- bzw. Leihgutbearbeitung ein. Der Versand ist die Übergabe der Fracht (der transportbereiten Versandeinheiten) an den Frachtführer oder den Transporteur. Die grundlegenden **Versandformen** sind [93]

- die Selbstabholung
- der Direktversand
- der Speditionsversand.

Bei **Selbstabholung** holt der Empfänger oder ein von ihm beauftragter Transporteur die Ware aus dem Lager ab. **Direktversand** ist die Versandform, die in unmittelbarer Regie des Absenders erfolgt. Beim **Speditionsversand** übergibt der Absender die Ware an einen spezialisierten Frachtführer bzw. Verfrachter (Spediteur). Das kann ein Fuhrunternehmen, die Post, die Bahn, ein Schiffsfracht- oder ein Luftfrachtunternehmen sein. Die Wahl der Versandform ist eng mit der Wahl des jeweiligen **Transportmittels** verbunden. Wir unterscheiden danach folgende hauptsächliche **Versandarten** bzw. **Frachtarten**

- LKW-Versand
- Versand mittels Kleintransporters bzw. PKW
- Bahnversand bzw. Bahnfracht
- Luftfracht.

Die Versandart wird vom Transportgut, der Transportmenge und der Transportentfernung bestimmt. Von der Versandart hängt wiederum die Art der notwendigen Transportverpackung ab. Der **Abtransport** umfasst das Verladen der Versandeinheiten auf das erste Transportmittel und das Zuführen der Fracht zum Empfänger, wenn notwendig mit Umschlägen und Zwischenlagerungen.

Prüf- und Kontrollprozesse im Lager

Die Prüf- und Kontrollprozesse im Lager erstrecken sich ihrer Art nach auf [94]
- die Qualität der Lagergüter
- die Lagermengen
- die Einhaltung der Lagerordnung sowie der Lagerbedingungen

und nach der Phase des Lagerprozesses auf
- den Eingang der Lagergüter
- die Lagerung
- den Ausgang der Lagergüter.

Die **Qualität der Lagergüter** wird entweder organoleptisch (nur mit den Sinnesorganen ohne technische Hilfsmittel) oder mit Hilfe von Prüftechnik bzw. Analysetechnik (die für die jeweiligen Lagergüter geeignet sein muss) festgestellt. Oft sind komplette Analyselabore notwendig. Die **Lagermengen** werden durch Zählen, Schätzen, Messen und Wägen ermittelt. Die Kontrolle der **Lagerordnung** und der **Lagerbedingungen** (wie Temperatur, Luftfeuchte) erfolgt durch Begehungen oder (zunehmend) durch Überwachungstechnik.

Aus ökonomischer Sicht muss die Phase des Eingangs der Lagergüter den **Schwerpunkt der Prüf- und Kontrollprozesse** bilden. Es ist zu verhindern, dass zur Weiterverwendung ungeeignetes oder minderwertiges Material überhaupt in das Lager bzw. den Betrieb gelangt. Damit können materialbedingter Ausschuss und Qualitätsminderungen und in der Folge Marktverluste sowie die nutzlose Belegung von Lagerkapazitäten oder unnötiger Aufwand für das Aussortieren, Rückführen oder Entsorgen fehlerhaften Materials vermieden werden. In der Phase der Lagerung gilt das Hauptaugenmerk der **Qualitätserhaltung** und möglichem **Schwund** (infolge irrtümlicher Entnahme, Diebstahls oder Schäden), aber auch der Feststellung sogenannter Lagerhüter. Beim **Ausgang der Lagergüter** ist deren Qualität aus dem Blickwinkel des Verwenders zu kontrollieren und streng darauf zu achten, dass jede Auslieferung an den bestimmungsgemäßen Empfänger erfolgt. Wesentliche Nebenbedingung für effiziente Prüf- und Kontrollprozesse im Lager sind geeignete **Organisationsmittel** (Lagerdateien, IV-Programme; Palettierkataloge) und ein funktionierendes Belegwesen (Ein- und Ausgangsbelege, Lagerbestandskarten, Lagerfachkarten, Materialscheine, Rollkarten).

Pflege der Lagergüter

Nur ein Teil der Lagergüter bedarf explizit einer Pflege. Meist besteht auch dann die Aufgabe nur im Aussortieren unbrauchbar gewordener, verdorbener oder überlagerter Artikel. Eigentliche Pflegemaßnahmen sind das Reinigen bzw. Waschen oder Entstauben sowie das Konservieren von Lagergütern. Technische Aggregate bedürfen zum Teil einer regelmäßigen Wartung und der Überprüfung ihrer Funktionsfähigkeit. Bei empfindlichen Lagergütern sind die geforderten Lagerbedingungen einzustellen oder zu sichern (wie Raumklima, Erschütterungsfreiheit usw.) und regelmäßig zu überprüfen.

Umsortierungen, Umlagerungen und Fertigungsvorbereitung

Umsortierungen im Lager sind notwendig, wenn durch die Absortierung (oder Aussortierung) mehrere Packeinheiten mit identischen Lagergütern weitgehend entleert sind und Lagerplatz benötigt wird. **Umlagerungen** werden dann vorgenommen, wenn die Lagerbedingungen am bisherigen Lagerort ungünstig sind, die Lagergüter eine regelmäßige Bewegung erfordern oder wenn die Lagertechnologie (z. B. Blockstapelung) dies bedingt. In Lagern verschiedener Industriezweige (wie Maschinenbau oder Lederwarenherstellung) werden auch bestimmte Aufgaben der **Fertigungsvorbereitung**, wie z. B. der Zuschnitt, in das Lager verlegt. Das ist z. T. mit Sortieraufgaben und Packprozessen verbunden.

Packprozesse und Leergutumschlag

Die Packprozesse beim Eingang und Ausgang der Lagergüter wurden bereits behandelt. Seltener werden Packprozesse auch beim Umsortieren und Umlagern von Lagergütern und bei der Fertigungsvorbereitung durchgeführt. Vor allem das **Umpacken** sollte aus ökonomischen Gründen nur wo unbedingt notwendig durchgeführt werden. Packprozesse benötigen relativ viel Raum im Lager, sind arbeitsintensiv und erfordern oft erhebliche Mengen an Packmitteln oder nicht wiederverwendbarem Packmaterial.

Ein Problem stellt regelmäßig der **Leergutumschlag** dar. Ein großer Teil ist Leihgut (wie Container, Paletten, Spezialbehälter), das an den Lieferanten, Eigentümer oder an einen Pool (z. B. Palettenpool) zurückgeführt werden muss. Nicht wiederverwendbares Packmaterial muss gesammelt, gebündelt, zwischengelagert und entsorgt bzw. verkauft werden.

5.4.4 Wirtschaftliche Lagerführung

Der Zweck rationeller Lagertechnologien ist es, Lager vor allem wirtschaftlich zu betreiben. Die wichtigsten Aufgaben- und Problembereiche der Lagerführung aus ökonomischer Sicht sind [95]

- die optimale Lagerbestandshaltung
- die optimale Durchführung der Lagerprozesse
- die optimale Auslastung und Wartung der Lagertechnik.

Optimale Lagerbestandshaltung

Effizienzbestimmend ist die Bestandshaltung im Lager. Die Frage nach dem ökonomisch **optimalen Lagerbestand** ist ihrem Wesen nach deckungsgleich mit der Frage nach der **optimalen Bestellmenge**, denn die jeweilige Auffüllung zum ökonomisch günstigsten Bestand ist nur durch die entsprechende Auffüllmenge, und das ist die zu bestellende Menge, zu erreichen. Der Lagerbestand hat zwei Funktionen zu erfüllen (siehe auch Funktionen der Lagerhaltung im Abschnitt 5.4.1):

- **Pufferfunktion** zwischen den – überwiegend relativ gleichmäßigen – Verbrauchsmengen im Betrieb und den – überwiegend rhythmischen oder ungleichen – Anlieferungen
- **Sicherungsfunktion** gegenüber Lieferstörungen oder unerwartetem Mehrbedarf der Produktion.

Typischerweise zeigen sich über die Zeit folgende Bestandsveränderungen, bildlich als „Sägezahnmuster" bezeichnet

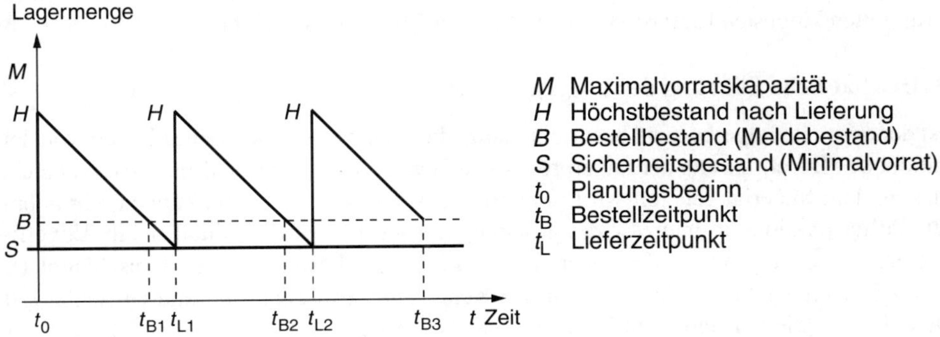

Bild 5.2 Lagerbestandsveränderung

Die jeweiligen Höchstbestände im Lager werden immer nach Anlieferung, also bei Eingang der bestellten Menge, erreicht. Wir kennen zwei Systeme, nach denen die Auffüllung der Lagerbestände bzw. die Bestellung dafür erfolgt [96]

- Bestellpunktsystem
- Bestellrhythmussystem.

Beim **Bestellpunktsystem** wird beim Unterschreiten eines bestimmten Lagerbestandes („Meldebestand") die Bestellung ausgelöst und so der Lagerbestand nach einem bestimmten (geplanten) Zeitintervall nach der Bestellung („Bestellfrist") aufgefüllt. Beim **Bestellrhythmussystem** stehen die Bestellintervalle von vornherein fest, aber die Bestellmenge hängt vom jeweiligen Bedarf des Betriebes ab. Bei beiden Bestellsystemen werden jeweils drei Größen betrachtet

- Bestellmenge
- Meldebestand oder Maximalvorrat
- Zeitintervall.

Beim Bestellpunktsystem sind Bestellmenge und Meldebestand fix, nur das Bestellintervall ist variabel. Beim Bestellrhythmussystem sind Bestellintervall und Maximalvorrat fix und die Bestellmenge variabel. In der Praxis ist das Bestellpunktsystem vorherrschend. Es ist weniger aufwendig, zum Teil sogar automatisierbar. Das Bestellrhythmussystem wird in der Regel bei begrenzt lagerfähigen Gütern oder bei terminlich festen Liefertouren angewandt. Das entscheidende Problem ist, dass der Maximalvorrat (= maximale Lagerkapazität) nicht überschritten werden kann.

Bei Anwendung des Bestellpunktsystems ergibt sich der optimale Lagerbestand bei definiertem Lieferbereitschaftsgrad aus dem Minimum der lagerrelevanten Gesamtkosten (Beschaffungskosten + Lagerkosten + Kapitalbindungskosten). Die formale Berechnung erfolgt über die optimale Bestellmenge (siehe Abschnitt 5.3.3). Bei Anwendung des Bestellrhythmussystems ist eine Optimierung des Lagerbestandes nur möglich, wenn die Lieferrhythmen selbst bestimmt werden können. Dann gilt unter der Bedingung einer jederzeit qualitätsgerechten Versorgung der Verbrauchsstellen bzw. Kunden: Beschaffungskosten + Lagerkosten → min! Die Kapitalbindungskosten werden dabei korrelativ durch den so ermittelten kürzesten Lieferrhythmus mit auf ihr Minimum gebracht.

Wirtschaftliche Führung der Lagerprozesse

Ist der optimale Lagerbestand bestimmt, hängt die Wirtschaftlichkeit eines Lagers von der rationellen Durchführung der Lagerprozesse ab. Dabei ist das wirtschaftlichste Lager nicht das, in dem Material gelagert wird, sondern jenes, das seine Lagerfunktionen, vor allem die Pufferfunktion, im Interesse des gesamten Betriebsprozesses optimal erfüllt. Ein effizientes Lager ist, prozessual gesehen, in erster Linie ein leistungsfähiger Umschlagplatz. Diese Leistungsfähigkeit lässt sich in den Kennzahlen Umschlagzahl und Umschlagzeit ausdrücken. Die **Umschlagzahl** errechnen wir wie folgt

$$U_z = \frac{W}{B}$$

wobei
U_z Umschlagzahl
W Gesamtwert der über das Lager umgeschlagenen Lagergüter
B Wertmäßiger Durchschnittsbestand im Lager

Die **Umschlagzeit** wird in der Regel in Tagen berechnet. Dazu teilen wir die Zahl der Tage eines Jahres durch die Umschlagzahl.

$$T_{\mathrm{u}} = \frac{Z_{\mathrm{T}}}{U_z}$$

wobei
T_{u} Umschlagzeit in Tagen
Z_{T} Zahl der Tage des jeweiligen Jahres (Kalendertage oder Werktage)

Weiterhin hängt die Wirtschaftlichkeit der Lagerprozesse davon ab, wie rationell der Lagerumschlag, vor allem im Zusammenhang mit der Lagerortwahl, durchgeführt wird. Das lässt sich messen, indem die durchschnittliche **Länge der Transportwege im Lager** und die **Zahl der Lagerbewegungen** bzw. der Einzelumschläge (Ein- und Auslagerungen, Zwischenlagerungen, Transportübergaben) festgestellt wird. Relativ einfach ist die Feststellung der durchschnittlichen Transportwege, da alle Fahrzeuge und größeren Bediengeräte mit Kilometerzählern oder Fahrtenschreibern ausgestattet sind. Der Fahrweg kann auf eine materielle Größe (Tonnen oder Packeinheiten) oder den Wert der umgeschlagenen Lagergüter bezogen werden.

$$D = \frac{m}{t} \quad \text{oder} \quad D = \frac{m}{U} \quad \text{oder} \quad D = \frac{m}{W}$$

wobei
D durchschnittliche Transportdistanz
m Gesamtfahrstrecke im Lager in Metern
t bewegte Lagergüter in Tonnen
U Zahl der Einzelumschläge im Lager
W Gesamtwert der über das Lager umgeschlagenen Lagergüter

Selbstverständlich sind auch die Lagerhilfsprozesse rationell durchzuführen. Ihre Effizienz ist allerdings schwieriger zu messen.

Optimale Auslastung und Wartung der Lagertechnik

Die Optimierung der Lagerbestände und der Lagerprozesse steht nicht selten im Widerspruch zu einer optimalen Auslastung der Lagertechnik. Sind nämlich infolge der Optimierung Bestände und Prozesse minimiert worden, wird zwangsläufig ein Großteil der Lagertechnik weniger benutzt. Deren Auslastung ist aber ebenfalls ein Erfordernis der Wirtschaftlichkeit. Dem ist zunächst durch eine rationelle **Einsatzplanung** zu entsprechen, die auf ein **Maximum an Nutzzeiten** zielt. Bezogen auf den wichtigsten Teil der Lagertechnik, die Transport- und Umschlagtechnik, heißt das, möglichst nur Transportfahrten mit voller Zuladung bei gleichzeitig möglichst wenig Leerfahrten und Wartezeiten zu planen. Ist infolge der Optimierung der Bestände, Prozesse und des Technikeinsatzes zu erwarten, dass Lagertechnik dauerhaft nicht ausgelastet sein wird, ist diese in andere Betriebsbereiche zu verlegen, zu veräußern oder stillzulegen. Die vorhandene Lagertechnik ist so zu warten und instand zuhalten, dass insgesamt eine **maximale zeitliche Verfügbarkeit**, insbesondere bei der oft kritischen Bedientechnik für Hochregallager, erreicht wird.

5.5 Transport und Logistik

5.5.1 Das Transportproblem

> **Transport** ist, technisch gesehen, die Ortsveränderung von Gütern, ökonomisch betrachtet, die Bewegung von Gütern vom Vorratsort zum Bedarfsort.

Die Funktion des betrieblichen Teilprozesses Transport ist also nicht schlechthin die rationelle Bewegung von Gütern, sondern die **rationelle Belieferung** der Bedarfsorte mit den benötigten Gütern zum Bedarfszeitpunkt. Transport beinhaltet bei einer Vielzahl von Vorratsorten und/oder Zielorten ein **räumliches Distributions-** bzw. **Verteilungsproblem**. Ist einerseits die Transportkapazität begrenzt und treten Transportstörungen auf und variieren andererseits Art, Umfang und Dringlichkeit des Bedarfs an den Zielorten, wird das Distributionsproblem zum logistischen Problem [97].

Unter **Logistik** kann man allgemein die Gestaltung und Aufrechterhaltung eines flexiblen Güterflusssystems zwischen Vorratsorten und Bedarfsorten, das Dringlichkeiten und Störeinflüsse berücksichtigt und zugleich auf möglichst geringen Aufwand zielt, verstehen.

Der Begriff Logistik wird allerdings in der Literatur nicht einheitlich definiert. ABERLE [98] schlägt daher vor, eine effiziente Logistik durch vier „r's" zu umschreiben: Das **richtige** Produkt (Menge, Produktart) zur **richtigen** Zeit, in der **richtigen** Qualität am **richtigen** Ort bei gleichzeitiger Gesamtkostenminimierung.

Die **betrieblichen Logistikprozesse** betreffen die Bewegung von Material, Energie, Betriebsmitteln, Arbeitskräften, Zwischen- und Fertigprodukten sowie Informationen. Sie schließen die Güterzufuhr von außen, den Güterfluss innerhalb des Betriebes und zu den äußeren Abnehmern ein. Die Gestaltung einer effizienten Logistik integriert permanente Informationsverarbeitungs- und Entscheidungsprozesse. In der betrieblichen Praxis sind die Logistikaufgaben überwiegend den Bereichen der Materialwirtschaft, des Transports sowie der Produktionslenkung und in erheblichem Ausmaß auch äußeren Kooperationspartnern, überwiegend auf den Verkehrsmärkten, zugeordnet. Das Kernstück der Logistik ist die Gestaltung des äußeren und des innerbetrieblichen Transports.

5.5.2 Außentransport

Der infolge der Vertiefung der volkswirtschaftlichen Arbeitsteilung steigende Aufwandsanteil für das Transport- und Lagerwesen als auch das Wettbewerbserfordernis einer zuverlässigen und schnellen Kundenbelieferung erfordern einen geplanten und gut durchorganisierten Außentransport. Der betriebliche Außentransport umfasst den **Antransport beschaffter Güter** zum Betrieb oder (in Abhängigkeit von Geschäftsart bzw. Leistungsart) direkt zum Abnehmer bzw. Kooperationspartner und den **Abtransport selbst erstellter Güter** zu den Abnehmern bzw. Partnern.

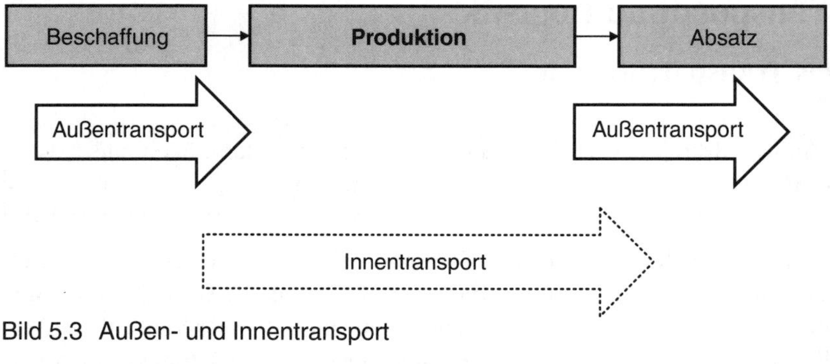

Bild 5.3 Außen- und Innentransport

Die Aufgabenbereiche des Außentransport sind
- das Gewährleisten der Transportverbindungen bzw. -wege
- die Bereitstellung der Transportmittel bzw. der Transportkapazitäten

- die Disposition der Transporte
- und (bei Eigentransport) die Durchführung der Transportprozesse.

Dabei haben wir einstufige und mehrstufige Transportprozesse zu unterscheiden. **Einstufige Transportprozesse** führen direkt vom Vorratsort zum Bedarfsort, **mehrstufige Transportprozesse** über weitere Vorrats-, Bedarfs- oder Stellorte (letztere als Zoll-, Prüf- oder Kontrollstellen). Das führt bei einer Verteilung der Güter auf andere Transporte oder ihrer Zusammenfassung mit anderen Transporten (Zuladung) zum so genannten **klassischen Transportproblem** [99]. Die zeitkritische und kostenintensive Teilaufgabe dabei sind die Umschlagprozesse. Bei Verknüpfung mehrerer Transportprozesse von einem Vorrats- zu einem Bedarfsort handelt es sich um eine **Transportkette**. Wir sprechen von einer **funktionalen Transportkette**, wenn über den gesamten Transportprozess hinweg bestimmte (funktionale) Anforderungen einzuhalten sind (Eiltransporte, Kühltransporte, Gefahrguttransporte, Transporte zerbrechlicher Güter, Sicherheitstransporte). Eine **institutionale Transportkette** verbindet alle an einem Transport beteiligten Transportbetriebe. Erfordernis und Problem bei jeder Transportkette ist die Begleitung durch eine **Dokumentationskette**, die den Transportverlauf lückenlos belegt. Grundsätzlich stellt sich bei jeder Beförderung die Frage, ob man den Transport in eigener Regie organisieren möchte oder die Regie einem spezialisierten Speditionsunternehmen überträgt und ob man die Transporte selbst durchführt oder einen Dritten durchführen lässt. Von der gewählten Alternative hängen die konkret im Betrieb zu lösenden Aufgaben ab. Die grundlegenden Alternativen zeigt folgende Tabelle.

	Eigentransport	Fremdtransport
Eigenregie	Alle Aufgaben der Transportdisposition und Transportdurchführung, ggf. Transportmittelanmietung	Transportdisposition, Auswahl der Speditionsfirmen, Erteilen der Transportaufträge
Fremdregie	Transportdurchführung, ggf. Transportmittelanmietung	Erteilen der Transportaufträge

Die Variante Eigentransport unter Fremdregie hat nur bei Transportfirmen oder beim dauerhaften Einsatz von (nicht ausgelasteten) Transportkapazitäten für Dritte praktische Bedeutung. Vor- und Nachteile bei der Wahl zwischen Eigen- und Fremdtransport aus der Sicht des Betriebes sind

Außentransport	Eigenregie			Fremdregie
	Eigentransport		Fremdtransport	
	Eigener Fuhrpark	Mietfahrzeuge		
Flexibilität	+++	++	+	−−−
Kapitalbindung	−−−	+++	+++	+++
Kosten			−−	−−−
Transportrisiko	−−	−−−	−−	
Einfluss auf die Transportgüte	+++	++	−−	+/−

Eigentransport heißt, auf eigene Kosten und in eigener Verantwortung den Transport durchzuführen. Eigentransport setzt **Transportkapazität**, d. h. das Vorhandensein eines Fuhrparks oder die Möglichkeit einer operativen Anmietung jeweils geeigneter Transportmittel, voraus. Bei einer Investitionsentscheidung zum Auf- oder weiteren Ausbau eigener Transportkapazitäten ist vor allem deren künftige hohe und gleichmäßige Auslastung das Kriterium. Die in der Regel hohe Kapazitätsauslastung bei den Speditionsfirmen ermöglicht diesen, ein qualitativ hochwertiges Leistungsangebot zu geringeren Kosten zu erstellen. Folglich lohnt, sofern die Transportgüter keine speziellen Anforderungen stellen, ein eigener Fuhrpark nur, wenn die eigenen Kosten unter den Preisen der Spediteure liegen. Die Aufrechterhaltung eines eigenen Transportbereiches belastet darüber hinaus den Betrieb mit Fixkosten, die sich im Falle eines Transportbedarfsrückgangs nur schwer abbauen lassen.

Der wesentliche Vorteil beim Eigentransport liegt in der Möglichkeit, für eine termingerechte Abwicklung selbst Sorge zu tragen. Ist ein eigener **Fuhrpark** vorhanden, spielt dessen Auslastung eine wichtige Rolle. In diesem Falle ist Eigentransport für den Betrieb meist solange sinnvoll, solange die eigenen Transportkapazitäten nicht ausgelastet sind, denn dadurch können Leerkosten vermieden werden. Der **Auslastungsgrad der Transportkapazität** kann [100] gewichtsmäßig, volumenmäßig (Laderaum), zeitlich und entfernungsmäßig berechnet werden. Als zweckmäßig hat sich beim Straßentransport die Zusammenfassung der entfernungs- und gewichtsmäßigen Auslastung in der Kennzahl Ladetonnenkilometer erwiesen.

$$\text{Auslastungsgrad} = \frac{\text{tatsächliche Ladetonnenkilometer}}{\text{maximal mögliche Ladetonnenkilometer}} \cdot 100\ \%$$

Die zeitliche Auslastung gibt Auskunft über den Anteil stillstehender Transportmittel.

$$\text{zeitlicher Auslastungsgrad} = \frac{\text{Ist-Zeitnutzung des Transportmittels}}{\text{maximal mögliche Zeitnutzung}} \cdot 100\ \%$$

Dabei ist allerdings zu berücksichtigen, dass die zeitliche Auslastung Nutzfahrten und Leerfahrten einschließt. Bei **Streckentransporten** ist das Verhältnis leichter zu ermitteln und zu optimieren (z. B. durch Rückladung) als bei **Verteilertransporten**, die nach jeder Ladungsabgabe weniger transportieren. Einen höheren zeitlichen Auslastungsgrad versucht man hier durch **Tourenoptimierung** zu erreichen.

Der entscheidende Vorteil des **Fremdtransports** besteht in der Vermeidung größerer Kapitalbindung. Auch die Transportkosten lassen sich durch die Ausnutzung des scharfen Wettbewerbs auf dem Transportsektor, z. B. durch die Inanspruchnahme von Transportbörsen, meist niedriger halten als durch einen eigenen Fuhrpark. Als Vorteil kann sich weiterhin erweisen, dass verschiedene Spediteure (Bahn, Post, Reedereien oder Logistikunternehmen, die feste Routen bedienen), ihre Transportpreise nach der Menge staffeln bzw. rabattieren. Allerdings beinhaltet der Fremdtransport auch gewisse Kostenrisiken, insbesondere dann, wenn sich die Auftragsabwicklung nicht ausreichend durch den auftraggebenden Betrieb beeinflussen lässt. So kalkulieren Spediteure oft für termingebundene Transporte oder nur die Einhaltung eines Liefertermins einen so genannten Eilaufschlag, des weiteren

Aufschläge für die Lieferung frei Haus, für Verzögerungen bei der Abnahme der Transportgüter, für das Beachten von Transporthinweisen einen Aufschlag für das Transportrisiko usw. Ein Nachteil des Fremdtransports kann unter Umständen in der Einschränkung der Wahl des Transportmittels bestehen. Das Abverlangen eines Qualitätsmanagementsystems bei den Transporteuren (z. B. nach DIN ISO 9003) ist eine Möglichkeit, um größeren Einfluss auf die Abläufe beim Transporteur ausüben zu können.

Bei der Entscheidung für Eigen- oder Fremdtransport stehen jedoch neben den Kosten auch noch weitere Aspekte im Vordergrund. Bei hoher **Frachtempfindlichkeit** der zu transportierenden Güter zum Beispiel wird das **Transportrisiko**, d. h. die Gefahr des Untergangs oder der Beschädigung des Frachtgutes, zu einem ausschlaggebenden Faktor. Lässt sich allerdings das Transportrisiko auf den Spediteur übertragen, dann wird der Fremdtransport gerade mit zunehmendem Risiko interessanter. Bei leicht verderblichen Gütern (z. B. Erdbeeren oder Schnittblumen) gibt häufig die **Transportzeit** den Ausschlag. Hier kann das schnellere, aber teuere Transportmittel, im Extremfall das Flugzeug, kostengünstiger sein.

Ein Sonderfall des Fremdtransports ist beim Abtransport die **Selbstabholung** der Ware durch den Kunden. Hierbei gewährt der Betrieb in der Regel Preisnachlässe.

Neuere Tendenzen im Transportbereich

Der Trend zur bestandsarmen Lagerhaltung verlangt bei immer mehr Betrieben eine **Just-in-Time-Lieferung**, d. h., der Materialbedarf muss kurzfristig und ohne Zwischenlagerung gedeckt werden. Dieses Konzept setzt allerdings eine hohe Qualität in der Beschaffungsdisposition sowie eine erhebliche Flexibilität im Bereich des Außentransports voraus, die prinzipiell sowohl durch Eigen- als auch durch Fremdtransport gewährleistet werden kann. Meist erfolgt die Just-in-Time-Lieferung durch die Lieferanten. Zur Absicherung werden bei Nichteinhaltung empfindliche Vertragsstrafen festgelegt, aber auch alternative Transportwege und -mittel durch die Disposition vorgehalten.

Eine weitere wichtige Entwicklungsrichtung, die vor allem die Planung und Steuerung der Transportprozesse effizienter macht, ist die durch die großräumige oder sogar globale kommunikationstechnische Verbindung zu den Transporten bzw. Transporteuren per Mobilfunk, mobiler Erreichbarkeit von Festnetz oder Internet, durch das satellitengestützte GPS (Global Positioning System) und künftig auch per direktem Satellitenfunk. Zunehmend werden für die Optimierung der Eigentransporte **computerbasierte Lösungen** angewandt. Sie dienen der **Routenplanung** und in Verbindung mit der modernen Kommunikationstechnik der **jederzeitigen Information** über den Standort der Transportmittel und der operativen Transportlenkung.

Die weiterentwickelten Planungsmodelle des Operations Research (z. B. Transportmethode, Travelling Salesman-Modelle) und die Möglichkeit der Simulation am Computer geben der **Disposition** wichtige Lösungshilfen zur Hand [101], [102].

5.5.3 Innentransport

Die **Aufgabe des Innentransports** ist die Bewegung von Gütern vom Materiallager zu den Produktionsstellen, zwischen den Produktionsstellen und zum Fertigwarenlager sowie der Personentransport innerhalb des Betriebsgeländes oder zwischen verschiedenen Betriebsstandorten. Da der Innentransport hauptsächlich die Versorgung von Produktionsstellen bzw. Fertigungsstätten zum Ziel hat, wird er auch als **Fertigungslogistik** bezeichnet.

Der Innentransport kann grundsätzlich über [103]
- Einzeltransporte oder
- Linientransporte

erfolgen. **Einzeltransporte**, also für jeweils eine ganz bestimmte Güterbewegung organisierte Transporte, können, was allerdings im Innentransport seltener vorkommt, auch eine **Transportkette** bilden. Transportketten sind ungebrochene Transportverläufe, die mit unterschiedlichen Transportmitteln durchgeführt werden. **Linientransporte**, also unabhängig von bestimmten Güterbewegungen eingesetzte Transportmittel, laufen meist über festgelegte Haltepunkte, an denen Be- und Entladungen erfolgen und bei denen ausreichende Möglichkeiten zur Zwischenlagerung gegeben sind. Während Einzeltransporte ganz überwiegend mit gleislosen Flurförderzeugen durchgeführt werden, sind Linientransporte häufig an Gleisführungen oder die Strecken von Transportanlagen gebunden. Verteilfahrten oder Sammelfahrten (typisch z. B. bei der Betriebspost) erfolgen allerdings meist nicht gleisgebunden, sondern auf so genannten Touren. Im **innerbetrieblichen Personentransport** wird der Linientransport mit festen Fahrplänen wegen seiner arbeitsorganisatorischen Vorteile gern angewandt. Die konkrete technisch-organisatorische Gestaltung des Innentransports hängt von den zu transportierenden Gütern, den Transportverläufen und den verfügbaren Transport- und Umschlagmitteln ab.

Die **Transportgüter** stellen auch innerbetrieblich sehr unterschiedliche Anforderungen. Diese Anforderungen differieren vor allem je nach Abmaßen und Gewichten der Transporteinheiten. Kleinteile bzw. kleine Packeinheiten bis etwa 10 kg lassen sich per Bote, mit dem Fahrrad, mit kleineren Stetigförderern oder zielcodegesteuerten Transportanlagen, bei größeren Mengen oder etwas größerem Gewicht mit dem Handkarren oder motorisierten Kleinfahrzeugen (wie Elektrokarren oder sogenannten Eidechsen) transportieren. Universell einsetzbare Geräte für den Umschlag und Transport größerer Transporteinheiten sind die Gabelstapler. Schwerlasten werden innerhalb von Hallen mit Laufkränen, sonst im Betriebsgelände mit Mobilkränen, LKW oder Tiefladern, und, falls vorhanden, mit der Werkbahn bewegt. Der Transport von Massengütern erfolgt mit LKW, im Falle von Schüttgütern mit Kippern oder Stetigförderern größerer Kapazität. Bei den Transportverläufen unterscheiden wir
- ungebrochene Transportverläufe und
- gebrochene Transportverläufe.

Ungebrochene Transportverläufe sind zu bevorzugen. Sie gehen ohne Zwischenlagerung von der Vorrats- zur Bedarfsstelle. Allerdings sind verkehrsbedingt Zwischenhalte oder abnahmebedingt Warteschlangen sowie wegebedingt Transportumschläge möglich. Letzteres besagt, dass durchaus ein ungebrochener Transportverlauf durch gebrochene Gütertransporte erfolgen kann. **Gebrochene Transportverläufe** beinhalten Zwischenlagerungen. Dies führt zu einem entscheidenden Problem des gesamten Innentransports: Zwischenlagerungen bedingen einen oft erheblichen Platzbedarf entweder zwischen den Produktionsstellen und/oder zwischen den Produktionsbereichen und sie binden zusätzlich und oft mehrfach (wenn z. B. Material bzw. Halbfertigerzeugnisse an einem Zwischenlagerplatz nachgeschoben werden müssen) Umschlagkapazitäten. Der zweckmäßigste Innentransport zwischen den Produktionsstellen ist folglich die direkte Weitergabe der Werkstücke. Das setzt allerdings die bevorzugte Anwendung der Reihenfertigung voraus.

Wichtige Nebenforderungen an den Innentransport bestehen in der Zuführung der Transportgüter in einer für die jeweilige Bedarfsstelle geeigneten **Bereitstellungsform** und günstigen **Positionierung der Ladeeinheiten** für die Entnahme der transportierten Güter. Dies sollte so erfolgen, dass an der Bedarfsstelle ein problemloser Zugriff zu jedem Teil bzw. jeder Materialeinheit möglich ist. In der zweckmäßigen Abstimmung von Bearbeitungsgang und Güterbewegung liegen meist erhebliche Effizienzreserven.

Einsatz der Transportmittel und Umschlagtechnik

Aus organisatorischer wie ökonomischer Sicht bestehen die Hauptprobleme des Innentransports

- im rationelle Einsatz der Transportmittel und der Umschlagtechnik und
- in der Zwischenlagerung zwischen den Produktionsstellen.

In beiden Fällen stellt sich dies als zeitliches und kapazitives Belegungsproblem dar. Zur Lösung des Transport- und Umschlagproblems ist zu sichern, dass

- die Transportmittel ständig mit Aufträgen belegt sind, also Stillstandszeiten vermieden werden
- die Nutzfahrten die Leerfahrten möglichst weit übersteigen
- die schnellsten Transportwege gewählt werden, die nicht immer auch die kürzesten sind
- bei der Transportplanung von vornherein darauf geachtet wird, wechselseitige Transportbehinderungen zu vermeiden
- an den Umschlagstellen keine Warteschlangen entstehen
- die Be- und Entladungen schnell erfolgen, was außer durch geeignete Umschlagtechnik insbesondere durch optimale Transporteinheiten und Packmittel unterstützt wird
- Transportwege sowie Transport- und Umschlagmittel festgelegt werden, die möglichst keine Gefährdungen oder Störungen der Transporte zulassen
- die Ladekapazitäten der Transportmittel jeweils möglichst voll genutzt werden.

Eine Aufgabe mit Vorrang ist hier der **Unfallschutz**, denn kein betrieblicher Tätigkeitsbereich ist so unfallträchtig wie der Innentransport. Ein weiteres Problem ist der relativ häufige **Ausfall der Transport- und Umschlagtechnik**. Durch systematische Wartung und vorbeugende Instandhaltung ist ein dauerhaft hoher **Verfügungsgrad** dieser Technik zu erreichen und die operative Lenkung des Innentransports von den stets zeitaufwendigen Aufgaben zur Störungsbehebung zu entlasten, damit sie sich ihrer Kernaufgabe, der Optimierung des Innentransports, zuwenden kann.

Die **Zwischenlagerung** zwischen den Produktionsstellen hat Pufferfunktion. Aus fertigungsökonomischer Sicht günstigere große Lose erfordern mehr Zwischenlagerkapazität. Da diese Zwischenlagerung meist entweder als Bodenlagerung oder als rollende Lagerung erfolgt, bindet sie Flächen und/oder Transportmittel und führt bei Platzmangel zu Behinderungen oder Gefährdungen für Produktion und Transport. Kleinere Lose helfen zwar, Platz zu sparen, erhöhen aber die Zahl der notwendigen Transporte und der Umsetzvorgänge für die Umschlagtechnik. Der Anteil der Leerfahrten und der nicht voll ausgelasteten Transporte nimmt zu. Damit entsteht die Optimierungsaufgabe, wirtschaftliche Fertigung und wirtschaftliche Zwischenlagerung miteinander zu verbinden.

5.6 Energiewirtschaft

Zur **betrieblichen Energiewirtschaft** gehören die Beschaffung, Erzeugung und Verteilung von Energien und bestimmten flüssigen und gasförmigen Medien sowie die Nutzung bzw. Verwertung von Abwärme.

Schwerpunkte bilden [104]
- die Elektroenergieversorgung
- die Versorgung mit festen und flüssigen Brennstoffen
- die Kraftstoffversorgung
- die Dampfversorgung und Warmwasserversorgung
- die Gasversorgung (mit Heizgasen und technischen Gasen einschließlich Schutzgasen)
- die Wasserversorgung (mit Trink- und Brauchwasser)
- die Kühlmittelversorgung.

Für die betriebliche Energiewirtschaft ist charakteristisch, dass sie weitgehend an **Leitungsnetze** gebunden ist. Ausnahmen bilden die (an Bedeutung stark zurückgegangene) Versorgung mit festen Brennstoffen (wie Koks) und die mit speziellen Druckflaschen erfolgende Versorgung mit technischen Gasen (Sauerstoff, Stickstoff, Edelgase). Großbetriebe verfügen nicht selten über eigene Kraftwerke, zum Teil in der sehr energieökonomischen Kraft-Wärme-Kopplung. Zunehmend werden – auch von Mittel- und Kleinbetrieben – Solaranlagen, Windkraftanlagen und kleinere Wasserkraftanlagen betrieben. In wachsendem Maße wird, meist zu Heizzwecken, die Abwärme genutzt oder sogar an naheliegende Betriebe oder Haushalte verkauft. Besonders die Abwärmenutzung fordert energieökonomische Lösungen, wie den Wärmepumpeneinsatz, heraus. Gerade aber für die betriebliche Energiewirtschaft gilt, dass die **jederzeitige ausreichende Energieversorgung** Vorrang vor Energieeinsparungen hat. Die Energiewirtschaft braucht meist erhebliche Kapazitätsreserven. So ist eines der Hauptprobleme der betrieblichen Elektroenergieversorgung die Absicherung der benötigten **Spitzenlast**, die vorrangig durch das Anfahren von Maschinen und Anlagen bewirkt wird. Um Netzüberlastungen zu vermeiden, werden daher z. B. die morgendlichen Anfahrzeiten für die energieintensivsten Aggregate verteilt.

5.7 Materialökonomie

Die Materialökonomie im weiteren Sinne zielt auf die Erreichung des materialwirtschaftlichen Optimums im Betriebsprozess, das durch den Faktor Werkstoff bedingte Qualitäts-, Mengen-, Kapital- und Kostenprobleme in bestimmten zeitlichen und räumlichen Zusammenhängen zu lösen trachtet. Im engeren Sinne geht es um Kostensenkungen durch einen rationellen Materialeinsatz. Die **Hauptrichtungen** der Materialökonomie sind

- ein durchgängiges Qualitätsmanagement
- materialsparende Erzeugnisgestaltungen
- material- und energiesparende Technologien
- Materialsubstitutionen
- optimierte Anwendungstechniken
- rationeller Materialeinsatz bei Verpackung, Transport, Umschlag und Lagerung.

Qualitätsmanagement

Die entscheidende materialökonomische Wirkung geht von einer hohen **Produktqualität** aus, weil dadurch wenig oder keine Materialverluste infolge Ausschusses oder verringerten Anwendungsnutzens entstehen. Material und Energie, aber auch weitere Faktoren, wie Arbeit oder Maschinenzeit, werden nicht vergeudet. Allerdings sind die **Qualitätskosten** gegen den aus der Qualität resultierenden betrieblichen Nutzen abzuwägen (vergleiche Abschnitt 3.7).

Materialsparende Erzeugnisgestaltung

Materialeinsparungen bzw. materialbedingte Kostensenkungen beim Erzeugnis sind erreichbar durch

- die Anwendung der Prinzipien des Leichtbaus und der Miniaturisierung bei der Erzeugniskonstruktion
- technologiegerechte Erzeugnisgestaltungen, die eine abfallarme Fertigung gestatten
- die Anpassung der Erzeugniskonstruktion an kostengünstigere Materialien bzw. Bauteile (insbesondere marktgängige Normteile)
- eine servicefreundliche Erzeugniskonstruktion.

Die materialsparende Erzeugnisgestaltung ist die Aufgabe der **Konstruktion**. Allerdings stehen konstruktionsbedingten Materialeinsparungen meist erhöhte Konstruktions- und Montageaufwendungen gegenüber. Das entsprechende ökonomische Optimum liegt dort, wo die Stückkosten insgesamt ein Minimum bilden.

Material- und energiesparende Technologien

Da jede Produktion außer den erstellten Gütern auch Abfälle mit sich bringt und Energie verbraucht, muss ein besonderes Augenmerk auf dem Einsatz von Technologien liegen, die das reduzieren. Aus technologischer Sicht wird Material sowohl für das Erzeugnis als auch – in Gestalt von Hilfs- und Betriebsstoffen – für die Prozessführung und Energie sowohl für die unmittelbare Werkstückbearbeitung als auch für die Aufrechterhaltung der Betriebsbereitschaft der Produktionsanlagen sowie der Infrastruktur benötigt. Ziel muss sein, den technologisch bedingten Material- und Energieeinsatz je Erzeugniseinheit zu verringern. Das lässt sich vor allem erreichen durch [105].

- Technologien bzw. eine Prozessführung, die eine hohe und stabile **Erzeugnisqualität** (vor allem eine geringe Ausschussquote) gewährleisten
- eine hohe **Prozesskontinuität** (also wenig Unterbrechungen, Umstellungen oder Umrüstungen, was möglichst große Serien bzw. Lose, hohe Standzeiten der Werkzeuge und eine hohe Anlagenverfügbarkeit zur Voraussetzung hat)
- die Anwendung **abfallarmer Umformtechnologien** (wie spanlose Formgebung, restfreier Zuschnitt)
- eine hohe **Anpassungsfähigkeit** der Technologien an veränderte Werkstoffe oder Erzeugnisse
- Technologien, die Materialeigenschaften besser ausnutzen
- eine möglichst geringe Zahl von Prozessstufen bzw. Aufspannungen (um den stufenbedingten Einsatz von Hilfs- und Betriebsstoffen, Energie und Instandhaltung zu vermeiden sowie Übergabeverluste zwischen den Prozessstufen niedrig zu halten)
- Technologien bzw. Anlagen mit **kurzen Anfahr-** und **Abfahrzeiten**
- technologische Auslegungen der Produktionsanlagen und der Infrastruktur, die zu einer Verminderung des Bau- und Ausrüstungsbedarfes und nachfolgend des Instandhaltungs- bzw. Ersatzteilbedarfes beitragen.

Materialsubstitution

Eine systematisch betriebene Materialsubstitution ist in Verbindung mit dem Qualitätsmanagement und der Materialeinsparung der wichtigste Weg zur Erhöhung der Materialökonomie. Dabei ist stets zu beachten, dass substitutionsbedingte Kostensenkungen in Wechselbeziehung zur Erzeugnisqualität zu sehen sind. Es sind also immer materialrelevante Kosten und erzielbare Absatzerlöse zueinander zu optimieren. Die wichtigsten **Richtungen der Materialsubstitution** sind

- der Austausch von Materialqualitäten
- der Austausch von Materialarten
- der Einsatz ausreichend verfügbarer Materialien
- die Substitution von Erzeugnisstoffen und Hilfsstoffen.

Der **Austausch von Materialqualitäten** erfolgt im Betrieb praktisch laufend mit dem Ziel, die Fertigungskosten wettbewerbsfähig zu halten, denn je nach Marktsituation ändern sich die Preise für die einzelnen Qualitäten einer Materialart ständig und zum Teil erheblich. Allerdings ist beim Einsatz minderer Materialqualitäten zu beachten, dass das Sichern der

Erzeugnisqualität zum Teil einen vermehrten Materialeinsatz verlangt bzw. technologisch bedingt höhere Materialverluste eintreten. Bei höheren Materialqualitäten ist oft die umgekehrte Wirkung festzustellen. Der **Austausch von Materialarten** stellt stets eine grundlegende Substitution dar. Sie erfordert meist konstruktive und technologische Änderungen. Erfahrungsgemäß ist sie insbesondere dann effizient, wenn dadurch neue oder deutlich verbesserte Produkteigenschaften erzielt werden können. Der Übergang zum **Einsatz ausreichend verfügbarer Materialien** ist vor allem dann geboten, wenn Knappheiten beim bisher verwendeten Material die Sicherung einer stabilen Erzeugnisqualität oder einer stabilen Prozessführung beeinträchtigen. Die Möglichkeit oder Notwendigkeit einer **Substitution von Erzeugnisstoffen und Hilfsstoffen** geht stets auf technologische Gründe zurück. Das heißt, Wechselwirkungen zwischen ihnen beeinflussen die Erzeugnisqualität oder die Prozessführung. Das ist insbesondere in der stoffwandelnden Industrie (so bei Lösungsmitteln oder Katalysatoren) der Fall.

Optimierte Anwendungstechniken

Markterfolg wird dauerhaft nur durch überzeugenden **Kundennutzen** erreicht. Teil dieses Kundennutzens sind material- und energieökonomische Effekte, die bei der Anwendung der vom Betrieb gelieferten Erzeugnisse entstehen. Diese Effekte lassen sich erreichen durch

- zweckmäßige Anwendungstechniken bzw. Betriebsvorschriften
- eine qualifizierte Beratung und Schulung des Kunden im Umgang mit den Erzeugnissen oder bei ihrer Weiterverarbeitung
- die Lösung spezieller Anwendungsprobleme des Kunden
- die Anpassung der gelieferten Erzeugnisse an veränderte Anwendungsbedingungen beim Kunden
- die Aufklärung und Beseitigung der Ursachen von Schadensfällen, die infolge oder im Zusammenhang mit den gelieferten Erzeugnissen entstanden.

Materialeinsatz bei Verpackung, Transport, Umschlag und Lagerung

Der Schutz der erstellten Güter erfolgt zu einem erheblichen Maße durch die Verpackung. Diese umfasst die unmittelbare **Produktverpackung** und die **Transportverpackung**. Die Praxis weicht beim Verpackungsaufwand in der Regel erheblich nach oben von dem ab, was aus materialökonomischer Sicht zu fordern wäre. Nicht selten übersteigt der Wert der Verpackung den Wert des zu schützenden Produkts. Es soll nicht verkannt werden, dass die Verpackung auch Werbeeffekt hat. Allerdings liegen in einer entsprechenden Optimierung aller Anforderungen erhebliche Effizienzreserven. **Schwerpunkte** eines materialökonomischen Einsatzes von Material für Verpackung, Transport, Umschlag und Lagerung von Gütern sind

- die Wahl der für das jeweilige Gut zweckgerechten Verpackung hinsichtlich ihrer Art und des Materials
- die Beschränkung auf die notwendige Zahl der **Umhüllungen**

- die genaue Berücksichtigung der **Transport-** und der **Umschlagerfordernisse** insbesondere bei den Transportverpackungen im Zusammenhang mit dem geplanten Transportweg
- der Ersatz von Einwegverpackungen durch **Mehrwegverpackungen**, sofern die Einstands-, Rückhol- und Reinigungskosten dies rechtfertigen
- Einsatz **wiederverwendbarer Transportverpackungen** bzw. Packmittel und Teilnahme an Packmittelpools für Leihverpackungen (Behälter, Paletten, Container)
- **Rückführung** des recycelbaren Verpackungsmaterials.

6 Betriebsmittelwirtschaft

6.1 Grundfragen der Betriebsmittelwirtschaft

6.1.1 Aufgabenbereich der Betriebsmittelwirtschaft

Die **Betriebsmittelwirtschaft** umfasst alle betrieblichen Tätigkeiten, die der Beschaffung, Bereithaltung, rationellen Nutzung und Erneuerung des Elementarfaktors Betriebsmittel unter qualitativen (= technologischen) und quantitativen (= kapazitiven) Erfordernissen dienen [106].

Die Betriebsmittelwirtschaft lässt sich entsprechend dem Wertumfang und der Nutzungsdauer der Betriebsmittel grundsätzlich gliedern in

- Anlagenwirtschaft
- Verschleißteilwirtschaft.

Die **Anlagenwirtschaft** ist der Teil der Betriebsmittelwirtschaft, der sich mit der Schaffung, Erhaltung, Leistungsfähigkeit und Leistungsbereitschaft mehrjährig genutzter Betriebsmittel größeren Wertumfangs, der Anlagen, befasst [107]

Die **Verschleißteilwirtschaft** beschäftigt sich mit der Beschaffung, Bereithaltung und Verwendung geringwertiger und schnell verschleißender sowie einmalig oder kurzzeitig nutzbarer Betriebsmittel [108].

Der dominierende Problembereich ist aufgrund der strategischen Bedeutung für die Betriebsentwicklung und des Umfangs der Kapitalbindung die Anlagenwirtschaft. In der Betriebsmittelwirtschaft verbinden sich technische und ökonomische Prozessaspekte besonders eng. Zu den **technischen Aspekten** der Betriebsmittelwirtschaft gehören

- die Gestaltung von Betriebsmittelsystemen
- die Erstellung (einschließlich Anschaffung) von Betriebsmitteln, insbesondere von Anlagen
- die Kapazität
- die Instandhaltung.

Zu den **ökonomischen Aspekten** zählen

- der Umschlag bzw. Kreislauf des in Betriebsmitteln, vorrangig des in Anlagen gebundenen Kapitals
- die Betriebsmittel- bzw. Anlagennutzung
- die Wertsicherung bei Betriebsmitteln
- die Investition.

Da jeder Betrieb ein verflochtenes technologisches System darstellt und Technologien materiell durch die Betriebsmittel getragen werden, ist die erste Aufgabe der Betriebsmittelwirtschaft die Konzipierung und Realisierung der hierzu erforderlichen **Betriebsmittelsysteme**, vorrangig der **Anlagensysteme**. Ausgangspunkt dafür ist die **technologische Struktur** der einzelnen Produktionen und ihre Verflechtung untereinander sowie mit den Hilfsprozessen. Die Maßnahmen dazu werden vorausschauend entsprechend dem (bekannten oder erwarteten) Prozessverhalten der Anlagen (Störquote, Standzeit), ihrer Nutzungsdauer (Laufzeit) und dem Erfordernis ihrer Erweiterung und Erneuerung sowie der voraussichtlich zu implementierenden Innovationen oder Veränderungen der Produktion (Modernisierung, Rationalisierung; Umrüstung) durchgeführt. Damit steht die Entwicklung der Anlagensysteme in unmittelbarer Korrespondenz zum Umschlag und Kreislauf des in ihnen gebundenen Kapitals.

Die Erstellung von Betriebsmitteln, insbesondere die Errichtung von Anlagen, ist ein technisch-organisatorischer bzw. bautechnologischer Prozess und/oder ein Beschaffungsprozess, kurz als **Anschaffung** bezeichnet. Die Aufgabe besteht darin, in möglichst kurzer Zeit und mit möglichst geringem Aufwand dem Betrieb die uneingeschränkt funktionstüchtige Anlage zur Verfügung zu stellen. Der Anlagenerrichtung entspricht aus finanzwirtschaftlicher Sicht die Anfangsauszahlung einer Investition. Die Investition im weiteren Sinne umfasst neben dem Kapitaleinsatz – ggf. zusätzlich über den gesamten Zeitraum der Anlagennutzung – auch die Kapitalrückgewinnung, die sogenannte Desinvestition.

Das **Kapazitätsproblem** ist ebenfalls einerseits ein **technisches** – viele Prozesse lassen sich nur innerhalb bestimmter Größenordnungen technisch durchführen oder sicher steuern – und andererseits ein **ökonomisches** – das Produktionsvolumen und die Zahl sowie die Technologien der Prozessstufen der Anlage bestimmen den Kapitalbedarf für die Investition und die Kosten je produzierte Mengeneinheit, die **Stückkosten**. Dies ist eng mit einer **optimalen Anlagennutzung** verbunden.

Die **Instandhaltung** dient der Gewährleistung der Nutzungsfähigkeit der Betriebsmittel bzw. Anlagen und damit auch ihrer **Wertsicherung**. Allerdings erfordert die Wertsicherung von Anlagen vor allem die Realisierung eines zukunftssicheren, innovationsfähigen Anlagensystems bzw. seine ständige **Modernisierung** und **Rationalisierung**. Die Betriebsmittelwirtschaft stellt folglich eines der komplexesten betriebswirtschaftlichen Probleme dar, das grundsätzlich einer **gesamtheitlichen Lösung** bedarf.

6.1.2 Verschleiß und Abschreibung

Verschleiß

Fast alle Betriebsmittel unterliegen einem Verschleiß.

> Unter **Verschleiß** versteht man in der Betriebswirtschaft allgemein die Verringerung der Nutzungsfähigkeit von Betriebsmitteln bzw. von Potenzialfaktoren.

Wir unterscheiden **zwei Formen des Verschleißes**: Gebrauchsverschleiß und Zeitverschleiß. **Gebrauchsverschleiß** ist Verringerung der Nutzungsfähigkeit durch Abnutzung im Gebrauch. **Zeitverschleiß** ist Verringerung der Nutzungsfähigkeit durch Überalterung (der technischen Lösung, der Marktbedingungen, der Rechtslage usw.). Eine extreme Form des Verschleißes ist die **Vernichtung** von Betriebsmitteln durch unsachgemäßen Gebrauch oder durch äußere Einwirkung [109].

Umstritten ist, ob Verschleiß, der auch bei **Nichtnutzung** eintritt (und bei verschiedenen technischen Mitteln höher ist als bei Gebrauch: „Was rastet, rostet.“), als eine besondere Form des Gebrauchsverschleißes oder des Zeitverschleißes anzusehen ist. Verschleiß führt zu einem **Funktionsabfall** (hinsichtlich Qualität, Menge, zeitlicher Verfügbarkeit) bis hin zu einem völligen **Funktionsausfall** der Betriebsmittel. Funktionsabfall und ausfall unterliegen einer bestimmten **Stochastik**. Das folgende Bild zeigt die Ausfallwahrscheinlichkeit eines Betriebsmittels in Abhängigkeit von der Nutzungsdauer.

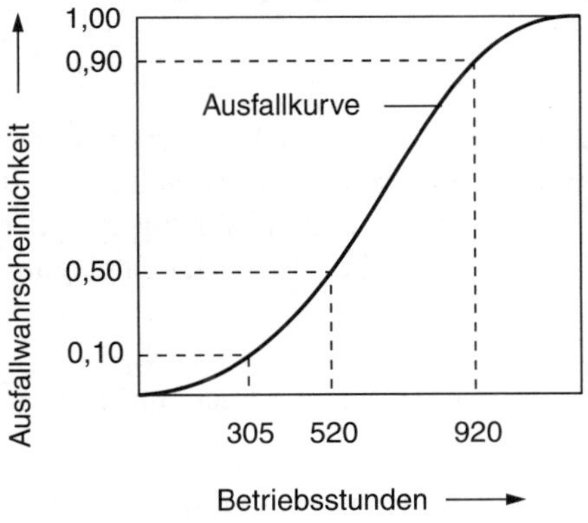

Bild 6.1 Ausfallwahrscheinlichkeit eines Pumpenläufers

Der Verschleiß von Betriebsmitteln lässt sich mit Hilfe von **Verschleißkoeffizienten** wiedergeben. Dabei sind verschiedene Bezugsbasen möglich

- **Verschleiß auf Basis der Betriebsmittelleistung bzw. des anteiligen Funktionsabfalls**

$$V_L = \frac{L_t}{L_0}$$

wobei
V_L Verschleißkoeffizient auf Basis der Leistungsfähigkeit des Betriebsmittels
L_t aktuelle Leistungsfähigkeit des Betriebsmittels
L_0 ursprüngliche Leistungsfähigkeit des Betriebsmittels

- **Verschleiß auf Basis der Verfügbarkeit des Betriebsmittels**

$$V_v = \frac{V_t}{V_0}$$

wobei
V_v Verschleißkoeffizient auf Basis der anteiligen zeitlichen Verfügbarkeit des Betriebsmittels
V_t aktuelle zeitliche Verfügbarkeit des Betriebsmittels (in Stunden pro Jahr)
V_0 ursprüngliche (normative) zeitliche Verfügbarkeit des Betriebsmittels (in Stunden pro Jahr)

- **Verschleiß auf Basis der Funktionsdauer des Betriebsmittels**

$$V_d = \frac{D_R}{D_0}$$

wobei

V_d Verschleißkoeffizient auf Basis der (erwarteten) restlichen Funktionsdauer des Betriebsmittels
D_R erwartete restliche Funktionsdauer des Betriebsmittels (in Jahren)
D_0 ursprüngliche (normative) Funktionsdauer des Betriebsmittels (in Jahren)

- **Verschleiß auf Basis des Instandhaltungsaufwandes für das Betriebsmittel**

$$V_i = \frac{I_t}{I_0}$$

wobei

V_i Verschleißkoeffizient auf Basis des Instandhaltungsaufwandes zur Erhaltung der Funktion des Betriebsmittels, ggf. einschließlich des Entstöraufwandes
I_t aktueller Instandhaltungsaufwand für das Betriebsmittel (in Euro pro Jahr)
I_0 ursprünglicher Instandhaltungsaufwand für das Betriebsmittel (in Euro pro Jahr)

Abschreibung

Verschleiß wird ökonomisch durch wertmäßige Absetzungen für die Abnutzung bzw. die Verringerung der Nutzungsfähigkeit, **Abschreibungen** genannt, erfasst. Allerdings ist zu beachten, dass die verwendeten Abschreibungsverfahren nur bedingt die Verringerung der technischen Nutzungsfähigkeit von Betriebsmitteln widerspiegeln. Grundsätzlich möglich sind **Abschreibungsverfahren**, die

a) dem **tatsächlichen Wertverlust** des Betriebsmittels folgen
b) über den Verlauf der **Nutzungszeit** nach einer bestimmten Regel vorgenommen werden.

Da letzteres einfacher zu handhaben und extern zu kontrollieren ist, sind darauf fußende Verfahren gesetzlich vorgeschrieben. Jedoch ist unter bestimmten Bedingungen der tatsächliche Wertverlust abzusetzen. Das geschieht durch **Sonderabschreibungen** oder – als Korrektur – durch eine **Zuschreibung**, auch **Wertaufholung** genannt. Die **dem Zeitverlauf folgenden Verfahren** sind [110].

- Lineare Abschreibung
- Degressive Abschreibung
- Progressive Abschreibung.

Bei der **linearen Abschreibung** werden pro Periode (pro Jahr) über die Nutzungszeit hinweg gleich große Beträge vom Anschaffungswert des Objekts abgesetzt. Die **degressive Abschreibung** ist durch das Absetzen zunächst eines größeren und dann pro Periode immer kleineren Betrages gekennzeichnet. Bei der **progressiven Abschreibung** erfolgt umgekehrt am Anfang die Absetzung eines kleineren Betrages und dann immer größerer Beträge.

Zugelassen sind die lineare und die degressive Abschreibung. Die progressive Abschreibung ist untersagt. In der Praxis dominiert die lineare Abschreibung. Allerdings können, wie gesagt, Nutzungsdauer und Verschleißverlauf von Betriebsmitteln erheblich vom

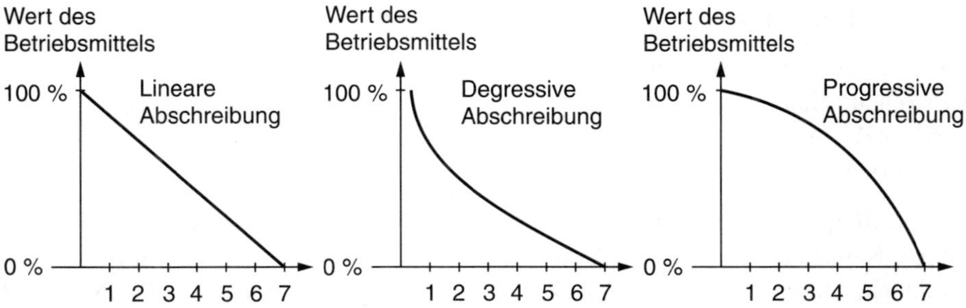

Bild 6.2 Abschreibungsverfahren

Abschreibungsverlauf abweichen. Das trifft vor allem auf Betriebsmittel zu, deren Nutzungsende technisch bedingt durch einen abrupten Funktionsausfall (infolge Bruch, Durchrosten usw.) eintritt. Das folgende Bild stellt den Funktionsabfall (gemessen am Ausstoß) und den Abschreibungsverlauf bei einer Maschine gegenüber. Es zeigt, dass die Abschreibung mit der normativen Nutzungszeit endet, die Maschine aber weiter eingesetzt werden kann. Das ökonomische Phänomen dabei ist, dass dann durch den Wegfall der Abschreibung rein rechnerisch Kosten entfallen. Dieser aus der Kostenrechnung resultierende Effekt kann zur Fehleinschätzung verleiten, dass mit abgeschriebenen Betriebsmitteln effizienter als mit neuen produziert werden kann.

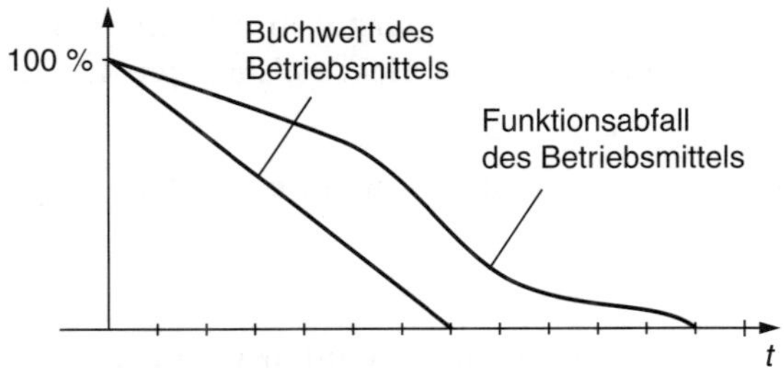

Bild 6.3 Buchungswert und Funktionsabfall des Betriebsmittels

6.1.3 Kapazität und Kapazitätsausnutzung

Unter **Kapazität** versteht man das unter günstigsten Bedingungen erreichbare maximale quantitative Leistungsvermögen eines Betriebsmittels für eine Leistung definierter Qualität.

Kapazität ist eine technische Größe. Sie bezieht sich stets auf ein ganz bestimmtes Betriebsmittel bzw. eine bestimmte Betriebsmittelkombination. Kapazitäten von Betriebsmitteln unterschiedlicher Zielfunktion sind daher nicht summierbar. Kapazität wird immer als Menge (Stück, Masse, Volumen, Fläche, Länge, Bit) pro Zeiteinheit, ausgedrückt, zum Beispiel als Zahl der hergestellten Erzeugnisse pro Jahr, Tonnenkilometer pro Fahrzeug und Tag, Bit pro Sekunde usw. [111].

Formen der Kapazität

Wir unterscheiden grundsätzlich
- Ausstoßkapazität
- Durchsatzkapazität
- Speicherkapazität.

Die **Ausstoßkapazität** wird am Leistungsergebnis pro Zeiteinheit gemessen. Das ist die wichtigste Kapazitätskennzahl. Sie kennzeichnet vor allem die Leistung von Maschinen und Anlagen, aber auch von Betriebsabteilungen sowie ganzen Betrieben. Die Kapazität von Automobilwerken wird zum Beispiel in herstellbaren PKW oder LKW pro Jahr ausgedrückt. Bei Stoffproduktion sind es die maximal erreichbaren Quadratmeter pro Stunde oder bei der Drahtherstellung Meter pro Minute. In der Landwirtschaft wird zusätzlich die bewirtschaftete Fläche einbezogen, so dass wir dort die Kapazität, bezeichnet als Hektarertrag, für jede Fruchtart in Dezitonnen pro Hektar und Jahr bemessen.

Die **Durchsatzkapazität** zeigt an, welches Quantum eines Arbeitsgegenstandes in einer definierten Zeiteinheit durch den Produktionsprozess läuft, unabhängig davon, welches Produktionsergebnis damit erzielt wird. Die Durchsatzkapazität tritt uns je nach Leistungsbereich als **Verarbeitungskapazität** (wie in der Rohstoffverarbeitung, darunter in der Erdölverarbeitung, wo die Anlagenkapazität in Tonnen pro Tag oder pro Jahr gemessen wird), als **Durchleitungskapazität** (wie bei Pipelines in Litern pro Minute oder wie bei Elektroleitungen in Kilowattstunden) bzw. als **Transportkapazität** (meist gemessen in Tonnenkilometern) und als **Bearbeitungskapazität** (wie die Hektarleistung pro Tag bei Landwirtschaftstechnik) entgegen.

Die **Speicherkapazität** wird in der Höchstmenge des zu speichernden Mediums ausgedrückt (wie Tonnen, Kubikmeter, Bit).

Kapazitätsprofil von Anlagen oder betrieblichen Produktionsstufensystemen

Anlagen als komplexe Betriebsmittelsysteme bestehen aus Aggregaten, die oft entweder von vornherein oder je nach Betriebszustand eine unterschiedliche Leistungsfähigkeit und damit Kapazität aufweisen. Die Kapazität der gesamten Anlage wird dann durch die kleinste Aggregatkapazität bestimmt. Alle anderen Aggregate haben dann nicht nutzbare Kapazitätsreserven. Das trifft in vergleichbarer Weise auf technologisch verbundene Produktionsstufen zu. Das soll das Bild 6.4 veranschaulichen.

Effizienzwirkungen der Kapazität [112]

Die Kapazität beeinflusst die Effizienz eines Prozesses vor allem durch die sogenannte **Größendegression der Kosten**. Sie besagt, dass in der Regel bei einer größeren Kapazität die Kosten relativ geringer sind. Wir haben allerdings zu differenzieren zwischen
- der Größendegression der spezifischen Investitionskosten und
- der Größendegression der Fertigungsstückkosten.

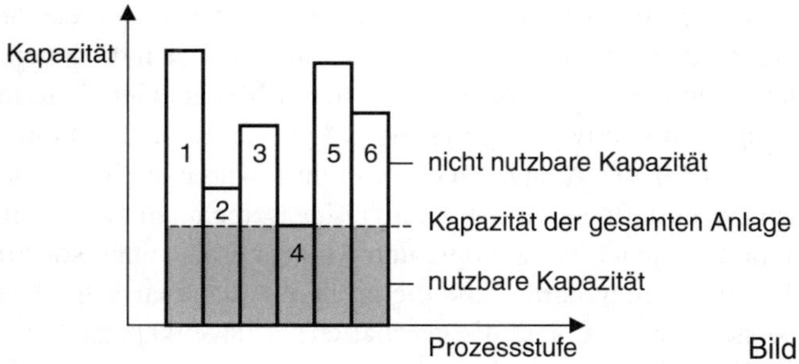

Bild 6.4 Kapazitätsprofil

Die spezifischen Investitionskosten stellen den Investitionsaufwand für die Erstellung einer Kapazitätseinheit dar. Sie lassen sich, wenn die Maßstabsänderung zu keiner Änderung der technischen Struktur der Anlage zwingt, wie folgt berechnen

$$I_{\text{p}} = I_{\text{v}} \cdot \left(\frac{K_{\text{p}}}{K_{\text{v}}}\right)^{y}$$

wobei

I_{p} Investitionskosten der (geplanten) größeren Anlage
I_{v} Investitionskosten der (vorhandenen) kleineren Anlage
K_{p} Kapazität der (geplanten) größeren Anlage
K_{v} Kapazität der (vorhandenen) kleineren Anlage
y Degressionsexponent (wird technologiespezifisch ermittelt und ist stets < 1)

Das folgende Bild zeigt den Vergleich der spezifischen Investitionskosten für technologisch unterschiedliche Speicheranlagen für Ethylen.

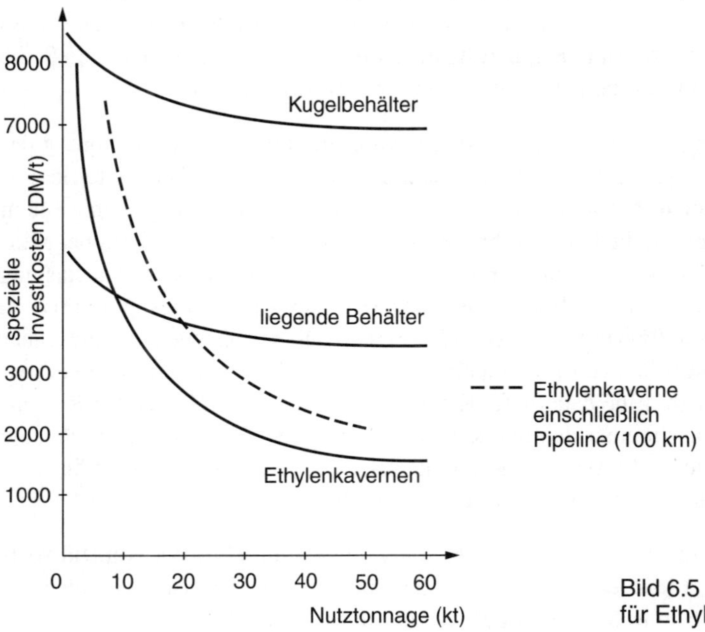

Bild 6.5 Investitionskosten für Ethylenspeicheranlagen

Die Größendegression der Fertigungsstückkosten tritt dadurch ein, dass einerseits bei einer größeren Anlage die spezifischen Investitionskosten abnehmen und demnach die anteiligen fixen Kosten je produzierter, durchgesetzter oder gespeicherter Mengeneinheit geringer sind und andererseits infolge des relativ geringeren Aufwandes an Repetierfaktoren, wie Energie oder Bedienpersonal für die Anlage, auch bestimmte variable Kosten pro Mengeneinheit sinken. Jedoch gibt es dafür keine allgemeingültige Berechnungsvorschrift, weil die **Verbrauchsfunktionen** bei jeder Technologie und Anlagengröße einen **spezifischen Verlauf** aufweisen. Die Bedingung dafür, dass die größere Anlage tatsächlich zu geringeren Fertigungsstückkosten führt, ist, dass die geschaffene Anlagenkapazität auch ausgelastet wird. Die Verbrauchsfunktionen der Anlage bewirken allerdings, dass meist nicht – wie landläufig erwartet – die maximale Kapazitätsauslastung auch die ökonomisch optimale Auslastung darstellt.

Die **ökonomisch optimale Kapazitätsauslastung** ist jene Auslastung der Anlage, bei der je nach Zielstellung einerseits entweder das Kostenminimum oder Gewinnmaximum je Mengeneinheit oder andererseits das Gesamtkostenminimum oder Gesamtgewinnmaximum erreicht werden [113].

Die optimale Kapazitätsauslastung wird bei ständig laufenden Anlagen häufig als **einzuhaltender Prozesswert** (im Betriebsregime „Strich fahren" genannt) vorgegeben. Bei **Wechselproduktion** ist die jeweilige Berücksichtigung der optimalen Kapazitätsauslastung eine Aufgabe der Kapazitätswirtschaft. Bei mehreren gleichartigen Produktionsanlagen werden dann je nach Auftragslage so viele von diesen zugleich betrieben, dass eine insgesamt möglichst **optimale Kapazitätsauslastung** erreicht wird. Dies schließt die **Leerkostenminimierung** für die jeweils nicht betriebenen Anlagen ein.

Bei der Anlagenplanung wird von vornherein die Kapazität unter Berücksichtigung der optimalen Auslastung festgelegt. Oft werden jedoch im Interesse hoher Lieferflexibilität bewusst **Überkapazitäten** aufgebaut. In diesem Falle werden Anlagen mit einem Prozessverhalten bevorzugt, die in einem breiten Auslastungsbereich, vor allem bei Minderauslastung, in der Nähe des Kapazitätsoptimums arbeiten. Bei der Kapazitätsauslastung ist außer dem auf eine definierte Produktionsperiode bezogenen Auslastungsoptimum auch das **langfristige Verschleißverhalten** zu berücksichtigen. Die technische Nutzungsdauer von Anlagen hängt maßgeblich von dem mit einer bestimmten Nutzungsintensität verbundenen Auslastungsgrad ab. Eine dauerhafte Kapazitätsausnutzung am laufenden Kostenminimum kann durchaus zu einer deutlich kürzeren technischen Nutzungsdauer als eine darüber oder darunter liegende Auslastung führen. Vor allem jedoch erhöhen häufige An- und Abfahrprozesse oder Lastwechsel den Verschleiß erheblich.

Die langfristig günstigste Auslastung lässt sich relativ einfach mit Hilfe der **Kapitalwertmethode** (siehe S. 183) feststellen, wenn man den alternativen Auslastungsgraden die jeweils zu erwartende technische Nutzungsdauer zuordnet.

6.1.4 Investitionsprozess und Investitionsrechnung

Eine **Investition** ist eine zielgerichtete, in der Regel langfristige, Kapitalbindung zur Erwirtschaftung autonomer, das heißt unmittelbar aus dem Investitionsobjekt resultierender, Erträge.

Die Investition selbst ist ein **finanzwirtschaftlicher Prozess**, der jedoch seinerseits die engste Verknüpfung zu güterwirtschaftlichen und damit technischen Prozessen hat. Zu unterscheiden ist aus der Sicht des Betriebsprozesses insgesamt zwischen Bruttoinvestition und Nettoinvestition. **Bruttoinvestition** ist der gesamte in einer Periode (Jahr) in langfristig genutzte Betriebsmittel eingelegte Kapitalbetrag des Betriebes. **Nettoinvestition** ist der Zuwachs an langfristig in Anlagen eingelegtem Kapitalbetrag in einer Periode gegenüber dem der vorangegangenen Periode. Damit lässt sich die **Bruttoinvestition** einer Periode in die **Ersatzinvestition**, die den Kapitalbetrag zur Aufrechterhaltung des langfristig genutzten Betriebsmittelbestandes repräsentiert, und in die **Nettoinvestition** aufgliedern. Eine Investition erfolgt immer in ein Objekt. Investitionsobjekte können materieller, immaterieller und finanzieller Art sein. **Materielle Investitionsobjekte** sind physisch fassbar, z. B. Maschinen, Anlagen, Gebäude, Grundstücke. **Immaterielle Investitionsobjekte** sind informationeller und rechtlicher Art, z. B. Datenbanken, Vertragshändlernetze, Forschungsarbeiten, Patente, Lizenzen, Konzessionen, Zertifizierungen. **Finanzielle Investitionsobjekte** sind wertmäßiger Art, z. B. Wertpapiere, finanzielle Beteiligungen, langfristige Kreditgewährungen.

Die Technische Betriebswirtschaft wendet sich vorrangig Investitionen in materielle Objekte, kurz **Sachinvestitionen** genannt, und in ausgewählte Arten immaterieller Objekte zu. Infolge des Umfangs, des großenteils technisch bedingten Schwierigkeitsgrades und der Dauer sind insbesondere Sachinvestitionen in all ihren Prozessphasen sicher und effizient zu beherrschen.

Prozessphasen einer Sachinvestition

Die **grundlegenden Prozessphasen** einer **Sachinvestition** sind

- die Investitionsvorbereitung (= Arbeiten zum qualifizierten Treffen der Investitionsentscheidung)
- die Investitionsdurchführung (= Anschaffung des Investitionsobjekts)
- die Investitionsnutzung (= Betreiben des Investitionsobjekts)
- die Investitionsbeendigung (= Beseitigung und Verwertung des Investitionsobjekts).

Die Prozessphasen der Sachinvestition spiegeln sich in finanzwirtschaftlichen Vorgängen wider.

I	Kapitalbeschaffung	=	Finanzierung	=	Einzahlung	Beispiel:	Kredite
II	Kapitalverwendung	=	Investition	=	Auszahlung	Beispiel:	Kauf
III	Kapitalrückgewinnung	=	Desinvestition	=	Einzahlung	Beispiel:	Erlöse
IV	Kapitalabfluss	=	Entfinanzierung	=	Auszahlung	Beispiel:	Tilgung

Der **finanzwirtschaftliche Prozess** des Betriebes hat insgesamt vier Phasen. Der **Investitionsprozess im weiteren Sinne** umfasst die Phasen Kapitalverwendung und Kapitalrückgewinnung, also **Investition und Desinvestition**. Aus ökonomischer Sicht ist dieser Zusammenhang auch untrennbar. Das Ziel einer betrieblichen Investition muss sein, mehr Kapital zurückzugewinnen als ursprünglich eingesetzt wurde, also finanzielle **Überschüsse zu erzielen und Verluste zu vermeiden**. Falls desinvestiertes Kapital sofort wieder investiert wird, sprechen wir von **Reinvestition**. In vielen Fällen gibt es auch zwingende **Zusammenhänge zum Prozess der Finanzierung**, der im weiteren Sinne die Phasen der Kapitalbeschaffung und des Kapitalabflusses, also der Finanzierung und der Entfinanzierung, einschließt. So muss bei mangelndem Eigenkapital ein **Kredit** für die Investition aufgenommen werden. Bestimmte Arten von Investitionen, also bestimmte Investitionsobjekte, werden vom Staat gefördert und andere nicht. Das kann unter Umständen vom Standort des Investitionsobjekts („Fördergebiet") abhängen. Oft hängt auch die Finanzierbarkeit von der Größenordnung und den erwarteten **Risiken** des Investitionsobjekts ab.

Die Wirtschaftlichkeit eines Investitionsobjekts ist folglich immer im Zusammenhang von Investition und Desinvestition und ggf. im Zusammenhang zur Finanzierung zu ermitteln. Über den Investitionserfolg entscheidet die sorgfältige Durchführung der Prozessphasen insbesondere der Sachinvestition.

Verfahren der Investitionsrechnung

Wir kennen **zwei Gruppen von Verfahren** zur Berechnung der Wirtschaftlichkeit von Investitionen [114]
- Statische Verfahren
- Dynamische Verfahren.

Statische und dynamische Verfahren unterscheiden sich dadurch, dass bei letzteren die **Zinsdynamik**, das heißt der bei mehrperiodigen Investitionen auftretende **Zinseszinseffekt**, berücksichtigt wird. Die gebräuchlichsten **statischen Verfahren** der Investitionsrechnung sind
- die Kostenvergleichsrechnung
- die Gewinnvergleichsrechnung
- die Rentabilitätsrechnung
- die statische Amortisationsrechnung.

Die grundlegenden **dynamischen Verfahren** der Investitionsrechnung sind
- die Kapitalwertmethode
- die Annuitätenmethode
- die Interne-Rendite-Methode.

Alle Verfahren der Investitionsrechnung dienen dem Vergleich der Wirtschaftlichkeit von Investitionsalternativen.

Kostenvergleichsrechnung

Bei der Kostenvergleichsrechnung werden die **Kosten der künftigen Produktion** aus den Investitionsalternativen verglichen. Der Investitionsaufwand selbst geht in Gestalt der Abschreibungen in den Kostenvergleich ein. Die Kostenvergleichsrechnung ist dem Prinzip nach eine spezielle Kostenkalkulation. Ihr Grundschema erfasst folgende Kostenarten für eine (durchschnittliche) Produktionsperiode (Jahr)

- Lohn- und Lohnnebenkosten für die Produktion
- Material- und Energiekosten für die Produktion
- Abschreibungen auf das Investitionsobjekt
- Instandhaltungskosten
- Raumkosten (Pacht, Miete, Gebäudekosten)
- Kapitalkosten (Zinsen)
- Risikokosten (Versicherungskosten)
- Gemeinkosten (nicht direkt zurechenbare Kosten, Managementkosten)
- Abgaben (Steuern).

Die Summe aller Kosten bildet die Grundlage für den **Gesamtkostenvergleich** der Investitionsalternativen. Dieser wird für die Erstellung des betrieblichen Finanzplanes benötigt. Teilt man die Gesamtkosten einer Periode durch die erstellten Mengeneinheiten, erhält man die **Stückkosten**. Der **Stückkostenvergleich** dient der Beurteilung der (kostenseitigen) Wettbewerbsfähigkeit der aus der Investitionsalternative resultierenden Produkte. Die Gesamtkosten, noch mehr aber die Stückkosten, hängen von der in der Produktionsperiode produzierten Menge ab. Jede auf eine bestimmte Kapazität ausgelegte Produktionsanlage hat je nach Auslastung und damit Produktionsmenge einen speziellen Gesamtkosten- und damit Stückkostenverlauf. So kann es auftreten, dass die eine Anlage im Vergleich zu einer anderen bei niedriger Auslastung höhere Stückkosten und bei hoher Auslastung niedrigere Stückkosten hat. Welche Investitionsalternative dann die vorteilhaftere ist, entscheidet sich anhand der absetzbaren Produktionsmenge. Um sicher entscheiden zu können, sind die Schnittpunkte der Stückkostenverläufe der alternativen Anlagen, in der Praxis als **Mengenschwellen** bezeichnet, zu ermitteln.

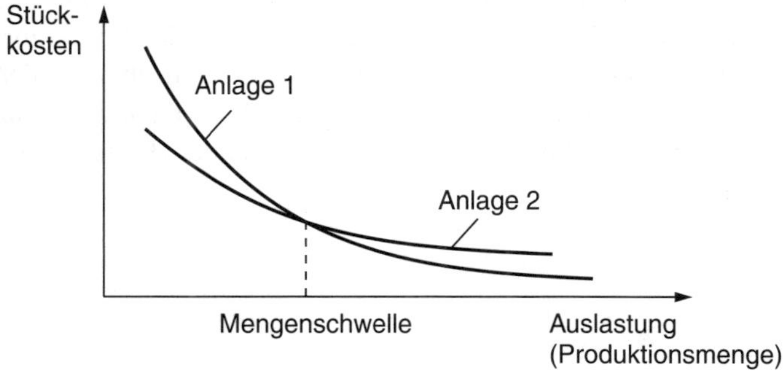

Bild 6.6 Mengenschwelle

Gewinnvergleichsrechnung

Die Gewinnvergleichsrechnung unterscheidet sich von der Kostenvergleichsrechnung lediglich dadurch, dass die Erlöse je Investitionsalternative den Kosten gegenübergestellt werden, also periodenbezogen die Differenz zwischen ihnen ermittelt wird. Auch hier kann eine **Gesamtgewinnrechnung** oder eine **Stückgewinnrechnung** vorgenommen werden. Allerdings wird der Gewinnvergleichsrechnung nicht zuviel Gewicht beigemessen. Das liegt daran, dass sie infolge der schwierigeren Vorherbestimmbarkeit der Erlöse eine höhere Unsicherheit aufweist. Vorrang hat, wenn sie durchgeführt wird, die Ermittlung des erwartbaren Gesamtgewinns je Investitionsalternative.

Rentabilitätsrechnung

Rentabilität ist das Verhältnis von Gewinn einer Periode zum eingesetzten Kapital.

$$r = \frac{G}{K}$$

wobei

r Rentabilität
G Gewinn aus der Nutzung des Investitionsobjekts
K Kapital

Die Rentabilität mehrperiodiger Investitionen kann entweder durch die periodenweise Gegenüberstellung von Gewinn und eingesetztem Kapital (als Rentabilitätsentwicklung der Investition) oder durch die Gegenüberstellung von durchschnittlichem periodischem Gewinn und eingesetztem Kapital (als Durchschnittsrentabilität der Investition) ermittelt werden. Bezüglich des eingesetzten Kapitals kann es zwei Sichtweisen geben

1. Der im Laufe der Zeit eintretende Kapitalverzehr wird berücksichtigt.
2. Der Berechnung wird der ursprüngliche Kapitaleinsatz zugrunde gelegt, womit ein Kapitalverzehr außer Acht bleibt.

Die erstgenannte Sichtweise ist für die deutsche Betriebswirtschaftslehre bestimmend, die zweitgenannte für die angloamerikanische Betrachtung, für die zur Unterscheidung der Terminus **Return on Investment**, kurz **ROI**, für Rentabilität steht. Dabei besteht nach der ersten Sichtweise die Aufgabe, entweder den periodenbezogenen Restwert des im Einsatz befindlichen Kapitals oder dessen Durchschnittswert für die Dauer der Investition zu bestimmen. Das kann durch eine periodische Bewertung des Investitionsobjekts oder durch Abzug der Abschreibungswerte geschehen. Wird ein linearer Abschreibungsverlauf zugrunde gelegt, entspricht der durchschnittliche Kapitaleinsatz genau der Hälfte des ursprünglich eingesetzten Kapitals.

$$r = \frac{\varnothing G}{\varnothing K}$$

wobei

r Rentabilität
$\varnothing G$ durchschnittlicher Gewinn pro Periode (Jahr)
$\varnothing K$ durchschnittlich während der Investition gebundenes Kapital, bei linearer Abschreibung $K/2$

In diesem Falle weist die Rentabilität exakt die doppelte Höhe des ROI aus.

$$ROI = \frac{\varnothing G}{K_0}$$

wobei
ROI Return on Investment
$\varnothing G$ durchschnittlicher Gewinn pro Periode (Jahr)
K_0 ursprünglich eingesetztes Kapital

Statische Amortisationsrechnung

Mittels der statischen Amortisationsrechnung wird die Rückflussdauer der eingesetzten Investitionsmittel ermittelt. Dies geschieht durch die Gegenüberstellung der Anfangsauszahlung zum durchschnittlichen periodischen monetären Überschuss im Investitionszeitraum. Dieser Überschuss ist die Differenz zwischen den erzielten Einzahlungen und allen laufenden Auszahlungen infolge des Betreibens des Investitionsobjekts bzw. die Summe von Gewinn und Abschreibungen.

$$T_{\text{amort}} = \frac{A_0}{\varnothing \ddot{U}}$$

wobei
T_{amort} Rückflussdauer
A_0 Anfangsauszahlung
$\varnothing \ddot{U}$ durchschnittlicher Periodenüberschuss

Kapitalwertmethode

Der Kapitalwert ist der Gegenwartswert (Net Present Value) aller künftigen Überschüsse (Nettozahlungen) abzüglich der Anfangsauszahlung der Investition. Er dient der Feststellung des voraussichtlichen Vermögenszuwachses, der durch Realisierung der jeweiligen Investitionsvariante zu erwarten ist. Er wird ermittelt, indem alle voraussichtlichen Zahlungen periodengerecht auf die Gegenwart abgezinst (diskontiert) werden.

$$K' = \sum_{i=0}^{n} (E - A)(1 + i)^{-t} \quad \text{oder noch komprimierter} \quad K' = \sum_{i=0}^{n} \ddot{U}(1 + i)^{-t}$$

bzw.

$$K' = -A_0 + \frac{\ddot{U}_1}{(1 + i)} + \frac{\ddot{U}_2}{(1 + i)^2} + \ldots + \frac{\ddot{U}_n}{(1 + i)^n}$$

Das Hauptproblem dieser Methode ist das **Finden des zutreffenden Kalkulationszinses**. Bei einer Kreditnahme ist dies relativ einfach. Man nimmt den Effektivzins, den man dem Kreditgeber zu zahlen hat. Wird dagegen Eigenkapital eingesetzt, so gilt zwar die Regel, dass der Zins für die beste Anlagemöglichkeit als Kalkulationszins zu wählen ist, aber dies ist meist nur für einen definierten oder einen begrenzten Kapitalbetrag möglich, und außerdem muss eigentlich auch das Risikoniveau der Vergleichsanlage mit dem der geplanten Investition identisch sein. Angesichts dieser Schwierigkeiten setzen viele Unternehmen einen Kalkulationszins an, der dem Durchschnitt der bisherigen oder der erwünschten

Verwertungsrate ihres Eigenkapitals entspricht. Dazu gibt es allerdings eine umfangreiche kritische Diskussion in der Literatur. Das zweite Problem, die **Genauigkeit der Prognosewerte**, trifft jedoch ebenso auf alle anderen Verfahren der Investitionsrechnung zu.

Annuitätenmethode

Die Annuität ist der aus einer Investition zu erwartende **durchschnittliche Überschuss jeder Periode** bzw. der aus ihr resultierende durchschnittliche jährliche **Einkommensstrom** für den Unternehmer. Sie wird ermittelt, indem der Kapitalwert unter Berücksichtigung des Zinseszinses auf die gesamte Laufzeit der Investition verteilt wird. Für die Berechnung multiplizieren wir den Kapitalwert mit dem so genannten Annuitätenfaktor, auch Verrentungsfaktor genannt.

$$a = K' \frac{(1+i)^n \cdot i}{(1+i)^n - 1}$$

Problematisch an der ermittelten Annuität ist, dass sie einen rechnerischen Durchschnittswert liefert, der vom tatsächlichen Überschussverlauf erheblich abweichen kann.

Interne-Rendite-Methode

Die interne Rendite gibt die **durchschnittliche Verwertungsrate** bzw. **Verzinsung** des investierten Kapitals pro Periode (Jahr) an. Sie lässt sich mathematisch korrekt durch das Nullstellen der Kapitalwertgleichung ermitteln. Da jedoch bei Polynomen höheren Grades mehrere mathematisch völlig gleichwertige Ergebnisse ermittelt werden, ist dann das zutreffende Ergebnis festzustellen. Um diese Schwierigkeit zu umgehen, wird in der betrieblichen Praxis auf eine Näherungsgleichung zurückgegriffen, die auf der Regula falsi beruht und von zwei Probierzinssätzen ausgeht.

$$r = i_1 - K_1' \cdot \frac{i_2 - i_1}{K_2' - K_1'}$$

wobei
r interne Rendite
i_1 Kalkulationszinsfuß 1, der dem Kreditzins oder dem geforderten Eigenkapitalzins entspricht
i_2 Kalkulationszinsfuß 2, eigentlicher Probierzins
K_1' Kapitalwert 1, errechnet auf Basis des Kalkulationszinsfußes 1
K_2' Kapitalwert 2, errechnet auf Basis des Kalkulationszinsfußes 2

Der Kalkulationszinsfuß 2 ist höher als der Kalkulationszinsfuß 1 anzusetzen, wenn der Kapitalwert 1 einen positiven Wert hat, und umgekehrt niedriger anzusetzen, wenn der Kapitalwert 1 negativ ist. Der Zahlenwert des Kalkulationszinsfußes 2 ist dann frei wählbar. Es empfiehlt sich allerdings, den aus dem ersten Rechengang gewonnenen Zahlenwert für die interne Rendite in einem nochmaligen Rechengang als Kalkulationszinsfuß 2 einzusetzen, um die interne Rendite genauer zu bestimmen.

Problematisch an der Verwendung der internen Rendite als alleiniges Entscheidungskriterium für Investitionen ist, dass große und kleine Vorhaben gleichgesetzt werden. So können Investitionsalternativen mit großen Kapitalwerten allein wegen niedrigerer interner Rendite ausscheiden.

6.2 Anlagenwirtschaft

6.2.1 Grundfragen der Anlagenwirtschaft

Anlagen sind aus technischer Sicht Betriebsmittelsysteme und aus ökonomischer Sicht Vermögensgegenstände, die dem Betrieb langfristig zu dienen bestimmt sind [115].

Im betriebswirtschaftlichen Rechnungswesen wird folglich der Anlagenbegriff auch auf finanzielle und immaterielle Vermögensgegenstände ausgedehnt. Dem folgt die Technische Betriebswirtschaft nicht. Finanzanlagen sind ohnehin nicht Gegenstand der Technischen Betriebswirtschaft. Immaterielle Anlagen sind nur insoweit von Interesse, als sie zur ungehinderten Durchführung technischer Prozesse im Betrieb notwendig sind, wie Patente, Lizenzen, Konzessionen, Urheberrechte, Betriebserlaubnisse. Die wertmäßige Zusammensetzung des Betriebsmittelsystems einer kompletten Chemieanlage veranschaulicht die folgende Grafik.

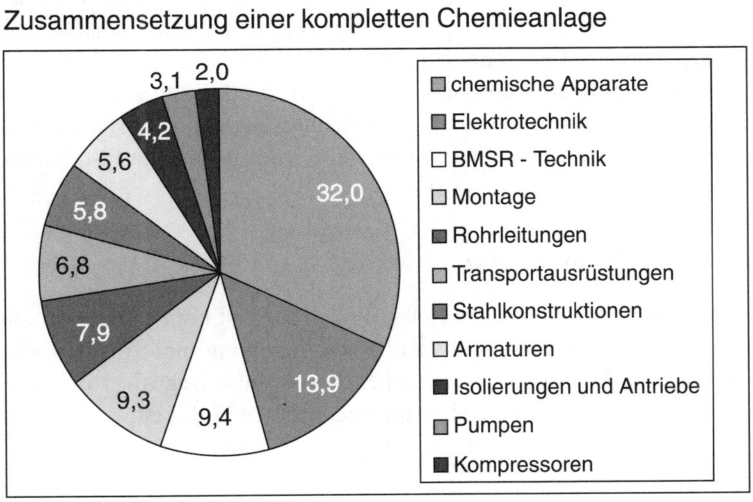

Bild 6.7 Komplette Chemieanlage

Ihrer **Funktion im Betriebsprozess** nach lassen sich

- produzierende Anlagen
- Anlagen der Infrastruktur
- Transportmittel
- Bauwerke
- Grundstücke

unterscheiden. Nach ihrer **Dringlichkeit für den Betriebsprozess** ist zwischen **betriebsnotwendigen** und **nicht betriebsnotwendigen** Anlagen zu differenzieren. Betriebsnotwendig sind alle für die Durchführung von Betriebsprozessen unmittelbar eingesetzten sowie in Bereitschaft gehaltenen Anlagen. Als nicht betriebsnotwendig zählen die Anlagen, die in keiner Beziehung zum betriebliche Leistungsprozess stehen, wie endgültig stillgelegte Anlagen, ungenutzte oder gärtnerisch gestaltete Grundstücke, Werkswohnungen, Freizeit- und Erholungseinrichtungen. Ihrem **Verschleißverhalten** nach können wir unterscheiden

- **verbrauchbare** Anlagen, als
  - technisch verschleißende (körperlich abnutzbare, wie Maschinen)
  - zeitlich bzw. wirtschaftlich verschleißende (wie durch den technischen Fortschritt, den Modewechsel oder Marktwandel veraltete oder durch Fristablauf von Nutzungsrechten und Betriebserlaubnissen nicht mehr einsetzbare Anlagen)
- **nicht verbrauchbare** Anlagen (wie Grundstücke).

Anlagen haben eine bestimmte technologische und kapazitive Leistungsfähigkeit, die es optimal zu bewirtschaften und zu erhalten gilt. Das geschieht durch eine so genannte **komplexe** bzw. **ganzheitliche Anlagenwirtschaft**, die von der Schaffung von Neuanlagen über ihr optimales Betreiben und Instandhalten bis zu ihrer Rationalisierung und ihrem Ersatz reicht und dabei auf lange Sicht sowohl die einzelne Anlage als auch das ganze betriebliche Anlagensystem erfasst. Wichtige Grundlage der Anlagenwirtschaft ist die **Anlagenrechnung**, durch die der **Anlagenbestand** nach Art und Zahl, technologischen Leistungsbereichen und Kapazitäten sowie wertmäßig erfasst wird. Dazu stützt sie sich auf die so genannte **Anlagenkartei**, die alle wichtigen Leistungsmerkmale, Zustandsdaten, Erhaltungsaufwände, Abschreibungsbeträge und Restwerte jeder Anlage und Maschine, jedes Grundstücks und Gebäudes ausweist [116].

6.2.2 Schaffung von Neuanlagen

Die Schaffung von Neuanlagen ist ein technischer Prozess. Er stimmt allerdings mit den finanzwirtschaftlichen Prozessphasen Investitionsvorbereitung und Investitionsdurchführung so eng überein, dass in der betrieblichen Praxis diese Begriffe zum einen für die Aufgabenkomplexe bei der kommerziellen und technischen Vorbereitung und zum anderen für den Prozess der Anschaffung bzw. Errichtung der Anlage stehen.

Investitionsvorbereitung

Sie umfasst folgende Aufgaben

- Erstellung einer Studie zur Begründung der Investition (ob, wann und in welchem Umfang notwendig)
- Erarbeitung einer Studie zu den Investitionsalternativen (technische Alternativen, Effizienz der Lösungen bzw. Objekte, Finanzierungen)
- Entscheidung zu der zu realisierenden Investitionsalternative und Erarbeitung ihrer Dokumentation (technische und technologische Projektierung, organisatorische Ablaufplanung, Kapitalflussplanung)
- Durchführung von Ausschreibungen, Abschluss der Verträge, Einholen der Genehmigungen (für wissenschaftlich-technische Arbeiten, Bau, Erprobung, Produktion, Zulieferungen, Finanzierungen).

Investitionsdurchführung

Sie umfasst folgende Aufgaben
- Herstellen der Baufreiheit (dinglich und juristisch)
- Geländeerschließung (Planierung, Bau von Zufahrtsstraßen, Heranführen der Leitungen für Baustrom und Wasser, ggf. Geländeentwässerung)
- Schaffen der Baustelleneinrichtung (Kranbahnen, Baustraßen, Elektro- und Wasseranschlüsse, Schlechtwetterunterkünfte und Sanitäreinrichtungen, Lagerplätze für Baumaterial, Stellplätze für Transportmittel und Bautechnik, Bauzaun)
- Tiefbau (Erdbau, Bauarbeiten bis Erdoberfläche)
- Hochbau (Bauarbeiten über Erdoberfläche, darunter Stahlbau)
- Grundmontagen (Aufstellen und Befestigen der Maschinen und Anlagen)
- Spezialmontagen (Ausrüsten, Fertigstellen und Anschließen der Maschinen, Anlagen und Gebäude unter Einsatz der Ausbau- und Spezialgewerke, wie Rohrleitungsbau, Elektrotechnik, Mess-, Steuer- und Regelungstechnik, Sanitärtechnik, Putzer und Maler, Isolierer, TK-Technik, Sicherheitstechnik)
- Inbetriebnahme (Überprüfung bzw. Erprobung aller Gebäude, Maschinen und Ausrüstungen, Anlagenteile bzw. Anlagen, schrittweises Anfahren der Anlage von der Peripherie her)
- Probebetrieb (72 Stunden Dauerbetrieb unter Volllast, falls der Vertrag mit dem Anlagenbauer bzw. Lieferanten nichts anderes vorsieht).

Die Sachinvestition ist so durchzuführen, dass die Anlagen oder Anlagenteile mit der höchsten Kapitalbindung möglichst am Ende dieser Phase bezogen und schnell installiert werden.

Kontrollen im Investitionsprozess

Im Prozess der Sachinvestition werden – zum Teil wiederholt – verschiedene **Kontrollen** durchgeführt. Die wichtigsten sind
- **Projektkontrolle**
  Hierbei überprüft die Projektleitung mit Unterstützung der Projektanten die Übereinstimmung des in Realisierung befindlichen Objekts mit dem Projekt.
- **Fortschrittskontrolle**
  Der Auftraggeber kontrolliert den Realisierungsstand des Investitionsobjekts hinsichtlich erbrachtem Leistungsumfang, Qualität und Termineinhaltung und fordert die Beseitigung erkannter Ursachen für Rückstände.
- **Autorenkontrolle**
  Die Erfinder bzw. Entwickler der zu implementierenden technischen Lösung überprüfen, ob das technische und technologische Projekt und die technische Realisierung des Objekts tatsächlich dieser Lösung entsprechen. Insbesondere wird damit sichergestellt, dass fremde Schutzrechte nicht unbeabsichtigt verletzt werden.
- **Verfahrenskontrolle**
  Hierbei wird überprüft, ob die geforderten Schrittfolgen und beizubringenden

Dokumente bei Genehmigungsverfahren bzw. bei Antragsverfahren zur Erlangung von Fördermitteln korrekt eingehalten werden.

- **Fertigungskontrolle**
  Dabei kontrolliert der spätere Betreiber der Anlage bzw. der auftraggebende Betrieb bereits beim Hersteller der Maschinen und Ausrüstungen, ob sie projektgerecht sind und der vertraglichen Qualität entsprechen.
- **Erprobung neu- und weiterentwickelter Maschinen und Ausrüstungen**
  Das geschieht zur Vermeidung technischer Störungen bei der Inbetriebnahme und beim künftigen Betrieb der Anlage. Oft werden damit externe Testeinrichtungen beauftragt.
- **Prüfung prüfpflichtiger Ausrüstungen**
  Für bestimmte Ausrüstungen (wie Transportfahrzeuge und -anlagen, Druckbehälter, elektrotechnische Ausrüstungen, Nukleartechnik) sind entsprechende eingehende technische Prüfungen gesetzlich vorgeschrieben und sind durch dafür autorisierte Organisationen (TÜV, Dekra) vorzunehmen.
- **Prüfung der Arbeitssicherheit**
  Die technische Arbeitssicherheit als Teil des Arbeitsschutzes wird vom Arbeitsschutzauschuss des Betriebes im Zusammenwirken mit den technischen Organisationen (TÜV, Dekra) kontrolliert. Dabei werden die Prozesssicherheit, die Sicherheit der Ausrüstungen und die Unfallschutzeinrichtungen überprüft.
- **Kreditprüfung**
  Hierbei kontrollieren die Kreditgeber (Banken), ob die gewährten Finanzmittel zweckgebunden und im geplanten Umfang eingesetzt wurden.
- **Abnahme**
  Der auftraggebende Betrieb und der Auftragnehmer, der die Anlage oder Anlagenteile errichtet hat, bilden in der Regel eine gemeinsamen Abnahmeausschuss, zu dem meist auch Vertreter technischer Prüforganisationen und/oder externe Sachverständige hinzugezogen werden. Die Abnahme erfolgt aber letztlich ausschließlich durch den Auftraggeber. Bei der Abnahme wird jedes Einzelaggregat zunächst für sich und dann im Funktionszusammenhang mit den anderen Anlagenteilen und schließlich der gesamten Anlage überprüft. Das geschieht durch Augenschein, durch Probeläufe (mit oder ohne Medium bzw. Produkt) oder durch technische Messungen. Das Zwischenergebnis jeder Abnahme sind eine Mängelliste und Auflagen zur Behebung der Mängel (Anmerkung: Nicht alle Mängel lassen sich beheben, oder sie können nur mit übermäßigem Aufwand behoben werden. Daher ist die Mängelliste auch Grundlage für Preisminderungen.)
- **Freigabe**
  Die Freigabe der Anlage zur Aufnahme der Produktion erfolgt, wenn sie nachweislich uneingeschränkt funktionstüchtig und sicher ist. Das setzt in der Regel die Erfüllung aller Auflagen zur Mängelbehebung voraus. Bei kleineren und unkomplizierten Anlagen erfolgt die Freigabe durch das Management des Betriebes. Bei gefährlichen oder genehmigungspflichtigen Anlagen wird ein Freigabeausschuss gebildet, dem dann auch Vertreter technischer Prüforganisationen und der genehmigenden Behörden angehören.
- **Leistungsnachweis**
  In der Endphase des Probebetriebes wird unter verschiedenen Betriebszuständen

überprüft, ob bzw. wieweit die laut Projekt konzipierten oder vertraglich zugesagten Leistungs- und Verbrauchsparameter von der Anlage erreicht werden. Der dokumentierte Leistungsnachweis ist Grundlage der endgültigen Abnahme der Anlage sowie ggf. von Preiskorrekturen. Nach der endgültigen Abnahme der Anlage durch den Auftraggeber beginnt die vertraglich vereinbarte Garantiephase für den Auftragnehmer.

6.2.3 Anlagennutzung

Bei der Anlagennutzung sind zwei Aspekte zu berücksichtigen, **erstens** das **wirtschaftliche Betreiben** der Anlagen und **zweitens** die **wirtschaftliche Nutzungsdauer** der Anlagen. Beide Aspekte sind eng miteinander verbunden.

Die Nutzung von Anlagen erfolgt im Produktionsprozess. Die Produktion hat zum Ziel – und das muss auch Vorrang haben –, die Produkte in marktgerechter Qualität mit möglichst geringen Kosten zu erstellen. Allerdings kann dies im Konflikt mit den Zielen der Anlagenwirtschaft stehen, die ihrerseits auf die Erhaltung der technologischen und kapazitiven Leistungsfähigkeit der Anlagen sowie des Anlagevermögens gerichtet sein müssen. Dies geschieht durch die optimale technologische und kapazitive Auslastung der Anlage. Bei einem Stufenausbau oder bei Anlagenkomplexen sind die Stufen oder Anlagen mit dem höchsten Effizienzbeitrag zuerst in Nutzung zu nehmen und vorrangig auszulasten.

Betreiben von Anlagen

Die Aufgaben der Anlagenwirtschaft bestehen unter dieser komplexen ökonomischen Anforderung hinsichtlich des **Betreibens** von Anlagen

- in der Ausarbeitung und Vorgabe effizienter **Betriebsregimes** für die mögliche Variationsbreite technologischer Nutzungen und Kapazitätsauslastungen der Einzelanlagen, die in jedem Betriebszustand sowohl niedrige Stückkosten als auch einen verschleißarmen Anlagenbetrieb berücksichtigen
- in der Festlegung und Durchsetzung der **Schrittfolge des Zuschaltens und Abschaltens** sowie der **Betriebsparameter** beim Anfahren, im Dauerbetrieb und beim Abfahren verbundener Anlagen
- in der vorausschauenden zeitlichen **Abstimmung der Leistungsparameter der Infrastruktur mit den Erfordernissen des Anlagenbetriebs**, vor allem hinsichtlich der Spitzenlast bei Elektroenergie und der bereitstehenden Höchstmengen an Heißdampf und Brauch- bzw. Kühlwasser.

Nutzungsdauer von Anlagen und optimaler Ersatzzeitpunkt

Zunächst ist zwischen technischer und wirtschaftlicher Nutzungsdauer von Anlagen zu unterscheiden. Die **technische Nutzungsdauer** ist die Zeit, in der die Anlage ihre Funktion bei normaler Instandhaltungsintensität erfüllen kann. Die **wirtschaftliche Nutzungsdauer** ist die Laufzeit der Anlage, die den maximalen Gewinn bringt. Die technische und die wirtschaftliche Nutzungsdauer einer Anlage können erheblich differieren. Die technische Nutzungsdauer stellt allerdings die äußerste zeitliche Begrenzung auch für die wirtschaftliche Nutzungsdauer dar. Das heißt, es ist zu prüfen, ob und wie lange die volle Ausschöpfung der technisch möglichen Nutzungsdauer auch ökonomisch vorteilhaft ist. Das zweckmäßigste Entscheidungskriterium für die wirtschaftliche Nutzungsdauer bei einer einzelnen Anlage ist die höchste Annuität der Investition. Damit wird jene Laufzeit der Anlage bestimmt, die zur bestmöglichen Verwertung des eingesetzten Kapitals führt. Jede Verlängerung der Laufzeit darüber hinaus senkt die Verwertungsrate. Geschieht das gehäuft, sinkt die Gesamtkapitalrendite des Betriebes. Die **Berechnung der wirtschaftlichen Nutzungsdauer** geschieht in folgenden Schritten [117]

1. Berechnung der Kapitalwerte für alternative Laufzeiten der Anlage
2. Bestimmung der Annuitäten zu diesen Kapitalwerten
3. Auswahl der Laufzeit mit der höchsten Annuität.

Werden Produktionen fortgesetzt, so ist die bisherige Anlage nicht nur stillzulegen, sondern zu ersetzen. Damit ändert sich die Betrachtungsweise. Die einzelne Anlageninvestition wird zum Bestandteil eines Investitionsprogramms, dessen Vorteilhaftigkeit insgesamt zu berechnen ist. Die zeitliche Begrenzung der Nutzungsdauer der vorhandenen Anlage wird zum Teilproblem des insgesamt zeitlich flexiblen Investitionsprogramms. Damit wird der **Kapitalwert** zum geeignetsten **Entscheidungskriterium**. Die Berechnung des **optimalen Ersatzzeitpunktes** erfordert folgende Schritte [118]

1. Schätzung der technischen Restnutzungsdauer der vorhandenen Anlage
2. Erarbeitung der auf alternativen Ersatzzeitpunkten beruhenden Investitionsprogramme
3. Berechnung der Kapitalwerte der alternativen Investitionsprogramme
4. Feststellung des optimalen Ersatzzeitpunktes anhand des Investitionsprogrammes mit dem höchsten Kapitalwert.

Aus der Sicht der Technischen Betriebswirtschaft ist eine solche Art und Weise der Anlagennutzung anzustreben, bei der das **langfristige ökonomische Optimum für den gesamten Betriebsprozess** erreicht wird. Das Erfordernis einer **langfristigen Effizienzbetrachtung** ergibt sich zwingend aus der Langfristigkeit der Kapitalbindung. Der Zeithorizont der Effizienzbetrachtung ist für die **Einzelanlage** aus der voraussichtlichen **technischen Nutzungsdauer** bei durchschnittlicher Nutzungsintensität und für **Anlagensysteme** aus der **durchschnittlichen Umschlagzeit des insgesamt in ihnen gebundenen Kapitals** abzuleiten. Der Überlegung, bei Anlagensystemen die durchschnittliche technische Nutzungsdauer der in ihnen verbundenen Einzelanlagen dem Zeithorizont zugrunde zu legen, kann jedoch nicht gefolgt werden, da es ein einheitliches technisches Gewichtungskriterium dafür nicht gibt. Als sinnvolles Gewichtungskriterium kommt nur die Kapitalbindung in Betracht.

6.2.4 Stabilisierung, Erweiterung, Rationalisierung und Modernisierung von Anlagen

Fast jede neu errichtete Anlage erfordert bald technische Veränderungen, aber noch mehr gilt das für schon längere Zeit laufende Anlagen. Die Ursachen können in Mängeln der implementierten Technologie, ungeeigneten Bauteilen, Baugruppen und Aggregaten, einem Zurückbleiben gegenüber dem Stand der Technik, in nicht mehr wettbewerbsfähigen

Kosten und in qualitativen und quantitativen Nachfrageänderungen, aber auch im Angebot erfolgversprechender neuer technischer Lösungen aus Forschung und Entwicklung liegen. Die **Ziele dieser technischen Veränderungen** sind

- Prozessstabilisierung
- Kapazitätserweiterung
- Rationalisierung
- Modernisierung.

Mit der **Prozessstabilisierung** soll die Störquote gesenkt und eine gleichmäßige Produktqualität erreicht werden. Die **Kapazitätserweiterung** dient meist zunächst der Erhöhung der Lieferflexibilität, um die Kapitalbindung bei den Vorräten an Fertigprodukten zu verringern. Die **Rationalisierung** hat die Kostensenkung durch eine Reduzierung des Faktoreinsatzes zum Ziel. Mit der **Modernisierung** soll das technische Niveau so erhöht werden, dass wettbewerbsfähige Produktparameter und die Einhaltung von Standards sowie ökologischer Anforderungen erreicht werden. Diese Ziele sind meist eng miteinander verbunden.

Technisch gesehen bedingt all dies einen im Grunde gleichartigen Vorgang: den Umbau bzw. die Umrüstung vorhandener Anlagen. Der Ablauf der entsprechenden Maßnahmen weist folgende Grundschritte auf

- Situationsanalyse
- Entwicklung, Bau und Erprobung der zu verändernden sowie zusätzlichen Anlagenteile und Ausrüstungen
- Erarbeitung des zugehörigen Betriebsregimes einschließlich der Organisationslösung
- Umbau bzw. Umrüstung der Anlage
- Qualifizierung des Personals für die veränderte Anlage
- Einfahren der veränderten Anlage.

Basis ist eine **qualifizierte Situationsanalyse**. Sie umfasst eine technisch-technologische **Schwachstellenanalyse** (Störanalyse) der vorhandenen Anlage, eine **Prozessanalyse** (die die technologischen und kapazitiven Engpässe und bislang ungenutzten Leistungsreserven herausarbeitet), eine **Kostenstrukturanalyse** (zum Ausweis der Faktorverbräuche jeder Prozessstufe bzw. jedes Aggregats), eine **Anlagenzustandsanalyse** (Verschleißanalyse), einen **Vergleich mit den Wettbewerbern bzw. mit dem Weltstand** (Benchmarking) und vor allem eine systematische **Einschätzung der Nutzbarkeit neuer technischer Lösungen** einschließlich der **Probleme ihrer Implementierung** in der gegebenen Anlage (Durchführbarkeitsstudie/Feasibility Study). Die Situationsanalyse schließt in allen ihren Teilen eine **Vorausschau der Problem- und Chancenentwicklung** ein, die sich am Zeithorizont der technischen (Rest-) Nutzungsdauer der Anlage orientiert [119].

Die in der Regel hohe Effizienz von Stabilisierungs-, Erweiterungs-, Rationalisierungs- und Modernisierungsmaßnahmen ist darauf zurückzuführen, dass meist nur **einzelne Anlagenteile** verändert, ausgetauscht oder ergänzt werden, insbesondere wenn dies in Verbindung mit einer ohnehin fälligen Generalinstandsetzung geschieht. Diese Anlagenteile werden häufig zusammenfassend als **Rationalisierungsmittel** bezeichnet.

Rationalisierungsmittel werden meist speziell für die jeweilige Anlage entwickelt und gefertigt. Sie sind nur selten am Markt erhältlich und wenn, müssen sie angepasst werden. Größere anlagenintensive Betriebe unterhalten deshalb zum Teil einen gesonderten Rationalisierungsmittelbau.

Veränderte Anlagen bedingen grundsätzlich auch **Veränderungen des Betriebsregimes und der Organisation**. Da rationalisierte Anlagen oft technisch komplizierter werden, steigen die entsprechenden Anforderungen. Nicht übersehen darf man dabei die äußere Kooperation hinsichtlich der Qualitätsparameter der Materialien und der Zeitpunktgenauigkeit der zu erbringenden Leistungen. Beim Umbau bzw. der Umrüstung der Anlagen entsprechen die **bautechnologischen Abläufe** – wohlverstanden selektiv – denen beim **Neubau**. Ihnen gehen allerdings partielle **Demontageprozesse** voran.

Die Veränderungen in Betriebsregime und Organisation erfordern auch eine **frühzeitige und umfassende Qualifizierung des Anlagenpersonals**. In der Regel wird sie maßnahmebegleitend durchgeführt. Komplizierter gewordene Anlagen lassen sich schwieriger anfahren und betreiben. Häufig weichen auch die erreichten Prozessparameter von den vorausberechneten ab. Das verlangt eine Prozessoptimierung in der veränderten Anlage, die zum Teil durch so genannte **Großversuche** erfolgt. Außerdem ist eine erneute Einpassung in das betriebliche Anlagensystem vorzunehmen.

Beurteilung der Effizienz des Um- und Ausbaus von Anlagen

Der Um- und Ausbau von Anlagen erfordert Investitionen. Deren Vorteilhaftigkeit kann mittels der statischen und dynamischen Methoden der Investitionsrechnung berechnet werden. Es ist lediglich notwendig, die **zusätzliche Investitionssumme** dem erzielten bzw. erwarteten **Gewinnzuwachs** gegenüberzustellen.

6.2.5 Stilllegung von Anlagen

Die Stilllegung von Anlagen stellt einerseits einen **technischen Maßnahmekomplex** dar, finanzwirtschaftlich bedeutet er andererseits die **Beendigung der Investition**. Aus güterwirtschaftlicher Sicht ist dies ein Prozess des **Abmanagens der Produktion**, die bislang aus der Anlage erbracht wurde. Insbesondere das letztgenannte ist sehr sorgfältig mit dem Blick auf Marktwirkungen durchzuführen. Vor allem sind den Kunden frühzeitig akzeptable Lösungen für ausfallende Produkte anzubieten. Die Stilllegung von Anlagen kann endgültig oder vorübergehend erfolgen.

Aufgaben bei der Stilllegung von Anlagen

Die wichtigsten Aufgaben bei der Stilllegung von Anlagen sind

- Produktionseinstellung bzw. Einstellung der technischen Nutzung des Investitionsobjekts (Abfahren aller Teilprozesse, Abschaltung der Anlage, ggf. Reinigung und Konservierung, Anpassung anderer Haupt- und Hilfsprozesse an die Veränderung im technischen System des Betriebes, Sicherung des Objekts und seiner Gefahrenstellen)

- Gewährleistung weiterlaufender Prozesse (vertragliche Produktlieferungen, Erfüllung von Garantieleistungen, Service und Ersatzteilbereitstellung)
- Verwertung und Beseitigung des Objekts (Verkauf des Objekts oder seiner Teile, soweit möglich, Abriss und Verschrottung, Demontage und Abtransport, ggf. Hilfe bei der Wiedererrichtung am neuen Standort)
- Erkundung und Beseitigung möglicher Altlasten.

Bei der Stilllegung von Anlagen treten fast immer sehr spezifische Probleme und Aufgaben auf.

6.3 Verschleißteilwirtschaft

6.3.1 Aufgabenbereich der Verschleißteilwirtschaft

Verschleißteile sind schnell abnutzbare bzw. wenige Male einsetzbare und/oder geringwertige Betriebsmittel oder Komponenten von Betriebsmitteln.

Zu **Verschleißteilen** im Sinne dieser Definition rechnen
- Werkzeuge (Hand- und Maschinenwerkzeuge)
- Ersatzteile für Maschinen, Anlagen und Vorrichtungen
- Einfache Prüfmittel
- Katalysatoren
- Vorrichtungen und Zusatzeinrichtungen, die einmalig oder selten benötigt werden
- Sicherheitseinrichtungen mit begrenzter Verwendungszeit.

Funktion der Verschleißteilwirtschaft

Die Verschleißteilwirtschaft ist eng mit der laufenden Produktion verbunden. Ihre grundlegende Funktion ist die Bereithaltung von Austauschteilen und von technischen Ausrüstungen, die der Sicherung der Kontinuität der Produktion, ihrer Flexibilität und der Vorsorge für Störfälle dienen. Sie zielt darüber hinaus auf den rationellen Einsatz der Verschleißteile. Angemerkt sei hier, dass die **Verschleißteilwirtschaft nicht mit der Ersatzteilwirtschaft verwechselt** werden sollte. Die Verschleißteilwirtschaft dient der **eigenen** Produktion. Anlagentyp und -zustand bestimmen den Verschleißteilbedarf. Die Ersatzteilwirtschaft ist auf die Funktionserhaltung der vom Betrieb erstellten Produkte **beim Kunden** ausgerichtet. Die Teilesortimente unterscheiden sich daher grundsätzlich. Bestimmte Ähnlichkeiten zeigen allerdings die Prozessabläufe. Jedoch werden die Verschleißteile ganz überwiegend bezogen, während die Ersatzteile für die ausgelieferten Produkte zu einem erheblichen Teil selbst gefertigt werden müssen.

Aufgaben der Verschleißteilwirtschaft

- Aufbau und Führen (einschließlich Änderungsdienst) einer **Verschleißteildatei**, die den Teilekatalog mit den Kennummern, die technischen Dokumentationen und Verbrauchsnormative für die verwalteten Verschleißteile enthält

- **Planung und Disposition** von Verschleißteilbedarf und -einsatz
- **Beschaffung und Vorrats- bzw. Lagerhaltung** von Verschleißteilen
- **Qualitätsüberwachung** der eingehenden und verwendeten Verschleißteile
- Gestaltung des **Versorgungs- sowie Rücklaufsystems** mit Verschleißteilen
- **Kontrolle des Verbrauchs**, des rationellen **Einsatzes** und der **Vorratshaltung** von Verschleißteilen **an den Verbrauchsstellen**
- **Regenerierung** und ggf. **Produktion** von Verschleißteilen
- **Verrechnung der Kosten** für den Verbrauch und die Regenerierung von Verschleißteilen
- **Einflussnahme auf die Verringerung des Verschleißteilverbrauchs** durch optimale Betriebsregimes, vorbeugende Instandhaltung, verschleißarme Technologien und Anlagen und die Anwendung geeigneter Anreizsysteme.

6.3.2 Organisation der Verschleißteilwirtschaft

Die Verschleißteilwirtschaft ist organisatorisch verschiedenen Betriebsbereichen zugeordnet. Charakteristisch ist folgende Zuordnung:

Die Verschleißteildatei wird als Teil der Stammdatei von der betrieblichen Stammdatenverwaltung mit geführt. Die Planung und Disposition des Verschleißteilbedarfs erfolgt bei Werkzeugen und Vorrichtungen sowie Katalysatoren in der Produktion, bei den Ersatzteilen für die Betriebsmittel durch die Anlagenwirtschaft. Der Einkauf der Verschleißteile ist meist zentralisiert. Ersatzteile für Neuanlagen gehören weitgehend zu den Garantieleistungen der Lieferanten und werden durch die Anlagenwirtschaft abgerufen. Die **Vorratshaltung** für die Verschleißteile erfolgt an unterschiedlichen Stellen. Werkzeuge befinden sich im Werkzeugmagazin der Produktion und/oder der Instandhaltung. Wir kennen das offene und das geschlossene Werkzeugmagazin. Beim **offenen Werkzeugmagazin** entnimmt der beauftragte Arbeiter das Werkzeug selbst, reinigt und kontrolliert es nach dem Gebrauch und legt es wieder im richtigen Magazinfach ab bzw. setzt es ggf. wieder instand oder veranlasst seine Instandsetzung. Das offene Werkzeugmagazin gibt es nur in kleinen Produktionsstätten oder Instandhaltungswerkstätten. Da hierbei der Werkzeugumlauf nicht ausreichend kontrolliert werden kann, bleiben Werkzeuge oft an den Arbeitsplätzen liegen. Am schwerwiegendsten ist die hohe Fehlerquote beim Einsortieren in das Werkzeugmagazin und das Zurücklegen abgenutzter oder beschädigter Werkzeuge. Das bewirkt Zeitverluste, Produktionsstörungen und Qualitätsminderungen. Deshalb ist dem **geschlossenen Werkzeugmagazin** der Vorzug zu geben, das die Ausgabe der Werkzeuge gegen den auftragsgebundenen Werkzeugschein vornimmt, den Rücklauf der Werkzeuge überwacht, einfache Instandsetzungen (wie das Säubern und Schärfen) selbst vornimmt, unbrauchbar gewordene Werkzeuge aussondert und, falls technisch möglich und wirtschaftlich vorteilhaft, die Regenerierung veranlasst, die dann entweder in der Instandhaltungswerkstatt oder beim Lieferanten erfolgt. Das geschlossene Werkzeugmagazin übernimmt auch oft Abrechnungsaufgaben. Auf Basis der Werkzeugscheine kann der Werkzeugverbrauch auftrags-, produktionsstellen- und arbeitskraftbezogen erfasst und den Kostenträgern und Kostenstellen zugeordnet werden. Das erleichtert die Analyse des

Werkzeugverbrauchs und die Vorgabe effizienter Verbrauchsnormen. Vorrichtungen lagern entweder in der Produktion oder auch im Werkzeugmagazin. Die Vorratshaltung für Verschleißteile erfolgt meist bei der Instandhaltung, seltener in der Produktion. Das hängt davon ab, wer die Auswechslung vornimmt.

6.3.3 Wirtschaftlichkeit in der Verschleißteilwirtschaft

Fragen der Wirtschaftlichkeit sind in der Verschleißteilwirtschaft nie isoliert, sondern stets im Rahmen der Wirtschaftlichkeit einer bestimmten Produktion oder Anlage zu betrachten. Grundsätzlich gilt: **Verschleißteile müssen vorhanden sein, wenn sie benötigt werden**. Es gibt folglich kein Optimierungsproblem bezüglich des Umfangs ihres Einsatzes. Wirtschaftlichkeitsfragen beziehen sich im ungestörten Betrieb auf

- den optimalen Vorrat von Verschleißteilen an der richtigen Stelle
- den rationellen Einsatz der Verschleißteile
- den Umfang der Regenerierung.

Vorratshaltung an Verschleißteilen

Die Vorratshaltung an Verschleißteilen kann entweder direkt beim Lieferanten oder im Betrieb erfolgen. Im Betrieb wiederum kann dies zentral oder dezentral vorgenommen werden. Die Entscheidung darüber hängt von der Kapitalbindung, den Kosten für die Organisationslösung und den zu erwartenden Schadenskosten sowie Schadensfolgekosten ab. Diese ist für jedes Verschleißteil einzeln zu treffen. Da dies jedoch sehr aufwendig ist, wird zunächst mit einer ABC-Analyse (siehe hierzu auch Kapitel 5) bestimmt, welche infrage kommen. Es ist die Lösung mit den niedrigsten Gesamtkosten zu wählen.

$$\sum(K_\mathrm{i} + K_\mathrm{O} + K_\mathrm{S}) \rightarrow \mathrm{Min}$$

wobei
K_i Kapitalbindungskosten auf Basis des Kalkulationszinses
K_O Kosten der Organisationslösung
K_S Schadens- und Schadensfolgekosten

Die Ausgangsgröße für die Bestimmung dieser Kosten bildet die **Produktionsmenge** der betrachteten Periode, ggf. deren Veränderung im Zeitverlauf. Aus ihr ist entsprechend dem Verbrauch der Prozesse bzw. Anlagen an Verschleißteilen bei der entsprechenden Kapazitätsauslastung bzw. Produktionsintensität unter Berücksichtigung der statistisch ermittelten Streuung des Verschleißteilverbrauchs

- der Verschleißteilbedarf in Sortiment und Menge
- der Sicherheitsvorrat an den einzelnen Verschleißteilen
- der Anteil der Schadens- und Schadensfolgekosten, der durch Kapazitäts- bzw. Lieferausfälle entsteht

abzuleiten. Der umschlagende Durchschnittsvorrat und der Sicherheitsvorrat ergeben bei der Multiplikation von Menge und Preis die Kapitalbindung, deren Kosten sich dann aus dem zugehörigen Zinssatz ergeben. Die Kosten der Organisationslösung lassen sich, da die Aufwände in jeweils beteiligten Betriebsbereichen erfasst werden müssen, meist nur durch eine Studie feststellen. Schadens- und Schadensfolgekosten durch Kapazitäts- bzw. Lieferausfälle entstehen nur, wenn der durch fehlende Verschleißteile entstehende Produktionsausfall die Kapazitätsreserven überschreitet. Sofern sie zu erwarten sind, sind sie mit den technischen Schadens- und Schadensfolgekosten, bestehend aus den erwarteten Instandsetzungskosten und dem Vermögensverlust, zusammenzufassen.

Im gestörten Betrieb steht die technische Sicherheit bzw. die Arbeitssicherheit und damit die Abwendung von Schäden im Vordergrund. Bei Knappheit von Verschleißteilen, die meist durch Produktionseinstellung beim bisherigen Lieferanten oder durch Störungen beim Bezug, seltener durch ungeplant steigenden Bedarf an den Verwendungsstellen entsteht, geht es um Minimierung der Schadenskosten sowie der Schadensfolgekosten.

Rationeller Verschleißteileinsatz

Die Art der Verschleißteile und damit ihr Verwendungszweck bestimmen maßgeblich die Anforderungen an ihren rationellen Einsatz. Werkzeuge und Prüfmittel, vor allem hochwertige, sollten möglichst häufig genutzt werden. Der Verschleißteileinsatz ist der Aufrechterhaltung der Funktionsfähigkeit der Maschinen und Anlagen untergeordnet. Bei der Einsatzdauer und -intensität von Katalysatoren geht es um die Verkaufsfähigkeit des Produkts bzw. die Differenz zwischen Preis und Gesamtkosten der Produktion. Vorrichtungen sollten ihren Einsatzzweck voll erfüllen, aber auch für Mehrfachnutzung geeignet sein. Sicherheitseinrichtungen müssen Personen- und Sachschäden zuverlässig verhindern.

Das ökonomische Hauptproblem des Verschleißteileinsatzes in den Betrieben ist kaum der sachgerechte Einsatz, sondern die geringe zeitliche Nutzung verschiedener Verschleißteilarten, vor allem der Werkzeuge, Prüfmittel und Vorrichtungen. Bei Verschleißteilen kommt es manchmal zu Vergeudungen, die durch Fehlleitung (Es kommen andere als die bestellten Teile an der Bedarfsstelle an.) und falsche Anreizsysteme (Entlohnung nach Zahl der ausgewechselten Teile) gefördert werden. Der **Hauptlösungsweg zu einem rationellen Verschleißteileinsatz** ist daher die Entwicklung geeigneter **Organisationslösungen** und **Anreizsysteme**.

Regenerierung von Verschleißteilen

Der Anteil der aus technischer Sicht regenierungswürdigen Verschleißteile ist relativ hoch. Er reicht nach Einschätzung von Fachleuten je nach Art der Technik von 25 bis über 90 %. Die höchste Regenerierungsrate trifft man bei Stanz- und Schneidwerkzeugen und bei Standardbaubauteilen und -baugruppen, die nach dem Baukastenprinzip konstruiert sind, an. Unter **technisch regenerierungswürdig** sind Verschleißteile zu verstehen, deren volle Funktionsfähigkeit wiederhergestellt werden kann und deren Standzeit (= Zeit ihrer Funktionsfähigkeit) gegenüber originalen Verschleißteilen nicht wesentlich verkürzt ist.

Die Regenerierung muss allerdings wirtschaftlich sein. Dabei sind die Kosteneinsparungen durch regenerierte Verschleißteile den möglichen Mehrkosten durch eine verkürzte Standzeit und ggf. auch durch Qualitätsminderungen gegenüberzustellen. Dies lässt sich wie folgt berechnen:

$$\Delta K = K_O - K_R - K_M$$

wobei

ΔK Kosteneinsparung durch regenerierte Verschleißteile
K_O Einstandskosten der originalen Verschleißteile
K_R Kosten der Regenerierung der Verschleißteile
K_M Mehrkosten infolge der verkürzten Standzeit und ggf. der geringeren Qualität der regenerierten Verschleißteile

Die Mehrkosten umfassen die Kosten des zusätzlichen Verschleißteilwechsels, die Leerkosten während der zusätzlichen Produktionsunterbrechung und den entgangenen Gewinn aus fehlendem oder qualitätsgemindertem Produkt.

6.4 Instandhaltung

6.4.1 Ziele und Aufgaben der Instandhaltung

Die **Instandhaltung** umfasst alle Maßnahmen zur Aufrechterhaltung der Leistungsbereitschaft von Betriebsmitteln [120].

Das grundlegende Ziel der Instandhaltung besteht darin, die durch technische Defekte bedingten Stillstandszeiten der Betriebsmittel und die möglichen ökonomischen Verluste daraus zu verringern und zugleich den Instandhaltungsaufwand in vertretbaren Grenzen zu halten. Das Optimum wird dort erreicht, wo die Summe aus Schadenskosten einschließlich der Schadensfolgekosten und Instandhaltungskosten ihr Minimum erreicht [121].

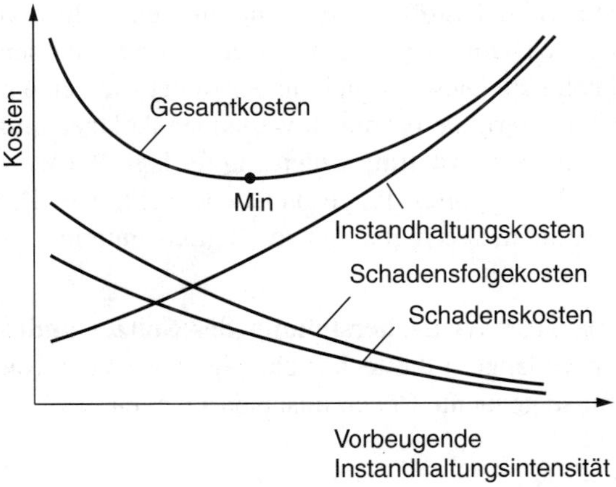

Bild 6.8 Kosten und Instandhaltungsintensität

Instandhaltungsintensität ist die Maßnahmedichte zur Aufrechterhaltung der Leistungsbereitschaft der Betriebmittel, darunter durch vorbeugende Instandhaltungsmaßnahmen. **Schadenskosten** sind die bewerteten Verluste an Betriebsmitteln, Materialien, Arbeitszeit und Fertigprodukten und die Aufwendungen zur Schadensbehebung. **Schadensfolgekosten** sind alle infolge des Schadens entgehenden Nettoerträge (vor allem durch Umsatz- und Marktverluste) und entstehenden Mehraufwendungen (zum Beispiel durch größere

Vorräte oder höhere Versicherungsprämien). Der Begriff **Schaden** umschließt sowohl **Beeinträchtigungen** der Betriebsprozesse (Qualitäts- und Mengenreduzierungen, ungeplante Unterbrechungen sowie erhöhte Faktoraufwände) als auch **Zerstörungen** an Betriebsmitteln, Materialien und Fertigprodukten sowie **Personenschäden**. Die **Instandhaltung ist ein betrieblicher Leistungsbereich mit Servicefunktion** gegenüber der Produktion, dem Vertrieb, dem technischen Kundendienst und anderen Betriebsbereichen. Er ist in der Regel organisatorisch eigenständig.

Grundaufgaben der Instandhaltung

Instandhaltung umfasst die Aufgabenbereiche

- Inspektion
- Wartung
- Instandsetzung.

Unter **Inspektion** verstehen wir alle **Maßnahmen zur Feststellung und zur Beurteilung der Konsequenzen des Istzustandes** von technischen Mitteln [122]. Die Inspektion kann laufend („Anlagenmonitoring"), turnusmäßig („Jahresinspektion"), aus gegebenem Anlass (Prozess- und/oder Qualitätsabweichung, Störung, bei der Wartung festgestellte Mängel) oder zufällig vorgenommen werden. Die Inspektion erfolgt meist anhand einer verbindlichen anlagenspezifischen **Inspektionsanleitung**, die oft in sehr qualifizierter Form bereits durch den Lieferanten erstellt wurde.

Wartung umfasst alle Maßnahmen zur **Aufrechterhaltung des Sollzustandes** von technischen Mitteln [123]. Typische Wartungsmaßnahmen sind das Reinigen von Anlagen oder Anlagenteilen, das Zuführen verbrauchter Betriebsstoffe (wie Schmiermittel, Kühlwasser), der Austausch von Verschleißteilen (wie Dichtungen), das Festziehen von Schrauben und ggf. einfache Korrosionsschutzmaßnahmen. Dies geschieht in der Regel nach einem **Wartungsplan**, der die Reihenfolge und die Termine für die zu wartenden Anlagen und für jede einzelne Anlage nach einer verbindlichen **Wartungsanleitung** festlegt. Bei Wartungsmaßnahmen festgestellte Mängel sind häufig Anlass für gesonderte Inspektionen. Die Wartungsintensität hat erheblichen Einfluss auf die Verfügbarkeit von Betriebsmitteln. Das soll das Bild 6.9 verdeutlichen.

Instandsetzung schließt alle Maßnahmen zur **Wiederherstellung des Sollzustandes** technischer Mittel ein. Instandsetzungen verlängern die technische Nutzungsdauer von Betriebsmitteln. Das gilt insbesondere für so genannte Generalinstandsetzungen.

Zusatzaufgaben der Instandhaltung

Der betrieblichen Instandhaltung werden aufgrund der leistungsfähigen Werkstattkapazitäten und der technischen Fähigkeiten des Instandhaltungspersonals oft zusätzliche Aufgaben übertragen, wie [124]

- Bau spezieller Betriebsmittel
- Herstellen von Ersatzteilen
- Umrüstung und Umbau von Maschinen, Anlagen und Gebäuden

- Unterstützung beim Anfahren von Anlagen
- Sonderarbeiten, wie Unterstützung bei der Havariebekämpfung, bei Abriss- und Aufräumarbeiten und bei Umzügen.

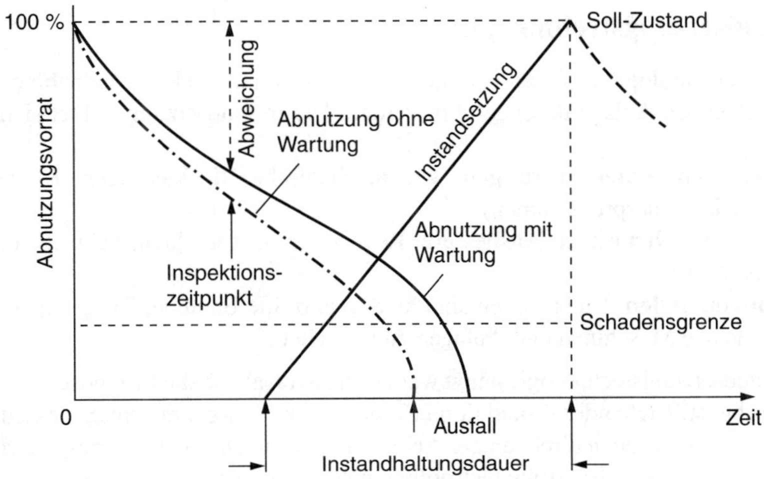

Bild 6.9 Instandsetzungsdauer

Bei der Instandhaltung besteht zunehmend die Tendenz, sie **nach außen** zu verlagern. Für die Instandhaltung von Universaltechnik und Baulichkeiten werden meist regionale Firmen vertraglich gebunden, während für spezielle Technik die Lieferanten (über Full-Service-Verträge für die gesamte Nutzungsdauer der Anlagen) verpflichtet werden.

Instandhaltungsprinzipien

Grundsätzlich sind zwei **Instandhaltungsprinzipien** anwendbar

- Störungsbedingte Instandhaltung
- Vorbeugende Instandhaltung.

Ganz überwiegend wird das Prinzip der vorbeugenden Instandhaltung verfolgt. Dem dient vor allem das vorangehende Prinzip, möglichst Technik mit geringem Instandhaltungsbedarf anzuschaffen. Die **störungsbedingte Instandhaltung** ist jedoch auch bei bester Vorbeugung nicht zu vermeiden. Sie wird dann nicht selten bewusst als **Behelfsreparatur** durchgeführt, bis die bereits geplante Instandhaltungsmaßnahme vorbereitet ist und umfassend durchgeführt werden kann. Das trifft besonders auf Instandhaltungsmaßnahmen im Havariefall zu. Die **vorbeugende Instandhaltung** kann ihrerseits entweder als

- **turnusmäßige Instandhaltung** oder
- **vorbeugende Instandhaltung entsprechend der Zustandsanalyse** (Festlegung der Rang- und Reihenfolge der Maßnahmen nach dem Ergebnis der Inspektionen)

erfolgen. Die Instandhaltung selbst ist zu optimieren durch

- eine günstige Altersstruktur (bzw. Verschleißstruktur) des Betriebsmittelbestandes, vor allem des Anlagenbestandes

- die Anpassung der Instandhaltung an die Verschleißzyklen und ggf. die Betriebszyklen
- eine enge Kooperation mit den Betreibern der Anlagen
- die Rationalisierung der Instandhaltungsprozesse.

6.4.2 Instandsetzungstechnologien

Die Instandsetzungstechnologien werden vor allem davon bestimmt, welche Maßnahmen an der instandzusetzenden Anlage durchgeführt werden. Die Instandsetzung richtet sich auf [125]

- die **Beseitigung technischer Störungen** (wie mechanische Blockierungen, Kurzschlüsse, Defekte in Steuerprogrammen)
- die **Reparatur von Teilen** (durch Ausbessern, Regenerieren, Abdichten, Schweißen, Verstärken, Abstützen)
- den **Austausch von Teilen**. Unter Teilen sind hierbei einzelne Bauteile, Baugruppen, Aggregate oder ganze Maschinen und Anlagen zu verstehen.

Die jeweilige Instandsetzungstechnologie hängt weiterhin davon ab, ob die Instandsetzung bei laufender oder bei stillstehender Produktion erfolgt und ob die Reparaturmaßnahmen an den Bauteilen und Baugruppen direkt an der Anlage oder an anderem Ort durchgeführt werden. **Grundlegende Instandsetzungstechnologien** sind demnach

- die Störungsbeseitigung bei laufender Anlage
- die Störungsbeseitigung bei stehender Anlage
- die Reparatur von Teilen unmittelbar an der laufenden Anlage
- die Reparatur von Teilen unmittelbar an der stehenden Anlage
- der Austausch von Teilen bei laufender Anlage
- der Austausch von Teilen bei stehender Anlage.

Sofern die **Reparatur** nicht unmittelbar an der Anlage erfolgt, so ist dies

- auf einem speziellen **Montageplatz**
- in der **Instandhaltungswerkstatt**
- beim **Hersteller** bzw. **Lieferanten** oder bei einer vertraglichen **Garantiewerkstatt**

möglich. Häufig verwendete Teile und Ausrüstungen (wie Fahrzeuge, Elektromotoren oder Pumpen) werden oft in **spezialisierten Instandsetzungswerkstätten** nach standardisierten Abläufen durchgesehen und repariert. Eine große Verbreitung unter den Instandsetzungstechnologien hat der **Baugruppenaustausch** gefunden. Er erfolgt häufig unabhängig davon, ob Defekte festgestellt wurden oder nicht, sondern in festen Zeitabständen oder nach einer bestimmten Zahl von Betriebsstunden. Insbesondere die Entwicklung leistungsfähiger Instandsetzungswerkstätten hat diese Technologien effizient gemacht.

Eine wichtige Voraussetzung für die rationelle Durchführung von Instandhaltungsmaßmaßnahmen ist eine geeignete Instandhaltungstechnik, und zwar sowohl für die Inspektion und die Wartung als auch für die Instandsetzung. Oft sind spezielle (und zum Teil sogar anlagenspezifische) Werkzeuge, Vorrichtungen, Hebezeuge und Transportmittel sowie Schutzmittel (wie Schutzanzüge, Schutzmasken, Hitzeschilde) notwendig. Verbreitet ist die Ausstattung der einzelnen Instandhalter mit einem Satz an multifunktionalen Werkzeugen sowie der Einsatz mobiler Werkstätten. Eine effiziente Instandhaltung basiert auch auf langjährig erworbenem Know-how. Bei der Personalauswahl sollte man bemüht sein, die erfahrensten und flexibelsten Mitarbeiter einzusetzen, denn immer wieder kommt es bei der Instandhaltung zu unerwarteten Situationen und neuen Anforderungen.

Bei der **Organisation der Instandhaltung** sollte man folgendes beachten: Kaum eine Instandhaltungsmaßnahme gleicht der anderen, also ist erforderlich

- Vorliegen einer Objektgliederung für alle Anlagen
- Stücklisten
- Schadensbilder
- Standardvorgänge mit Leistungsumfang je Gewerk und Zeiteinheit
- Arbeitspläne (Netzpläne)
- Instandhaltungsaufträge/Auftragsüberwachung
- Personengebundene Kapazitätsplanung
- Leistungserfassung/Kostenrechnung (v.a. Kostenstellenrechnung)
- Schnittstellen/Abstimmungen zu anderen Betriebsbereichen (Produktion, Materialwirtschaft, Bestellwesen) und zu den Herstellern/Lieferanten der Betriebsmittel.

7 Innovationsprozess

7.1 Gegenstand des betrieblichen Innovationsprozesses

7.1.1 Funktion und Ziele von Innovationen

Innovation heißt in allgemeinem Sinne Neuerung. Im engeren Sinne werden darunter vor allem Neuerungen im technischen Bereich, und zwar bei Produkten und Technologien, zum Teil auch in technisch geprägten organisatorischen Prozessen und in technischen Systemen, verstanden. Da diese weitgehend auf wissenschaftlichen Erkenntnissen beruhen, verstehen wir heute unter Innovationen neu angewandte wissenschaftlich-technische Erkenntnisse. Eine allgemeingültige Definition des Begriffes Innovation liegt allerdings bisher nicht vor. Im weiteren wird von einem Innovationsbegriff ausgegangen, der die wirtschaftliche Anwendung technischer Lösungen im Betriebsprozess in den Mittelpunkt stellt.

Innovation ist die Hervorbringung und produktions- bzw. marktwirksame Einführung neuer Produkte und Technologien, technischer Systeme und technisch-organisatorischer Lösungen mit dem Ziel der Erhöhung der Effizienz des Betriebsprozesses.

Der im folgenden verwendete Terminus „Innovationsprozess" soll in Anlehnung an Brockhoff einerseits als eine Sammelbezeichnung für alle Aktivitäten und Ergebnisse einer Wirtschaftseinheit auf dem skizzierten Gebiet und andererseits als Gesamtheit der für eine einzelne Innovation zu leistenden Aufgaben verstanden werden [126]. Der Begriff der Innovation steht dem auch oft verwendeten komplexen Terminus Wissenschaft und Technik nahe.

Unter **Wissenschaft** versteht man allgemein die Gewinnung und systematische Ordnung theoretischer Erkenntnisse, das heißt allgemeingültiger bzw. gesetzmäßiger Zusammenhänge der objektiven Realität. Unter **Technik** verstehen wir in diesem Zusammenhang das Finden und Anwenden von Lösungen, die auf mit ingenieurmäßigen Methoden nutzbar gemachten wissenschaftlichen Erkenntnissen basieren.

Wissenschaft und Technik sind folglich Tätigkeitsfelder. Innovationen sind dagegen in Gestalt von (neuen) Produkten und Prozessen materialisierte Resultate wissenschaftlich-technischer Arbeit. Innovationen beruhen in der Regel auf Erfindungen, auch Inventionen genannt.

Erfindungen sind bisher nicht bekannte technische Lösungen.

Erfindungen ermöglichen einen qualitativen Sprung im betrieblichen Innovationsprozess. Der Innovationsprozess beinhaltet seinerseits sowohl technische Entwicklungssprünge als auch Verbesserungen vorhandener technischer Lösungen. Die **Erfindungshöhe** bzw. der **Innovationssprung** einer technischen Lösung kann ebenfalls sehr unterschiedlich sein. Sie reicht von bahnbrechenden Erfindungen bis zu neuen Detaillösungen. Des weiteren können Erfindungen entweder die Antwort auf ein bisher ungelöstes technisches Problem oder ein technisches Angebot für neue Lösungen darstellen.

Vom betriebswirtschaftlichen Standpunkt stellen aber, das sei ausdrücklich betont, nur in Gestalt von Produkten, Technologien, Organisationslösungen und Systemen implementierte Erfindungen auch Innovationen dar. Der bloße Fortschritt wissenschaftlich-technischer Erkenntnisse ist es nicht. Die Funktion des betrieblichen Innovationsprozesses ist die Steigerung der Effizienz des Betriebsprozesses bzw. seiner Teilprozesse und Leistungsergebnisse. Daraus leiten sich die **Grundziele betrieblicher Innovationen** ab. Das ist zum einen die Erhöhung der Leistungsfähigkeit der Prozesse innerhalb des Betriebes, und das ist zum anderen die nach außen auf den Markt gerichtete nachhaltige Verbesserung der Wettbewerbsfähigkeit. Mit Blick auf die **Felder technischer Innovationen im Betrieb** geht es vor allem um

- **Produkte** mit Vorzugsmerkmalen, möglichst Alleinstellungsmerkmalen, im Markt
- **Technologien**, mit denen qualitativ hochwertige Produkte in den erforderlichen Mengen bei niedrigstmöglichen Kosten erstellt werden
- **Anwendungstechniken** für die optimale Nutzung der Produkte bei den Abnehmern
- rationelle, flexible und zukunftsfähige **technische Systeme** in Gestalt von Produktsystemen, Produktionsstufensystemen, Logistiksystemen und den sie unterstützenden Standardsystemen
- die Sicherung eines ausreichenden **wissenschaftlich-technischen Vorlaufs**.

Das erfordert insbesondere eine konsequente **Marktorientierung** für den betrieblichen Innovationsprozess und seine Einbindung in einen permanenten Prozess der **Rationalisierung** des gesamten Betriebes.

Ständige Innovationsprozesse im Betrieb bewirken außerdem unter den Führungskräften und den Mitarbeitern des Betriebes die Ausprägung eines hohen Anspruchsniveaus an sich selbst. Die Fähigkeit zur Problemlösung und zur Anpassung an neue Situationen wird – auch außerhalb der Innovationsprozesse – gefördert. Erfolgreich bewältigte Innovationsprozesse steigern das Selbstvertrauen in die eigene Leistungskraft, und sie motivieren dazu, Effizienzreserven im Betrieb zu suchen und zu erschließen. Sie fördern die Teamfähigkeit, und sie erleichtern die Entwicklung einer gelebten Corporate Identity.

Grundprobleme des Innovationsprozesses

Innovationen sind auf bisher nicht Bekanntes gerichtet. Innovationsprozesse sind daher durch **Unbestimmtheiten** und daraus folgende **Risiken** gekennzeichnet [127]. Diese Risiken reichen von Abweichungen erreichter technischer und ökonomischer Parameter von den angestrebten Parametern bis hin zum völligen Fehlschlag. Allerdings zeigen sich oft auch unerwartete **Chancen**. Diese Unbestimmtheiten der Innovationsprozesse haben ihre Ursachen in

- der **objektiven Stochastik** der wissenschaftlich-technischen Entwicklung allgemein wie auch jedes einzelnen wissenschaftlich-technischen Arbeitsprozesses
- der in jeder Entscheidungssituation **begrenzten Einsicht** in die Problemlage des jeweiligen Innovationsprozesses und in **Informationsdefiziten**
- den **nicht vorhersehbaren Reaktionen Dritter**, vor allem der Wettbewerber, aber auch der Partner oder gesellschaftlicher Kräfte, auf die eigenen Innovationsaktivitäten.

Diese Risiken erhalten ihre besondere Schärfe durch die rechtlichen Regelungen zum **Schutz geistigen Eigentums**. Fremde Schutzrechte können die eigenen Innovationsprozesse stören oder blockieren. Eigene Schutzrechte können umgekehrt erhebliche Wettbewerbsvorteile bringen. Diesen **Risiken** begegnet man durch

- eine **systematische Information** über die Entwicklung in Wissenschaft und Technik und die Innovationsprozesse der Branche
- eine größere **Breite wissenschaftlich-technischer Arbeiten**, wodurch eine Reserve an technischen Lösungen geschaffen wird
- einen ausreichenden **zeitlichen Vorlauf** wissenschaftlich-technischer Arbeiten vor dem erwarteten Zeitpunkt des Bedarfes an den entsprechenden technischen Lösungen
- eine differenzierte **wissenschaftlich-technische Kooperation**, die der frühzeitigen eigenen Information über Innovationsrichtungen und wissenschaftlich-technische Ergebnisse bei Dritten und dem leichteren Zugang zu fremden technischen Lösungen dient
- eine umfassende **Schutzrechtspolitik**, die sowohl eigene technische Entwicklungen absichert als auch die Entwicklung der Wettbewerber behindert
- die aktive Mitwirkung an der **Standardisierung**, um für den eigenen Betrieb vorteilhafte Standards und technische Systeme mit zu entwickeln und durchzusetzen
- den Aufbau **hochleistungsfähiger Potenziale** aus Spitzenkräften in Forschung und Entwicklung, die ein hohes Niveau der technischen Lösungen, große Lösungsschritte und ein hohes Tempo der betrieblichen Innovationsprozesse gewährleisten.

Damit wird deutlich, dass die betrieblichen Aufwendungen für Innovationen sich nicht auf die unmittelbar einzuführenden technischen Lösungen beschränken können. Es entsteht sogar ein Zwang zu ständig hohen bzw. steigenden Innovationsaufwendungen, wenn der Betrieb in Wettbewerbsfelder eintritt, die durch ein hohes technisches Niveau (High-Tech-Branchen), den Typ der Innovationskonkurrenz und durch starkes Wachstum bestimmt werden.

7.1.2 Allgemeine wissenschaftlich-technische Entwicklung und betriebliche Innovationen

Betriebliche Innovationen sind eng und vielfältig mit der allgemeinen wissenschaftlich-technischen Entwicklung im jeweiligen Wirtschaftszweig und in der Wirtschaftsregion verbunden. Mit der weiteren Vertiefung internationaler Kooperationen, aber auch durch den internationalen Wissenschaftsaustausch und die internationale Angleichung des

Urheber- und Patentrechts, erhalten diese wechselseitigen Einflüsse zunehmend globalen Charakter. Die Entwicklung und marktwirksame Durchsetzung technischer Systeme und von Standardsystemen lässt einen isolierten Innovationsprozess im Betrieb ohnehin nicht zu.

Innovationen sind technische Problemlösungen für ökonomische Anwendungen. Die Grundlage dafür ist jeweils ein **technisches Prinzip** [128].

> Unter einem **technischen Prinzip** verstehen wir die Nutzanwendung eines naturgesetzlichen Zusammenhangs durch eine bestimmte räumlich-zeitliche Anordnung bestimmter Mittel.

Ein naturgesetzlicher Zusammenhang wird oft auch als **Wirkprinzip der Natur** oder einfach als **Wirkprinzip** oder als **Natureffekt** bezeichnet.

Beispiele für Wirkprinzipien sind die Gravitation, der Übergang zwischen stofflichen Aggregatzuständen bei bestimmter Temperatur und bestimmtem Druck, das Entstehen von Wärme bei Reibung, Katalysatorwirkungen bei chemischen Reaktionen, die Fotosynthese, die Fliehkraft bei rotierenden Körpern, der Auftrieb von Körpern niedrigeren spezifischen Gewichts in flüssigen oder gasförmigen Medien höheren spezifischen Gewichts usw.

Wirkprinzipien können je nach Art und Kombination der eingesetzten Mittel in unterschiedlichen technischen Prinzipien zur Anwendung gelangen. So beruhen viele technische Prinzipien ganz oder teilweise auf dem Wirkprinzip der Gravitation.

Beispielsweise nutzt das technische Prinzip der Turbine in Wasserkraftwerken die durch Gravitation bewirkte Fallenergie des Wassers. Das lotrechte Einmessen von Bauwerken wäre ohne das Wirkprinzip der Gravitation nicht möglich. Oder: Die Straßenwalze kann den Asphalt nur verdichten, weil es den Natureffekt der Gravitation gibt.

In einem technischen Prinzip können aber auch verschiedene Wirkprinzipien der Natur zur kombinierten Anwendung gelangen.

Das trifft zum Beispiel auf das technische Prinzip der Kolonnendestillation zu, das bei der primären Erdölverarbeitung genutzt wird. Durch dessen Anwendung wird das aus einem Kohlenwasserstoffgemisch bestehende Rohöl in seine Bestandteile zerlegt wird, indem das Rohöl zunächst erhitzt und so (bis auf den so genannten Sumpf) in Gas verwandelt wird, dessen einzelne stoffliche Komponenten sich im Aufsteigen innerhalb der Kolonne abkühlen und jeweils in bestimmten Kolonnenböden wieder verflüssigen. Hierbei wird zunächst das Wirkprinzip genutzt, dass jeder Stoff seinen spezifischen Taupunkt bei einer bestimmten Temperatur und bei bestimmtem Druck hat. Weiterhin nutzt das technische Prinzip der Kolonnendestillation aber auch die Wirkprinzipien des differenzierten Auftriebs jedes Stoffes und der Gravitation. Erst die kombinierte Nutzung dieser Wirkprinzipien in dieser ganz bestimmten Anordnung technischer Mittel in Gestalt der aufheizbaren Kolonne mit ihren Kolonnenböden macht das technische Prinzip der Kolonnendestillation aus.

Technische Lösungen für Produkte und Prozesse (Verfahren bzw. Technologien) bauen ihrerseits auf einem oder mehreren technischen Prinzipien auf. Technische Lösungen erreichen durch spezifische Anordnungen technischer Mittel bzw. durch eine besondere Gestaltung technischer Mittel bestimmte Effekte und Wirkungsgrade der angewandten technischen Prinzipien. Sind technische Lösungen grundsätzlicher Art oder weisen sie ein Charakteristikum auf, die sie deutlich von anderen Lösungen unterscheiden, die auf dem gleichen technischen Prinzip bzw. der gleichen Kombination technischer Prinzipien basieren, sprechen wir im Falle eines Erzeugnisses vom **Funktionsprinzip** und im Falle eines Prozesses vom **Verfahrensprinzip**.

So gibt es aufbauend auf dem technischen Prinzip des Verbrennungsmotors als grundlegende Funktionslösungen den Zweitakt- und den Viertakt-Ottomotor, den Dieselmotor, den Wankelmotor und den Stirlingmotor. Basierend auf dem technischen Prinzip des Gießens kennen wir die Verfahrensprinzipien des Formgießens, des Stranggießens, des Floatens, des Spritzgießens u. a. m.

Die technische Lösung für ein konkretes Produkt bezeichnet man als **Konstruktion**. Die Konstruktion muss die Erfüllung der vom Produkt geforderten Funktion gewährleisten. Die technische Lösung für einen bestimmten Prozess bezeichnet man als **Technologie**. **Technologien sind Verfahrensvarianten**, die durch eine spezifische Prozessgestaltung unter Einsatz ganz bestimmter technischer Mittel bzw. Mittelkombinationen gekennzeichnet sind. **Technologien sind an Anlagen gebunden.** Die Art und Weise, wie die Technologie in der materiellen Struktur der Anlage implementiert ist, bezeichnet man als **technologische Auslegung** der Anlage. Die technologische Auslegung einer Anlage wird grundsätzlich durch das so genannte Prozessschema, die Kapazität und andere Leistungsparameter, ergänzend durch ihre technologische und kapazitive Flexibilität, ihre Steuerung, ihre ununterbrochen mögliche (störungsfreie) Betriebszeit, ihre voraussichtliche gesamte Nutzungsdauer und ihr An- und Abfahrverhalten charakterisiert.

Das so genannte **Betriebsregime** legt unter Effizienz- und Sicherheitsaspekten die **Fahrweise** der Anlage und damit den Bereich ihrer technologischen und technischen Nutzung unter bestimmten Anforderungen und bestimmten betrieblichen Bedingungen fest. Das Bild 7.1 fasst die beschriebenen Zusammenhänge zusammen.

Die Art und der Grad der Ausnutzung eines technischen Prinzips bzw. einer Kombination technischer Prinzipien entscheiden in Wechselbeziehung zu den getroffenen Bedürfnissen und den Faktorkosten über die Effizienz der technischen Lösungen bei Produkten und Prozessen. Das gilt für den gesamten betrieblichen Innovationsprozess. Er zielt einerseits auf eine ständig **intensivere Ausnutzung** bereits in Anwendung befindlicher technischer Prinzipien und andererseits das Finden und die **Einführung neuer technischer Prinzipien**. Das erste ist ein evolutionärer Prozess des ständigen Verbesserns technischer Lösungen, der die latenten Effizienzreserven der technischen Prinzipien Schritt für Schritt ausschöpft. Das zweite stellt einen Entwicklungssprung, also einen revolutionären Prozess dar, der neuartige Lösungsmöglichkeiten und damit neue Effizienzreserven eröffnet. Die ausgewogene Nutzung bekannter und die Einführung neuer technischer Prinzipien ist eine strategische Grundfrage für den betrieblichen Innovationsprozess. Meist lässt sich nämlich durch die vertiefte Nutzung bisher genutzter technischer Prinzipien die Effizienz der Produkte und Technologien einfacher und rascher steigern, und die Entwicklungsrisiken sind geringer. Die Anwendung neuer technischer Prinzipien erfordert dagegen oft erhebliche Vorleistungen, und es ist unsicher, ob die angestrebten technischen, ökonomischen und terminlichen Ziele auch erreicht werden. Allerdings hat jedes technische Prinzip naturgesetzlich begründete Leistungsgrenzen und damit auch Grenzen der Effizienz. Mit der Annäherung an diese Leistungsgrenzen steigt in der Regel der Aufwand und nimmt der Effizienzzuwachs ab. Um im Wettbewerb bestehen zu können, muss daher rechtzeitig zu technischen Prinzipien übergegangen werden, die größere Effizienzreserven beinhalten.

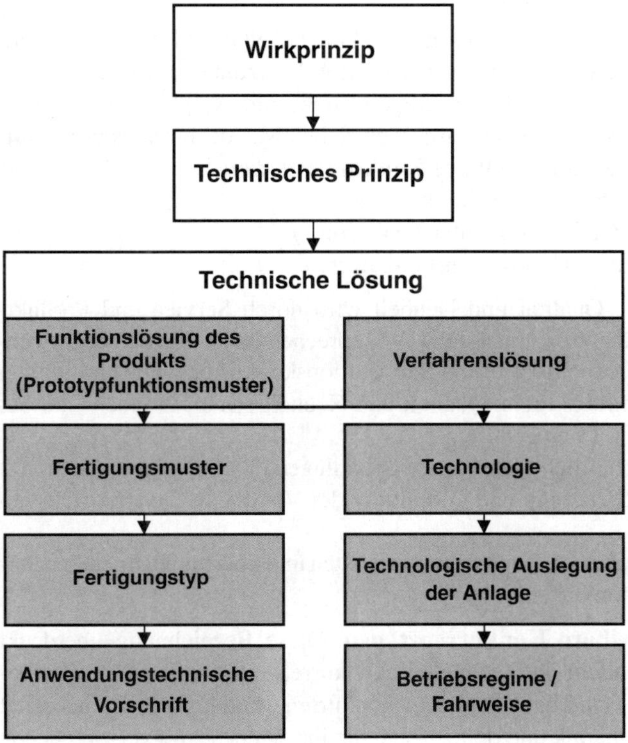

Bild 7.1 Wirkprinzip, technisches Prinzip, technische Lösung

Technische Prinzipien sind auch eine wichtige Orientierung, um den betrieblichen Innovationsprozess richtig in übergreifende Innovationsprozesse bzw. die allgemeine wissenschaftlich-technische Entwicklung einzuordnen. Dazu ist zunächst zu prüfen, welche technischen Prinzipien den **marktbeherrschenden technischen Systemen und Standardsystemen** zugrunde liegen oder in ihnen zur Anwendung gelangen können. Ein effizienter betrieblicher Innovationsprozess ist, vor allem wegen der technischen **Kompatibilitätserfordernisse**, meist nur innerhalb dieser Systeme möglich. Neue technische Systeme setzen sich nur durch, wenn sie einen wesentlichen Effizienzsprung gestatten, die bisherigen technischen Systeme sich als nicht mehr entwicklungsfähig erweisen und/oder das Kapital für die Ablösung des auf bisherigen technischen Systemen basierenden Anlagevermögens durch das auf den neuen technischen Systemen beruhende Anlagevermögen marktweit bereitgestellt wird. Außerdem sind grundlegende **Tendenzen der Innovation** bzw. der wissenschaftlich-technischen Entwicklung **im Allgemeinen und in der Branche** zu berücksichtigen. Dabei stellen sich folgende Fragen:

- Welche **Innovationsdynamik** kennzeichnet die Entwicklung in der eigenen Branche in Wechselbeziehung zur allgemeinen wissenschaftlich-technischen Entwicklung?
- Welche **Schlüsseltechnologien** bestimmen die Innovationsprozesse der Branche?
- Worauf **zielen** die Innovationsprozesse?

Die **Innovationsdynamik** ist zunächst die wesentliche Frage, weil das Mithalten im Wettbewerb auf dem Gebiet der Innovationen für den Betrieb heutzutage existenzentscheidend ist. Die Innovationsdynamik prägt den jeweiligen Konkurrenztyp [129], mit dem der Markterfolg in der jeweiligen Branche vorrangig zu erreichen ist. Aus betriebswirtschaftlicher Sicht unterscheiden wir als **unmittelbare Konkurrenztypen**

- die Konkurrenz mittels des Preises (Preiskonkurrenz)
- die Konkurrenz mittels der Qualität (Qualitätskonkurrenz)
- die Konkurrenz mittels Neuheit (Innovationskonkurrenz).

Diese Konkurrenz über Preis, Qualität und Neuheit wird durch Service und Produkt- bzw. Materialsubstitution ergänzt bzw. unterstützt. Wir sprechen daher von den **ergänzenden Konkurrenztypen** Servicekonkurrenz und Substitutionskonkurrenz. Die unmittelbar marktwirksame Konkurrenz mittels Preis, Qualität und Neuheit basiert ihrerseits auf betrieblichen Leistungsprozessen. Dazu gehören

- die Schaffung der wissenschaftlich-technischen Grundlagen (Technologiekonkurrenz)
- die (möglichst exklusive) Sicherung und Gestaltung der Vertriebswege (Vertriebswegekonkurrenz)
- der (ebenfalls möglichst exklusive) Zugang zu geeigneten und kostengünstigen Produktionsfaktoren (Ressourcenkonkurrenz).

Wir bezeichnen sie als **mittelbare Konkurrenztypen**. Diese Bezeichnung überdeckt etwas die Tatsache, dass vor allem die Technologiekonkurrenz eine wesentliche Vorbedingung für die Innovations-, Qualitäts- und Preiskonkurrenz bildet. Jede Branche hat ihre spezifische Innovationsdynamik und demzufolge die ihr eigene erfolgversprechende Kombination von Konkurrenztypen. Eine besonders hohe Innovationsdynamik weisen die Wachstumsindustrien auf. Ihr Wachstumstempo und die Art ihrer Innovationen und die Entwicklung ihrer technischen Systeme werden durch die **Schlüsseltechnologien** geprägt. Allerdings gibt es dazu keine einheitliche Definition.

> Unter **Schlüsseltechnologien** sollen hier in Produkten und Prozessen realisierte grundlegende wissenschaftlich-technische Lösungen verstanden werden, die auf technischen Prinzipien beruhen, deren Anwendungsbereich und Effizienzpotenzial ein starkes Marktwachstum und überdurchschnittliche Produktivitätssteigerungen initiieren bzw. künftig erwarten lassen.

Was jeweils Schlüsseltechnologie ist, hängt von der betrachteten wirtschaftlichen Ebene (Weltwirtschaft, Volkswirtschaft, Branche, Betrieb) ab. Auf welt- oder volkswirtschaftlicher Ebene werden meist als Schlüsseltechnologien angesehen [130]

- Informationstechnologien (Computertechnologien mit Hard- und Software, Chipherstellung, Telekommunikationstechnologien, Multimedia, Automatisierung, Telematik)

- Biotechnologien (biochemische Prozesse, Gentechnik)
- verschiedene chemische Großtechnologien
- Mikrotechnologien (Miniaturisierung bis hinab zum atomaren Bereich)
- Nukleartechnologien
- Energiegewinnungs- und -umwandlungsprozesse
- Lasertechnik
- Hochtemperaturprozesse
- Kryotechnologien
- Raketenantriebstechnik
- Flugzeugbau (einschließlich Flugzeugturbinenbau)
- Hochgeschwindigkeitsverkehrssysteme
- Spezialwerkstoffe für Grenzbelastungen.

In einzelnen Branchen, und damit den entsprechenden Betrieben, sind dies ausgewählte progressive Technologien, wie z. B. in der Flachglasproduktion das Floatglasverfahren, in der Telekommunikation das ATM- und die xDSL-Verfahren, in der Züchtung und in der Pharmaproduktion verschiedene gentechnische Verfahren. Welche Technologien zu einem bestimmten Zeitpunkt die Schlüsseltechnologien einer Branche oder eines Betriebes sind, entscheidet sich im jeweiligen Wettbewerbsfeld.

Schlüsseltechnologien, gleichgültig auf welcher wirtschaftlichen Ebene, revolutionieren die entsprechenden Produkte, Prozesse und technischen Systeme. Angesichts der rasanten Umwälzungen in Technik und Ökonomie, die seit etwa vier Jahrzehnten durch immer neue technische Prinzipien und darauf beruhende Schlüsseltechnologien bewirkt werden, sprechen wir auch von einer erneuten technischen Revolution, die wir zur Unterscheidung von der technischen Revolution zwischen 1760 und 1830, die sich vor allem in der industriellen Produktion vollzog, als wissenschaftlich-technische Revolution bezeichnen.

Technische Revolutionen sind dadurch gekennzeichnet, dass durch die Anwendung neuer technischer Prinzipien bestimmte Funktionen, die der Mensch als Arbeitskraft bisher im Produktionsprozess wahrnahm, in großem Maßstab auf technische Mittel übertragen werden.

Die gegenwärtige technische Revolution wird insbesondere durch die breite Einführung von **Computertechnologien** geprägt. Der Computer übernimmt und verstärkt informationelle bzw. logische Routinefunktionen, die bisher durch die Arbeitskraft ausgeführt werden mussten. Das beschleunigt nicht nur viele Produktionsprozesse, sondern gestattet die Einführung neuer, bisher nicht oder schwer steuerbarer Technologien hoher Prozessgeschwindigkeit und Produktivität. Außerdem erhalten viele technische Erzeugnisse sogenannte intelligente Funktionen. Die gegenwärtige technische Revolution ist daher ihrem Wesen nach vorrangig eine informationstechnologische Revolution.

Für eine effiziente Gestaltung der betrieblichen Innovationsprozesse sind diese allgemeinen, durch die Schlüsseltechnologien gekennzeichneten Entwicklungstendenzen unbedingt zu beachten. Noch so viele neu realisierte technische Prinzipien bewirken wenig, wenn sie nicht im Trend der technischen Revolution liegen, das heißt dazu beitragen, mittels der Informationstechnologien die Arbeitskraft von logischen Routinefunktionen zu entlasten und dies für die Einführung von effizienten Produkten und Prozessen zu nutzen.

7.1.3 Wege und Arbeitsfelder der Innovationstätigkeit im Betrieb

Innovationen im Betriebsprozess können sich auf drei verschiedenen **Wegen** vollziehen
1. durch den **Erwerb von Technik** und der mit ihr verbundenen Technologien (Maschinen, Anlagen, Mess- und Steuerungstechnik, Systemlösungen, Software)
2. durch **Eigenentwicklung** von Produkten und Prozessen
3. durch **Kombination eigener und fremder Leistungen** [131].

Der vom Umfang her bedeutsamste Innovationsweg ist bei den meisten Betrieben der Erwerb von Technik, die von Dritten entwickelt und auf dem Markt angeboten wird. Die dabei verbleibende Innovationsaufgabe ist die Einpassung dieser Technik in den Betriebsprozess. Die auf diesem Wege erzielbaren Innovationsfortschritte gestatten jedoch fast nie das Erreichen von Vorsprungspositionen. Der im allgemeinen erfolgreichste Innovationsweg ist eine effiziente Kombination eigener und fremder Leistungen in Forschung, technischer Entwicklung, im Einführungsprozess und bei der Nutzung der Ergebnisse. Aus der Vielfalt möglicher Kombinationslösungen treten folgende **Innovationswege** besonders häufig auf

- Kauf der Prinziplösung (Patent, Lizenz, Know-how) – eigene Forschung und Entwicklung – eigene großtechnische Realisierung und Einführung – alleinige eigene Nutzung
- Kauf fremder Entwicklungsergebnisse – Modifizierung der technischen Lösungen – eigene großtechnische Realisierung und Einführung – alleinige eigene Nutzung
- Kauf fremder großtechnischer Lösungen (in Gestalt von – neuen oder gebrauchten – Anlagen oder von fremden Betrieben) – technische Optimierung und Weiterentwicklung – alleinige eigene Nutzung
- Einbringen eigener Leistungen in wissenschaftlich-technische Kooperationen – anschließende gemeinsame bzw. parallele Nutzung.

Die vollständige Eigenentwicklung kommt in der Praxis relativ selten vor. Allerdings ist dies der Weg zu schwer angreifbaren Spitzenpositionen. Er setzt hochleistungsfähige Potenziale in allen Stufen des Innovationsprozesses voraus. Darüber verfügen meist nur Großunternehmen, doch bei der Entwicklung und Einführung größerer technischer Systeme sind selbst sie auf Kooperation angewiesen.

Arbeitsfelder betrieblicher Innovationsprozesse

Grundsätzlich richten sich betriebliche Innovationsprozesse auf Produkte und Prozesse. Produkte, also Erzeugnisse und Leistungen, können isoliert oder innerhalb von Produktsystemen neu- oder weiterentwickelt werden. Bei den zu entwickelnden Prozessen handelt es sich überwiegend um **Produktionstechnologien**. Zunehmend an Bedeutung gewinnen aber auch Anwendungstechniken zur effektiveren Konsumtion oder Weiterverarbeitung der erstellten Produkte und Analyse-, Mess- und Steuerungsverfahren sowie **Informationsverarbeitungstechnologien**. Da technische Prozesse immer an Anlagen gebunden sind, gilt es, diese mitzuentwickeln. Prozesse können ebenfalls isoliert oder innerhalb von technischen Systemen (Produktionsstufensysteme, Anlagensysteme, Servicesysteme usw., ggf. im Verbund mit Produktsystemen) neu- und weiterentwickelt werden. Ordnet man diese Gegenstände betrieblicher Innovationsprozesse nach typischerweise zusammenhängenden Arbeitsaufgaben, gelangt man zu folgender Übersicht der **Arbeitsfelder**

- Neu- und Weiterentwicklung von Erzeugnissen und technischen Dienstleistungen
- Neu- und Weiterentwicklung von Technologien und Anlagen
- Neu- und Weiterentwicklung von Anwendungstechniken und Servicetechnologien
- Neu- und Weiterentwicklung von Methoden zur Analyse, Messung und Steuerung von Objekten und Verfahren
- Neu- und Weiterentwicklung von Software
- Standardisierung und Entwicklung technischer Systeme.

7.2 Phasen des betrieblichen Innovationsprozesses

7.2.1 Gliederung und Abgrenzung der Phasen betrieblicher Innovationsprozesse

Bei der Darstellung der gangbaren Innovationswege wurde bereits sichtbar, dass es **keinen einheitlichen Verlauf betrieblicher Innovationsprozesse** geben kann. Je nach Art und Komplexität der Problem- und Aufgabenstellung und absehbarem Erfolgsverlauf müssen ganz unterschiedliche Arbeitsschritte gegangen werden. Die Problem- und Aufgabenkomplexität wird dabei maßgeblich durch das jeweilige **Anspruchsniveau an den Innovationsprozess**, das heißt durch

- die sachliche und zeitliche Dringlichkeit der Lösung
- das Innovationsniveau bzw. die Schrittgröße der Lösung
- die zu fordernde Lösungsreife

geprägt. Die **Dringlichkeit einer Innovation** ist meist durch Markterfordernisse und durch neue gesetzliche Regelungen, seltener durch technische Probleme bestimmt. Dadurch sind der Zeitrahmen, Art und Niveau der Lösung und der notwendige Potenzialeinsatz weitgehend vorgezeichnet. Besonderes Gewicht kommt dem **Innovationsniveau der Lösung** zu. Aus einer komplexen technisch-ökonomischen Sicht lassen sich folgende **grundlegende Innovationsniveaus** erkennen [132]

- **Pionierentwicklung**
  Eine Pionierentwicklung ist eine in der Welt erstmalige neuartige technische Lösung. Dabei kann es sich um eine Lösung auf Basis eines neuen technischen Prinzips oder Prinzipkombination oder einer bisher nicht bekannten Funktionseigenschaft eines Produkts oder eines Prozesses handeln.
- **Neuentwicklung**
  Eine Neuentwicklung stellt eine technische Lösung dar, die zumindest eine bisher nicht bekannte Produkt- oder Prozesseigenschaft bewirkt. Allerdings ist das Bezugsfeld für Neuentwicklungen nicht eindeutig definiert. Es kann sich entweder um Neuheiten für die Welt, ein Land bzw. einen Wirtschaftsraum oder ein Unternehmen handeln.

- **Weiterentwicklung**
  Eine Weiterentwicklung ist durch verbesserte Parameter oder Eigenschaften eines Produkts oder Prozesses gekennzeichnet. Auch hier kann das Bezugsfeld von der Welt bis zum einzelnen Unternehmen reichen.
- **Nachentwicklung**
  Eine Nachentwicklung ist eine technische Lösung, mit der ein bereits bekanntes Innovationsniveau erreicht wird. Eine Nachentwicklung kann eine durchaus eigenständige Lösung sein. Wir sprechen von einer Kopie, wenn eine fremde Lösung komplett übernommen wird.
- **Modifikation**
  Unter einer Modifikation versteht man eine Parametervariation der technischen Lösung ohne eigentliche Erhöhung des Innovationsniveaus. Modifikationen sind aber notwendig, um sich an spezielle Kundenwünsche bzw. veränderte Markterfordernisse oder veränderte Produktionsbedingungen anzupassen. Insofern stellen Modifikationen durchaus Innovationen, aber auf unverändertem Lösungsniveau, dar.

Welches Innovationsniveau jeweils anzustreben ist, hängt davon ab, welche Wettbewerbsposition der Betrieb hat oder erreichen will. Wettbewerbsvorsprünge erzielt oder sichert man vorrangig durch Pionier- und Neuentwicklungen. Im Mittelfeld genügen oft Nach- und Weiterentwicklungen. Wer sich im Nachtrab befindet, braucht meist sowohl Neu- als auch Nachentwicklungen. Allerdings kann ein gezielter Nachtrab dort effizient sein, wo die Richtungen der weiteren Entwicklung unklar sind und Vorsprungspositionen übermäßigen Aufwand erfordern. Die jeweils notwendige **Lösungsreife von Innovationen** hängt davon ab, welche **technische Zuverlässigkeit** der Nutzer verlangt oder akzeptiert. Bei einem hohen Neuheitsgrad der Lösung werden so genannte „Kinderkrankheiten" hingenommen, bei geringen Niveaufortschritten werden auch kleine Mängel der technischen Lösung sehr kritisch betrachtet. Können Gefahren vom Produkt oder der Technologie ausgehen, darf auch der Entwickler keine Kompromisse hinsichtlich der Lösungsreife machen. Aus innovationsökonomischer Sicht ergibt sich bei jeder technischen Entwicklung folgender Widerspruch: Eine hohe Lösungsreife erfordert mehr Zeit. Ein verspäteter Nutzungszeitpunkt kann aber Ertragsminderungen, Vorsprünge der Wettbewerber oder sogar den eigenen Marktausschluss bewirken. Es geht also immer um das **Optimum von Lösungsreife und Zeit**. Obwohl kein Innovationsprozess dem anderen gleicht, lässt sich dennoch eine allgemeine **Phasengliederung** erkennen [133]. Die grundlegenden **Phasen einer Innovation** sind

- Gewinnung der Innovationslösung (= Forschung und Entwicklung)
- Einführung der Innovationslösung (= Produktions- und Markteinführung)
- Sicherung der Innovationslösung (= Produkt- und Technologiepflege).

Diese Phasen lassen sich weiter untergliedern und ggf. je nach Art der Innovation differenzieren. Die Praxis zeigt, dass diesen Innovationsphasen ein weiterer, recht intensiver Arbeitsprozess vorgeschaltet ist, nämlich das **Finden der Ziel- und Aufgabenstellung** für den jeweiligen Innovationsprozess. Gerade in Abhängigkeit von der Ziel- und Aufgabenfindung des jeweiligen Innovationsprozesses wird – mit Blick auf den gewählten Innovationsweg und das wissenschaftlich-technische Arbeitsfeld – die konkrete Abfolge der Arbeitsstufen ausgewählt. Dabei können ganze Arbeitsstufen entfallen oder wesentlich verringert werden.

7.2.2 Ziel- und Aufgabenfindung

Angesichts des meist recht erheblichen Aufwandes und des relativ hohen technischen und ökonomischen Risikos – letzteres betrifft Markt- und Kostenrisiken – von Innovationen kommt einer **technisch treffsicheren, ökonomisch effizienten und erfolgswahrscheinlichen Ziel- und Aufgabenfindung** große Bedeutung zu. Nicht selten wird die Auffassung vertreten, dass man Innovationsprozessen keine definitiven Ziele vorgeben könne, da sie auf das Finden von bisher Unbekanntem gerichtet seien. Das ist jedoch nur bedingt richtig. In jeder wissenschaftlich-technischen Problemstellung steckt außer dem, was man bislang nicht weiß, sehr viel, was schon bekannt ist. Nicht zuletzt weiß man durch die umfangreiche internationale wissenschaftliche Kommunikation und Publikation, wie weit auf welchen Lösungswegen andere gekommen sind. Dieses Vorwissen gestattet, die Lösungsdefekte recht exakt zu bestimmen und auch die Arbeitsrichtungen einer erfolgreichen Lösung abzustecken. Außerdem muss man unterscheiden, in welcher Phase eines Innovationsprozesses eine Lösung gesucht wird. In der Phase der Grundlagenforschung kann die Problemlösung tatsächlich offen sein. In der Phase der angewandten Forschung oder gar der technischen Entwicklung verringert sich ein technisches Fehlschlagsrisiko beträchtlich. Was aber in diesen Phasen anwächst, ist das Effizienzrisiko. Die Innovation muss die **Bedürfnisse der Nutzer** möglichst genau treffen – genauer als eine konkurrierende Innovation – und auch der Faktoraufwand sollte geringer sein als bei einer Konkurrenzinnovation, um zu einem ökonomischen Erfolg zu gelangen. Neben der Entwicklungs- ist hier die Einführungsphase mitentscheidend. Die wesentlichen **Arbeitsprozesse in der Phase der Ziel- und Aufgabenfindung** sind

- die Problemanalyse
- die Literaturrecherche
- die Patentrecherche
- die Vorbereitungsforschung.

Diese Aufgaben sind zwar eng miteinander verflochten, werden aber in der Praxis relativ eigenständig durchgeführt.

Problemanalyse

Die Problemanalyse für eine Innovation beginnt im Betrieb immer mit der Fragestellung, ob, wann und in welchem Umfang innovative Lösungen für den Markt, die Produktion oder einen anderen betrieblichen Teilprozess verlangt sein werden. Die ökonomische Notwendigkeit steht am Anfang. Dies ist allerdings nicht zu eng zu sehen. Man braucht für ein erfolgreiches Bestehen im Wettbewerb auch Lösungsreserven und Lösungsvorlauf. Ist klar, dass eine bestimmte Innovation benötigt wird, werden die technischen Lösungsalternativen und ihre Effizienzreserven untersucht, das heißt sowohl bisher schon bekannte als auch noch zu erforschende bzw. zu entwickelnde Lösungen. Kernstück der Problemanalyse ist die **Aufdeckung der offenen Fragen** bei jeder technischen Lösungsalternative bzw. bei den einzelnen Untersuchungswegen. Dazu werden Experten hinzugezogen, Literatur- und Patentrecherchen ausgewertet, ein Benchmarking (Weltstandsvergleich) und ggf. auch technische Prozessanalysen und eine experimentelle Ideenprüfung oder theoretische Berechnungen durchgeführt. Die Analysen sind unbedingt durch Prognosen der wissenschaftlich-technischen Entwicklung in der Branche oder zumindest bei den Hauptkonkurrenten zu ergänzen. Das hohe Tempo der technischen Entwicklung zwingt dazu.

Das Ergebnis der Problemanalyse ist eine **Studie**, die die zur Erreichung der ökonomischen Zielstellung als gangbar betrachteten Lösungswege nach Markt- und Kosteneffizienz, Risiken, Aufwand und Entwicklungs- sowie Nutzungsdauer der Innovation ordnet. Sie bildet die Grundlage für die Entscheidung zum Innovationsweg und den demzufolge ganz oder anteilig selbst zu erbringenden wissenschaftlich-technischen Leistungen. Letztere sind dann die **bestätigte Ziel- und Aufgabenstellung** für die Beteiligten in den Bereichen Forschung, Entwicklung, Betriebstechnologie, Investition, Produktion und Absatz.

Literatur- und Patentrecherche

Eine umfassende Sichtung und Beurteilung des in der Welt zum untersuchten wissenschaftlich-technischen Problem bereits vorhandenen Wissens ist Bestandteil jeder Problemanalyse. Diese Arbeiten werden in der Praxis allerdings meist permanent durchgeführt, um auf dem Laufenden zu bleiben. Dafür gibt es in den Betrieben, die eine systematische Forschung und Entwicklung betreiben, **Abteilungen für wissenschaftliche Information und Dokumentation** und **Schutzrechtsabteilungen**. Angesichts der Fülle der wissenschaftlich-technischen Literatur und der hohen Zahl jährlich neu erteilter Schutzrechte und der Dynamik ihres weiteren Anwachsens ist in diesen Abteilungen eine umfangreiche und relativ eigenständige Routinearbeit zu leisten. Die Auswertung geschieht in enger Zusammenarbeit mit den Forschern und Entwicklern der einzelnen Fachgebiete. Die Schutzrechtsabteilungen führen darüber hinaus juristische Maßnahmen (Patentanmeldungen, Anmeldung von Produktmustern, Einsprüche gegen angemeldete Schutzrechte Dritter, Abwehr von Schutzrechtsverletzungen) durch und erarbeiten gemeinsam mit den Forschern und Entwicklern eine **Schutzrechtsstrategie**.

Vorbereitungsforschung

Qualifizierte Problemanalysen können sich nicht allein auf gespeichertes Wissen und theoretische Überlegungen stützen. Außerdem sind zahlreiche wissenschaftlich-technische Informationen für die eigene Problemstellung nicht genau oder tiefgründig genug. Manche sind sogar falsch. Darüber hinaus ist es erforderlich, die eigenen Forschungs- und Entwicklungsarbeiten möglichst treffsicher und rationell durchzuführen. Aussichtslose Lösungswege sollten von vornherein vermieden werden. So hilft vielfach erst eine experimentelle Prüfung, um all das beurteilen zu können. Wir bezeichnen dies als **Vorbereitungsforschung**. Die Vorbereitungsforschung ist konsequent auf eine erste Ideenprüfung ausgerichtet. Sie beantwortet nur die Frage, ob eine Lösungsrichtung prinzipiell gangbar ist. Auf eine umfassende wissenschaftliche Absicherung der Ergebnisse wird verzichtet. Außerdem werden nur solche Experimente vorgenommen, die rasch und mit relativ geringem Aufwand zu entscheidungsrelevanten Erkenntnissen führen.

7.2.3 Forschung und Entwicklung

Unter **Forschung und Entwicklung** – in der Praxis mit F&E, F/E oder FuE abgekürzt – verstehen wir die planmäßige Suche und Anwendung neuer wissenschaftlicher und technischer Erkenntnisse.

Forschung ist dabei auf die Gewinnung wissenschaftlicher und/oder grundlegender technischer Erkenntnisse (für letzteres technischer Prinzipien sowie grundlegender technischer Lösungen) gerichtet. **Entwicklung** – auch technische Entwicklung genannt – ist die erstmalige praktische Umsetzung vorliegender oder neuer wissenschaftlicher und/oder neuer technischer Erkenntnisse (Erfindungen) in Produkte und Prozesse. Die **Forschung** wird nach dem Grad der praktischen Nutzbarkeit der angestrebten Erkenntnisse gegliedert in

- Grundlagenforschung
- Angewandte Forschung.

Grundlagenforschung ist zweckfreie Forschung, die auf die Aufdeckung naturgesetzlicher Zusammenhänge und ihre Formulierung in Naturgesetzen gerichtet ist. **Angewandte Forschung** ist auf die Nutzung wissenschaftlicher Erkenntnisse orientiert, indem sie Wirkungszusammenhänge bei einzelnen technischen Prinzipien oder bei Kombinationen technischer Prinzipien – ggf. unter Einsatz bestimmter Arten technischer Mittel – untersucht. Die **Grundlagenforschung** wird ihrerseits weiter differenziert in

- Erkundungsforschung
- Gezielte Grundlagenforschung
- Suchforschung.

Erkundungsforschung ist auf das Ermitteln neuer Natureffekte bzw. Wirkprinzipien, das heißt bisher unbekannter naturgesetzlicher Zusammenhänge, gerichtet. **Gezielte Grundlagenforschung** klärt die quantitativen Zusammenhänge bei Wirkprinzipien unter definierten Bedingungen bzw. Einflussfaktoren auf. **Suchforschung** geht von einem gewünschten Effekt aus und sucht systematisch nach Naturerscheinungen, bei denen dieser Effekt auftritt.

Die **angewandte Forschung** (Applikationsforschung) wird in der Regel nicht untergliedert. Ihre Aufgaben sind das Finden und theoretische sowie experimentelle Begründen technischer Lösungen bzw. Lösungsalternativen und die Erarbeitung von Vorschlägen für den Einsatz technischer Prinzipien oder aus ihnen abgeleiteter grundlegender technischer Lösungen. Das schließt das Zeigen des Lösungsweges zur Erreichung von Zielparametern konkreter technischer Lösungen, die zu wettbewerbsfähigen Produkten bzw. Technologien führen, bzw. den Nachweis technischer Grenzen der Lösungsalternativen ein. An ersten Versuchsmustern sind die theoretischen Erkenntnisse experimentell nachzuweisen.

Außerdem ist die Schutzfähigkeit der Lösungen oder Lösungsalternativen zu prüfen und sind entgegenstehende Schutzrechte zu ermitteln.

Forschung stützt sich in allen Phasen – wie auch die nachfolgende Phase der Entwicklung – in erheblichem Umfang auf **Versuche (Experimente)** bzw. ganze **Versuchsreihen**. Da die Vorbereitung (Versuchsanordnung), Durchführung und Auswertung insbesondere von Versuchsreihen in der Regel recht zeit- und kostenaufwendig ist, ist man um deren rationelle Durchführung bemüht. Ein wichtiges Hilfsmittel dafür ist die **statistische Versuchsplanung**. Dabei werden die Versuchsanordnungen und Versuchsparameter unter Heranziehung statistischer Methoden so variiert, dass die angestrebten Erkenntnisse mit einer möglichst geringen Zahl von Versuchen sicher gewonnen werden. Dies kann einstufig oder mehrstufig erfolgen. Bei der mehrstufigen statistischen Versuchsplanung werden zunächst die interessierenden Versuchsanordnungen bzw. Parameterbereiche ermittelt und diese dann in einer dichteren Versuchsfolge näher untersucht.

Die **Entwicklung** zielt auf Produkte und Technologien. Dabei kann es sich um **neue oder weiterentwickelte Produkte oder Technologien** handeln. Der Grenzfall der Weiterentwicklung, der allerdings meist einen erheblichen Teil der betrieblichen Entwicklungskapazitäten bindet, sind **Modifikationen**, mit denen Anpassungen der Produkte an spezielle Kundenwünsche oder der Technologien an veränderte Produktionsbedingungen, wie veränderte Rohstoffe, höhere Kapazitätsauslastung, höhere Produktionsgeschwindigkeit oder stärkerer Verschleißgrad der Anlagen, erfolgen. Wichtige Aufgabe der Entwicklung ist die Gestaltung ganzer **technischer Systeme** (Produktsysteme, technologische bzw. Anlagensysteme, letztere auch Produktionsstufensysteme genannt) bzw. die Einpassung (Kompatibilität) eigener technischer Lösungen in bereits bestehende technische Systeme. Die Entwicklung, besonders von Produkten, aber auch von Anlagen und von Verbindungselementen in technischen Systemen, hat **eine technische und eine gestalterische Komponente**. Die technische Komponente bei der Entwicklung von Produkten und Anlagen bezeichnen wir in der Regel als **Konstruktion**, die gestalterische Komponente als **Design**. **Konstruktion** ist der Entwurf geometrisch exakt definierbarer Produkte bzw. technischer Aggregate, die eine bestimmte Funktion innerhalb eines bestimmten Parameterbereichs (technische Leistung) erfüllen sollen. Wir unterscheiden dabei entsprechend dem **Reifegrad der technischen Konstruktionslösung** zwischen dem **Arbeitsentwurf**, dem **Funktionsentwurf** und dem **Fertigungsentwurf**. Konstruktion ist eng mit dem **Musterbau** verbunden. Der Funktionsentwurf wird in der Regel in ein **Funktionsmuster** umgesetzt, das dann getestet wird. Der Fertigungsentwurf wird in ein **Fertigungsmuster** umgesetzt. Das Fertigungsmuster berücksichtigt außer den technisch-funktionellen Anforderungen auch die Designanforderungen an das Produkt und darüber hinaus auch die technologischen Bedingungen bei seiner Herstellung einschließlich der Produktionskosten und die Erfordernisse des künftigen Service. Die Konstruktion sollte dem Weltstand entsprechen oder ihn sogar bestimmen. Sie muss den **Gesundheits- und Unfallschutz** und den **Arbeits- und Brandschutz** sowohl bei der Herstellung des Produkts als auch bei seiner Verwendung berücksichtigen. Der Konstruktionsprozess lässt sich meist durch die Verwendung standardisierter Komponenten (Bauteile und Baugruppen) beschleunigen und rationalisieren.

Daraus folgt umgekehrt, dass die **Standardisierung** eine wichtige Teilaufgabe jeder Entwicklung sein muss. Das Pendant zur Konstruktion ist bei der Entwicklung von Stoffen bzw. Materialien die **Rezeptur**. Die Rezeptur gibt das Mischungsverhältnis stofflicher Komponenten an, die zu Stoffen mit bestimmten Eigenschaften führen.

Design ist technische bzw. industrielle Formgestaltung. Der hohe Stellenwert, der heutzutage dem Design zukommt, erklärt sich daraus, dass bei näherungsweise gleichem technischem Niveau von Produkten das Design über den Markterfolg entscheidet. Wir unterscheiden entsprechend dem **Reifegrad** der Designlösung zwischen der **Ideenskizze**, dem **Formgestaltungsentwurf** und dem **Fertigungsentwurf**. Letzterer muss zum konstruktiven Fertigungsentwurf widerspruchsfrei sein. Formgestaltungsentwürfe werden vom **Modellbau** des Designateliers in **Modelle** für die Begutachtung und somit für die Auswahl der für die Fertigung vorgesehenen Designalternative umgesetzt.

Konstruktion ist eng mit **Projektierung** verbunden. Projektierung ist der Entwurf von Baulichkeiten und/oder Anlagen. Schließt dies die Festlegung der Abfolge von Prozessstufen und der entsprechenden räumlichen Anordnung von Betriebsmitteln ein, sprechen wir von **technologischer Projektierung**. Da Projektierung sehr aufwendig ist, ist man bestrebt, sie möglichst rationell durchzuführen. Dazu dienen spezielle Projektierungsmethoden. **Projektierungsmethoden** sind die **Optimalprojektierung** (Erarbeitung von Projektvarianten zur Auswahl der optimalen Lösung), **Typenprojektierung** (Ausarbeitung von Standardprojekten, die funktionelle, konstruktive, gestalterische, technologische, ökonomische und ökologische Anforderungen in bestimmter Kombination erfüllen), **Katalogprojektierung** (Erarbeitung von Standardprojekten für Komponenten von Baulichkeiten und Anlagen, die in Form von Typenreihen in Kataloge aufgenommen werden), **Modellprojektierung** (Darstellung des Baugefüges in kleinerem dreidimensionalem Maßstab), **Fotomodellprojektierung** (Fotografieren zusammengefügter Projektkomponenten, **CAD-Projektierung** (Einsatz von 3-D-Computergrafikprogrammen).

7.2.4 Einführung von Innovationen

> Die **Einführung einer Innovation** umfasst den gesamten Prozess der Implementierung einer technischen Lösung in der Produktion und auf dem Markt.

Die Einführung einer Produkt- oder Technologieinnovation kann unmittelbar in bereits laufende oder in neu zu schaffende Produktionsprozesse erfolgen. Letzteres ist meist mit **neuer Technik** und damit **Investitionen** verbunden. Die Einführung einer **Produktinnovation in eine vorhandene Produktionslinie** umfasst folgende Phasen

- Erarbeitung der Fertigungsstückliste bzw. der Rezeptur
- Festlegung des technologischen Ablaufs bzw. der Bearbeitungsgangfolge
- Großtechnischer Versuch und seine Auswertung

- Auflegen der Nullserie
- Auswertung und Behebung der Qualitätsmängel und technischen Störungen
- Aufnahme der Dauerproduktion
- Laufende technisch-ökonomische Optimierung.

Die Einführung einer **Produktinnovation in Verbindung mit einer neu zu schaffenden Produktionslinie** schließt folgende Phasen ein
- Erarbeitung der Fertigungsstückliste bzw. der Rezeptur
- Festlegung des technologischen Ablaufs bzw. der Bearbeitungsgangfolge unter besonderer Berücksichtigung neuer Prozessstufen
- Entwicklung und Austestung der Technik für die neuen Prozessstufen
- Kauf, Bau und Testlauf (zunächst „Trockenlauf" ohne Produkt und dann „heißer Lauf" mit dem neuen Produkt) der neuen Produktionslinie
- Auflegen der Nullserie
- Auswertung und Behebung der Qualitätsmängel und technischen Störungen
- Aufnahme der Dauerproduktion
- Laufende technisch-ökonomische Optimierung.

Die Einführung einer **Technologieinnovation in eine bereits vorhandene Produktionslinie** durchläuft folgende Phasen
- Großtechnischer Versuch und seine Auswertung
- Aufnahme der Dauerproduktion
- Laufende technisch-ökonomische Optimierung.

Die Einführung einer **Technologieinnovation mittels einer neu zu schaffenden Produktionslinie** weist meist folgende Phasen aus
- Kleintechnischer Versuch und seine Auswertung
- Bau und Austestung einer Pilotanlage
- Maßstabsübertragung entsprechend der geforderten Produktionskapazität
- Kauf, Bau und Testlauf der Technik für alle neuen bzw. kritischen Prozessstufen
- Kauf, Bau und Testlauf der Technik für die gesamte Produktionslinie
- Inbetriebnahme von der Peripherie her und Probebetrieb mit Mängelauswertung und -behebung
- Aufnahme der Dauerproduktion
- Laufende technisch-ökonomische Optimierung.

Zur Einführung von Innovationen gehören stets auch
- die **rechtzeitige Beschaffung** der Materialien und Energien in den notwendigen Qualitäten und Mengen
- die begleitenden **Qualifizierungsmaßnahmen** für das Personal in allen betroffenen Bereichen (Produktion, Qualitätskontrolle, Beschaffung, Absatz, Kundendienst)
- die **Marktvorbereitung** (Marketingmaßnahmen, Musterbereitstellung, Händlerschulung, Serviceausstattung, Bereithaltung von Beistellungen und Ersatzteilen).

7.2.5 Produkt- und Technologiepflege

Kein Produkt und keine Technologie ist in seiner Nutzung völlig ohne Probleme. Vor allem aus ökonomischen Gründen (Einsatz kostengünstiger Produktionsfaktoren) und um die Entwicklungszeit („Time to Market") kurz zu halten, müssen **technische Kompromisse** eingegangen werden. Außerdem ändern sich die **Umfeldbedingungen** beim Einsatz der Produkte und Technologien ständig. Kundenwünsche steigen gerade im Zuge der Produktnutzung und differenzieren sich. Der Wettbewerb zwingt zu laufender Kostensenkung. Faktorqualitäten und -verfügbarkeiten können variieren. Das erfordert die **Anpassung** an veränderte Bedingungen, die Optimierung der Produkte und Technologien sowie **anwendungstechnische Lösungen**, die den Produktnutzen beim Kunden steigern. Dieses Aufgabenfeld bezeichnen wir als **Produkt- und Technologiepflege**. Ihre wesentliche Voraussetzung und zugleich ihr Kennzeichen ist eine **systematische Analysearbeit** in der Produktion und im Anwendungsprozess der Produkte. Bewährte Analysemethoden sind [134]

- Wertanalyse
- Prozessanalyse
- Benchmarking.

Die **Wertanalyse** („Value Analysis"), auch unter den Bezeichnungen Funktionsanalyse oder Gebrauchswert-Kosten-Analyse bekannt, fragt danach, welche Produktfunktionen (in welchem Parameterbereich) tatsächlich im Prozess der Produktnutzung notwendig sind, welche Preisbereitschaft der Kunde für jede einzelne Produktfunktion erkennen lässt und was die jeweilige Produktfunktion kostet. Ziel ist die Optimierung von Gebrauchswert und Kosten. Bei der **Prozessanalyse** wird vor allem die Frage gestellt, welche Prozessstufe welchen Beitrag zur Qualität der erstellten Leistung (in der Fertigung, im Service) erbringt und welche Kosten sie verursacht. Weiterhin wird nach kapazitiven Leistungsreserven und Möglichkeiten zu kostengünstigeren Faktorkombinationen gesucht. Ziel ist neben der Qualitätssicherung und ggf. der Erhöhung der Prozessstabilität die Senkung der Kosten je Leistungseinheit (Stückkosten). Das **Benchmarking**, auch Weltstandsvergleich genannt, dient der Ermittlung der technischen und ökonomischen Bestwerte der Produkte und Technologien der Wettbewerber. Vorrangiges Ziel des Benchmarking ist die Ermittlung der Ursachen für Vorsprünge der Konkurrenz, vor allem in der Innovationstätigkeit, aber auch im Beschaffungsbereich und in der Betriebsorganisation.

Die Umsetzung der dadurch gewonnenen Analyseerkenntnisse erfolgt auf dem Wege der **Modernisierung** und **Rationalisierung** der Produkte, Technologien und Anlagen und durch die Einführung **neuer Anwendungstechniken** beim Kunden. Die Lösungsfindung erfolgt zwar überwiegend durch Innovationsaufgaben in der Phase der Entwicklung, jedoch sind nicht selten intensive Forschungsarbeiten erforderlich, um eine erfolgreiche Produkt- und Technologiepflege betreiben zu können.

7.3 Innovationspotenziale

Erfolgreiche Innovationen setzen spezielle und zum Teil auch recht große Potenziale voraus, die in ihrer Strukturierung bestimmten Proportionalitätserfordernissen genügen müssen. **Forschungspotenziale** sind in der Regel (in der Grundlagenforschung immer) entsprechend den zu bearbeitenden wissenschaftlichen Problemfeldern strukturiert. So kann in einem Chemiebetrieb die Forschungsabteilung nach Stoffgebieten (wie Aromaten oder geradkettige Kohlenwasserstoffe), nach Prozesstypen (wie physikalische Prozesse, chemische Prozesse), nach Reaktionstypen (wie Crackprozesse, Reformingprozesse), nach Mitteln der Reaktionsführung (wie Katalysatoren, Inhibitoren) gegliedert sein. Das **Entwicklungspotenzial** wird meist nach Produkt- oder Verfahrenstypen gegliedert, die **Konstruktionsabteilung** überwiegend nach der Ähnlichkeit der zu lösenden Konstruktionsaufgaben und der einzusetzenden Materialien.

Unabhängig von den für die Lösung der wissenschaftlichen und technischen Innovationsprobleme konkret notwendigen Potenzialen lässt sich häufig eine an der inneren Arbeitsteilung im betrieblichen Innovationsprozess und an der technischen Ausstattung orientierte **Potenzialstruktur** erkennen. Zu einem **umfassend ausgebauten betrieblichen Innovationspotenzial** gehören folgende **Teilpotenziale**

- **Forschungsabteilung**
  Sie ist in der Regel nach Forschungsfeldern gegliedert. In ihr werden sowohl zielorientierte Grundlagenforschung als auch angewandte Forschung durchführt. Reine Grundlagenforschung gibt es nur in wenigen Großkonzernen, und dann erfolgt sie meist in gesonderten Instituten. Ergebnisse der Grundlagenforschung werden vorrangig aus Hochschulen und staatlichen Forschungseinrichtungen übernommen. Benötigt werden für die Forschungsabteilung theorieorientierte Spitzenforscher, die erfolgreich an den Frontproblemen ihrer Disziplin arbeiten können, und eine hochleistungsfähige Mess- und Analysetechnik. Wird **Suchforschung** durchgeführt, sind vor allem systematisch arbeitende Forscher mit einem Gespür für neue Effekte gefragt. Einige Besonderheiten weist die **Materialforschung** auf. Sie ist einerseits stark theoriebetont, andererseits oft unmittelbar anwendungsorientiert. Benötigt werden neben den Werkstoffforschern (die in einer Person Physiker und Chemiker mit der Fähigkeit zur Optimierung von Gebrauchswert und Kosten sein sollten), Spezialisten für Bauteile und Baugruppen. Ein relativ eigenständiger Teil größerer Forschungseinheiten ist ein **Analysetechnikum** (oft kurz **Technikum** genannt). Angesichts der hohen Kosten für Forschungstechnik besteht das Erfordernis, diese rationell zu nutzen. Dies ist bei einer Zuordnung der Technik zu einzelnen Forschungsteams schwer zu erreichen, da die meisten Forschungsaufgaben zeitlich begrenzt sind. Außerdem benötigen häufig mehrere Forschungsteams gleichartige Technik. Routineanalysen, -messungen und prüfungen, insbesondere Reihenuntersuchungen lassen sich von erfahrenen Laboranten in einem darauf spezialisierten Analysetechnikum schneller und kostengünstiger durchführen, und nicht zuletzt erfolgt die Wartung und Instandhaltung der doch recht empfindlichen Forschungstechnik professionell. Ein gut ausgebautes Analysetechni-

kum umfasst als Kern das **Analyselabor**, dem die Laboranten zugeordnet sind, und in dem die Durchführung der Einzelanalysen und Versuchsreihen erfolgt, den **Bereich Gerätetechnik**, in dem die F/E-Handwerker tätig sind und der für die Beschaffung, Verwaltung und Wartung der gesamten Forschungstechnik (meist auch außerhalb des Technikums) sowie den Bau spezieller Versuchsanordnungen, aber auch der gesamten Sicherheitstechnik in der (nicht immer ungefährlichen!) Forschung zuständig ist, das **Versuchsmaterialdepot**, darin ggf. **Spezialdepots** für Gifte, radioaktive Materialien, Edelmetalle und anderes sowie u. U. eine gesonderte **Versuchstierhaltung**.

- **Abteilung für Produktentwicklung**
  Das ist das kritische Innovationspotenzial jedes Betriebes. Hier wird über den Markterfolg entschieden. Gebraucht werden hierfür kreative, hochbelastbare, nach innen rationell arbeitsteilig tätige und nach außen kooperationsfähige Teams mit differenzierten und sich zugleich ergänzenden Qualifikationen, die ein Gespür für Kundenwünsche haben. Den Kern des Teams bilden die **Konstrukteure**. Wichtig sind auch **Technische Zeichner, Werkstofftechniker, Spezialisten für Bauteile bzw. Baugruppen, Monteure für die Funktions- und Fertigungsmuster, Produktionstechnologen** und schließlich **Ergonomen**, die helfen, die Arbeitsanforderungen in der künftigen Produktion bereits in der Produktgestaltung zu berücksichtigen. Da die Produktentwicklung weitgehend mittels **CAD** erfolgt, werden leistungsstarke Computer (PCs und Workstations), 3-D-Grafiksoftware (für die Entwicklung der Teile und den virtuellen Zusammenbau), aber auch 2-D-Software (für die Fertigungszeichnungen), Word-Anwendungen, Shareware, Programme für Finite-Elemente-Module, Teile- und Stücklistendatenbanken, die Möglichkeit zum Datenaustausch sowie der Anschluss an Hochgeschwindigkeitsnetze, Plotter, Drucker, Datensicherungssysteme und auch spezielle Papiere für die Plotter benötigt. Die Arbeitsplätze vor allem der Konstrukteure sollten gute Lichtverhältnisse aufweisen und ergonomisch zweckmäßig gestaltet sein. In Teilen der stoffwandelnden Industrie entspricht der Abteilung für Produktentwicklung die Abteilung für **Rezepturentwicklung**. Die Abteilung für Produktentwicklung ist in größeren Betrieben oft in das so genannte **Produktmanagement** und die eigentliche **Produktentwicklung** gegliedert. Das Produktmanagement leitet dann die **Entwicklung des Produktsystems und der Typenreihen**, erarbeitet die technischen und ökonomischen Vorgaben für die zu entwickelnden Produkte und steuert die innere und äußere **Kooperation** bei der Produktentwicklung.
- **Designstudio**
  Wenngleich Formgestaltung heute unabdingbar zur Produktentwicklung gehört, so werden die Designer trotz intensiver Kooperation fast immer organisatorisch und räumlich von den technisch orientierten Produktentwicklern getrennt. Der Grund ist vorrangig in der künstlerisch geprägten Arbeitsatmosphäre zu suchen, teilweise darin, dass die Designer auch andere Gestaltungsaufgaben (für Anlagen, Raumgestaltungen, Gestaltungselemente für Events und das Corporate Design) übernehmen. Die Designer erarbeiten ihre Entwürfe heute meist direkt am Computer. Selten geworden ist die Arbeitsteilung zwischen dem Designer, der die Ideenskizze entwirft und dem **Musterzeichner**, der den Entwurf ausführt. Allerdings gehören **Modellbauer** (bzw. in der

Textilindustrie Modellschneider) zu jedem Designstudio. Wichtig sind ausreichend große und gut belichtete **Atelierräume**.

- **Abteilung für Technologieentwicklung**
Die Verfahrens- bzw. Technologieentwicklung verlangt kreative, strategisch denkende, sehr kostenbewusste, systematisch arbeitende Teams mit hohem Verantwortungsbewusstsein für ein sicheres Funktionieren des einzelnen Prozesses und des technischen Gesamtsystems des Betriebes und mit Gespür für das Machbare. Dieses Potenzial muss in der Lage sein, Aufgaben mit sehr differenzierter technischer Problemstruktur und unterschiedlichen technischen Niveaus parallel zu bearbeiten. Neben der Neu- und Weiterentwicklung von Verfahren bzw. Technologien bilden die Rationalisierung und die Betriebsregimeoptimierung bei bereits laufenden Produktionsprozessen, ergänzt durch die entsprechenden Organisationslösungen, den Arbeitsschwerpunkt. Die **Qualifikationsstruktur** der Teammitglieder ist meist sehr heterogen. Neben den **Verfahrenstechnikern bzw. Technologen** gehören ihnen oft **Energetiker, Mess- und Regelungstechniker, Informatiker bzw. Softwarespezialisten** und je nach Problemstellung weitere Fachleute an. Gerade für dieses Potenzial ist typisch, dass die Zusammensetzung der Teams je nach Projektstand verändert wird.
- **Abteilung für Anwendungstechnik**
Die Anwendungstechnik verlangt Mitarbeiter, die sich in die objektiven und subjektiven Probleme der Kunden bei der Anwendung der vom Betrieb hergestellten Produkte hineindenken können. Sie müssen die Fähigkeit zum Rekonstruieren von Bedienfehlern und von Schadensfällen haben und sie müssen sich bei der Erarbeitung von Gebrauchsanweisungen bzw. Bedienanleitungen sprachlich – mündlich wie schriftlich – klar (ggf. auch in Fremdsprachen) ausdrücken können. Den Arbeitsschwerpunkt bilden Produkterprobungen, die den realen Anwendungsbedingungen der Produkte bei den Kunden entsprechen. Die Abteilungen für Anwendungstechnik machen heute oft bis zu einem Drittel des gesamten betrieblichen F&E-Potenzials aus. Neben der oft recht speziellen stationären Forschungstechnik verfügen die Abteilungen Anwendungstechnik über **mobile Analyse-, Mess- und Prüftechnik**. Manchmal sind ganze Gruppen von Anwendungstechnikern bei wichtigen Kunden stationiert.
- **Testeinrichtungen**
Umfassende Erprobungen der neu- und weiterentwickelten Produkte, Technologien und Anlagen, möglichst unter praxisnahen Bedingungen, sind heute – sofern nicht bereits gesetzlich geregelt – Standard geworden. Damit wird geklärt, ob den Anforderungen an die Produkthaftung, die technische Sicherheit, den Arbeits- und Gesundheitsschutz und den Umweltschutz, aber auch an übliche Marktanforderungen entsprochen wird. Häufig sind Erprobungen Voraussetzung für eine Zertifizierung bzw. Produktionsgenehmigung. Zum Testpotenzial gehören – differenziert nach Industriezweig, Art und Größe des Betriebes und seiner technischen Entwicklungseinrichtungen – **Testlabors** mit spezialisierten **Testingenieuren, Testfelder** bzw. **Teststrecken, Pilotanlagen** verschiedener Auslegung und Kapazität sowie ständig oder zeitweise verfügbare **Kapazitäten für großtechnische Versuche in der Produktion**. In der Endphase der Entwicklung werden **Tests oft unmittelbar bei und mit den Nutzern** durchgeführt.

Das geschieht z. B. durch meist kostenlose Überlassung der Testprodukte an Endverbraucher, an Kliniken oder an ausgewählte Betreiber von Anlagen und Software (befreundete Stammkunden). Die Gegenleistung der Nutzer besteht im Führen von Testprotokollen. Zum Testpotenzial gehört oft sehr spezialisiertes Personal, wie Testfahrer oder Testpiloten. Mitwirkende bzw. Partner an Tests müssen zum Teil von außen hinzugezogen werden, wie Testpersonen oder Klinikdirektoren.

- **Einführungspotenzial**
  Für die Einführung von Innovationen in der Produktion und auf dem Markt werden **Teams mit besonderen Organisationsfähigkeiten** benötigt. Einführung heißt vor allem sachliche und zeitliche Koordinierung von Bereichen mit sehr verschiedenen Arbeitsprozessen, unterschiedlichen Problemlagen und Interessen sowie differierenden Sichtweisen auf die Innovationen. Das gilt unabhängig davon, ob die Einführung Neu- oder Weiterentwicklungen, Produkte oder Technologien betrifft, unmittelbar in bereits laufende Produktionen oder durch neu zu investierende Anlagen erfolgt. Wichtige Teilpotenziale sind das **Projektmanagement**, das den gesamten Ablauf des Einführungsprozesses plant und steuert, **Regiebauleitungen**, falls größere Umrüst-, Bau- und Montageprozesse durchzuführen sind, **Anfahrspezialisten**, die heute für die Ingangsetzung komplizierter Produktionsprozesse unerlässlich sind, und ein **Marketingteam**, das für die Markt- und Servicevorbereitung zuständig ist. Der Erfolg des Projektmanagements hängt maßgeblich von der Befähigung der dem Projektleiter unterstellten **Projektkoordinatoren** ab. Sie sind jeweils für einen Teil des bestätigten Einführungsprojekts verantwortlich und stimmen auf dieser Basis alle Aktivitäten sachlich und terminlich mit den unmittelbar Projektbeteiligten (Forschung, Entwicklung, Erprobung, Produktion, Absatz, ggf. Lizenzgeber und Zulieferer von Kompetenzelementen) und den Kooperationspartnern beim Bau und der Montage der neuen Produktionslinie ab. Dem Projektmanagement ist in der Regel eine **Projektierungsgruppe** zugeordnet, die sowohl die im Einführungsprozess stets notwendigen technischen Projektanpassungen (des in der Entwicklungsphase erarbeiteten Projekts) vornimmt als auch die bautechnologischen Ablaufprojekte erarbeitet und entsprechend dem Projektfortschritt aktualisiert. In Industriezweigen, in denen der Einführungsprozess (wegen Problemen der technischen Maßstabsübertragung, wie z. B. in der Chemieindustrie) gewöhnlich stufenweise erfolgt, existiert oft ein eigenständiger **Pilotanlagenbau**. Manchmal entsteht bei technisch schwierigen neuen Produkten oder Technologien, die weiterhin eine qualifizierte Betreuung benötigen, eine **Sonderfertigung** im Entwicklungsbereich.
- **Potenzial für Produktionspflege**
  Für die Produktionspflege werden vor allem **Technologen** mit reichen Produktionserfahrungen benötigt. Obwohl bei der Produktionspflege neben der Aufgabe der Anpassung der Technologien an veränderte Produktionsbedingungen auch die Aufgabe besteht, Produkte entsprechend spezifischen Kundenwünschen zu modifizieren, sind in der Regel kaum eigentliche Aufgaben der Produktentwicklung zu lösen. Es muss vorrangig geklärt werden, wie das modifizierte Produkt kostengünstig erstellt werden kann. Daher müssen die Mitarbeiter in der Produktionspflege befähigt sein, systematisch Prozessanalysen durch zuführen. Dennoch bedarf in bestimmtem Umfang die Produktmo-

dfizierung des **Konstrukteurs**, der die Fertigungsstückliste erstellt, die ihrerseits die Arbeitsgrundlage für den Technologen bildet. Bei komplizierten Aufgaben der Produktionspflege können auch Forschungsaufgaben anfallen. In diesen Fällen müssen ggf. **Forscher und Entwickler** in die Teams zur Produktionspflege einbezogen werden.

- **Potenzial für Methodenforschung und Geräteentwicklung**
  Meist werden in der Forschung und Entwicklung auf dem Markt erhältliche Geräte eingesetzt, mit denen in der Regel anspruchsvolle Analysen, Messungen und Prüfungen durchgeführt werden können. Allerdings reichen manchmal die Leistungsparameter der gekauften Technik in Grenzbereichen der Forschung und auf technischen Spezialgebieten nicht aus. Dann sind von der betrieblichen Forschung und Entwicklung eigene **Analyse-, Mess- und Prüfmethoden** und für die Einführung von Innovationen ggf. **auch Methoden zur Funktionssteuerung von technischen Produkten** sowie zur **technologischen Prozesssteuerung** entwickeln. Das ist zwangsläufig mit einer **Geräteentwicklung** verbunden. Falls die neuen Geräte mehrfach in Forschung, Entwicklung, Produktion und Service benötigt werden oder sich gar als verkäuflich erweisen, wird aus dem Funktionsmusterbau heraus nicht selten ein eigenständiger **Gerätebau** entwickelt. So entsteht ein kleines, aber für die Wahrung von Spitzenpositionen wichtiges Potenzial.
- **Hilfseinrichtungen**
  Forschung, Entwicklung, Einführung und Produktionspflege bedürfen stets einer Unterstützung durch verschiedene Hilfseinrichtungen, die allerdings nicht immer ausschließlich für den Innovationsbereich zu Verfügung stehen. Solche sind
  - das **Rechenzentrum**, in der die Groß- bzw. Hochleistungsrechner, Hard- und Softwarespezialisten sowie Mathematiker stationiert sind, und die neben der Betreuung oder Durchführung komplizierter Berechnungen, Simulationen, statistischer Auswertungen und mathematischer Optimierungen meist auch die Wartung der dezentralen Rechner und der Rechnernetze, die Qualifizierung der Mitarbeiter (des gesamten Betriebes) für Computeranwendungen wahrnimmt und Hilfe bei Software- oder Bedienungsproblemen gewährt
  - eine kleine Organisationseinheit für **Innovationsökonomie** (mit meist sehr betriebsspezifischen Bezeichnungen), die die Innovationsstrategie stabsmäßig vorbereitet, die einzelnen Innovationsprojekte und die Budgets dafür plant, Marktanalysen für Innovationen koordiniert oder selbst durchführt und Kalkulationen erstellt
  - die **Stammdatenverwaltung**, die die Stammdatei des Betriebes einschließlich aller Teile- und Baugruppendokumentationen führt und den im Zuge der Entwicklung dafür notwendigen Änderungsdienst wahrnimmt
  - die **Fachbibliothek**, die in der Regel mit der **wissenschaftlichen Dokumentation und Information** verbunden ist
  - die **Normungs- bzw. Standardisierungsabteilung**, die den Entwicklern bei der Erarbeitung von Normen (DIN-Vorschlägen oder Betriebsnormen) Unterstützung gibt, auf die Übereinstimmung von technischer Systementwicklung und Entwicklung der Normensysteme achtet, in überbetrieblichen Standardisierungsgremien mitarbeitet und die Einhaltung bzw. Beachtung von Normen durchsetzt

- die **Patentabteilung**, auch **Schutzrechtsabteilung** genannt, die die Forscher und Entwickler bei Patentrecherchen und bei der Erarbeitung von Patenten und anderen Schutzrechten unterstützt, gemeinsam mit ihnen eine Patent- bzw. Schutzrechtsstrategie entwickelt, die Anmeldung von Schutzrechten vornimmt und Verletzungen eigener Schutzrechte durch Dritte abwehrt
- die Abteilung für **Vorschlagswesen**, die innovative Tätigkeit bei allen Mitarbeitern des Betriebes fördert, deren innovative Ideen sammelt und unter Effizienzgesichtspunkten deren Nutzung bzw. Einbeziehung in den betrieblichen Innovationsprozess fördert.

7.4 Aufgaben des betrieblichen Innovationsmanagements

7.4.1 Effizienzbeurteilung und Effizienzsicherung von Innovationen

Betriebe führen Innovationen letztlich nur durch, um die Effizienz des Betriebsprozesses zu erhöhen bzw. unter Wettbewerbsbedingungen effizient zu bleiben. Für das Management hat das Effizienzproblem bei Innovationen in besonders ausgeprägter Weise zwei Aspekte

1. gilt es, angesichts vielfältiger und in ihrer Wirkung erheblicher Unbestimmtheiten diejenigen **wissenschaftlich-technischen Entwicklungsrichtungen und Einflussgrößen** zu erkennen, die zu effizienten Innovationen führen
2. sind **Methoden** bzw. **Bewertungsmaßstäbe** zu finden, die eine hinreichend sichere Beurteilung der Effizienz von Innovationen gestatten

Die Effizienz von Innovationen bestimmt sich wie überall durch die Differenz zwischen Erlösen und Kosten bzw. durch Markterfolg und Faktoreinsatz. Dies versucht man durch eine spezifische Wirtschaftlichkeitsrechnung – heute oft Businessplan genannt – zu erfassen. Das Grundschema des Businessplanes ist in Betrieben aller Branchen im Prinzip gleich. Es wird versucht

- die relevanten **Marktsegmente** und ihre **Kaufkraft** in den ins Auge gefassten Regionen zu erfassen und die darin erreichbaren Erlösvolumina in Abhängigkeit von der Treffgenauigkeit der angestrebten technischen Lösung gegenüber den Bedürfnissen und von den erwarteten Marktreaktionen her – auf das Produkt und die eingesetzten Marketinginstrumente – zu erfassen
- die **Kostenarten** für die Forschung und Entwicklung und die künftige Produktion sowie den Vertrieb ausgehend von der technischen Lösung zu bestimmen und so genau als möglich zu quantifizieren.

Allerdings stellt sich damit sofort das Problem, wie man das vorausschauend erkennen kann. Das technische Prinzip ist zwar die Grundlage für die Effizienz einer Innovation, aber diese hängt marktseitig von der Akzeptanz des konkret angebotenen Produkts, vorrangig seines Preis-Leistungs-Verhältnisses, und aufwandsseitig von der gewählten Faktorkombination, also insbesondere der Art und Produktivität der Technologie und Betriebsmittel und den vom Betrieb selbst auf dem Beschaffungsmarkt zu zahlenden

(alle Beträge in Mio. Euro)	2000		2001		2002		2003		2004		2005	
	Durch-führung	Nichtdurch-führung	Durch-führung	Nichtdurch-führung	Durch-führung	Nichtdurch-führung	Durch-führung	Nichtdurch-führung	Durch-führung	Nichtdurch-führung	Durch-führung	Nichtdurch-führung
1. Differenz Cash Flow vs. Status quo												
Erlöse	**0,0**	**0,0**	**0,0**	**0,0**	**0,0**	**0,0**	**0,0**	**0,0**	**0,0**	**0,0**	**0,0**	**0,0**
- direkte Kosten	**0,0**	**0,0**	**0,0**	**0,0**	**0,0**	**0,0**	**0,0**	**0,0**	**0,0**	**0,0**	**0,0**	**0,0**
Sachkosten	0,0	0,0	0,0	0,0	0,0	0,0	0,0	0,0	0,0	0,0	0,0	0,0
Personalkosten	0,0	0,0	0,0	0,0	0,0	0,0	0,0	0,0	0,0	0,0	0,0	0,0
AfA für Neu-Invest.	0,0	0,0	0,0	0,0	0,0	0,0	0,0	0,0	0,0	0,0	0,0	0,0
- induzierte Kosten	**0,0**	**0,0**	**0,0**	**0,0**	**0,0**	**0,0**	**0,0**	**0,0**	**0,0**	**0,0**	**0,0**	**0,0**
Vertrieb	0,0	0,0	0,0	0,0	0,0	0,0	0,0	0,0	0,0	0,0	0,0	0,0
Kundendienst	0,0	0,0	0,0	0,0	0,0	0,0	0,0	0,0	0,0	0,0	0,0	0,0
Faktura	0,0	0,0	0,0	0,0	0,0	0,0	0,0	0,0	0,0	0,0	0,0	0,0
Sonstige	0,0	0,0	0,0	0,0	0,0	0,0	0,0	0,0	0,0	0,0	0,0	0,0
- Gemeinkosten (1)	**0,0**	**0,0**	**0,0**	**0,0**	**0,0**	**0,0**	**0,0**	**0,0**	**0,0**	**0,0**	**0,0**	**0,0**
- Kalk. Zinsen	**0,0**	**0,0**	**0,0**	**0,0**	**0,0**	**0,0**	**0,0**	**0,0**	**0,0**	**0,0**	**0,0**	**0,0**
= Ergebnis	**0,0**	**0,0**	**0,0**	**0,0**	**0,0**	**0,0**	**0,0**	**0,0**	**0,0**	**0,0**	**0,0**	**0,0**
+ kalk.-bilanzielle	0,0	0,0	0,0	0,0	0,0	0,0	0,0	0,0	0,0	0,0	0,0	0,0
+ AfA (gesamt)	0,0	0,0	0,0	0,0	0,0	0,0	0,0	0,0	0,0	0,0	0,0	0,0
- Investitionen	0,0	0,0	0,0	0,0	0,0	0,0	0,0	0,0	0,0	0,0	0,0	0,0
Cash Flow v. Steuern	**0,0**	**0,0**	**0,0**	**0,0**	**0,0**	**0,0**	**0,0**	**0,0**	**0,0**	**0,0**	**0,0**	**0,0**
▲ - Cash Flow	0,0		0,0		0,0		0,0		0,0		0,0	
▲ - Cash Flow kum.	0,0		0,0		0,0		0,0		0,0		0,0	
Nettobarwert	0,0							**Pay-Back (in Jahren)**			0,0	
2. Abgleich mittelfristige Planung												
Erlöse	*		*		*		*		*		*	
Personalkosten	*		*		*		*		*		*	
Sachkosten	*		*		*		*		*		*	
Investitionen												

* Erlöse, Kosten, Investitionen der mittelfristigen Planung des Basisjahres nicht (-), nur teilweise (o) oder ganz (+) enthalten

Parameter | (1) Gemeinkostensatz: 0,0 % | (2) kalk. Zinsen: 0,0 % | (3) bil. Zinsen: 0,0 %

Bild 7.2 Businessplan

Faktorpreisen sowie nicht zuletzt dem Aufwand für die betriebliche Innovationstätigkeit selbst, ab. Das Schema zeigt die Struktur des Businessplanes für Entwicklungsprojekte eines großen deutschen Unternehmens.

Die Risiken werden in diesem Businessplan durch eine erhöhte Abzinsung pauschal berücksichtigt. Auf die Effizienz von Innovationen haben **neben diesen allgemeinen** verschiedene **spezifische Faktoren Einfluss**. Wesentlich unter ihnen sind

- erreichte Alleinstellungsmerkmale der Produkte bzw. der Technologien zu ihrer Erstellung, also marktwirksame technische Niveauvorsprünge
- der Zeitpunkt des Erscheinens auf dem Markt
- die Innovationsdynamik
- die wissenschaftlich-technische Arbeitsbreite
- der Umfang der Einführung von Innovationen
- Proportionalitätserfordernisse im Innovationsprozess und bei der Nutzung von Innovationen
- die Schutzrechtssituation und ihre Veränderung
- die Position im technologischen Wettbewerb
- die Marktposition und das Marketing für Innovationen
- die Kompatibilität zu im Markt etablierten technischen Systemen
- die technologische und kapazitive Auslegung und Flexibilität der Betriebsmittel.

Auf diese Einflussfaktoren wird im nächsten Abschnitt näher eingegangen. Außerdem tritt noch ein **Abgrenzungsproblem** auf: An Innovationen sind fast immer mehrere betriebliche Prozessbereiche beteiligt: Forschung und Entwicklung, Produktion, Absatz bzw. Marketing, Kundendienst, Anlagenwirtschaft, Finanzwirtschaft usw. und – aus Führungssicht – das Topmanagement bzw. die Projektleitung. Die Frage, die sich dabei regelmäßig stellt, lautet: Welcher Effekt ist der Innovation selbst geschuldet und welche Effekte resultieren aus der professionellen Arbeit der Beteiligten? Dieses Abgrenzungsproblem wird besonders dann kritisch, wenn im Betrieb differenzierende Anreizsysteme für die Entwicklung und Nutzung von Innovationen eingesetzt werden.

7.4.2 Einflussfaktoren auf die Effizienz von Innovationen

Alleinstellung der Leistungsmerkmale der entwickelten Produkte und Technologien

Entscheidend ist der durch möglichst dauerhafte Alleinstellungsmerkmale der Produkte und/oder Technologien marktwirksam gemachte technische Vorsprung. Das schafft die Voraussetzung für ein hohes Absatzvolumen bzw. einen großen Marktanteil. Die erzielbaren **Erlöse** lassen sich aus der Kaufkraft im jeweiligen Marktsegment heraus und durch vertiefende Untersuchungen zum Kundenverhalten gegenüber Neuheit, Qualität und Preis relativ genau quantifizieren. Allerdings hängen die Erlöse auch vom Marktzugang und der Intensität und Treffgenauigkeit der Marketingmaßnahmen gegenüber den Zielgruppen ab. Technologische Vorsprünge erlauben neben höherer Produktneuheit und -qualität, sofern sie mit Produktivitäts- und Kostenvorteilen einhergehen, vor allem erhebliche **Preisspielräume**.

Verhältnis von Innovationsniveau und Zeitpunkt der Markt- und Produktionswirksamkeit

Sehr wichtig ist der richtige, das heißt gewinnmaximale **Zeitpunkt des Erscheinens auf dem Markt**. Als Grundregel gilt: Zeitvorsprünge bringen eine gegenüber dem Wettbewerb höhere Effizienz, Nachtrab bewirkt übermäßige ökonomische Nachteile. Das zeigt sich vor allem darin, dass der erste Anbieter den Markt meist prägt und leichter Schutzrechte (Patente, Gebrauchsmuster, Produktbezeichnungen) erlangt. Ist allerdings das Produkt noch nicht ausgereift oder der Markt darauf nicht vorbereitet, erhalten die Wettbewerber die Chance nachzuziehen. Kommt man nach dem Konkurrenzangebot auf den Markt, schmälert das meist die eigenen Absatzaussichten. Es stellt sich also bei technischen Entwicklungen die Frage nach dem **Optimum von Zielniveau und Zeit**. Die Innovationspolitik des Betriebes sollte also nicht auf jederzeit völlig ausgereifte technische Lösungen orientieren, sondern auf solche, die zum jeweiligen Zeitpunkt für den Anwender in ihrer **Funktionseignung bei den gebrauchswertbestimmenden Parametern** und im **Design** einen **Vorsprung vor der Konkurrenz** bieten und **vergleichsweise niedrigere Kosten** in der Produktion sowie bei der Nutzung verursachen. Bei der Bestimmung des optimalen Verhältnisses von Zielniveau und Zeit bei Innovationen ist außerdem zu berücksichtigen, dass bei der Durchführung von Entwicklungsarbeiten zu Beginn meist relativ große und später immer geringere Fortschritte im Lösungsniveau erzielt werden, während der Entwicklungsaufwand stetig oder sogar progressiv zunimmt. Diesen Zusammenhang soll das folgende Bild veranschaulichen

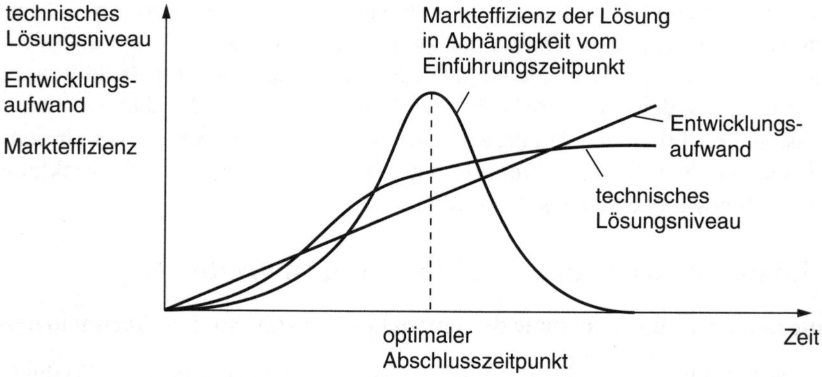

Bild 7.3 Beziehung zwischen dem Niveau der technischen Lösung und der Zeit

Innovationsdynamik

Wenngleich die notwendige Innovationsdynamik des Betriebes weitgehend von derjenigen der Branche bestimmt wird, so beeinflussen doch das entsprechend der eigenen Marktposition und den eigenen Bedingungen gewählte Innovationstempo, die Schrittfolge und Schrittdichte der Innovationen die erreichbare Effizienz. Die entscheidende Fragestellung ist hierbei die nach der **Schrittgröße der Innovationen**, das heißt die nach der **jewei-**

ligen Erhöhung des technischen Niveaus der Lösungen: Soll eine Politik vieler kleinerer Schritte oder weniger großer Schritte gemacht werden, um ein bestimmtes Innovationstempo zu halten? Viele kleine Innovationsschritte bedeuten einen relativ höheren Aufwand, vor allem in der Phase der Entwicklung. Die Innovationshöhe spielt für das Erstellen der Konstruktion oder der technologischen Dokumentation eine vergleichsweise geringe Rolle. Die zugehörigen Arbeiten sind jedes Mal vollständig durchzuführen. Wenige große Innovationsschritte bedeuten aber ein hohes Risiko, die geplante technische Lösung nicht zu erreichen. Auch können zum Ende eines solchen längeren Innovationszyklus Marktverluste entstehen. Allerdings sind gerade große Schritte notwendig, wenn zur Konkurrenz aufgeschlossen werden muss oder ein nachhaltiger technischer Vorsprung erreicht werden soll. In verschiedenen Branchen lassen sich wechselnde Schrittgrößen beobachten. Im Automobilbau erfolgt etwa alle acht Jahre ein grundlegender Modellwechsel und nach etwa je vier Jahren eine Modellüberarbeitung (ein „Facelifting").

Die Entscheidung ist also situationsabhängig zu fällen. Jedoch ist die **Schrittdichte bei Produktinnovationen allgemein höher als bei Technologieinnovationen**. Kleine Innovationsschritte empfehlen sich, wenn Unklarheiten über die Richtung der technischen Entwicklung bestehen. Große Innovationsschritte sind meist bei starkem Marktwachstum bzw. -wandel unumgänglich. Bei Finanzierungsengpässen ist die Technologieentwicklung dem Stufenausbau der Produktionskapazitäten anzupassen, wobei Schlüsselstufen im Kapazitätsprofil mit technologischen Reserven auszustatten sind, was einen größeren Innovationsschritt verlangt.

Wissenschaftlich-technische Arbeitsbreite

Ein in den letzten Jahren vor allem bei mittelständischen Betrieben entstandenes Problem besteht darin, dass Innovationen, insbesondere ihre Einführung, kostspieliger geworden sind, aber die Richtungen der technischen Entwicklung immer differenzierter und damit vorab schwerer bestimmbar werden und zugleich der Wettbewerb in vielen Branchen zu einem immer höheren Innovationstempo zwingt. Der Betrieb ist folglich gezwungen, eine **optimale wissenschaftlich-technische Arbeitsbreite**, vor allem **Forschungsbreite**, zu finden. Eine größere Forschungsbreite und die Suche nach technischen Alternativen mindern die Entwicklungsrisiken und schaffen Reserven an technischen Lösungen. Dies erhöht wohlverstanden den Aufwand, der letztlich vom Erfolg der realisierten Innovationen mit gedeckt werden muss.

Grundsätzlich gilt: **Der Aufwand für eine größere Forschungsbreite muss geringer sein als der mögliche Schaden aus fehlenden Lösungen**. Daher ist zunächst das akzeptierbare Risiko zu erkennen. Wo Risiken nicht akzeptierbar sind, ist eine das Entwicklungsgebiet abdeckende Forschungsbreite notwendig. Auf anderen Gebieten ist die Forschungsbreite in Abhängigkeit von Dringlichkeit und Erfolgswahrscheinlichkeit festzulegen, das heißt es ist zu fragen, mit welchen Alternativen eine Lösung welchen Grad an Wahrscheinlichkeit hat und welcher Aufwand dafür notwendig erscheint. Des weiteren ist aber auch der für weiterführende Entwicklungsentscheidungen erforderliche wissenschaftliche Kenntnisstand bzw. technische Lösungsgrad zu definieren. Arbeitsrichtungen, die nicht zu verwertbaren Ergebnissen führen, sind rechtzeitig abzubrechen, was manchem Forscher sehr schwer fällt. Daher sind verbindliche Abbruchkriterien zu definieren und durchzusetzen. Reservelösungen sind nur soweit zu bearbeiten, bis über ihre prinzipielle Nutzbarkeit Klarheit besteht.

Umfang der Einführung von Innovationen

Aufwand und Nutzen von Innovationen hängen maßgeblich vom Umfang ihrer Einführung in der Produktion und auf dem Markt ab. Bei **neu- oder weiterentwickelten Produkten** stellt sich die Frage, **wie schnell der Markt mit ihnen penetriert** werden soll. Die Kaufbereitschaft für Neuheiten ist nicht von vornherein gegeben, sondern hängt von der Informiertheit der potenziellen Kunden und vom subjektiv als gerechtfertigt empfundenen Preis-Leistungs-Verhältnis ab. Eine rasche Marktpenetration ist zwar aus Wettbewerbsgründen empfehlenswert, die dazu erforderlichen Marketingmaßnahmen bedingen jedoch einen deutlich höheren Aufwand.

Bei **neu- und weiterentwickelten Technologien** stellt sich vor allem die **Frage des Kapazitätsausbaus**. Größere Produktionskapazitäten bewirken eine Degression der Stückkosten, aber auch höhere Investitionen. Langfristige Investitionen für Innovationen sind nur gerechtfertigt, wenn diese ebenfalls langfristig genutzt werden. Es ist also bei jeder Produktinnovation zu klären, ob – mit dem Blick auf den erwarteten Produktlebenszyklus – die Effizienz bei einer Einführung in die laufende Produktion höher ist als über die Schaffung neuer Produktionsanlagen, und bei Technologieinnovationen, ob ihre Einführung über eine Umrüstung bzw. Rationalisierung vorhandener Produktionsanlagen – das Erreichen der notwendigen Produktqualitäten vorausgesetzt – nicht auch zu wettbewerbsfähigen Kapazitäten und Stückkostensenkungen führt.

Proportionalitätserfordernisse

Ein auf längere Sicht effizienter Innovationsprozess des Betriebes verlangt, was oft übersehen wird, die **Sicherung bestimmter Proportionen**. Jedem leuchtet ein, dass es nicht möglich ist, nur Produkte zu entwickeln, aber nichts für die Technologieentwicklung zu tun, ebenso, dass Spitzenpositionen einen größeren Anteil an eigener Forschung verlangen. Aber die Proportionalitätserfordernisse des betrieblichen Innovationsprozesses sind weit vielfältiger. Zu beachten sind insbesondere **qualitative und quantitative Beziehungen** zwischen

- Leistungsvolumen sowie Leistungswachstum (Umsatz und Umsatzwachstum) und Innovationsaufwand (differenziert nach Sortimentsbreite und technologischer Struktur)
- Produktentwicklung, Technologieentwicklung und Entwicklung der Anwendungstechnik
- der Innovationstätigkeit für Kernkompetenzen (für Schlüsselprodukte sowie Basis-, Kern- und Schlüsseltechnologien) und für das übrige Leistungsprogramm
- den Phasen des Innovationsprozesses, also der Forschung, der Entwicklung, der Einführung und der Produktionspflege
- den zu bearbeitenden wissenschaftlich-technischen Arbeitsgebieten bzw. Fachgebieten

- Pionier- und Neuentwicklungen, Weiterentwicklungen, Modifikationen und ggf. Nachentwicklungen bzw. zwischen Innovationen für Neuproduktionen und für Rationalisierungen und Modernisierungen
- Groß-, Mittel- und Kleinprojekten
- den Fristigkeiten der technischen Entwicklungen, also den Anteilen lang-, mittel- und kurzfristiger Forschungen oder Entwicklungsarbeiten bzw. des wissenschaftlich-technischen Vorlaufs und der Lösungsreserven
- risikoarmen, durchschnittlich riskanten und hochriskanten Projekten.

Außerdem sind bestimmte **Proportionen innerhalb des Innovationspotenzials** von Einfluss auf dessen Leistungsfähigkeit wie
- die Qualifikationsstruktur und die Altersstruktur der Mitarbeiter in Forschung und Entwicklung
- das arbeitsteilige Verhältnis zwischen den Hauptbereichen der Forschung und Entwicklung und den Hilfseinrichtungen
- das Verhältnis von theorieorientierten zu praxisorientierten Mitarbeitern
- die Relation zwischen Ideenerzeugern, Promotoren und Umsetzern.

Einfluss der Schutzrechtssituation

Da fremde Schutzrechte eigene Entwicklungen stören oder sogar blockieren können, eigene Schutzrechte dagegen Entwicklungen bei der Konkurrenz behindern, kommt der Art, der Differenzierung und dem Zeitpunkt der anzumeldenden Schutzrechte bzw. ihrer Sicherung entscheidende Bedeutung für die Verwertbarkeit und Effizienz der eigenen technischen Lösungen zu. Änderungen der Schutzrechtssituation können gravierende Risiken [135] zur Folge haben. Dem zu begegnen, dient vor allem eine sorgfältig ausgearbeitete und konsequent umgesetzte **Schutzrechtsstrategie**, die den Patenterwerb, die Sicherung eigener Patente, den Erwerb und Verkauf von Lizenzen und weiterer Nutzungsrechte beinhaltet.

Position im technischen bzw. technologischen Wettbewerb

Die Wettbewerbsposition des Betriebes kann durch technischen **Vorsprung**, durch Mitgehen mit dem allgemeinen **Stand der Technik** oder durch technischen **Rückstand** gekennzeichnet sein. Je nachdem, welche Position der Betrieb hat oder erreichen will, bestehen unterschiedliche Erlös- und Wachstumsaussichten und ergeben sich verschiedene Aufwandserfordernisse. Die Praxis zeigt, dass es **keinen zwingenden Zusammenhang zwischen der technologischen Wettbewerbsposition und der Effizienz der Innovationen** gibt. Vorsprung, der auf nicht vorbereitete Märkte trifft, führt zu überhöhtem Innovationsaufwand für den Vorreiter. Rückstand kann dort durchaus effizient sein, wo die technische Entwicklung teuer ist, jedoch die Richtungen dieser Entwicklung und ihre jeweilige Marktakzeptanz sehr unsicher sind. In der Regel ist ein Mitgehen im Vorderfeld der technischen Entwicklung am günstigsten, weil so Alleinstellungen und positionssichernde Schutzrechte erreicht werden können und die Gefahr verringert wird, überraschend den Anschluss an den Wettbewerb zu verlieren. Allerdings sollten die angestrebten

Positionen auf der Grundlage sorgfältiger Analysen und Prognosen für jedes Gebiet differenziert festgelegt werden. Da die Position im technologischen Wettbewerb maßgeblich von der Kompatibilität der eigenen Lösungen zu den gegenwärtig und perspektivisch im Markt etablierten **technischen Systemen** bestimmt wird, ist dies besonders tiefgründig zu untersuchen bzw. sind erkannte **Nischen** zu besetzen.

Marktposition

Vor allem bei jungen innovativen Unternehmen kann man beobachten, dass auch offenkundig beste technische Wettbewerbspositionen nicht zu der entsprechenden Effizienz führen. Die Ursache ist eine schwache Marktposition. Daher kommt ihrem Ausbau stets eine große Bedeutung zu. Entscheidend ist, sich überhaupt den **Zugang zu den Vertriebswegen** zu sichern. Das Hauptinstrument ist angesichts des Konzentrationsprozesses im Handel, auch im Fachhandel, die **Listung**. Die Voraussetzung dafür ist wiederum eine anerkannte **Zertifizierung**. Dies ist mit treffgenau auf die Zielgruppen ausgerichteten **Marketingmaßnahmen** zu verbinden.

Technologische und kapazitive Auslegung und Flexibilität der Betriebsmittel

Innovationen stellen neue und manchmal überraschende Anforderungen an Produktion, Vertrieb und Service. Eine zu enge technologische Auslegung der Betriebsmittel (Produktionsanlagen, Lager- und Transportausrüstungen, Ausstattungen des technischen Kundendienstes) kann dann die Einführung von Innovationen behindern bzw. Neuinvestitionen erfordern, während die bisherigen Betriebsmittel nutzlos werden. Ein hohes Absatzwachstum stößt rasch an Kapazitätsgrenzen vor allem in der Produktion, nicht selten auch im Vertrieb und Service. Eine **angemessene technologische und kapazitive Flexibilität der Betriebsmittel** hat daher erheblichen Einfluss auf die Effizienz des betrieblichen Innovationsprozesses. Allerdings ist sorgfältig zu analysieren, auf welchem Gebiet welche Flexibilität mit welcher Wahrscheinlichkeit erforderlich sein wird, denn Flexibilität zu schaffen, bedeutet immer, Reserven zu schaffen, von denen man einen Teil nicht nutzen wird, und Reserven kosten zunächst Geld, das nur durch deren Nutzung zurückfließt. Ist erkennbar, dass größere technologische und kapazitive Reserven erforderlich sind, kann statt deren Implementierung ggf. strategisch ein **Stufenausbau** effizienter sein.

7.4.3 Planung und Steuerung des betrieblichen Innovationsprozesses

Die Führung des betrieblichen Innovationsprozesses weist einige spezifische Erfordernisse auf. Diese resultieren zum einen aus der **Einmaligkeit** des jeweiligen, auf bislang Unbekanntes bzw. Ungelöstes gerichteten wissenschaftlichen und/oder technischen Arbeitsprozesses, der mit den bereits dargestellten **Unbestimmtheiten** verbunden ist, zum anderen daraus, dass die **entscheidenden Arbeitsprozesse geistiger Art** sind, die sich nicht unmittelbar beobachten lassen und nur über ihre Träger, die Forscher und Entwickler, beeinflussen lassen. All dem sind die Zielstellungen, die Prozessgestaltung und die Art der Führung anzupassen [136].

Besonderheiten der Zielstellungen für Innovationsprozesse

Die wissenschaftliche Erkenntnis oder die technische Lösung selbst kann nie als Ziel vorgegeben werden. Ansonsten wüsste man dies und brauchte den Innovationsprozess gar nicht zu beginnen. Die Zielstellung bezeichnet folglich nur den Kenntnisdefekt, an dessen Behebung gearbeitet werden soll. Allerdings wird zugleich festgestellt, welchem Zweck das Schließen der Kenntnislücke dienen soll. Daraus folgt: Zielstellungen für Innovationsprozesse sind immer eine **Einheit aus Zweckbestimmung und zu ihrer Erreichung zu bearbeitendem wissenschaftlichem oder technischem Problem** bzw. angesichts der zu meisternden Unbestimmtheiten die Einheit von Lösungsrichtung („Was wird gebraucht?") und wissenschaftlich-technischem Problembereich („Was ist zu untersuchen?"). Diese beiden Aspekte finden sich sowohl in der Planung des gesamten betrieblichen Innovationsprozesses, der **Innovationsstrategie**, als auch bei den einzelnen **Innovationsprojekten**.

Gestaltung von Innovationsprozessen

Erfolgreiche betriebliche Innovationsprozesse sind nur solche, die zu effizienten Produkten und Technologien führen. Mit welcher wissenschaftlich-technischen Problemlösung dies geschieht, ist aus betrieblicher Sicht zweitrangig. Die Innovationsprozesse sind daher grundsätzlich so zu gestalten, dass das **ökonomische Ziel erreicht** wird. Es geht also darum

- marktgerechte Gebrauchswertparameter bzw. wettbewerbsfähige technologische Parameter zu erreichen
- Risiken durch eine ausreichende wissenschaftlich-technische Arbeitsbreite zu minimieren
- die Innovationsprozesse zeitlich so zu setzen und zu begrenzen, dass die eigene Wettbewerbsposition gefestigt wird
- den Innovationsaufwand möglichst gering zu halten.

Dabei sind jeweils der gewählte Innovationsweg, der erwartbare Schwierigkeitsgrad des Innovationsprozesses und die Voraussetzungen seiner erfolgreichen Bewältigung zu berücksichtigen. Ergänzend ist eine hinreichende sachliche, zeitliche und finanzielle Flexibilität zu gewährleisten. Die Forscher und Entwickler müssen Freiräume erhalten. Es geht nicht zuletzt auch darum, alle verfügbaren Kenntnisse, Erfahrungen und Ideen nutzbar zu machen. Dazu dienen regelmäßige Problemdiskussionen, Kontrollberatungen zum Arbeitsstand, Erfahrungsaustausche, Ergebnisverteidigungen und die Förderung des betrieblichen Vorschlagswesens.

Aufmerksamkeit ist auch der **Rationalisierung der Innovationsprozesse** zu widmen. Dazu dienen neben der Straffung von Abläufen (so durch die statistische Versuchsplanung) die optimale Zusammensetzung der Arbeitsteams in jeder Prozessphase, die methodische Qualifizierung der Beteiligten (zur systematischen Anwendung rationeller Problemlösungsverfahren) und die Begrenzung des meist umfangreichen Berichtswesens auf das notwendige Minimum.

Art der Führung von Innovationsprozessen

Infolge ihrer Spezifika lassen sich Innovationsprozesse nicht wie andere Betriebsprozesse führen. Versuche, dies dennoch zu tun und sie einem engen Raster von Zielvorgaben und Kontrollen unterwerfen zu wollen, sind fehlgeschlagen. Vor allem Forscher lassen sich nicht autoritär führen. Kreativität entfaltet sich nicht unter Druck. **Der Führungsstil in Innovationsprozessen sollte daher partnerschaftlich sein.** Von der organisatorischen Seite her hat sich eine **Kombination von Ziel- und Methodenorientierung und Budgetierung** bewährt. Das in Deutschland gebräuchlichste Führungsinstrument dafür ist das **Pflichtenheft** (auch **Lastenheft** genannt) das gleichermaßen für Forschungs- wie für Entwicklungsaufgaben einschließlich der Einführungsaufgaben eingesetzt wird.

Pflichtenhefte enthalten die für einen definierten ökonomischen Zweck geforderte wissenschaftliche bzw. technische Problemlösung, den gewünschten Lösungszeitpunkt, die zu bevorzugenden Lösungswege, die zu beachtenden Restriktionen (Schutzrechte, technische Systeme, in der künftigen Anwendung einzusetzende oder zu vermeidende Einsatzfaktoren) und die bereitstehenden finanziellen Mittel, das Budget.

Insbesondere die meist jährlich erfolgende Diskussion über die Höhe des bereitzustellenden Budgets, die sogenannte **Budgetdiskussion**, hat sich als wirksames Mittel zur Stimulierung hoher und für den Betrieb effizienter Leistungen in Forschung und Entwicklung erwiesen.

8 Marketingunterstützung

8.1 Marketingorientierte Betriebsprozessgestaltung

8.1.1 Absatz und Marketing

Der **Absatz** ist die abschließende Phase des güterwirtschaftlichen Betriebsprozesses, in der der Verkauf der erstellten Güter und somit der Kapitalumschlag von Ware in Geld erfolgt [137].

Unter Wettbewerbsbedingungen stellt der Absatz den Schlüssel für einen erfolgreichen des Betriebsprozess dar. Hier zeigt sich, ob die in den vorangegangenen Phasen des Betriebsprozesses erbrachten Leistungen auf eine Nachfrage treffen und ob die Absatztätigkeit geeignet ist, die Nachfrage auf die vom Betrieb erstellten Produkte zu lenken. Absatz umfasst einen um die Kernaufgabe des Verkaufs gruppierten Komplex von Tätigkeiten. Heute genügt es nicht, ein gutes Produkt zu haben und für den Vertrieb bereitzustellen. Der Absatzerfolg hängt sowohl von einer Reihe den Absatz vorbereitenden als auch den eigentlichen Verkauf begleitenden Maßnahmen ab. Die Absatztätigkeit lässt sich daher grob in Absatzvorbereitung und Absatzdurchführung gliedern.

Absatzvorbereitung

Dazu zählen
- die Markterkundung
- die Absatzplanung
- die Marktbearbeitung.

Die **Markterkundung** besteht aus der **Marktbeobachtung**, die überwiegend im laufenden Absatzprozess und durch andere Außenkontakte stattfindet, und einer systematisch betriebenen **Marktforschung** [138].

Die **Absatzplanung** hat die effiziente Durchführung des Absatzes zum Ziel. Sie erstreckt sich in der Regel auf den **Verkaufsplan** (Welche Produkte sollen an welche Kunden über welchen Vertriebsweg bzw. in welchem Markt in welcher Stückzahl zu welchem Preis verkauft werden?), den **Werbeplan** (Bei welchen Adressaten und über welche Medien soll das Produkt mit welchen Symbolen mit welcher Intensität bekannt gemacht werden?) und den **Vertriebskostenplan** (Mit welchem maximalen Kostenaufwand soll der Verkauf auf den festgelegten Vertriebswegen forciert werden?). Die Absatzplanung hat zur Vorbedingung, dass – gestützt auf die Erkenntnisse der Markterkundung – Klarheit über die anzubietenden Produkte bzw. Sortimente und die zu erzielenden Preise und Konditionen sowie die Vertriebswege und die vertriebsunterstützende Kundendienstpolitik besteht.

Die **Marktbearbeitung** besteht aus Werbung, Verkaufsförderung und Öffentlichkeitsarbeit (Public Relations). **Werbung** ist gezielte Beeinflussung von Marktpartnern durch spezielle Kommunikationsmittel, um sie zu bestimmten Einstellungen und Aktivitäten zu bewegen. **Verkaufsförderung** (Sales Promotion) beinhaltet alle organisatorischen Maßnahmen und Anreize, mit denen der Betrieb Absatz und Werbung, auch bei Kunden, unterstützt, wie zum Beispiel durch Messeauftritte, Verkaufstraining, Händlerwettbewerbe, Geschäftsessen, Preisausschreiben, Werbegeschenke, Kundenklubs, Inzahlungnahme von Altgeräten usw. **Öffentlichkeitsarbeit** (Public Relations, PR) umfasst alle Maßnahmen, das Ansehen der jeweiligen Institution in der Öffentlichkeit heben und eine Identifikation der angesprochenen Adressaten mit den Interessen der Institution zu erreichen, wie Publikationen, Auftritte bei gesellschaftlichen Ereignissen, Sponsoring usw. Die Absatzvorbereitung überdeckt sich zu einem erheblichen Teil mit den Aktivitäten, die man nach heutigem Verständnis als Aufgaben des Marketing ansieht.

Absatzdurchführung

Dazu zählen wir [139]

- das Offenhalten der Vertriebsstellen bzw. der Vertriebswege
- die Vertragsverhandlung, also den eigentlichen Verkaufsprozess
- die Lagerhaltung für die Fertigerzeugnisse
- die Sortimentierung für den Verkauf bzw. Versand
- der Versand
- der Kundendiensteinsatz
- die Rechnungslegung
- die Reklamationsbearbeitung.

Der Absatz vollzieht sich über bestimmte Kontaktstellen des Anbieters zum Nachfolger. Das können das Verkaufsbüro des Betriebes, eigene und fremde Verkaufsstellen, Messen und andere Veranstaltungen, die Wohnungen der Kunden, eine Postadresse, ein Call Center oder Sites im Internet sein. Wichtig ist, dass der Nachfrager möglichst jederzeit oder kurzfristig die Möglichkeit hat, seine Nachfrage zielgerichtet zu äußern. Dort, wo der Absatz organisatorisch und materiell über mehrere Stufen, das sind dann die **Vertriebswege** (auch **Vertriebskanäle** genannt), laufen muss, sind eine ständige Information über den Verlauf der Nachfrage und den Fluss der Produkte und die Möglichkeit der Einflussnahme zu sichern.

Der **Verkaufsvorgang** selbst besteht prinzipiell aus dem Abgeben eines Angebots von einer Seite und der Annahme des Angebots von der anderen Seite. Damit entsteht ein **Kauf- bzw. Verkaufsvertrag**. Auch ein **mündlich zustande gekommener Vertrag** ist gültig. Die **Schriftform** ist allerdings bei komplizierteren Produkten und Verkaufsvorgängen empfehlenswert und wird teilweise vom Gesetzgeber auch verlangt. Für ausgewählte Verkaufsvorgänge, wie Immobiliengeschäfte, ist die **notarielle Errichtung des Vertrages** vorgeschrieben. Dem eigentlichen Verkaufsakt geht in der Regel eine **Verkaufsverhandlung** voraus, in der Verkäufer und Käufer sich über die zu erbringende Leistung und den Preis einigen müssen. Für einen erfolgreichen Absatz ist die Fähigkeit der Vertriebsmitarbeiter und Verkaufsagenten, überzeugend verkaufen zu können, von hohem Stellenwert. Diese wird oft durch ein **Verkaufstraining** gefördert. Ständige oder möglichst kurzfristige Lieferbereitschaft ist eine Begleitbedingung für erfolgreiches Verkaufen. Das geschieht, sofern kein Werkauftrag erteilt wurde, durch eine angemessene Vorratshaltung an Fertigerzeugnissen, die überwiegend in gesonderten **Fertigwarenlagern**, auch **Auslieferungslager** genannt, erfolgt. Nach Vorliegen eines Lieferauftrages erfolgt durch die **Sortimentierung** bzw. im Falle notwendiger Beistellungen und Beilagen durch die **Komplettierung** die Zusammenstellung der Versandpartie bzw. der Verkaufspartie. Die Versand- oder **Verkaufspartie** ist die Sortierung von Erzeugnissen, die der Kunde in einer Lieferung bzw. Lieferfolge oder bei einer Abholung erhalten will. Die Versandpartie erhält in der Regel eine gemeinsame **Versandverpackung**.

Die **Auslieferung** der Versand- oder Verkaufspartie erfolgt entweder direkt an den Kunden bzw. an einen von ihm beauftragten Spediteur oder geht in den Versand, wobei die für die Erfüllung des Kundenauftrages und der Produktanforderungen geeignete Versandart einschließlich des geeigneten Transportmittels bzw. der zweckmäßigen Transportkette zu wählen ist. Bei komplizierten Produkten ist die Auslieferung des Produkts mit dem Einsatz des Kundendienstes gekoppelt. Der **Kundendienst** nimmt heutzutage in Kombination technische und kommerzielle Aufgaben gegenüber dem Kunden – meist ausgestattet mit einem hohen Maß an Eigenverantwortung – wahr und leistet einen erheblichen Beitrag zur primären Informationsbasis der betrieblichen Marktforschung. Nach dem Erbringen der Leistung erfolgt, außer bei einfachen Barzahlungsgeschäften, die **Rechnungslegung**. Die **Rechnung**, auch **Faktura** genannt, ist eine Mitteilung über das aufgrund des Kaufvertrages zu zahlende Entgelt. Die Rechnung enthält den Kopf (mit Empfängeranschrift, ggf. die Kundennummer, Bestell- bzw. Vertragszeichen und -datum, Rechnungsnummer und -datum), den Kern (Bezeichnung der Leistungen mit Mengenangabe nach Positionsnummern, Einzel-, Gesamt- und Endpreis unter gesondertem Ausweis der Mehrwertsteuer) und die Zusätze (Zahlungsbedingungen, Zahlstelle bzw. Kontonummer und Bankverbindung, Eigentumsvorbehalte, ggf. Vorgaben zur Rückgabe der Verpackung).

Rügt der Kunde eventuelle Mängel der erbrachten Leistung, hat der Absatz die Aufgabe der **Reklamationsbearbeitung**. Dabei ist zunächst die Berechtigung der Mängelrüge zu prüfen. Ist dies der Fall, ist die **Behebung des Mangels** (durch Reparatur oder Ersatzlieferung) zu veranlassen oder die **Regulierung des Schadens** beim Kunden (durch Rückzahlung des Preises und ggf. Zahlung vereinbarter Sanktionen) vorzunehmen. Berechtigte Reklamationen helfen dem Betrieb, Schwachstellen zu erkennen. Zügige und kulante Reklamationsbearbeitungen sind geeignet, die Kundenbindung zu festigen.

Marketing

Während der Absatz als güterwirtschaftliche Prozessphase ein Leistungsprozess ist, stellt das **Marketing** ein **Konzept der Ausrichtung der gesamten betrieblichen Tätigkeit auf die Erfordernisse des Marktes** dar. Das **Marketing-Konzept** geht im wesentlichen von drei miteinander verbundenen Ansätzen aus

1. Es wird ein Denken vom Problem des Kunden bzw. Anwenders her gefordert.

2. Für die möglichst exakt zu bestimmenden ungelösten Probleme der Kunden und damit ihre bislang unbefriedigten Kundenbedürfnisse sind treffende, das heißt in aller Regel innovative, Lösungen zu finden.
3. Die gesamte Unternehmenstätigkeit, also von Forschung und Entwicklung über Beschaffung, Produktion und Vertrieb bis hin zum Kundendienst, hat mit dem Willen zur Erfüllung der Kundenanforderungen zu erfolgen [140].

Marketing ist folglich ein konsequent an den Markterfordernissen ausgerichtetes, innovationsgestütztes Führungs- und Arbeitskonzept für alle Betriebsbereiche.

Das Konzept des Marketings ist dabei keineswegs darauf aus, den Kundenwünschen bedingungslos zu folgen. Im Gegenteil: **Im Verständnis des Marketings sind Märkte gestaltbar und sogar schaffbar.** Die Nachfrager werden im Interesse des Markterfolges intensiv beeinflusst. Das Marketing verhält sich also gegenüber den Märkten nicht passiv, sondern aktiv, genauer: **interaktiv** und **dynamisch**. Ein wesentlicher Bestandteil des Marketing-Konzepts, das maßgeblich zu seinem großen Erfolg beigetragen hat, ist die **qualifizierte Marktstrukturierung**, die einerseits nach **objektiv fassbaren Merkmalen** (wie nach Produkten mit ihrem Bedürfnis- bzw. Verwendungsbereich, nach Art, Zahl und ökonomischem Potenzial der Nachfrager und Anbieter, nach dem Charakter der Markt- bzw. Wettbewerbsbeziehungen, nach der räumlichen und zeitlichen Marktstruktur) und andererseits nach den **subjektiven Verhaltensantrieben der Marktteilnehmer** vorgenommen wird. Das stellt mit der Strukturierung des Marktes nach Kaufverhaltensähnlichkeiten sogar den Schlüssel zum weltweiten Erfolg des Marketing-Konzepts dar. Die Strukturierung des Marktes in Nachfragergruppen nach Kaufverhaltensähnlichkeiten wird **Marktsegmentierung** genannt [141].

Ein **Marktsegment** ist ein Teilmarkt, der sich durch die Ähnlichkeit des Kaufverhaltens der in ihm auftretenden Nachfrager von anderen Teilmärkten abgrenzen lässt. Ein Marktsegment sollte also so abgegrenzt werden, dass das Kaufverhalten in sich möglichst homogen und gegenüber anderen Marktsegmenten möglichst heterogen ist.

Die Kaufverhaltensähnlichkeit ist nicht immer leicht zu erkennen. Streng genommen müsste man Nachfrager mit deckungsgleichen Psychogrammen in einem Marktsegment zusammenfassen. Das ist jedoch nicht praktikabel. In zahlreichen Fällen genügt die Beobachtung ausgewählter Nachfrager. Wo auch dies nicht möglich ist, greift man auf als hinreichend aussagekräftig erwiesene Sachverhaltskombinationen zurück. Sehr häufig wird daher ein Marktsegment vereinfacht durch eine bestimmte **Produktgruppe** für eine bestimmte **Kundengruppe** mit einer bestimmten **Kaufkraft** gekennzeichnet. Die Produktgruppe umschreibt dabei den Bedürfnisbereich. Die Kundengruppen werden durch soziodemografische Merkmale abgegrenzt, und die bei der Kundengruppe verfügbare Kaufkraft dient der Quantifizierung des Marktsegments. Ein Marktsegment ist daher **Bedürfnisbereich, Kaufkraftsegment** und, da alle Anbieter nur auf dieselbe Kaufkraft in diesem Bedürfnisbereich zurückgreifen, auch ein abgegrenztes **Wettbewerbsfeld**.

Die Marktsegmentierung bildet eine wesentliche Entscheidungsgrundlage für die Marktselektion.

> Die **Marktselektion** ist die Auswahl der Marktsegmente, die der Betrieb, ausgehend von seinen Zielsetzungen und Erfolgsaussichten, bearbeiten will.

Aufgaben des Marketings

Die Aufgaben des Marketings lassen sich in drei Ebenen unterteilen
- die Informationsebene
- die Aktionsebene
- die Managementebene.

Die **Marketingaufgaben in der Informationsebene** bestehen in der systematischen Beschaffung und Aufbereitung der für qualifizierte Marktentscheidungen notwendigen internen und externen Informationen. Das Kernstück bildet die extern orientierte Marketingforschung, die sich in
- die Marktforschung und Marktprognose und
- die Erforschung der Marketinginstrumente

unterteilen lässt [142].

> **Marktforschung** ist Beschaffung und Verarbeitung von Informationen über die für den Betrieb relevanten Märkte, und zwar sowohl die Absatzmärkte, die den Schwerpunkt darstellen, als auch die Beschaffungsmärkte [143].

Bei der Marktforschung unterscheidet man Marktbeobachtung und Marktanalyse. Die **Marktbeobachtung** ist eine fortlaufende, in der Regel unselektierte Aufnahme von Informationen über das Marktgeschehen. Die **Marktanalyse** beinhaltet eine Untersuchung der Marktereignisse, der Marktstruktur, der Markttendenzen und der marktbestimmenden Faktoren zu einem bestimmten Zeitpunkt oder über einen bestimmten Zeitverlauf. Die Marktanalyse stützt sich in der betrieblichen Praxis (vor allem aus Kostengründen) bevorzugt auf **Sekundärinformationen**, also bereits vorliegende Marktdaten, die aus der Fachliteratur, aus Datenbanken, aus Statistiken u. a. m. gewonnen werden. Wo dies nicht genügt, werden **Primärinformationen** eingeholt, also eigenständig Marktdaten erfasst. Hierzu werden außer gezielten Beobachtungen, wie Zählungen, vor allem Befragungen durchgeführt. Wiederholte Befragungen des gleichen Personenkreises zum gleichen Gegenstand bezeichnet man als **Panel**. Marktanalyse werden meist durch Marktprognosen ergänzt. Eine **Marktprognose** ist die begründete Hypothese zu künftigen Marktentwicklungen und Marktsituationen. Bevorzugte Zielgrößen der Marktprognose sind das **Marktpotenzial** (maximale Aufnahmefähigkeit des Marktes für ein Produkt), das **Marktvolumen** (tatsächliche oder wahrscheinliche Aufnahmefähigkeit des Marktes für ein Produkt), das **Absatzpotenzial** (maximale Absatzmenge des betrachteten Betriebes für ein Produkt) und das **Absatzvolumen** (tatsächliche oder wahrscheinliche Absatzmenge des Betriebes für ein Produkt).

Marktforschung und Marktprognose stützen sich auf ein umfangreiches Instrumentarium mathematisch-statistischer und psychologischer Methoden. Die **Erforschung der Marketinginstrumente**, die ihrerseits zur Aktionsebene des Marketing gehören, richtet sich auf die Untersuchung ihrer selektiven oder kombinierten Wirksamkeit bei ausgewählten Zielgruppen oder Marktsegmenten. Die Marketingaufgaben in der Aktionsebene stellen das eigentliche Kernstück des Marketing dar. Der planmäßige, wohlabgestimmte Einsatz der Marketinginstrumente wird als **Marketing-Politik** bezeichnet. Mit der strategischen Marketing-Politik werden die Marktfelder bzw. die Marktsegmente, die Problemlösungsbereiche darin und die Grundlinien und Schwerpunkte des Einsatzes der geeignet erscheinenden Marketinginstrumente festgelegt. Mit Hilfe der operativen Marketing-Politik werden die einzusetzenden Marketinginstrumente gestaltet und kombiniert. Die für eine konkrete marketingpolitische Maßnahme kombinierten Marketinginstrumente bezeichnen wir als **Marketing-Mix**, die detaillierte Kombination innerhalb einer Gruppe der Marketinginstrumente als **Marketing-Submix**. Die **Marketinginstrumente** werden üblicherweise in **vier Gruppen** eingeteilt [144]

- Produkt- und Programmpolitik
- Kontrahierungspolitik
- Distributionspolitik
- Kommunikationspolitik.

Mit der **Produkt- und Programmpolitik** wird über die Breite und Tiefe des Sortiments an Erzeugnissen und Dienstleistungen, insbesondere über die im Markt wirksam zu machenden technisch-technologischen Kernkompetenzen, entschieden. Dazu gehören auch die Produktinnovation mit Erneuerungszeitpunkten bzw. -rhythmen, Modelllaufzeiten und Kundenwunschfertigung, die Qualitätspolitik, die Produktstandardisierung sowie die Kundendienst- und Ersatzteilpolitik. Die **Kontrahierungspolitik** umfasst alle Maßnahmen der Preis- und Konditionengestaltung. Die **Distributionspolitik** umfasst die Maßnahmen der Kundenpolitik (zu bearbeitende Kundenkreise, die Differenzierung der Angebote an sie und ggf. der Kundenbehandlung), der Akquisitionspolitik, der Vertriebsregionen- und Vertriebswegewahl sowie **Vertriebswegebearbeitung**, der Lieferpolitik und der Transportwegewahl. Die **Kommunikationspolitik** umschließt alle Maßnahmen der Werbung, der Verkaufsförderung und der Öffentlichkeitsarbeit.

Die Marketingaufgaben in der Managementebene erstrecken sich auf alle Maßnahmen zur **analytisch-prognostischen Vorbereitung**, der **Planung, Durchführung** und **Kontrolle** von Programmen und Projekten der Marketingarbeit des Betriebes. Arbeitsschwerpunkte des Marketing-Management sind der Aufbau und die Pflege eines Marketing-Informationssystems, die Entwicklung einer marketinggerechten Unternehmensphilosophie und Corporate Identity, die Gestaltung einer konsistenten und wettbewerbswirksamen Marketing-Politik, die straffe Durchführung der Entscheidungsprozesse im Marketing, die Schaffung einer marktorientierten Aufbau- und Ablauforganisation im gesamten Betrieb, die Einrichtung einer Marketing-Budgetierung und ein effizientes Marketing-Controlling.

8.1.2 Marketinggerechte Betriebsprozessgestaltung

Ein erfolgreiches Marketing erfordert die Ausrichtung des gesamten Betriebsprozesses auf die Anforderungen des Marktes. Das stellt einerseits grundlegende Anforderungen, die für jeden Teilprozess bzw. Betriebsbereich gelten, andererseits spezielle Anforderungen, die sich aus der Funktion des einzelnen Prozesses oder Bereiches aus der innerbetrieblichen Arbeitsteilung und der Betriebsorganisation ergeben. Die **grundlegenden Anforderungen** sind die des Marketings generell, also die Kundenprobleme in den Mittelpunkt der Arbeit zu stellen, nachhaltig innovative Lösungen dafür zu finden und die Leistungspotenziale der jeweils einzubeziehenden Bereiche effizient zu kombinieren. **Spezielle Anforderungen** des Marketing an technisch geprägte Betriebsbereiche, wie Forschung und Entwicklung, Produktion, Instandhaltung und Technischer Kundendienst bestehen in

- der Entwicklung einer Grundeinstellung, dass technische Lösungen, sowohl verlangte als auch in eigener Initiative entwickelte, dem Markterfolg zu dienen haben
- dem Aufspüren und der Analyse sowie Prognose technischer und technisch-ökonomischer Probleme der Kunden und deren Lösung bei den vom Betrieb gelieferten Produkten und den Konkurrenzprodukten
- der Fähigkeit aller technischen Teilpotenziale zu einem raschen, qualifizierten und koordinierten Reagieren auf Forderungen des Marktes bzw. des betrieblichen Marketing
- dem Erstellen zielgruppenspezifischer bis hin zu kundenwunschspezifischen Leistungen
- einer technischen Unterstützung der Marktarbeit bzw. der Marketingmaßnahmen des Betriebes.

8.2 Technische Unterstützung des Marketings

8.2.1 Vertriebsunterstützung

Angesichts der Kompliziertheit der meisten technischen Produkte kommen der Absatz bzw. das Marketing heutzutage ohne technische Unterstützung nicht mehr aus. Das trifft insbesondere auf den **Vertrieb** zu. Besonderen **Bedarf an technischer Unterstützung** hat der Vertrieb bei

- der Analyse von Anwendungsproblemen der Kunden bei den vom Betrieb gelieferten Produkten bzw. mit den Konkurrenzprodukten
- der Kundenakquisition
- der Angebotserstellungr Verhandlungsführung
- der Produktpräsentation
- zielgruppenspezifischen Werbemaßnahmen.

Bei der **Analyse von Anwendungsproblemen** besteht der technische Unterstützungsbedarf insbesondere in der Beurteilung der Auswirkungen technischer Unterschiede der eigenen zu den Konkurrenzprodukten. Dabei geht es vorrangig um Differenzen in der subjektiven Bewertung technischer Leistungsdifferenzen durch die Kunden, um ergonomische

Fragen bei der Produktanwendung, um mögliche Konstruktionsmängel, um das konstruktions- und bedienungsbedingte Störverhalten der Produkte sowie Anwendungsfehler. Die **Akquisition** bei komplizierten technischen Produkten bedarf einer qualifizierten technischen Unterstützung sowohl bei denjenigen Kunden, die als technische Laien anzusehen sind, als auch bei fachlich versierten Kunden. Ohne Wissen um den technischen Hintergrund ist insbesondere bei Systemlösungen ein überzeugendes Auftreten gegenüber dem Kunden nicht möglich. Unmittelbar gefordert ist technische Unterstützung für die **Angebotserstellung** bei Modifikationen technischer Produkte, bei Maschinen- und Anlagenlieferungen sowie bei der Übernahme von Engineering-Aufgaben oder technischer Serviceleistungen. Dazu sind teilweise ingenieurtechnische Projekte größeren Umfangs zu erstellen. **Verkaufsverhandlungen** über komplizierte technische Produkte liegen zwar federführend stets in kaufmännischen Händen, aber die technischen Details werden zwischen den Fachleuten beider Seiten abgeklärt. Bei größeren **Produktpräsentationen**, vor allem bei der Vorstellung von Innovationen auf Messen und Ausstellungen, führt der Techniker die Diskussion mit den Interessenten. Der Kaufmann tritt hinzu, wenn konkrete Nachfrage erkennbar wird. Ebenso müssen bei **Werbemaßnahmen** für technische Produkte – trotz der stark ausgeprägten emotionalen Komponente – die technischen Angaben durch Exaktheit und Informationsgehalt überzeugen. Hier ist zusätzlich die Fähigkeit des Technikers gefragt, sich auf die jeweilige Zielgruppe einzustellen. Die im Dialog mit dem spezialisierten Einkäufer zwingend notwendige Fachsprache ist für den Normalkunden oft eine Art „Fachchinesisch".

8.2.2 Erstellen zielgruppen- bzw. kundenwunschspezifischer Leistungen

Die Differenzierung der Bedürfnisse bei privaten Konsumenten und die sich ständig vertiefende Spezialisierung im industriellen Abnehmerbereich zwingen zu einer Anpassung der Produkte und Problemlösungen an die Wünsche von Zielgruppen oder gar einzelner Kunden. Das heißt, es sind **Produktmodifikationen** und **Technologieanpassungen** vorzunehmen. Das bedingt den Einsatz verschiedener betrieblicher Potenziale von der Forschung und Entwicklung über die Produktion und Betriebsmittelwirtschaft bis zum Kundendienst und damit zum Teil erheblichen Mehraufwand. Deshalb ist eine zielgruppen- bzw. kundenwunschspezifische Produktion nur gerechtfertigt, wenn nachweislich die **Wirtschaftlichkeit** dieser Anpassungsarbeiten gewährleistet ist, das heißt die erzielbaren Preise, genauer die **Mehrpreise**, die Kosten für die zielgruppen- oder kundenspezifischen Lösungen übersteigen. Allerdings lässt sich diese Frage meist nicht aus der Sicht des einzelnen Auftrages, sondern nur aus einer längerfristigen Betrachtung der Gesamteffizienz der Beziehungen zur jeweiligen Zielgruppe bzw. zum jeweiligen Kunden beantworten. Das **Entscheidungskriterium** muss die Gesamtumsatzrendite aller Geschäfte mit der jeweiligen Zielgruppe bzw. dem jeweiligen Kunden sein.

Die Wirtschaftlichkeit ist bei zielgruppenspezifischen Lösungen leichter zu erreichen, da es sich hierbei um größere Mengeneinheiten gleichartiger Produkte oder um Problemlösungen handelt, die mehrfach eingesetzt werden können. Bei der Wirtschaftlichkeitsbetrachtung kundenspezifischer Lösungen ist nicht nur zu berücksichtigen, dass es sich um eine Einzelanfertigung handelt, sondern ggf. sogar um eine unikate technische Lösung. Der oft deutlich höhere Aufwand lässt sich in der Regel nur vertreten, wenn eine **Mehrfachnutzung** der erzielten Ergebnisse erwartet werden darf. Besondere Aufmerksamkeit muss der Aufwandsreduzierung für Anpassungsarbeiten gelten. Dafür bieten sich besonders das **Baukastenprinzip** und das **Plattformprinzip** an. Das Baukastenprinzip gestattet modulare Modifikationen, die möglicherweise den Wünschen der Zielgruppen oder Einzelkunden nicht vollständig entsprechen, ihnen aber sehr nahe kommen und daher akzeptiert werden, zugleich zumindest bei der Herstellung der Produktkomponenten eine wirtschaftliche Losfertigung, aber oft auch in der Endmontage eine effiziente Sortenfertigung erlauben. Das **Plattformprinzip** ermöglicht, insbesondere in Verbindung mit dem Baukastenprinzip, zusätzliche Komponenten für technische Systeme eines bestimmten technischen Niveaus zielsicher in ihren Funktionen und Parametern zu definieren und davon ausgehend auch meist kostengünstig zu entwickeln und zu fertigen. Der Nutzen für den Betrieb entsteht durch den **Mehrpreis beim Systemverkauf**.

8.2.3 Technischer Kundendienst

Kundendienst ist allgemein eine Zusatzleistung, die der Hersteller eines Produktes anbietet, um dessen Nutzung zu ermöglichen und zu gewährleisten [145].

Der erhöhte Stellenwert des Kundendienstes hat seine Ursachen im **verschärften Wettbewerb**, der zu Präferenzleistungen zwingt und in der zunehmenden Technisierung und Komplexität der Produkte [146]. Der Gleichsetzung der Begriffe Kundendienst und Service sollte nicht gefolgt werden, da der letztgenannte Terminus oft allgemein für Dienstleistungen oder generell für ein Entgegenkommen gegenüber dem Kunden steht. Der Kundendienst hat dabei nach Meffert [147] **drei Funktionen**

- eine akquisitorische, das heißt der Gewinnung von Kunden und Aufträgen dienende, Funktion
- eine den Absatz bzw. das Marketing unterstützende Funktion
- eine Informationsfunktion gegenüber dem Kunden wie gegenüber dem Betrieb selbst.

Das wichtigste Ziel des Kundendiensteinsatzes ist die **Steigerung der Kundenzufriedenheit** und daraus folgende **Kundenbindung**, und zwar durch Erhöhung des Nutzens für den Kunden bzw. durch die Behebung oder den Ausgleich von Mängeln der Hauptleistung und durch den psychologischen Effekt des erfahrenen bzw. erhofften Beistandes bei auftretenden Problemen. Tendenziell ist zu beobachten, dass der Kundendienst seinen Charakter als Zusatzleistung verliert und zu einem eigenständigen Angebot wird, das dann auch nicht mehr unentgeltlich gewährt wird. So generiert die Computerindustrie etwa ein Drittel ihres Umsatzes aus Kundendienstleistungen [148]. Es empfiehlt sich daher, Umfang und Niveau der Kundendienstleistungen vertraglich mit den Kunden zu regeln.

Der Kundendienst umfasst – meist in enger Verknüpfung – **technische, kommerzielle und allgemein unterstützende Leistungen**. Die Kundendienstleistungen können unmittelbar produktgebunden oder nicht produktgebunden sein, und sie können vor dem Kauf und – das ist der Schwerpunkt – nach dem Kauf erfolgen. Hinsichtlich ihrer Dringlichkeit lassen sie sich in **Muss-Leistungen** (infolge Vertrag oder Marktgepflogenheit unvermeidbarer Grundservice, wie Anlieferung, Installation, Vorführung, Garantiearbeiten), **Soll-Leistungen** (zur Sicherung der Hauptleistung, wie Wartungs- und Reparaturdienste, 24-Stunden-Service, Schulungen) und **Kann-Leistungen** (nicht auf die Hauptleistung gerichtet und oft situationsbedingt, wie Vertriebsunterstützung oder persönliche Gefälligkeiten) differenzieren [149]. Wichtige **technische Kundendienstleistungen** sind

- die Kundenberatung zu Produktfunktionen und technischen Merkmalen der Produkte
- die Projekterarbeitung
- die Installation
- Unterstützung bei der Inbetriebnahme und der Nutzung der Produkte
- die Entstörung, Wartung und Reparatur
- die Kundenschulung.

Wichtige **kommerzielle Kundendienstleistungen** sind

- Gewährung von Sonderpreisen, verlängerten Zahlungszielen, Rabatten, Boni und Skonti
- die Unterstützung des Kunden bei Finanzierungslösungen (Kredite, Leasing)
- Stellen oder Vermitteln von Sicherheiten (Bürgschaften, Bankgarantien, Akkreditive, Versicherungen)
- Inzahlungnahme alter Produkte (ggf. auch von Konkurrenzprodukten)
- Gewährung von (zeitlich möglichst langen) Garantien, Umtauschrechten und Kulanzen
- Rücknahme verschlissener Produkte
- Vertriebsunterstützung für den Kunden (Geschäftsvermittlung, Gegengeschäfte).

Unterstützende Kundendienstleistungen ergeben sich meist aus der konkreten objektiven und subjektiven Situation des Kunden. Solche können sein

- Hilfen bei Problemanalysen und beim Finden von Problemlösungen (und damit Kaufentscheidungen!)
- zeitweilige Übernahme von Aufgaben des Kunden (wie Bereitstellen von Probeerzeugnissen für frühzeitige Akquisitionsmaßnahmen des Kunden vor dem Anlauf der gelieferten Anlage, Betreiben von Anlagen in der Einfahrphase, Markterschließung für Produkte aus der gelieferten Anlage)
- persönliche Hilfen und Gefälligkeiten (wie kleine Erledigungen, Kinderbetreuung, Damenprogramme, Kartenbeschaffung für gefragte gesellschaftliche Ereignisse).

Leistungsorte und Stationierung des Kundendienstes

Die Kundendienstleistungen können je nach Leistungsart und Kundenwunsch

- vor Ort beim Kunden durch ein mobiles Kundendienstpotenzial
- in stationären Kundendiensteinrichtungen
- per Telekommunikation

erbracht werden. **Materielle Kundendienstleistungen** erfolgen großenteils direkt beim Kunden durch den Einsatz mobiler Kundendienstpotenziale. Dies ist für den Anbieter allerdings relativ gesehen am aufwendigsten, zugleich aber ist der Kontakt zum Kunden am intensivsten. Wenn die Kundendienstleistung vor Ort erbracht wird, stehen die Schnelligkeit der Problemlösung für den Kunden und Wirtschaftlichkeit des Kundendienstes in einem gewissen Widerspruch zueinander. In der Regel müssen die Diagnosetechnik und Ersatzteile umfassend mitgeführt werden. Deshalb unterhält der Kundendienst meist gut ausgestattete Servicefahrzeuge, die mit überdurchschnittlich qualifizierten Technikern besetzt sind. Die Auslastung dieses mobilen Kundendienstpotenzials wird vor allem durch eine **optimierte Einsatzplanung**, die sich an der Dringlichkeit der Problemlösung, der Wichtigkeit des Kunden für den Betrieb und am Fahrtweg zwischen den Einsatzorten orientiert, erreicht.

Das **stationäre Kundendienstpotenzial**, das bei den meisten Betrieben im wesentlichen aus Prüf- und Diagnoselabors und aus Werkstätten besteht, wird zweckmäßigerweise wie eine Produktionseinrichtung für Einzel- und Kleinserienfertigung geführt. Einige Arten des stationären Kundendienstes (wie Fotolabors, chemische Reinigungen) haben allerdings den Charakter einer Massenproduktion. Das Organisationsproblem besteht hier in der Logistik der Annahme und Verteilung der Servicegüter. Das bei stationären Kundendiensteinrichtungen vorherrschende Bringen und Abholen der Servicegüter durch den Kunden ist für den Anbieter die einfachste Lösung dieses Problems. Da ein erheblicher Teil der Kundendienstleistungen ihrer immateriellen Art wegen eine unmittelbare Anwesenheit beim Kunden nicht erfordert und die moderne Telekommunikation zunehmend Ferndiagnose und Fernwartung ermöglicht, kommen zunehmend **Hotlines, Call Centers** und **Control Stations** als sehr effiziente Kundendiensteinrichtungen zum Einsatz. Damit können viele Kundendienstleistungen ohne Zeitverzug und infolge der Konzentration und hohen Auslastung der Spezialisten rationell und in hoher Qualität erbracht werden.

Ersatzteilwirtschaft für die vom Betrieb gelieferten Produkte

Ein bedeutsamer Bestandteil jedes materiellen Kundendienstes ist die Ersatzteilwirtschaft für die gelieferten Produkte. Dabei sind im wesentlichen **drei Fragen** zu klären

- **Ersatzteilbedarf** nach Teilearten und Mengen
- Umfang und Standorte der **Vorratshaltung** für die Ersatzteile
- **Bezugsquellen** für die Ersatzteile.

Der **Ersatzteilbedarf** ist primär eine technische Größe, die von der Konstruktion, von der realen Nutzungsdauer, vom Verschleißverhalten und der Art und Weise der Nutzung der **originär gelieferten Produkte**, der so genannten **Hauptleistung**, abhängig ist. Das betrifft die Arten der Ersatzteile und die benötigten Mengen. Die Literatur bietet eine Reihe von Verfahren zur Bestimmung des Ersatzteilbedarfs an [150]. Die Berechnungsbasen dieser Methoden sind primär der Verschleiß, des weiteren der Verbrauch bzw. Absatz. Der Ersatzteilbedarf ist zwar im wesentlichen verschleißabhängig, aber der Abruf bzw. Kauf von mehr Ersatzteilen als benötigt durch die Kunden erfolgt oft unter (nicht immer rationalen)

Vorsichtsaspekten, und außerdem geht in dezentralen Ersatzteilhaltungen beim Kunden viel verloren. Die **Berechnung** selbst erfolgt mittels

- **Kennziffernbildung** (Verschleiß-, Verbrauchs-, Absatzkoeffizienten, die sich auf den Bestand an relevanten technischen Erzeugnissen, ggf. auch an Konkurrenzerzeugnissen, bei den Kunden und auf dessen Altersstruktur beziehen)
- **Mathematisch-statistischer Verfahren** (Regressions- bzw. Korrelationsrechnungen, Zeitreihenverfahren sowie Mischverfahren aus Kennziffern- und Zeitreihenbildung).

Dabei ist aber vor allem bei relativ selten benötigten Ersatzteilen der stets stochastische Charakter des Ersatzteilbedarfs besonders zu berücksichtigen.

Die **Vorratshaltung für die Ersatzteile** kann zentral – in der Regel in einem zentralen Ersatzteillager des Kundendienstes – oder dezentral bei den Kundendienstgruppen erfolgen. In besonderen Fällen, wie bei einer Full-Service-Garantie, wird ein Grundsortiment an Ersatzteilen direkt beim Kunden vorgehalten. Nach dem vertraglichen Gewährleistungszeitraum ist es üblich, dem Kunden die Ersatzteile entgeltlich zu liefern. Dann hängt die Entscheidung über den Ort der Ersatzteilhaltung davon ab, wie schnell die Lieferung im Interesse der Kundenbindung erfolgen muss.

Der Entscheidung, ob die Ersatzteilhaltung und/oder die Ersatzteildisposition dezentral (bei den Kundendienstgruppen bzw. den Kunden) oder zentral durchgeführt werden sollte, kann folgende Ungleichung zugrunde gelegt werden.

$$\frac{1}{2}\sum_{i=1}^{n}\sqrt{\frac{2B_i(k_{\mathrm{B}_i}+k_{\mathrm{D}_i})}{k_{\mathrm{L}_i}\cdot t}} > \frac{1}{2}\sum_{i=1}^{n}\sqrt{\frac{2B_i\left(k_{\mathrm{B}_i}+\frac{1}{4}k_{\mathrm{D}z}\right)}{k_{\mathrm{L}_i}\cdot t}} > \frac{1}{2}\sum_{i=1}^{n}\sqrt{\frac{2(k_{\mathrm{B}_z}+k_{\mathrm{D}_z})}{k_{\mathrm{L}_i}\cdot t}}\sum_{i=1}^{n}B_i$$

Lagerung:	dezentral	dezentral	zentral
Disposition:	dezentral	zentral	zentral

wobei

B Periodenbedarf; in der Regel Bedarf pro Jahr in Euro
k_{D} Dispositionskosten; als Fixkosten in Euro pro Jahr
k_{B} Beschaffungskosten; als Fixkosten in Euro pro Jahr
k_{L} Vorratshaltungskosten; in Euro
t Vorratsperiode(n); in der Regel ein Jahr
i Index der jeweiligen dezentralen Dispositions- bzw. Lagerstelle
z Index der zentralen Dispositions- bzw. Lagerstelle

Die **zentralisierte Ersatzteilhaltung** ist demnach zu bevorzugen, wenn die entsprechend dieser Rechenvorschrift ermittelten wertmäßigen Bestände für den laufenden Vorrat bei dezentraler Lagerung die bei zentraler Lagerung übersteigen. Sicherheitsvorräte sind in Abhängigkeit von der Art der Ersatzteile, der Wichtigkeit der Kunden und den vertraglich zugesagten Garantien gesondert festzulegen.

Umfang und Ort der Vorratshaltung hängen auch von der **Bezugsquelle** für die zu liefernden Ersatzteile ab. Heute findet nur noch die Produktion spezieller Ersatzteile beim Hersteller der Endprodukte statt. Die meisten Ersatzteile kommen aus dem **Fremdbezug**. Bei Normteilen und typisierten Baugruppen ist das vollständig der Fall. Auch für selbst gefertigte Baugruppen ist es meist wirtschaftlicher, die Bauteil- und damit Ersatzteilproduktion an kompetente Hersteller auszulagern. Ob dies insgesamt effizient ist, hängt dann von den **Bestell- bzw. Bezugsfristen** für die Ersatzteile und den **Mengenpreisen** ab.

Effizienz der Kundendienstleistungen

Die Effizienz der Leistungen des Kundendienstes ist – ausgenommen bei ihrem unmittelbaren Verkauf – schwer messbar, da ihre Wirkungen sich mit denen anderer Absatz- bzw. Marketingaktivitäten überlagern. Exakt erfassbar sind nur die Kundendienstaktivitäten selbst. Wichtige Kennzahlen dafür sind

- die Kundendienstbereitschaft
- die Kundendienstzeit
- die Kundendienstzuverlässigkeit.

Die **Kundendienstbereitschaft** gibt den Anteil der in einer festgelegten Zeiteinheit (Stundeneinheit, Tag, Woche) erledigten Kundendienstaufträge an der Gesamtzahl der Aufträge wieder. Die **Kundendienstzeit** kennzeichnet die Zeitspanne zwischen dem Eingang und der Erledigung des Auftrages, unter Umständen (wie bei länger laufenden Beratungs- und Problemlösungsaufgaben) die Zeit bis zum Beginn der Arbeit des Kundendienstes. Die **Kundendienstzuverlässigkeit** lässt sich in Termineinhaltungen und in der Reklamationsquote für erbrachte Kundendienstleistungen messen.

9 Literaturverzeichnis

[1] *Wöhe, G.*: Einführung in die Allgemeine Betriebswirtschaftslehre. – 16. Auflage. – München: Vahlen, 1986, S. 2

[2] *Wöhe, G.*: ebenda, S. 2 ff.

[3] *Maslow, A. H.*: Motivation and Personality. – New York: 1954

[4] *Specht, G.*: Einführung in die Betriebswirtschaftslehre. – Stuttgart: Poeschel, 1990, S. 3

[5] *Raffée, H.*: Grundprobleme der Betriebswirtschaftslehre. – Göttingen: 1974, S. 79 ff.

[6] *Raffée, H.*: Gegenstand, Methoden und Konzepte der Betriebswirtschaftslehre, in: Vahlens Kompendium der Betriebswirtschaftslehre. – 2. Auflage. – München: Vahlen, 1989, S. 29

[7] *Zäpfel, G.*: Strategisches Produktionsmanagement. – Berlin: Verlag W. de Gruyter, 1989, S. 33

[8] *Bea, F. X.; Dichtl, E.; Schweitzer, M.*: Allgemeine Betriebswirtschaftslehre, Bd. 1: Grundfragen. – 5. Auflage. – Stuttgart: Fischer, 1990, S. 330

[9] *Heinen, E.*: Industriebetriebslehre: Entscheidungen im Industriebetrieb. – 9. Auflage. – Wiesbaden: Gabler, 1991, S. 226

[10] *Hansmann, K. W.*: Entscheidungsmodelle zur Standortplanung der Industrieunternehmen. – Wiesbaden: Gabler, 1974, S. 137 f.

[11] *Weber, A.*: Über den Standort der Industrien. Bd. 1. – Tübingen: Mohr, 1922

[12] *Behrens, K. Ch.*: Allgemeine Standortbestimmungslehre. – 2. Auflage. – Köln: Opladen, 1971, S. 86

[13] *Kuehn, A. A.; Hamburger, M. J.*: A Heuristic Program for Locating Warehouses, in: Marks, N. E.; Taylor, R. M. – Hrsg. – Marketing Logistics: Perspectives and Viewpoints. – New York u. a. 1967, S. 91-109

[14] kiekert AG: Geschäftsbericht 1998. – Frankfurt am Main: B & L Ludgate, 1999, S. 10

[15] *Heinen, E.*: Industriebetriebslehre: Entscheidungen im Industriebetrieb. – 9. Auflage. – a. a. O., S. 1088

[16] Abgabenordnung, §121

[17] *Mellerowicz, K.*: Betriebswirtschaftslehre der Industrie, Bd. 1: Grundfragen und Führungsprobleme industrieller Betriebe. – 7. Auflage. – Freiburg/Br.: Haufe, 1981, S. 362

[18] *Mellerowicz, K.*: ebenda, S. 364

[19] *Aggteleky, B.*: Fabrikplanung. Werksentwicklung und Betriebsrationalisierung, Bd. 1: Grundlagen, Zielplanung, Vorarbeiten. – 2. Auflage. – München: Carl Hanser Verlag, 1987, S. 321 ff.

[20] *Bruhn, R.*: Immobilienbestandsmanagement, in: Brauer, K.-U. (Hrsg.): Grundlagen der Immobilienwirtschaft. – Wiesbaden: Gabler, 1999, S. 422 ff.

[21] *Mellerowicz, K.*: Betriebswirtschaftslehre ... – a. a. O., S. 378

[22] *Schierenbeck, H.*: Grundzüge der Betriebswirtschaftslehre. – 14. Auflage. – München: Oldenbourg-Verlag, 1999, S. 182

[23] *Gutenberg, E.*: Grundlagen der Betriebswirtschaftslehre, Bd. 1: Die Produktion. – 24. Auflage. – Berlin: Springer-Verlag, 1983, S. 3

[24] *Corsten, H.*: Lexikon der Betriebswirtschaftslehre. – 5. Auflage. – München: Oldenbourg-Verlag, 1995, S. 422

[25] *Haberstock, L.*: Kostenrechnung I. Einführung. – 8. Auflage. – Hamburg: S+W-Verlag, 1987

[26] *Haberstock*: ebenda, S. 74 ff.

[27] Gemeinschafts-Kontenrahmen der Industrie (GKR), hrsg. vom Arbeitsausschuß Betriebswirtschaft industrieller Verbände im Bundesverband der Deutschen Industrie e. V. – Köln: 1971

[28] *Küting, K.; Weber, C.-P.*: Handbuch der Rechnungslegung. – 2. Auflage. – Stuttgart: Schäffer, 1987, S. 689 ff.

[29] *Schierenbeck, H.*: Grundzüge der Betriebswirtschaftslehre. – 14. Auflage. – a. a. O., S. 87

[30] *Schierenbeck*: ebenda, S. 62

[31] Gablers Wirtschaftslexikon. – 12. Auflage. – Wiesbaden: Gabler, 1988, S. 483

[32] *Bea, F. X.; Dichtl, E.; Schweitzer, M.*: Allgemeine Betriebswirtschaftslehre, Bd. 2: Führung. – 5. Auflage. – Stuttgart: Fischer, 1990, S. 6 f.

[33] Tägliche Betriebspraxis. – Freiburg/Br.: Haufe, 1991, S. 213

[34] *Corsten, H.*: Lexikon der Betriebswirtschaftslehre. – 5. Auflage. – a. a. O., S. 328

[35] *Baßeler, U.; Heinrich, J.; Koch, W. A. S.*: Grundlagen und Probleme der Volkswirtschaft, 10. Auflage. – Köln: Bachem, 1988, S. 182 f.

[36] *Schultz, R.*: Betriebswirtschaftslehre: sozioökonomische Einführung. – München: Oldenbourg-Verlag, 1988, S. 287

[37] DIN EN ISO 8402: 1995-08. – Berlin: Beuth-Verlag, 1995

[38] *Knechter, S. ; Berger, E.*: Total Quality Management in einem Qualitätsmanagementsystem auf der Basis der DIN EN ISO 9000 ff. verwirklichen – Ein Lehrgang der Akademie für Führungskräfte der Deutschen Telekom, 1996, Kap. 2, S. 11

[39] DIN 55 350-11: 1995-08. – Berlin: Beuth-Verlag, 1995

[40] *Frehr, H. U.*: Total-Quality-Management: Unternehmensweite Qualitätsverbesserung; Ein Praxisleitfaden für Führungskräfte. – 2. Auflage. – München: Carl Hanser Verlag, 1994, S. 2

[41] DIN EN ISO 9000 ff. – Berlin: Beuth 1994

[42] DGQ-Schrift 11/04. – 6. Auflage. – Frankfurt: Deutsche Gesellschaft für Qualität e. V., 1995

[43] *Brendl, E.*: Euro-Produkt-Risiken. Was Entscheider berücksichtigen müssen. – Freiburg/Br.: Haufe, 1989, S. 18 ff.

[44] *Zink, K.*: TQM als integratives Managementkonzept. – München; Wien: Carl Hanser Verlag, 1995, S. 100

[45] *Zink, K.*: ebenda, S. 39

[46] *Kloock, J.*: Zur gegenwärtigen Diskussion der betriebswirtschaftlichen Poduktionstheorie und Kostentheorie, in: Zeitschrift für Betriebswirtschaft 39 (1969) 1. Ergänzungsheft, S. 49–82

[47] *Wöhe, G.*: Einführung in die Allgemeine Betriebswirtschaftslehre, a. a. O., S. 477 ff.

[48] *Wöhe, G.*: ebenda, S. 444

[49] *Haberstock, L.*: Kostenrechnung I. Einführung. – 8. Auflage. – Hamburg: S+W Steuer- und Wirtschaftsverlag, 1987, S. 40 ff.

[50] Gablers Wirtschaftslexikon. – 12. Auflage. – Wiesbaden: Gabler, 1988, S. 188 f.

[51] Gablers Wirtschaftslexikon, a. a. O., S. 222

[52] REFA – Methodenlehre des Arbeitsstudiums, Teil 2: Datenermittlung. – München: Carl Hanser Verlag, 1973, S. 41 ff.

[53] REFA – Methodenlehre der Planung und Steuerung, Teil 2. – München: Carl Hanser Verlag, 1974, S. 241

[54] *Heyde, W.; Laudel, G.; Sabisch, H.*: Komplexe Produktionsvorbereitung. – Berlin: Verl. Die Wirtschaft, 1986, S. 17

[55] Gablers Wirtschaftslexikon, a. a. O., S. 1811

[56] *Aggteleky, B.*: Fabrikplanung. Werksentwicklung und Betriebsrationalisierung, Bd. 2: Betriebsanalyse und Feasibility-Studie. – 2. Auflage. – München: Carl Hanser Verlag, 1987, S. 123

[57] *Spur, G.*: Fabrikbetrieb. – München: Carl Hanser Verlag, 1994, S. 148 f.

[58] *Lebefromm, U.*: Produktionsmanagement mit Beispielen aus SAP R/3. – 2. Auflage. – München: Oldenbourg-Verlag, 1995, S. 62

[59] *Mellerowicz, K.*: Betriebswirtschaftslehre der Industrie, Bd. 2, a. a. O., S. 478

[60] Gablers Wirtschaftslexikon, a. a. O., S. 1014

[61] *Melzer-Ridinger, R.*: Materialwirtschaft und Einkauf, Bd. 1: Grundlagen und Methoden. – 3. Auflage. – München: Oldenbourg-Verlag, 1994, S. 21 ff.

[62] *Grimm, Ch.*: Dezentrale Produktionsplanung und -steuerung bei Gruppenfertigung. – Aachen: Shaker-Verlag, 1995, S. 58 ff.

[63] *Melzer-Ridinger, R.*: PPS. Systemgestützte Produktionsplanung, München: Oldenbourg-Verlag, 1994, S. 11

[64] *Busch; U.*: Entwicklung eines PPS-Systems. Praktische Anleitung für Auswahl und Realisierung von Produktions-Planungs- und -Steuerungssystemen. – 3. Auflage. – Berlin: Schmidt, 1990, S. 45 ff.

[65] *Hackstein; R.*: Produktionsplanung und -steuerung (PPS). Ein Handbuch für die Betriebspraxis. – Düsseldorf: VDI-Verlag, 1984, S. 192

[66] *Günther, H.-O.; Tempelmeier, H.*: Produktion und Logistik, Wirtschaftswiss. Dokumentation. – Berlin: TU, FB 14 1994, S. 226

[67] *Lebefromm, U.*: Produktionsmanagement mit Beispielen aus SAP R/3, a. a. O., S. 18 ff.

[68] *Pentzlin, K.*: Arbeitsrationalisierung. Lehrbuch der rationellen Arbeitsgestaltung. – München: Carl Hanser Verlag, 1954, S. 11

[69] Gewerbeordnung – GewO, in BGBl I 1425 v. 1.1.1987

[70] Gesetz über Betriebsärzte, Sicherheitsingenieure und andere Fachkräfte für Arbeitssicherheit – AsiG, in: BGBl I 1885 v. 12. 12. 1973

[71] Betriebsverfassungsgesetz – BetrVG §80 I/1, in: BGBl I 13 v. 15.1.1972 mit Änderung in: BGBl I 710 v. 26.4.1985

[72] Bundesanzeiger Nr. 225

[73] Gewerbeordnung – GewO §§120a ff. – in: BGBl I 1425 v. 1.1.1987

[74] Gewerbeordnung – GewO §24, ebenda

[75] *Bichler, K.*: Beschaffungs- und Lagerwirtschaft. – 7. Auflage. – Wiesbaden: Gabler, 1997, S 8 ff.

[76] *Bestmann, U.*: Kompendium der Betriebswirtschaftslehre. – 7. Auflage. – München: Oldenbourg-Verlag, 1994, S. 161

[77] *Schulte, G.*: Material- und Logistikmanagement. – München: Oldenbourg-Verlag, 1996, S. 199 ff.

[78] *Friedl, B.*: Grundlagen des Beschaffungscontrolling. – Berlin: Duncker & Humblot, 1989, S.92 ff.

[79] *Melzer-Ridinger, R.*: Materialwirtschaft und Einkauf, Bd. 1: Grundlagen und Methoden. – 3. Auflage. – München: Oldenbourg-Verlag, 1994, S. 29 f.

[80] *Melzer-Ridinger, R.*: ebenda, S. 55

[81] *Schreiber, M.*: Strategisches Beschaffungsmarketing und Lieferantenmanagement, in: Praxishandbuch Unternehmensführung. – Freiburg/Br: Haufe, 1995, S. 259

[82] *Schreiber, M.*: ebenda, S. 4/260

[83] *Friedl, B.*: Grundlagen des Beschaffungscontrolling, a. a. O., S. 153 ff.

[84] *Wöhe, G.*: Einführung in die Betriebswirtschaftslehre, a. a. O., S. 426 f.

[85] Melzer-Ridinger: a. a. O., S. 49

[86] *Bestmann, U.*: Kompendium der Betriebswirtschaftslehre. – 7. Auflage. – a. a. O., S. 202 f.

[87] *Nebl, Th.*: Einführung in die Produktionswirtschaft. – München: Oldenbourg-Verlag, 1996, S. 145 ff.

[88] *Pleschak, F. (Hrsg.)*: Ökonomie der Automatisierung. – 2. Auflage. – Berlin: Verl. Die Wirtschaft, 1988, S. 211

[89] *Bestmann, U.*: Kompendium der Betriebswirtschaftslehre. – 7. Auflage. – a. a. O., S. 207

[90] *Granitza, J. u. a.*: Lagerwirtschaft Teil 1, 3. Auflage. – Berlin: Verl. Die Wirtschaft, 1978, S. 73 ff.

[91] *Tietz, B.*: Der Handelsbetrieb. Grundlagen der Unternehmenspolitik. – 2. Auflage. – München: Vahlen, S696 ff.

[92] *Tietz, B.*: ebenda, S. 706 f.

[93] *Kugler, G.*: Betriebswirtschaftslehre der Unternehmung. – 12. Auflage. – Haan-Gruiten: Verl. Europa-Lehrmittel, 1992, S. 227 ff.

[94] *Kugler, G. u. a.*: Kaufmännische Betriebslehre. Hauptausgabe. – 21. Auflage. – Haan-Gruiten: Verl. Europa-Lehrmittel, S. 228

[95] *Kugler, G. u. a.*: ebenda, S. 227 f.

[96] Lexikon der Produktionsplanung und -steuerung. Begriffszusammenhänge und Begriffsdefinitionen. – 4. Auflage. – Düsseldorf: VDI-Verlag, 1992, S. 121 ff.

[97] *Diruf, G.*: Strategische Logistikplanung für ein Großhandelsunternehmen der Papierbranche, in: Quantitative Betriebswirtschaftslehre in der Praxis. – München: Oldenbourg-Verlag, 1994, S. 21 ff.

[98] *Aberle, G.*: Transportwirtschaft. – 2. Auflage. – München: Oldenbourg-Verlag, 1997, S. 433 f.

[99] Gablers Wirtschaftslexikon Bd. 5. – 12. Auflage. – Wiesbaden: Gabler, 1988, S. 1978

[100] *Aberle, G.*: Transportwirtschaft, a. a. O., S. 23

[101] *Hammerbeck, U.*: Material- und Fertigungswirtschaft mit EDV. – Hamburg: S+W Steuer- und Wirtschaftsverlag, 1994, S. 3 ff.

[102] *Heinen, E.*: Industriebetriebslehre: Entscheidungen im Industriebetrieb. – 9. Auflage. – a. a. O. – S. 702

[103] *Tietz, B.*: Der Handelsbetrieb. Grundlagen der Unternehmenspolitik, a. a. O., S. 707 f.

[104] Gablers Wirtschaftslexikon, Bd. 2. – 12. Auflage. – Wiesbaden: Gabler 1988, S. 1511

[105] *Corsten, H.*: Lexikon der Betriebswirtschaftslehre. – 5. Auflage. – München: Oldenbourg-Verlag, 1995, S. 218 ff.

[106] *Bussieck, J.*: Anwendungsorientierte Betriebswirtschaftslehre für Klein- und Mittelunternehmen. – München: Oldenbourg-Verlag, 1994, S. 69

[107] *Slaby, D.; Krasselt, R.*: Industriebetriebslehre: Anlagenwirtschaft. – München: Oldenbourg-Verlag, 1998, S. 6

[108] *Hahn, O.*: Allgemeine Betriebswirtschaftslehre. – 2. Auflage. – München: Oldenbourg-Verlag, 1994, S. 124 ff.

[109] *Slaby, D.; Krasselt, R.*: Industriebetriebslehre: Anlagenwirtschaft, a. a. O., S. 25

[110] *Busse v. Colbe, W.; Laßmann, G.*: Betriebswirtschaftstheorie Bd. 3 Investitionstheorie. – 2. Auflage. – Berlin: Springer-Verlag, 1990, S. 69 ff.

[111] *Specht, O.*: Betriebswirtschaft für Ingenieure und Informatiker. – 2. Auflage. – Ludwigshafen: Kiehl, 1990, S. 207 f.

[112] *Busse v. Colbe, W.; Laßmann, G.*: Betriebswirtschaftstheorie Bd. 1 Grundlagen, Produktions- und Kostentheorie. – 4. Auflage. – Berlin: Springer-Verlag, 1990, S. 210 ff.

[113] *Bethge, P.*: Investitionsplanung. Methoden – Modelle – Anwendungen, Wiesbaden: Gabler 1991, S. 18 ff.

[114] *Perridon, L.; Steiner, M.*: Finanzwirtschaft der Unternehmung. – 6. Auflage. – München: Vahlen, 1991, S. 34 ff.

[115] HGB §246, in: Beck-Texte. – 24. Auflage. – München: Beck 1990, S. 19 ff.

[116] *Woll, A.*: Wirtschaftslexikon. – 5. Auflage. – München: Oldenbourg-Verlag, 1991, S. 27 .

[117] *Olfert, K.*: Investition. – 4. Auflage. – Ludwigshafen: Kiehl, 1988, S. 65 f.

[118] *Specht, O.*: Betriebswirtschaft für Ingenieure und Informatiker, a. a. O., S. 340 f.

[119] *Specht, O.*: a. a. O., S. 242 f.

[120] DIN 31 051. – Berlin: Beuth-Verlag, Jan. 1985

[121] *Stefani, A.*: EDV-gestützte Instandhaltung – Softwareauswahl, in: Tägliche Betriebspraxis, Heft 4/1990, Freiburg/Br.: Haufe, 1990, S. 78

[122] DIN 31 052. – Berlin: Beuth-Verlag, Jun. 1981

[123] *Slaby, D.; Krasselt, R.*: Industriebetriebslehre: Anlagenwirtschaft. – München: Oldenbourg-Verlag, 1998, S. 91

[124] *Zeeb, G.*: Instandhaltung: Ziele, Aufgaben, Probleme und Möglichkeiten der EDV-Unterstützung, in: Tägliche Betriebspraxis, Heft 2/1990, Freiburg/Br.: Haufe, 1990, S. 394

[125] *Schweitzer, M.*: Industriebetriebslehre: das Wirtschaften in Industrieunternehmungen. – 2. Auflage. – München: Vahlen, 1994, S. 396 ff.

[126] *Brockhoff, K.*: Forschung und Entwicklung. Planung und Kontrolle. – 3. Auflage. – München: Oldenbourg-Verlag, 1992, S. 28 f.

[127] *Hauschildt, J.*: Innovationsmanagement. – München: Vahlen, 1993, S. 5 f.

[128] *Peiffer, St.*: Technologiefrühaufklärung, Hamburg: S+W Steuer- und Wirtschaftsverlag, 1992, S. 74 ff.

[129] *Bruhn, M.*: Marketing: Grundlagen für Studium und Praxis. – 4. Auflage. – Wiesbaden: Gabler, 1999, S. 17

[130] *Heyde, W. u. a.*: Die Ökonomie der betrieblichen Forschung und Entwicklung. – 3. Auflage. – Berlin: Verl. Die Wirtschaft, 1987, S. 20 ff.

[131] *Bierfelder, W.*: Innovationsmanagement. – München: Vahlen, 1993, S. 7 ff.

[132] *Hauschildt, J.*: Innovationsmanagement, a. a. O., S. 7 ff.

[133] *Stauch, Th.*: Phasen und Faktoren einer erfolgreichen Implementierung von Innovationen, in: Wicher, H. (Hrsg.): Betriebliches Innovationsmanagement, Ammersbeck b. Hamburg, Verl. an der Lottbeck – Peter Jensen, 1991, S. 137 ff.

[134] *Specht, O.*: Betriebswirtschaft für Ingenieure und Informatiker, a. a. O., S. 242 ff.

[135] *Brockhoff, K.*: Forschung und Entwicklung. Planung und Kontrolle. – 3. Auflage. – München: Oldenbourg-Verlag, 1992, S. 79 ff.

[136] *Brockhoff, K.*: ebenda, S. 182 ff.

[137] *Hüttner, M.*: Betriebswirtschaftslehre. Einführung und Überblick. – 2. Auflage. – München: Oldenbourg-Verlag, 1995, S. 71

[138] *Berekoven, L.; Eckert, W.; Ellenrieder, P.*: Marktforschung. Methodische Grundlagen und praktische Anwendung. – 7. Auflage. – Wiesbaden: Gabler, 1996, S. 36 ff.

[139] *Kugler, G. u. a.*: Kaufmännische Betriebslehre. Hauptausgabe. – 21. Auflage. – Haan-Gruiten: Verl. Europa-Lehrmittel, 1992, S. 235 ff.

[140] *Berndt, R.*: Marketing 1. Käuferverhalten, Marktforschung und Marketing-Prognosen. – 3. Auflage. – Berlin: Springer-Verlag, 1996, S. 3 ff.

[141] *Berndt, R.*: Marketing 2. Marketing-Politik. – 3. Auflage. – Berlin: Springer-Verlag, 1995, S. 335 ff.

[142] *Weis, H. C.*: Marketing. – 10. Auflage. – Ludwigshafen: Kiehl, 1997, S. 98

[143] *Weis, H. C.; Steinmetz, P.*: Marktforschung. – 2. Auflage. – Ludwigshafen: Kiehl, 1997, S. 15 f.

[144] *Kotler, P.; Bliemel, F.*: Marketing-Management. – 8. Auflage. – Stuttgart: Schäffer-Poeschel 1995, S. 141 ff.

[145] *Ott, H. J.*: Betriebswirtschaftslehre für Ingenieure und Informatiker. – München: Vahlen, 1995, S. 109

[146] *Meffert, H.*: Marketing – Grundlagen marktorientierter Unternehmensführung. – 8. Auflage. – Wiesbaden: Gabler, 1988, S. 854

[147] *Meffert, H.*: ebenda, S. 857

[148] *Fuchs, H.*: Den Kundendienst zur Marke machen. In: Blick durch die Wirtschaft, 18.8.1995, S. 7

[149] *Meffert, H.*: a. a. O., S. 869

[150] *Gürmann, K.; Laue, R.; Schreiber, K.*: Ersatzteilwirtschaft. – Berlin: Verl. Die Wirtschaft, 1986, S. 174 ff.

Sachwortverzeichnis